勝負未分

Victory Uncertain

邱吉爾
記錄世界的選邊時刻

從珍珠港突襲到英美協商
二戰正式邁入全面對抗的決定性階段

(Winston Churchill)
溫斯頓・邱吉爾 著
伊莉莎 編譯

援助蘇聯、協調美英，邱吉爾掌握戰略外交雙重主導權
從珍珠港到大西洋憲章，全球戰爭正式升級為全線對抗

英國走出孤戰、美國正式參戰！
邱吉爾以第一人稱視角留下的歷史紀錄

目錄

援助俄國前線 …………………………………… 005

波斯與中東戰局 ………………………………… 029

英國實力逐步提升 ……………………………… 051

與俄國更密切的接觸 …………………………… 071

前進之路 ………………………………………… 085

「十字軍戰士」行動 …………………………… 103

日本局勢升溫 …………………………………… 119

珍珠港事件！…………………………………… 141

戰時橫渡大西洋 ………………………………… 159

全球戰事快速演變 ……………………………… 175

訪問華盛頓與渥太華 …………………………… 191

英美政策全面協調 ……………………………… 207

回到暴風雨中 …………………………………… 221

附錄 ……………………………………………… 231

目錄

援助俄國前線

此時，在俄國前線已經過去兩個月，德國軍隊曾多次猛烈進攻，但事態已然發生轉變。儘管俄國的損失慘重，其抵抗仍頑強不屈。俄軍士兵奮力作戰，部隊累積了經驗與技術。游擊隊在德軍後方崛起，持續襲擊交通線。德軍控制的俄國鐵路系統幾乎不堪重負。公路在繁重運輸下逐漸損壞，雨後行動往往依賴公路。運輸車輛出現許多損壞跡象。3個月後將進入俄國嚴寒冬季。莫斯科能否在此期間被攻陷？即便攻陷，是否就此結束？命運的關鍵在於此。儘管希特勒因基輔之戰的勝利而得意洋洋，德國將領或許已經感覺到，他們最初的疑慮並非毫無根據。在決定勝負的前線上，行動已被延遲4週。中央集團軍群尚未完成「殲滅白俄羅斯地區敵軍」的任務。

然而，進入深秋之際，隨著俄國前線的重大危機即將降臨，蘇聯對我們的要求變得更加緊迫。

比弗布魯克勳爵從美國歸來，他曾在美國推動了極為強大並能夠大幅提升產量的工業能力。他成為戰時內閣中積極爭取援助俄國的倡導者，並在這方面做出了重要貢獻。當時，我們承受著為利比亞沙漠地區戰鬥準備的巨大壓力，同時對日本的深切憂慮影響著我們在馬來亞和遠東的事務。所有援助俄國的物資都來自於英國最為需要的資源，因此在決定戰時政策的最高階層中，確實需要有人為俄國的需求進行爭取。我努力在腦海中保持公正的優先順序，並與同僚們討論我所關注的事項。為了新盟友，我們可能會面臨本身安全的重要保障不復存在的風險，各種計畫可能失敗，我們只能忍受這些不快的情況——這個新盟友任性、暴躁且貪得無厭，而

就在不久之前，它對我們的生死存亡還是漠不關心的。

在從冰島返程的途中，我曾設想一旦比弗布魯克和艾夫里爾·哈里曼從華盛頓回來，我們就能全面評估軍需品和物資的分配。他們便可前往莫斯科，提出我們能夠提供給俄國的所有物資。1941年8月12日，我們聯合起草了物資供應計畫的細節，經過長時間且艱苦的討論。軍事部門感到這如同逐步被剝了一層皮，但我們仍竭盡所能地蒐集物資，並承諾從預期的美國援助中撥出一大部分，以有效支援蘇聯的抗戰。8月28日，我向同僚建議派遣比弗布魯克勳爵前往莫斯科。內閣欣然同意他去向史達林提出這個問題。總統則認為哈里曼是代表他的適當人選。

因此，我便告知比弗布魯克勳爵。

首相致比弗布魯克勳爵

1941年8月30日

我希望你能與哈里曼先生一起前往莫斯科，安排對蘇聯軍隊的長期供應問題。雖然我們擁有橡膠和皮靴等物資，但這些供應幾乎完全依賴美國的資源。美國需要安裝大量新設備。供應量當然會受到港口和船隻短缺的限制。等到巴斯拉至裏海的窄軌鐵路在春季加設雙軌後，這條鐵路線將成為重要的運輸通道。在可能的範圍內，給予蘇聯最大程度的援助，即使我們需要做出重大犧牲，這也是我們的責任，並符合我們的利益。然而，在1942年年中或年底前，無法進行大規模運輸，主要的計畫將在1943年開始執行。你的任務不僅是協助制定援助蘇聯的計畫，還要確保我們在這個過程中不遭受過度損失。即使你受到蘇聯環境的影響，我在這裡也會始終堅持這一點。然而，我確信你是勝任這項工作的合適人選，並且大眾輿論對此已經表示贊同。

派遣哈里曼的決策意味著，由於霍普金斯的身體狀況不佳，他無法親自前往。現階段，還沒有需要派遣艾登的理由。

關於日期的確定，我們應該遵重美方的意圖。然而，我們必須以誠摯的態度行事，以免任何人指責我們欺瞞俄國或施展拖延策略。會議日期應在未來幾天內決定。我認為兩週左右並不影響大局，因為大部分工作涉及長期規劃。

作為此次派遣使節的前期準備，我在致史達林先生的信中以簡要的詞句對局勢進行了概述。

1941 年 8 月 29 日

1. 我一直在努力，在長期援助計畫落實之前，提供一切可能的支持以協助你們的英勇抗戰。對於長期援助，我們正與美國協商，並將其列入莫斯科會議的議題。麥斯基曾提到，由於損失巨大，你們急需戰鬥機。我們正緊急運送我在上次電報中提到的 200 架「戰斧」式戰鬥機。我們的兩個中隊，包括 40 架「旋風」式戰鬥機，預計可以在 9 月 6 日左右抵達莫曼斯克。我相信，你了解戰鬥機是我們本土防禦的基石，同時，我們正努力在利比亞獲得空中優勢，還需支持土耳其，以便使其加入我們的陣營。儘管如此，如果你們的飛行員能夠有效地操作「旋風」式飛機，我還可以再提供 200 架，加上之前的，總數將可達到 440 架。這些飛機是配備 8 到 12 挺機槍的「旋風」式戰鬥機，我們發現它們在戰鬥中表現出色。我們現在就能運出 100 架，接著分兩批運出，每批 50 架，連同機械師、教練員、零件等設備一起運往阿爾漢格爾斯克。在此期間，如果你計劃派遣你們的飛行員和機械師前往莫曼斯克的飛行中隊，可以安排他們熟悉這種新型飛機。如果你認為這樣做有益，我們可以下達命令，透過我們的陸、空軍代表團發送詳細的技術說明。

2. 關於波斯人決定停止抵抗的消息是令人欣慰的。我們進入波斯的目標不僅是保護油田，還在於開闢一條敵人無法截斷通往俄國的通道。為此，我們必須擴展波斯灣至裏海的鐵路，並確保在獲得印度增援的鐵路設備後，該鐵路暢通無阻。我們的外交大臣曾請麥斯基傳達我們希望與波斯

政府商討的方案，以期贏得一個友好的民族，而不必僅僅為了保護鐵路線而被迫駐紮多餘的部隊。糧食正從印度運往波斯，並且如果波斯人屈服，我們將繼續支付應付給波斯國王的石油開採稅。我們正指示先頭部隊推進，並計劃在我方指揮官決定的某個地點與貴方軍隊會合，大約在哈馬丹和喀斯文之間。讓全世界了解英、俄軍隊實際上已經會師，這是一件好事。我們認為，在當前形勢下，雙方都不宜強行進入德黑蘭，因為我們所需要的僅僅是開闢一條通道。我們正在巴斯拉建立1個大型基地，期望將其打造為方便接收美國物資且設備完善的不凍港，以便這些物資能夠運抵裏海地區和窩瓦河流域。

3. 我必須再次表達英國人民對俄國軍民為抵抗納粹暴行而展開驚人戰鬥的無限欽佩。麥克法倫將軍在前線所見的一切深深打動了他。我們將面臨一個極其艱難的時期，但在我們對德國的空襲日益增加的狀況下，希特勒也難以安然度過冬季。我非常感激您對日本經由海參崴運輸物資的問題提出強硬警告。當我會見羅斯福總統時，他似乎傾向於對日本在南太平洋和西北太平洋的進一步侵略採取強硬措施，於是我立即宣布，如果戰爭爆發，我們將與美國並肩作戰。我迫切希望能為蔣介石做更多事情，超越我們至今認為足夠有力的舉措。我們無意與日本開戰，我確信，防止這場戰爭的方法，就是讓那些各自為政且缺乏自信的國家看到他們面對最強大聯合力量的前景。

9月4日晚，麥斯基先生前來拜訪，交給我史達林的回信。這是自7月以來我收到的史達林的首封信件。

史達林致首相

1941年9月4日

史達林給邱吉爾首相的親筆信。

你承諾，除了之前保證提供的200架飛機之外，再向蘇聯出售200架戰鬥機，我對此深表感謝。我堅信，蘇聯的飛行員將會掌握其操作技能，並加以運用。

然而，我必須指出，顯然，這些飛機無法立即全部投入使用，而是會分階段用於作戰，因此它們無法對東線產生顯著影響。其未能產生重大變化的原因不僅在於大規模作戰需要持續不斷的大量飛機供應，更主要是因為過去3週內，蘇聯軍隊在如烏克蘭和列寧格勒等重要地區的形勢已經大幅惡化。

事實上，3週前我們在前線取得相對穩定的局面，但在上週已被打破。這是因為一支由30至34個德國步兵師組成的增援部隊，以及大量德國坦克和飛機被調往東線；同時，20個芬蘭師和26個羅馬尼亞師的活動顯著增加。德國方面認為，西部的威脅僅僅是虛張聲勢，他們堅信西方目前沒有第二戰場，未來也不會有，因此毫不猶豫地將所有部隊調往東方。德國認為可以各個擊破敵人：首先是俄國，然後是英國。

最終，我們失去了烏克蘭的大部分領土，而敵軍已經逼近列寧格勒的城門。

由於這些情況的演變，我們已經失去了克里維里赫的鐵礦區以及烏克蘭境內的眾多冶金工廠；我們撤離了坐落於聶伯河畔和提赫文的兩座鋁廠，以及烏克蘭境內的一座汽車製造廠和兩座飛機製造廠，這些工廠在新址重新投產需要7至8個月的時間。

這已經削弱了我們的防禦力量，使蘇聯面臨巨大的威脅。所產生的問題是如何擺脫這種極其不利的局面。

我相信唯一的解決方案是在今年內於巴爾幹或法國的某個區域開闢第二戰線，以便迫使德軍從東線撤出30至40個師，同時確保在10月初向蘇聯交付30,000噸鋁，並每個月至少提供400架飛機及500輛（輕型或中型）坦克。

若無這兩種形式的援助，蘇聯要麼戰敗，要麼被嚴重削弱，致使在相當長的時間內無法經過實際的前線行動來支持盟國對抗希特勒主義。

我深知此信會令您感到失望，但又能如何呢？過去曾有人教導我，要勇

援助俄國前線

敢面對現實，即使這些現實令人不悅；也要無畏地說出真相，即便這些真相不受歡迎。波斯事件的結果的確相當理想。英、蘇軍隊的協同作戰預先解決了這個問題。因此，只要我們的軍隊繼續協同作戰，未來的情形也會如此。然而，波斯不過是一個小插曲。戰爭的最終結果顯然不會在波斯決定。

蘇聯如同英國一樣，也不願與日本交戰。蘇聯認為協定不可違背，包括與日本簽訂的中立條約。然而，若日本破壞協定並攻擊蘇聯，將遭到蘇聯軍隊的應有反擊。

最後，請允許我向你表示感謝，感謝你對蘇聯軍隊戰鬥的讚賞，蘇聯軍隊正在為我們共同的事業，與希特勒的匪幫進行浴血奮戰。

在艾登先生的陪同下，蘇聯大使與我進行了1個半小時的談話。他以激烈的語氣強調，在過去的11週內，俄國幾乎獨自抵擋住了德國的猛烈攻勢。俄國軍隊正在承受前所未有的攻擊強度。他表示，他不想危言聳聽，但這可能是歷史的轉捩點。如果蘇聯戰敗，我們如何能贏得這場戰爭呢？麥斯基先生強調了俄國前線危機的極端嚴重性，一開始，他的言辭充滿了情感，贏得了我的同情。然而，我隨即設想到他呼籲中的潛在威脅，因此感到憤怒。我對這位相識多年的大使說：「請記住，僅僅在4個月前，我們這個島國還不知道你們是否會加入德國對抗我們。事實上，我們曾經認為你們很可能會如此。然而，即便在那時，我們仍然堅信我們會取得最終的勝利。我們從未認為我們的生存取決於你們是否站在我們這一邊或敵人那一邊。不論發生何事，無論你們採取何種行動，你們是沒有權利來責備我們的。」當我言辭激烈時，大使大聲說道：「邱吉爾先生閣下，請冷靜一些吧！」但隨後他的語氣顯然改變了。

後續討論轉入了往來電報中提到的問題。大使呼籲立即在法國或比利時與荷蘭海岸展開登陸行動。我闡述了此舉在軍事上不可行的理由，並指出這也無法解救俄國。我提到，當天我花了5個小時與專家們研究如何大

幅提升橫貫波斯鐵路運輸量的方法。我提到比弗布魯克和哈里曼的莫斯科之行,並表示我們決心向俄國提供我們能節省和運輸的一切物資。最後,艾登先生和我告訴他,從我們的立場來看,如果芬蘭軍隊越過1918年的邊界線進攻俄國,我們將對芬蘭宣戰。麥斯基先生自然無法放棄立即開闢第二戰場的訴求,但繼續爭辯已無益處。

我立即就此次會談及史達林的來電所引發的問題與內閣進行了討論,並於當晚發出回電。

首相致史達林先生

1941年9月4日

1. 我按照你來電的精神立刻答覆你。雖然我們不應當不去作出應有的努力,但是,事實上,英國在西歐除了採取空中行動以外,沒有可能採取任何其他的行動去迫使德國在冬季來臨以前把軍隊從東歐調往西歐。沒有土耳其的協助,就沒有在巴爾幹開闢第二戰場的可能。如果閣下願意知道我三軍參謀長據以作出這些結論的全部理由的話,我當一一列舉。這些理由已經在我偕同外交大臣與三軍參謀長和你們的大使在今天舉行會談時討論過。不論用意多麼好的行動,只會造成損失慘重的失敗,只會對希特勒有利,而不會對任何其他人有好處。

2. 根據我掌握的消息,我感到德國侵略的高峰已經逐漸消退,而即將到來的冬季將為你們英勇的軍隊帶來暫時的喘息之機,不過這僅僅是我的個人見解。

3. 關於供應物資方面。我們深知俄國工業遭受的巨大損失,因此已盡全力並將繼續協助你們。我已經致電羅斯福總統,請求哈里曼先生的使團盡快啟程前往倫敦。此外,我們將盡力在莫斯科會議之前告知你們英、美雙方每個月承諾運送的飛機與坦克數量,以及橡膠、鋁、布匹等貨物的供應量。就我們而言,我們現在準備從英國的生產中運送給你們每個月所需

飛機和坦克總數的一半。我們希望美國能夠提供其餘的一半。我們將竭盡所能，立即開始持續為你們運送軍事裝備。

4. 我們已經下達指令，增加波斯鐵路的車輛數量，將現在每日兩次的列車對開頻率提升至最大，即每日12次。預計到1942年春季可以實現這個目標，並將在此期間逐步提升。在完成機車改裝為內燃機車後，將經由好望角運送一批機車和車輛，並擴建沿線的供水設施。首批48臺機車和400輛鋼製貨車即將出發。

5. 目前，我們準備與您商討聯合計畫。英國軍隊是否能在1942年具備足夠的實力進攻歐洲大陸，仍然取決於一些無法預料的事件。然而，在極北地區晝短夜長的時段，我們可能會協助你們。我們希望在今年年底前將中東的軍隊擴充至75萬人，隨後在1942年夏季增至100萬人。一旦消滅了在利比亞的德、義軍隊後，這些部隊將可以調往你們的南部翼側配合作戰。我們也希望能鼓勵土耳其至少保持中立。在此期間，我們將繼續對德國進行日益猛烈的空襲，並確保海上運輸暢通，以保障本身生存。

6. 在你的來電第一節中提到「出售」一詞。我們從未這樣看待此事，也從未考慮過要求你們支付費用。我們能提供的任何援助，最好如同美國的租借法案，基於同舟共濟的原則，而非以金錢計算的正式帳目。

7. 我們願意在力所能及的範圍內對芬蘭施加壓力，包括立刻告知它，若其繼續越過舊日的邊界線，我們將向其宣戰。我們正要求美國採取一切可能的措施來影響芬蘭。

鑑於此事極其重要，我在記憶猶新之際，立即向總統發出如下電報：

前海軍人員致羅斯福總統

1941年9月5日

昨晚，蘇聯大使將這封附帶的電報交給我和艾登，並以模糊不清的措詞表示：局勢嚴峻，轉機將取決於我們的回應。儘管他的談話中沒有任何

具體言辭能確認這種想法，但我們不能排除他們可能單獨媾和的可能性。內閣認為有必要發出附上的覆電。希望你不會因為我們在覆電中提到可能提供的美國援助而感到不悅。我認為，這可能是關鍵性時刻。我們只能竭盡所能。

獻上最誠摯的問候……

我駐莫斯科大使毫不猶豫地以最嚴厲的言辭聲援蘇聯的呼籲。關於此事，我也發出了一封電報，我相信這可以為他未來的辯論提供充分的答覆依據。

首相致斯塔福德·克里普斯爵士

1941年9月5日

1. 倘若在法國或比利時的海岸線上對荷蘭成功地實施任何牽制行動，以迫使德軍從俄國撤退成為可能，那麼，即便代價高昂，我們也應當下達此類命令。我們的所有將領都深信，結果只會是傷亡慘重後被擊退，或者即便能建立小規模的登陸據點，也將不得不在數日後撤離。法國沿海的防禦工事已被加固至極限，德國在西歐的兵力仍然超過我們大不列顛的兵力，並且還有強大的空軍協防。目前，我們沒有足夠的船隻能將大批軍隊運送到歐洲大陸，除非將運輸過程延長至數月之久。若將我們的小艦隊投入行動，結果將導致海軍對中東軍隊的支援陷入癱瘓，並使整個大西洋上的交通運輸中斷。這可能意味著大西洋戰役的失敗，意味著不列顛群島的飢荒與毀滅。我們至今為止都未找到足以影響東線戰事的策略。自從德國進攻俄國的首日，我便不斷督促三軍參謀長研究各種可能的行動。他們一致贊同此處所表達的觀點。

2. 假如史達林提及在巴爾幹開闢戰場，你應當記住，即便我們能夠使用地中海的船隻，我們也花費了7個星期才將兩個師和1個裝甲旅運送到希臘。而且，自從我們被逐出希臘後，希臘全境及眾多島嶼的機場已被

德、義軍隊控制，完全超出我方戰鬥機的掩護範圍。我覺得奇怪的是，當我們從希臘和克里特島撤退時，船隻和艦隊遭受的損失竟被遺忘。當前的局勢遠比當時不利，而我們的海軍力量也已被削弱。

3. 提到「超人般的努力」時，我理解為一種超越時間、空間與地理限制的付出。遺憾的是，我們不具備這些能力。

4. 若法國戰線依然存在，那麼西歐的局勢將截然不同。因為在這種情況下，我毫不懷疑，德國絕不會進攻俄國，因為我們能夠立即在法國戰線發起大規模反攻。我們並不想抱怨，但希特勒能夠在回師攻擊法國前摧毀波蘭，或在集結軍隊攻擊俄國前摧毀法國，這並非我們的過錯。

5. 從我們大幅縮減的儲備中撥出的440架戰鬥機，若與俄國空軍遭受的損失相比，顯然是一個小數目。然而，就我們而言，這是一次忍痛且無視風險的犧牲。我們竭盡全力才維持住皇家空軍日夜持續對敵方的攻擊，而在法國海岸上空的戰鬥所展現勢均力敵的局面表明，德國在西歐依然擁有強大的空中力量。

6. 我們有能力完成的任務，或是已經完成的任務，沒有一件能改變俄國前線激烈戰鬥的局勢。我們依然可以為1942年的戰役進行規劃。在波斯境內開闢的路線將盡可能保持開放。從英國的資源中找到並裝船的物資，以及從原定運往英國的美國資源中找到並裝船的物資，都將盡快運輸。我正敦促羅斯福總統儘早派遣哈里曼先生前來，以便讓俄國人了解他們在1942年可以獲得哪些援助，以彌補其軍火工業的損失，並據此制定計畫。同時，我將在今天回覆史達林的電報，此電報僅供你個人作為指導性文件。我深切理解你因親眼目睹俄國的苦難而產生的情感，但同情或感情無法改變我們必須面對的現實。

為了回應史達林的一項請求，我於9月9日向英國駐莫斯科大使發出以下電報：

請代首相通知史達林先生，我們正在安排從加拿大提供5,000噸鋁，一旦商定運輸方式後即可發運。此後，每個月將供應2,000噸。除非俄國政府更傾向於使用波斯路線，首批鋁錠將經由海參崴運送。

9月15日，我再次收到了史達林發來的一封電報：

在之前的電報中，我已闡述蘇聯政府的立場，即開闢第二戰場是改善局勢的關鍵之舉，對我們的共同事業至關重要。你在來電中重申當前無法開闢第二戰場，針對這一點，我只能再次強調，缺乏第二戰場只會助長我們共同敵人的陰謀。

我毫不懷疑，英國政府希望蘇聯獲勝，並正尋求實現目標的途徑和方法。如果，如你們所設想，目前在西歐開闢第二戰場不可行，或許還能找到其他能夠援助蘇聯的軍事方式？

在我看來，英國可以在不冒險的情況下派遣25至30個師在阿爾漢格爾斯克登陸，或經過伊朗運送至蘇聯南部地區。如此一來，蘇、英兩國的軍隊便可在蘇聯境內展開軍事合作。在上次大戰中，法國便曾出現過類似的情形。此舉將對我們提供極大幫助，並對希特勒的侵略造成沉重打擊。

俄國政府的領袖，儘管有眾多軍事專家提供建議，居然會生出如此荒謬的念頭，實在令人難以置信。顯然，與一個沉浸在幻想中的人爭論，是不太可能得出任何結論的。他接著說道：

我對你承諾每個月提供鋁、坦克和飛機的援助深表感激。

英國政府並非依據常規商業準則，而是基於戰時友誼與合作的原則向我們提供鋁材、坦克和飛機援助，我對此深表歡迎。我期望，英國政府將能充分體會到，蘇聯政府懂得如何感激盟國的援助。

關於英國駐莫斯科大使斯塔福德·克里普斯爵士於9月12日遞交莫洛托夫先生的備忘錄，有一點須加以說明。該備忘錄中提到：「若蘇聯政府為防止停泊於列寧格勒的海軍艦艇落入敵手而不得已炸毀，英王陛下政

府將在戰後承認蘇聯政府提出的要求，由英王陛下政府提供適當補償以修復被毀艦艇。」

若蘇聯停泊於列寧格勒的艦艇確實被銷毀，英國政府願意為蘇聯政府的部分損失提供補償，蘇聯政府對此表示理解和感謝。毋庸置疑，在必要情況下會採取此類措施。然而，責任應由德國承擔而非英國。因此，我認為戰後應由德國負責賠償這類損失。

我將盡力為這通來電發出最合適的回電。

首相致史達林先生

1941 年 9 月 17 日

1. 感謝您的來電。哈里曼代表團已經全員抵達，正與比弗布魯克及其團隊全天候工作。目標是全面評估所有資源，以便與貴方制定詳細計畫，經由每一個可能的途徑，逐月輸送物資，協助盡快修復軍火工業的損毀。根據羅斯福總統的指示，該計畫應執行至明年 6 月底，但我們將持續援助至戰爭勝利。希望會議能在本月 25 日於莫斯科召開，但在所有相關人員安全抵達之前，不應公開會議相關消息。他們的路線與前往方式稍後將以電報告知。

2. 我非常重視建立從波斯灣通往裏海的通道。不僅需要依靠鐵路，還要經由一條寬闊的公路來實現。在建設這條公路的過程中，我們希望在勞動力和組織方面得到美國的支持。比弗布魯克勳爵可以闡述整個供應和運輸計畫。他與哈里曼關係密切。

3. 我方參謀部已經全面評估所有可能與貴方展開軍事合作的戰區。在南北兩翼，機會尤為有利。若能在挪威成功展開行動，瑞典的立場將大受影響。然而，目前我們缺乏執行此計畫所需的軍隊和船舶。此外，在南方，土耳其是一個關鍵的爭取目標。若能爭取土耳其加入，我們將獲得一支強大的可調動部隊。儘管土耳其有意加入我方陣營，但其顧慮重重，且

不無道理。如能承諾派遣足夠的英國軍隊並提供土耳其所需的工業設備，或許會對其產生決定性影響。我們願與貴方探討任何其他形式的有效援助，唯一目標是竭盡全力對抗我們共同的敵人。

4. 我完全同意首先運用德國的賠償來增強俄國的艦隊。勝利後，我們必定能夠掌控德國和義大利的主要艦艇。在我們看來，以這些艦艇彌補俄國海軍的損失是最為恰當的。

1941年10月25日，我致電英國駐蘇大使，回覆蘇聯希望在阿爾漢格爾斯克或巴斯拉登陸25至30個英國師這個異想天開的提議。

首相致斯塔福德・克里普斯爵士（位於莫斯科）

1941年10月25日

1. 你提到派遣「25至30個師到俄國前線作戰」的構想，實際上是荒謬的。你的判斷無疑是正確的。即便在我們的船隻數量充裕而敵方潛艇有限的情況下，我們也耗費了8個月才在法國境內建立了10個師。在過去的6個月裡，我們經歷了重重困難才將第50師運往中東。我們正在採取緊急措施用以運送第18師。所有船隻都已經投入使用，要想調撥船隻，只能從那些對中東供應至關重要的運輸艦隊或運送援俄物資的船隻中抽調。我們僅僅在勉強維持生活必需品和軍火生產。目前，任何派往莫曼斯克的部隊都無法在冬季的「永夜」中行動。

2. 南方側翼的局勢如下：俄國在波斯部署了5個師，我們願意派遣軍隊替換。的確，為了保障我們派往北方的軍隊的補給，即將占用有限的補給線路之一，這幾個師應在此之前調回國內防衛。將兩個裝備完善的英國師從此地運送到高加索或裏海以北，至少需要3個月。屆時，這兩個師的影響也將非常有限。

此時，倫敦的比弗布魯克——哈里曼會談已經結束。9月22日，英、美補給代表團從斯卡帕灣乘坐巡洋艦「倫敦」號出發，穿越北冰洋前往阿

援助俄國前線

爾漢格爾斯克，再由那裡乘機抵達莫斯科。他們肩負著許多工。我向比弗布魯克勳爵提供了總體指示，這是我的戰時內閣同僚在國防委員會上所贊同的。另外，我委託比弗布魯克勳爵親自遞交給史達林如下信件：

尊敬的史達林先生：

1914 年 9 月 21 日

英、美代表團已經啟程，比弗布魯克勳爵將親手遞交此信。比弗布魯克得到內閣的高度信任，而且是我認識長久且關係親密的朋友之一。他與哈里曼先生建立了極為緊密的關係。哈里曼先生是一位傑出的美國人，全心全意致力於共同事業的勝利。他們將向你提交在英、美兩國熱切會商中所能商定的所有措施。

總統羅斯福曾決定，首先要討論的問題是我們在 1941 年 10 月初至 1942 年 6 月底這 9 個月期間每個月交付給你們的物資總量。你可準確得知我們能夠逐月運送的物資，以便最有效地利用你們的儲備物資。

根據美國的建議，供應期限不超過 1942 年 6 月底，不過我可以肯定的說，兩國在 6 月以後能夠持續提供支援的物資，並且，你可以相信我們將竭盡所能彌補你們因納粹侵略而導致大量減產的軍事工業。

截至 1942 年 6 月底，物資總額幾乎完全依賴英國自產，或由我們採購或通過租借法案獲得的美國工業品。美國已經決定將其所有可以出口的剩餘物資提供給我們，而他們在這段期間也難以迅速開闢新的供應管道。如果到 1943 年，我認為有望進一步大幅提高美國的生產能力，屆時美國強大的工業將全面投入軍用物資的生產。就我們而言，不僅要在現有生產計畫上實現真正的成長，還需激勵國民做出額外的努力，以滿足雙方的共同需求。然而，你應該可以理解，我們的軍隊和計劃的軍用物資供應量大約只相當於你們或德國的五分之一或六分之一。我們的首要任務是保持海路暢通，其次是取得決定性的空中優勢。這兩項任務對於不列顛群島的

4,400萬人而言至關重要。我們永遠無法與歐洲大陸的軍事強國在軍隊規模或軍需工業上媲美。儘管如此，我們仍將竭力支持你們。

伊斯梅將軍是我派往參謀長委員會的個人代表，他對我們的所有軍事策略瞭如指掌。我指派他與您的指揮官們共同探討任何可能提出的實際合作計畫。

若我們能在利比亞的西翼徹底清除敵人，我們將能調遣相當規模的空軍與地面部隊，用以支援俄國戰線的南翼行動。

在我看來，如果能使土耳其拒絕德國借道的請求，或者更理想地讓其加入我方陣營，我們將獲得最迅速且有效的援助。我相信你也會非常重視此事。

我一直和你一樣，對中國人民的抗日衛國戰鬥表示同情。自然，我們不希望日本站到敵對陣營中。然而，我與羅斯福總統的會談結果已經促使日本政府更為清楚地意識到形勢。我毫不猶豫地以英王陛下政府的名義宣告，若美國與日本開戰，英國將立即站在美國這一邊。我認為，我們三國應竭盡全力繼續支援中國，這種支援可能會持續相當長的時間而不至於招致日本的宣戰。

毫無疑問，我們的國民還將面臨長久的戰鬥與艱辛的生活。然而，我對美國作為交戰國加入戰爭充滿了希望，如果此事成真，我深信不疑，只要我們持續堅持不懈，勝利必將屬於我們。

我懷有這樣的期望，隨著戰爭的延續，可以看到，占世界人口三分之二的英帝國、蘇聯、美國和中國的人民將攜手並進，對抗那些迫害我們的人。我堅信，我們所走的道路將通向勝利。

誠摯期盼俄羅斯軍隊取得勝利，願納粹暴君覆滅。

你忠實的朋友

溫斯頓・邱吉爾

援助俄國前線

　　1941年9月28日，我們的代表團抵達莫斯科。接待顯得冷淡，會談中缺乏任何友好的氛圍。顯然，俄國人幾乎把蘇聯當時的困境歸咎於我們。蘇聯的將領和官員對英、美同事完全不分享任何情報，甚至不告知代表團的成員有關蘇聯將如何計算對我們支援重要作戰物資的需求。代表團幾乎直到逗留的最後一晚，才獲得正式款待，受邀在克里姆林宮參加宴會。這樣的場合對於遭逢重大戰爭壓力的人來說或許情由可原，相反，也許透過許多私下的接觸，或許可以營造出達成各方協定的氛圍。然而，當時的情形幾乎讓人覺得我們像是在莫斯科請求施捨一般。

　　伊斯梅將軍曾分享過一則故事，儘管其真實性未必可靠，卻頗具趣味，能夠為本段的敘述增添一絲輕鬆感。他的勤務兵是一名皇家海軍陸戰隊士兵，曾在蘇聯國際旅行社的一位導遊的帶領下參觀莫斯科的景點。那位俄羅斯導遊說道：「這是艾登飯店，以前稱作里賓特洛甫飯店。這是邱吉爾街，過去叫希特勒街。這是比弗布魯克火車站，之前是戈林火車站。同志，來支香菸怎麼樣？」海軍陸戰隊士兵答道：「謝謝你，同志，過去的菸不好！」這個故事雖然滑稽，卻足以表明當時會談的奇異氣氛。

　　與此形成鮮明對比的是，我與美國人的交流變得越加熱切。

前海軍人員致羅斯福總統

1941年9月22日

　　正當我們為必須撥給俄國的全部物資而苦惱時，收到了你致哈里曼先生那封關於坦克讓人振奮的電報。產量可能接近翻倍的前景激勵著每一個人。兩國代表團已經在非常友好和善意的氛圍中出發。

　　致以最誠摯的問候。

首相致哈里・霍普金斯先生

1941 年 9 月 25 日

  1. 目前，我們的代表團正前往莫斯科，此時全面審視一下倫敦會談所涵蓋的範疇，可能會有所裨益。

  2. 我們雙方都認為，向俄國提供的物資是必要且有價值的。然而，這個事實無需隱瞞，這些對俄的援助物資確實占用了你們大量用於擴軍和我們增強作戰能力所需的裝備。你了解在接下來的 9 個月裡最大的挑戰所在。

  我們雙方都需要致力於填補必然出現的差額。在此情況下，我們恐怕無法將生產計畫大幅超出原定範圍。我誠摯希望，你們能經過短期的努力，迅速提升生產計畫的整體水準。

  3. 你應該已經了解，為了贏得勝利所需進行的討論已取得顯著進展。一份雙方簽署的備忘錄已經擬定，列出了我們預計可能需要的各項物資。恩比克將軍即將把這份備忘錄帶回華盛頓。關於這一方面的進一步工作，將不得不在華盛頓進行，並且，還需要加入維持俄國抗戰所需物資的估計。能否在 1942 年下半年實現原計畫於 1943 年上半年達到的生產量？如果這個努力能夠成功，不僅可以為勝利的生產計畫奠定基礎，也能更迅速地滿足我們雙方的短期需求。這樣，我們也能夠在 1942 年下半年給予俄國更大的援助。

  10 月 2 日，我從總統處獲悉美國未來生產坦克和飛機的計畫。從 1942 年 7 月開始，到 1943 年 1 月結束，美國將每個月向英、俄兩國分配 1,200 輛坦克，並在接下來的 6 個月裡每個月分配 2,000 輛。美國通知派往莫斯科的代表團可以承諾從 7 月 1 日起每個月向俄國提供 400 輛坦克，並且在與我們的代表討論後，可能增加該日期以後的供應數量。

  美國應能履行這個增加坦克供應的承諾，屆時坦克產量預計將可翻

援助俄國前線

倍,每個月超過 2,500 輛。

總統再次告知我,他已經承諾從 1942 年 7 月 1 日至 1943 年 7 月 1 日,提供額外的 3,600 架飛機給俄國前線,超出原先已經商定的數量。

最終,在莫斯科簽署了一項友好協定。有關各方達成了一份議定書,列明英國和美國將在 1941 年 10 月至 1942 年 6 月期間提供給蘇聯的物資。這個協定擾亂了我們已經因軍火短缺而受阻的軍事計畫。所有的重擔都落在我們身上,因為我們不僅要提供自己的產品,還必須放棄美國原本可以交付給我們的關鍵軍火。美國和我們都未對通過危險的海洋和北極航線將這些物資運往蘇聯作出任何承諾。我們曾建議運輸船隊待浮冰消退後出發,但史達林無禮地指責了我們,因此我們僅能保證這些物資將在「英國和美國的生產中心交付」,這一點值得注意。在議定書前言的結尾處寫道:「英國和美國將協助這些物資運至蘇聯,並協助卸貨。」

10 月 4 日,比弗布魯克勳爵向我發來電報表示:

這項協定極大地振奮了莫斯科的士氣。保持這種士氣依賴於物資的供應……

我不覺得這裡的軍事局勢能在冬季的幾個月中保持平靜。我確信,只有高昂的士氣才能穩定局勢。

我們提供了我們的珍貴物資,而這些物資被那些為生存而努力奮鬥的人們所接收。

首相致比弗布魯克勳爵(位於莫斯科)

1941 年 10 月 3 日

向你及各位代表致以最誠摯的祝賀。這場會議所展現的團結和成功具有深遠意義。除了你,沒人能完成這項任務。我們透過傳回來的消息也可以感受到會談該地的樂觀氛圍。

首相致比弗布魯克勳爵（在海上）

1941 年 10 月 6 日

為了確保你的計畫取得成功，我們不曾浪費哪怕 1 個小時的時間。我已經向史達林發出了以下電報：

首相致史達林

1941 年 10 月 6 日

1. 我欣然從比弗布魯克勳爵那裡得知，莫斯科的三國會議已經圓滿結束。我們將開始持續不斷地派遣運輸船隊，每 10 天一次。

（1）以下物資正在運送途中，預計於 10 月 12 日抵達阿爾漢格爾斯克：

20 輛重型坦克；193 架戰鬥機（截至 10 月分的總數）。

（2）以下物資計劃於 10 月 12 日發運，預計於 10 月 29 日到達：

140 輛重型坦克；100 架「旋風」式戰鬥機；200 輛捷克式輕機槍戰車；200 支反坦克槍及彈藥；50 門能發射兩磅炮彈的大炮及彈藥。

（3）以下物資定於 10 月 22 日出發：

戰鬥機 200 架；重型坦克 120 輛。

上述為 10 月分運送飛機的總數，另有 280 輛坦克計劃於 11 月 6 日運抵俄羅斯。捷克輕機槍戰車、反坦克槍以及兩磅炮彈發射炮均將在 10 月交付。有 20 輛坦克已經經由波斯轉運，另有 15 輛即將從加拿大經海參崴轉運。因此，運出的坦克總數為 315 輛，比總目標少 19 輛，差額將在 11 月內補足。此供應計畫不包含從美國發出的物資。

2. 在組織定期航行的運輸船隊時，我們依賴阿爾漢格爾斯克的相關部門負責大部分卸貨任務。我相信，這部分工作已經妥善安排。

致以良好的祝願。

援助俄國前線

儘管伊斯梅將軍擁有足夠的許可權和資格向蘇聯領導層解釋多變的軍事形勢並與之討論，比弗布魯克與哈里曼決定不讓意見分歧的問題使他們的任務複雜化。因此，在莫斯科期間，他們沒有涉及這方面的議題。俄方非正式地繼續要求立即開闢第二戰場，顯然，他們無法接受任何關於無法開闢第二戰場的論據。他們的苦難成為他們提出這個要求的理由。因此，我方大使不得不面對這個挑戰。

當時，已是深秋，博克指揮的德國中路集團軍群於1941年10月2日再次向莫斯科發起進攻。兩支集團軍從西南方向直接逼近這座首都，一支裝甲兵團則向兩翼展開。10月8日，奧勒爾被攻陷，1週後，莫斯科——列寧格勒公路上的加里寧城落入敵手。提摩盛科元帥的軍隊在兩翼受到威脅的同時，還面臨德軍中路攻勢的強大壓力，因而將部隊撤退至莫斯科以西40英里處，準備迎戰。此時，俄國的局勢已經極為嚴峻。蘇聯政府、外交使團及所有可遷移的工業部門都從莫斯科撤往500多英里外的古比雪夫。10月19日，史達林宣布首都處於被圍狀態，並公布了當天的命令：「誓死保衛莫斯科。」俄國軍民忠實地執行了他的命令。儘管古德林的裝甲兵團已經從奧勒爾出發抵達圖拉，儘管莫斯科城三面受圍並遭敵機轟炸，但至1941年10月底，俄軍的抵抗顯著增強，而德軍的推進則明顯受阻。

我一如既往地支持我方駐蘇大使。他正面臨諸多艱辛挑戰，獨自承擔著艱鉅的任務。

首相致斯塔福德·克里普斯爵士（位於古比雪夫）

1941年10月28日

1. 我深感同情於你的艱難處境，也對正處於極度困苦中的俄國感到憐憫。他們無權責備我們。里賓特洛甫與他們簽署的協定，使希特勒膽敢毫無顧忌地侵略波蘭，進而引發了這場戰爭，那時他們便已經鑄下了自己的命運。他們眼睜睜看著法國軍隊被擊潰，卻不願開闢有效的第二戰場。如

果他們在今年 6 月 22 日之前能與我們事先商議，我們原本可以做出很多安排，提前提供我們現在對他們的軍火援助。然而，直到希特勒進攻俄國之前，我們完全不知道他們是否有意參戰，或他們將站在哪一邊。我們已經獨自支撐了一整年；而在這段期間，英國的每一位共產黨人，都在莫斯科的指使下，極力妨礙我們的戰爭努力。若 1940 年 7 月或 8 月英國被敵軍入侵而遭毀滅，或今年在大西洋戰役中面臨饑荒，他們仍會完全漠不關心。如果他們在巴爾幹國家受到攻擊時立即行動，還大有可為，但他們完全任由希特勒選擇時機和攻擊目標。經歷過這種情況的政府，竟指責我們企圖征服非洲或在波斯靠犧牲俄國利益獲利，或故意讓「俄國戰至最後一兵一卒」，讓我覺得這類指責不值得理會。若他們對我們心存疑慮，無非是因為內心對自己的罪過感到不安，受到良心譴責。

2. 我們始終以真誠的態度對待俄國，不遺餘力地提供幫助，即使這意味著擾亂我們本身的整體武裝計畫，甚至在來年春季可能遭遇敵人入侵的情況下承擔巨大風險。我們仍將在力所能及的範圍內為他們做更多的事情，這是合乎情理的。然而，派遣兩、三個英國師或英印師深入俄國腹地，被敵軍包圍和殲滅，僅僅作為象徵性的犧牲，這是不明智的。俄國從來不缺乏人力，目前他們擁有數百萬訓練有素的士兵，他們真正需要的是現代化設備。我們正在向他們運送這些現代化設備，並將經由港口和交通系統盡可能多地運送這些裝備。

3. 與此同時，我們必須準備戰鬥，這是經過深思熟慮之後訂定長期計劃的結果，試圖推翻這些計畫是不可理喻的行為。我們曾經提出用適合於維持內部治安的印度師替換駐紮在波斯北部的 5 個俄國師，儘管這些印度師的裝備不足以對抗德軍。可惜的是，莫洛托夫拒絕了我們派遣少數部隊前往高加索的提議。我們竭盡全力保持土耳其的友好中立，以免被德國承諾割讓俄國的領土給土耳其這樣的條件所誘惑。我們並不期待那些正在頑強作戰且遭受重創的人們對我們表示感激，但我們也不必因為他們的指責

而感到不安。當然，你無需在俄國正遭受痛苦時用這些事實刺激他們，但我希望你盡力使俄國人相信英國的忠誠、正直和勇敢。

4. 我認為，你和麥克法倫（我們派往俄國的軍事代表團團長）現在搭乘飛機回國不會有什麼益處。我只能重複我曾經在這裡講過的話，並且，我希望永遠不會有人要我在公眾面前辯解這件事。我確信，你的職責就是與那些正在受到嚴峻考驗的人們在一起，現在還不能斷定他們不會在這場考驗中贏得勝利。現在的任何一天，希特勒都可能下令在東方停止進軍而把他的軍隊調轉過來對付我們。

目前，我們暫且將希特勒與史達林的這場戲劇描述到此為止。此時，嚴冬為俄國軍隊設定了一道屏障。

我的妻子感受到深切的困擾，當德軍如潮水般湧入俄國草原，而我們卻無法提供任何軍事支持。數個月過去，全國人民的焦慮與日俱增。我告訴她，開闢第二戰場根本不可能，所以在相當長的時間內，我們唯一能做的就是大量輸送物資。艾登先生與我鼓勵她嘗試透過自願捐助來募集醫藥援助基金。這項活動已經由英國紅十字會和聖約翰醫院發起，因此，我的妻子應邀為「援助俄國」行動發起倡導。10月底，她在他們的支持下發表了第一次呼籲書：

在英國，所有人都因為俄國當下的可怕事件而感到極度不安。我們對俄國的防禦能力和防禦技巧感到驚嘆。俄國人民的英勇、堅韌和愛國的自我犧牲精神令人感動，使我們深感欽佩。尤其是，人類所遭受的苦難之廣泛令我們震驚與同情……

在已運抵俄國的物資中，包括53套緊急手術工具、30套輸血設備、70,000枚各類外科用針，以及100萬片 M. 和 B. 693 號藥片。該藥片為新型的消毒特效藥，改善了多種細菌性疾病的治療效果。此外，我們還送去半噸非那西汀和約 7 噸脫脂棉。這僅僅是個開端……

我們早先宣布，我們的籌款目標為100萬鎊。當前，我們已經取得了一個不錯的開端。自籌款啟動後的短短12天內，基金總額已達37萬鎊。我們仁愛的國王與王后在上週向紅十字會捐贈了3,000鎊，並表示願意從這筆聯合捐款中撥出1,000鎊用於援助俄羅斯基金。此舉為人們樹立了榜樣。

此事多半依賴於僱主的支持。我願意這樣說：無論何地，只要僱主在募集已啟動的基金上給予便利，每週收入微薄的工人們便會樂意捐助。因此，從國王與王后到最卑微的工人和村民，皆可參與這個善意與同情的表達。在鄉間小屋與王宮之間，那些只能捐出幾便士的人與如納菲爾德勳爵般慷慨解囊50,000鎊的人之間，將有數以百萬計的人願意參與這項對俄國人民的捐獻。

人們立即給予了慷慨的回應。在接下來的4年中，她熱忱且負責任地投入這項事業。共計募集了近800萬英鎊，資金來源涉及各階層人士。雖然不少富人慷慨解囊，但大部分基金仍是由普通民眾從每週薪資中節省出來的捐款。透過紅十字會和聖約翰醫院強大的組織，儘管北極運輸船隊遭受了嚴重損失，醫藥、外科器材、各種慰問品和特製設備仍然源源不斷地穿越冰封且危險的海洋，被送往英勇的俄國軍隊和人民手中。

援助俄國前線

波斯與中東戰局

1941年夏季和秋季

　　由於需要將各類軍火和補給物資運送給蘇聯政府，北極航道又險阻重重，加上波斯未來可能具備的戰略價值，因此我們迫切希望開闢一條經由波斯通往俄國的最佳交通線路。波斯的油田是引發戰爭的主要因素之一。德國已經在德黑蘭設立了一個龐大的代表團，活動頻繁，因此德國在當地享有很高的威望。雖然伊拉克的叛亂被鎮壓和英、法占領敘利亞是僥倖完成的，但這打消了希特勒進軍東方的計畫。我們歡迎與俄國人合作的機會，因此建議他們採取聯合行動。對於發起波斯之戰，我並非沒有一些顧慮，但主戰的論點令人無法反駁。我感到非常高興的是，韋維爾將軍將在印度指揮這個軍事行動。

　　1941年7月11日，內閣的一個委員會請三軍參謀長考慮，如果波斯政府拒絕驅逐現有僱用的德國人，是否應與俄國採取聯合軍事行動。7月18日，他們建議，我們應當以堅定的態度對波斯政府施壓。韋維爾將軍也極力主張這個立場，他在前一日致電陸軍部，措辭如下：

　　在我看來，選擇對伊朗採取溫和的立場實在難以理解。當前伊朗正在清除德國勢力，這對印度的防務至關重要。如果無法做到這一點，最近在伊拉克及時撲滅的叛變事件可能會再次重演。我們必須透過伊朗與俄國合作。如果伊朗現任政府不願意提供這種便利，就必須迫使其讓位給一個願意合作的政府。當德、俄戰局仍未明朗時，應該盡可能施加最大的壓力，以實現這個目標⋯⋯

7月21日，我透過電話回覆韋維爾將軍並表示：

內閣將在明日討論波斯局勢。我大致同意你的看法，支持英、俄兩國向波斯發出最後通牒，要求立即驅逐德國人，否則將承擔後果。問題在於，如果遭到拒絕，我們有多少軍隊可以動用。

我方三軍參謀長建議，如要採取行動應該集中在南部，至少需要1個師，並在1小隊空軍的支援下奪取油田。這支部隊必須從伊拉克調派，但駐伊拉克的部隊不足以維持內部治安。他們總結道，如果在未來3個月內必須派遣部隊進入波斯，則需從中東調派軍隊進行替換。

7月22日，外交大臣在一份備忘錄中闡述了他對當前局勢的觀點：

今天早晨，我進一步思考了向伊朗施壓的策略。隨著深入研究這個行動的可行性，我越來越清楚意識到：關鍵在於我們能否在伊拉克部署足夠的軍力來保護伊朗的油田。在軍事準備就緒之前貿然施加經濟壓力是極其危險的，因為波斯國王深知油田對我們的價值，一旦他覺察到雙方可能發生衝突，他可能會先發制人。

我們曾經截獲一份可信度極高的報告，指出伊朗已經在俄羅斯邊界、伊拉克邊界以及油田區域集結部隊。我希望我們能盡全力儘早增強我們在伊拉克的軍事力量。如果我們能在俄國軍隊尚未在南部遭受重大挫折之前完成這個任務，那麼，有相當的可能性使伊朗遵循我們的意圖而無需動用武力。然而，在軍事部署完成之前，我們不應採取任何外交行動，否則，我們可能會引發災難。

除此之外，我們更需儘早支援駐紮在伊拉克的部隊。若俄國戰敗，我們將須準備自行占領伊朗油田，因為在此情形下，德國對伊朗施加的要求將迫使他們無法拒絕地將我們逐出伊朗。

儘管波斯的行動計畫已經經過精心策劃以確保最終勝利，但我對此並不感到滿足。於是，在7月31日啟程前往普拉森夏灣之前，我指示成立

一個由樞密院長主持的專門委員會來處理此事。

在我看來，我們尚未以這種問題所需的深遠關注來審視包括在波斯不服從我們要求時對其發動戰爭的行動計畫。一方面，我承認此行動的必要性；另一方面，我認為需要進行全面考量、協同合作以及各相關部門之間的緊密聯繫——如外交部與陸軍部之間，中東司令部與印度政府之間。在未對各種突發情況進行周密規劃前，我們不應貿然採取如此重大的步驟。譬如，若波斯軍隊在阿瓦士油田周圍扣押英波石油公司的所有員工作為人質，該如何應對？巴赫蒂亞里山區及其居民會採取何種態度？德黑蘭的英國僑民情境況將如何？是否存在寧願破壞油井也不讓其落入我們手中的風險？我們必須謹慎，避免因轟炸德黑蘭而鑄成大錯。我們可以調動的軍隊是否具備足夠力量在當地居民和波斯官方的抵抗下占領阿瓦士油田？我們計劃向北推進多遠？有哪些可供使用的機場？若波斯人拒絕合作，如何確保鐵路通行？

這些問題以及許多其他問題都需深入思考。最好由樞密院長與外交大臣、陸軍大臣及印度事務大臣全面審議，並在下週初向戰時內閣提交報告。在此期間，應開展所有必要的準備措施。我支持該政策，但鑑於其重要性，必須徹底權衡可能的後果和各種情勢，制定詳盡的計畫並獲得批准。在此之前，不應實施。

依我之見，伊朗與伊拉克這兩國名稱相似，容易導致混淆。

首相致外交大臣、愛德華·布里奇斯爵士及伊斯梅將軍

1941 年 8 月 2 日

在所有通訊中，用「波斯」取代「伊朗」較為便捷，否則，由於伊朗與伊拉克相似，容易導致危險的錯誤。在適當的情況下，可在「波斯」後面加括號標註「伊朗」。

在正式致函波斯政府時，理應採用他們偏好的名稱。

随后，我再次下达了以下指令：

首相致新闻大臣

1941 年 8 月 29 日

在不引發任何問題的情況下，請交替使用「波斯」來替代「伊朗」。

我欣聞波斯政府於 1949 年正式採用「波斯」這個名稱，甚感欣慰。

在我於海外停留期間，波斯問題專門委員會透過電報告知我，戰時內閣已經批准的工作成果。從他們 8 月 6 日的電報中可以明顯看出，波斯未能如我們所願驅逐德國特務和僑民，因此，我們將被迫採取軍事行動。接下來的步驟是使我們的外交和軍事計畫與俄國的計畫協調一致。8 月 13 日，艾登先生在外交部會見了麥斯基先生，雙方商定了我們各自向德黑蘭遞交的照會內容。這個外交行動將是我們最後的表示。麥斯基先生對外交大臣表示，「在提交這份備忘錄後，蘇聯政府準備採取軍事行動，但除非與我們聯合行動，他們不會單獨行動。」我收到這個消息後，於 8 月 19 日批示道，「我認為俄國的看法是合理的，因此，我們應及時與他們共同採取行動。」

如今，我們已經達成行動協定。若波斯的抵抗超出預期，我們須考慮對中東戰區進一步增援的可能性。8 月 24 日，就在我們計劃進軍波斯的前夕，我將以下備忘錄提交給三軍參謀長：

必須立即向東方派遣援助部隊。據稱，第 10 印度師的每個旅中都沒有配置 1 個英國營，這是否屬實？如果確實如此，應經由最便捷的路線，為奎南將軍運送 3 個英國營。鑑於奧金萊克將軍計劃在未來數週內在西部沙漠保持現狀，應指示他派出比當前安排更多的軍隊前往東方。現在至少應調動相當於另 1 個師的兵力，包括上述 3 個英國營。如果一切順利，這支軍隊可以輕鬆調回。請告知我在埃及有哪些部隊可以調動。第 50 師的最後 1 個旅現在位於何處？目前，賽普勒斯確實沒有危險。

鑑於波斯政府的頑固姿態，伊拉克駐軍司令奎南將軍於 7 月 22 日接到命令，準備占領阿巴丹的煉油廠和油田，並進攻北方約 250 英里處靠近哈納金的油田。波斯對 8 月 17 日英、蘇聯合照會的答覆未達到預期，因此英、蘇軍隊計劃於 8 月 25 日進入波斯。阿巴丹戰區的英帝國軍隊由哈維將軍指揮，包括第 8 印度步兵師。哈納金戰區的英帝國軍隊由斯利姆將軍指揮，包括第 9 裝甲旅、1 個印度坦克團、4 個英國營及 1 個英國炮兵團。支援行動的空軍力量則包含 1 個陸、空聯絡機中隊、1 個戰鬥機中隊和 1 個轟炸機中隊。首要目標是占領油田；次要目標是透過與俄國合作，控制波斯的交通，並開闢一條直通裏海的通道。預計在南部前線可能會遭遇配備 16 輛輕型坦克的兩個波斯師的抵抗，而在北部前線可能會遇到 3 個師的抵抗。

阿巴丹煉油廠被 1 個步兵旅成功奪取。該旅於 8 月 25 日黎明在巴斯拉登上海軍艦艇，並進行了登陸行動。大多數波斯軍隊措手不及，乘卡車逃離。期間爆發了幾場巷戰，我軍還繳獲了數艘波斯海軍艦艇。同時，第 8 師其他部隊從陸路占領了霍拉姆沙赫爾港，並派遣一支部隊向北推進，目標是阿瓦士。當我軍逼近阿瓦士時，傳來波斯國王公告「停火」命令的消息，波斯司令官隨即命令部隊返回營房。在北方，油田幾乎未遇抵抗便已奪取，斯利姆將軍的軍隊沿公路向克爾曼沙赫推進了 30 英里。然而，他們在險峻的佩塔山隘停下。若此山隘由決心防守的軍隊把守，必成障礙。為應付此情形，派出一支縱隊從南側包抄。該縱隊在擊潰一些抵抗後，於 8 月 27 日抵達波斯防線後方的沙赫阿巴德。這個行動，連同數次轟炸，使得守衛山隘的軍隊無力支撐，倉促放棄陣地。進軍克爾曼沙赫的行動於 28 日重新展開，發現敵軍在公路對面的陣地集結。然而，正準備進攻時，一位波斯軍官舉著白旗前來，戰鬥因此終止。我軍傷亡統計為 22 人陣亡，42 人受傷。

以壓倒性的兵力對這個弱小且古老的國家進行的這場短暫而成果豐碩的戰事就此結束。英國和俄國為生存而戰。戰爭中不講法律。我們勝利後，波斯維持了它的獨立，這值得我們感到欣慰。

　　波斯的抵抗迅速崩潰，使我們與克里姆林宮的聯繫幾乎再次完全轉向政治層面。我們當時提議英、俄兩國在波斯進行聯合行動，主要目標是開闢從波斯灣到裏海的交通通道。我們亦希望透過英、俄軍隊的直接合作，能夠與新盟友建立更加緊密和友好的關係。雙方當然同意要驅逐或俘獲波斯境內的所有德國人，清除德國在德黑蘭及其他地區的勢力與陰謀活動。至於石油、共產主義及波斯戰後的前景等深遠而複雜的問題，這些問題固然存在，但在我看來，不應因這些問題影響我們之間的友好關係。

首相致伊斯梅將軍轉參謀長委員會

1941 年 8 月 27 日

　　目前來看，波斯的抵抗並不強烈，所以我想了解計劃如何推進並與俄國人會合？如何確保鐵路運輸在我們控制下正常運作。我們的目標不僅是占領油田，還要建立直通俄國的交通線路。我們已經向波斯國王提出了一些條件，但可能會被拒絕，或者俄國人可能不同意。因此，請告知與俄國會合的計畫以及預計我軍在下週的動向。

首相致韋維爾將軍

1941 年 8 月 30 日

　　我欣然得知，我們在波斯的行動已經告捷。如今，你自然可以依照你的請求返國。我對你擬定的鐵路計畫深感興趣，目前正進行細緻的審查。

　　此地的每一個人都為你再次獲得成就而感到欣慰。

　　然而，韋維爾將軍的倫敦之行卻被中斷，因為有必要派遣他前往德黑蘭。鑑於他能流利使用俄語，我也希望他能成為與蘇聯最高司令部聯繫的樞紐。

首相致韋維爾將軍

1941年9月1日

　　我贊成三軍參謀長的看法，認為你此時前往德黑蘭可以協助布拉德（英國駐伊朗公使）處理軍事事務，並確保將俄羅斯的影響力控制在合理的範圍內。

首相致布拉德爵士（在德黑蘭）

1941年9月3日

　　儘管我們目前無法預測這些地區的戰爭進展，但為了向俄國提供物資，我們將不惜一切代價，以最快速度開闢從波斯灣直達裏海的運輸線路。我們極有可能在1942年向波斯境內派遣大量兵力作戰，並以波斯作為基地，且必定會部署一支強大的空軍力量。

　　我們期望，無論如何，在當前階段，英、俄兩國並無占領德黑蘭的必要。然而，若波斯政府希望避免此事，必須忠誠可靠地協助我們，並展現出應有的正面態度。目前，我們尚未反對波斯國王，但若無良好結果，將追究其治理波斯人民的失職。雖然我們願意藉由與波斯政府達成協議的方式獲取所需權益，而非迫使他們採取敵對行動，但我們的要求必須得到滿足。因此，你可以利用俄國可能占領德黑蘭這個情況，逐步爭取我們所需的便利。不必擔心俄國過度侵占波斯領土，因為他們唯一的願望是為運入美國供應物資開闢通路。

首相致史達林總理

1941年9月16日

　　我急於促成與波斯結盟，並為你派往波斯的軍隊制定一種緊密而有效的協調計畫。目前，波斯各部族中正在醞釀一場大規模的動盪，波斯現政府即將崩潰的跡象已經顯露無遺。一旦動亂蔓延，將導致我們不得不耗費兵力來鎮壓這些波斯部族，並進一步加重公路和鐵路運輸的負擔，而我們

必須確保這些交通線的暢通，以便將物資運送給你們。我們的目標是在作戰期間維持波斯的安定。閣下若明確同意此方針，將有助於增強我們在這個小戰區事務的有利趨勢。

首相致比弗布魯克勛爵（在俄國使節期間）

1941 年 9 月 21 日

韋維爾將軍計劃在返回印度的途中經過巴格達前往提比里斯。由於他通曉俄語，我希望他能夠負責或指揮我們計劃在即將到來的戰役中，在裏海及其周邊地區向俄國提供的援軍（前提是這支部隊的規模足夠大）。因此，至關重要的是，他應與俄國的高級軍事當局就俄國南翼和波斯的整體局勢進行討論。

你可以在會談中提出這個問題進行討論，並努力從中獲得最佳結果。

首相致史達林總理

1941 年 10 月 12 日

我們在波斯的利益僅在於：首先，將其作為抵禦德國東進的屏障；其次，為裏海地區的物資運輸開闢一條通道。若您願意撤回那 5 到 6 個俄國師以支援前線戰鬥，我們將承擔起維持治安以及保持和改善供應路線的全部責任。我以英國的名義向您保證，我們絕不會在戰爭期間或戰後犧牲俄國的任何正當權益以謀求本身利益。無論如何，為避免可能導致供應路線中斷的內部動亂，簽訂三國條約是當前的迫切任務。韋維爾將軍定於 10 月 18 日抵達提比里斯，他將與貴方將領就您指示他們與他商討的問題進行討論。

我們無法用語言充分表達我們對你們這場偉大而英勇鬥爭的欽佩。我們期望能很快以實際行動來證明。

與俄國的談判圓滿且迅速地達成了協定。波斯政府所接受的條件包括：停止一切抵抗；驅逐德國人；在戰爭時期保持中立；允許同盟國經由

波斯的交通線向俄國輸送軍用物資。進一步占領波斯的行動在和平狀態下完成。英、俄軍隊在和諧的氛圍中會師。1941年9月17日，德黑蘭由雙方軍隊占領，波斯國王已於前一日讓位給他22歲才幹出眾的兒子。9月20日，新國王接受同盟國的建議，恢復了君主立憲制。他的父親不久後出國，安然過著流亡生活，並於1944年在約翰尼斯堡去世。我們絕大多數的軍隊已經從波斯撤出，僅留下少數分遣隊以保衛交通線，英、俄兩國軍隊於10月18日撤出德黑蘭。此後，在奎南將軍的指揮下，我們的軍隊一方面準備防禦工事，以防止德軍可能從土耳其或高加索的入侵，另一方面則為後勤工作做準備，以便在如果德軍入侵，狀況迫在眉睫的時候迎接大批援軍的到來。

此時，我們的首要任務是建立一條穿越波斯灣直達俄國的主要補給線。鑑於德黑蘭擁有一個友好的政權，港口得以擴建，內河航運得到發展，道路鋪設完成，鐵路也進行了改造。從1941年9月開始，英國軍隊啟動並推進了這項工作，隨後不久由美國接管並完成了任務。這項成果使我們在4年半內向俄國輸送了500萬噸物資。

現在，我們再度討論一下地中海這個主要戰區的狀況。

敵我雙方在夏季期間都致力於增援駐紮在利比亞沙漠的部隊。對我們而言，最為關鍵的是加強馬爾他島的防禦。克里特島的失陷，使坎寧安海軍上將的艦隊失去1個能夠就近補充燃料的基地，進而影響我們保護馬爾他島的海軍力量。與此同時，敵軍從義大利或西西里島對馬爾他島發動海上襲擊的可能性增加，然而我們後來了解到，希特勒和墨索里尼直到1942年才批准這樣的計畫。敵軍在克里特島和昔蘭尼加的空軍基地，對從亞歷山大到馬爾他島的運輸航線構成嚴重威脅，迫使我們不得不依賴西線來運輸物資。執行這個任務時，薩默維爾海軍上將率領駐紮在直布羅陀的H艦隊表現出色。海軍部曾認為這條路線極度危險，但卻也是唯一可行

的選擇。幸運的是，希特勒因為入侵蘇聯的需求，不得不從西西里島撤出空軍。這緩和了馬爾他島的局勢，並讓我們重新掌控了馬爾他海峽的制空權。這不僅有利於從西面來的運輸船隊，還使我們能夠重創增援隆美爾的兵員運輸艦和物資補給船隻。

兩支規模相當的運輸船隊經過戰鬥成功抵達馬爾他島。每次航程都是一次重大的海軍行動。1941年7月，一支包括6艘供應船的船隊抵達馬爾他，7艘空船離開。過了兩夜，義大利出動大約20艘快速魚雷艇和8艘小型潛艇對瓦萊塔港發動唯一一次的猛攻。港口進行了防衛。大部分防禦由馬爾他島人負責，儘管敵軍來勢洶洶，但幾乎全部被殲滅。1941年9月，另一支包括9艘兵員運輸艦的船隊在戰鬥艦「威爾士親王」號和「羅德尼」號、航空母艦「皇家方舟」號及5艘巡洋艦和18艘驅逐艦的強大護航下抵達馬爾他，僅損失1艘兵員運輸艦。除了這些主要運輸船隊，還有許多供應船抵達該島。在駛往馬爾他的34艘船中，32艘歷經險阻後安全到達。這些補給不僅保障要塞存續，還能反擊敵軍。在截至1941年9月的3個月中，駐紮在馬爾他的英國飛機、潛艇和驅逐艦共擊沉了43艘軸心國船隻，總計15萬噸，以及64艘較小艦艇。在10月，運給隆美爾的補給有超過60%在途中被擊沉，這對1941年的沙漠戰役可能發揮了決定性的作用。

根據我們目前掌握的消息，任職於義大利最高統帥部的那位德國海軍上將在1941年9月間表示：

如今，正如以往一樣，英國艦隊掌控著地中海……義大利艦隊未能阻止敵方海軍的活動，但在與義大利空軍的合作下，的確妨礙了英國運輸船隊在地中海航線上的定期航行……

英國對我們的最大威脅武器就是潛艇，尤其是從馬爾他島出發的潛艇。在這段時間內，共發生了36次潛艇襲擊事件，其中19次取得成

功……由於西西里島上的義大利空軍實力薄弱，馬爾他島對德、義通往北非航線的威脅在最近幾週有所增加……此外，從馬爾他島出發的飛機幾乎全天候襲擊的黎波里。最近，英國飛機比以前更頻繁地飛臨西西里島的港口……目前駐紮在西西里島和北非的義大利空軍部隊不足以阻止英國空軍和海軍的行動……對於低估地中海地區海上形勢所帶來的危險，我再次發出緊急警告。

儘管上述措施取得成功，我對沙漠攻勢的拖延以及敵人對隆美爾的增援仍心存憂慮，因此我敦促海軍部加倍努力。我尤為期望在馬爾他島設立一支新的海面艦隊。

首相致第一海務大臣（轉呈伊斯梅將軍審閱）

1941 年 8 月 22 日

1. 請迅速考慮派出一支小型艦隊，並盡可能派遣一、兩艘巡洋艦前往馬爾他島。

2. 我們必須重新審視當前的狀況，與我們的初衷相差多遠。我們曾計劃犧牲「巴勒姆」號以封鎖的黎波里港，而你們對此極為重視。地中海戰區總司令曾提議另一種殊死搏鬥的方案，即炮轟的黎波里港。後來，我們採納了這個建議，結果是無一傷亡，船隻毫髮無損。蒙巴頓率領的小艦隊曾航行至馬爾他島。這些都發生在數月之前。最好查明確切日期。事態的緊迫性為何會減弱？如今，我們為何甘願目睹那些我們曾認為無法容忍的事情以更大規模發生在我們面前？

3. 蒙巴頓指揮的小艦隊從馬爾他島撤離，與其說是為了避開當地的危險，不如說是為了響應克里特島事件的需求。這支小艦隊實際上在這個事件中被敵人摧毀。如此一來，我們就偏離了初衷，而這個決定是經過一致同意並受到海軍部熱烈支持的。

4. 這段期間發生了 3 件事。首先，馬爾他島的防禦在空軍和高射炮

的支持下已經大幅增強，而德國的部分空軍已經轉移至俄國。其次，大西洋戰役的局勢急轉直下，目前對我們變得有利。我們擁有更多對抗潛艇的艦艇，美國在西經26度以西的行動，讓我們能重新部署驅逐艦和反潛快艇，因此可以期待得到極大的援助。最後，奧金萊克將軍無意在11月之前採取行動。

5. 那麼，我們是否應該等待更多的援軍，尤其是義軍和物資，陸續在利比亞逐漸集結的此刻？若果真如此，當奧金萊克將軍最終認為一切就緒時，與敵方相比，他的境地未必會比現在更為有利。

6. 我期待在週末過後收到你的回覆，以便在星期一晚上的參謀長會議上提出討論。

相關方已經採納這個策略，然而確定實施仍然需要一段時日。10月，馬爾他島籌組了一支攻擊艦隊，包含巡洋艦「曙光」號、「佩內洛普」號，以及驅逐艦「矛槍」號和「活潑」號，統稱為「K艦隊」。該艦隊不久後便做出了重要且及時的貢獻。

在此刻，我懷有更為宏大的目標。在戰爭中，儘管事先規劃未必總是可行，但仍然值得嘗試。奧金萊克推遲進攻的決定以及波斯戰役的成功帶來了一個短暫的喘息機會。從各個角度來看，我希望藉此機會以最大的航運能力加強東方的力量。我無法預測即將到來的沙漠戰鬥會如何發展，也不清楚俄羅斯會如何保衛高加索地區。此外，日本的威脅仍然存在，對澳洲和紐西蘭構成潛在的危險。我計劃再派遣兩個英國師前往東方。如果這兩個師能在年底前可以通過好望角，那麼我們就擁有了一定的實力來應付突發事件。實際上，這兩個師將成為一支機動的後備力量，一支「機動部隊」，憑藉這支部隊，我們在緊急時刻將有更多的調動餘地。在艱難的歷程中，我學到了這個經驗，而這樣的學習機會通常只有一次。

因此，我決心為我的沙漠作戰部隊增派兩個師，並保留一支機動後備

軍以滿足中東的需求和應付突發狀況，以確保更大的成功。然而，當時我們缺乏船舶來運輸這支軍隊。所有能夠從大西洋戰役中騰出的船隻，已經被用於繞過好望角的運輸船隊，或從澳洲及印度出發的運輸船隊。即便是萊瑟斯也無計可施。然而，從我與羅斯福總統的通訊中日益顯現的深厚情感來看，我確信他會借給我幾艘快速的美國運輸艦。正如接下來所見，我並未看錯。當然，這無法在短時間內實現。但我渴望在印度洋上擁有一些船舶，以便應付可能出現的各種緊急情況。

首相致帝國參謀長和海運大臣

1941 年 8 月 22 日

請盡快擬定計畫，以便在週一晚間審議，再向中東派遣兩個完整步兵師。請告知所需船隻。有些卡車已經在美國裝船，自然可以直接從美國運往中東。當美國提供這些卡車後，我會請求總統借給我們運輸所需的船隻，我確信能夠成功借到。

作為該計畫的替代方案，這兩個師可以先前往哈利法克斯或紐約，然後從那裡搭乘美國船隻。海運大臣應全力以赴地制定這項計畫，並提交一份全面考慮各方面因素的報告給我。我堅信，到今年 11 月底，我們會再有兩個師抵達中東戰區，但他們是在波斯、伊拉克還是中東戰區作戰將取決於當時的局勢。請也提交第 1 裝甲師開往中東的時間表。

經過與萊瑟斯勳爵和三軍參謀長的深入討論，複雜的細節問題得到了圓滿解決。

首相致伊斯梅將軍

1941 年 8 月 26 日

請根據我們昨晚的決議，與萊瑟斯勳爵及陸軍部調遣司商議推進中東增援的方案。務必運用策略，盡量減少我對總統的請求。請求內容為請美國派遣艦隻進行一次往返航行——從美國到英國，再到中東，最後返回

美國。這些艦隻應能在 1942 年 1 月或 2 月間返回美國備用。如果能接收「諾曼第」號，可以在特立尼達換船，進而提前遣返較小艦隻。如使用「諾曼第」號，還需考慮中東港口的接船事宜，包括安排小艦艇換乘進港。

請提交一份最詳盡的計畫，並指出其中的主要挑戰，以便我能親自主持最終會議。物資輸入可以減少。

此刻，我向總統發出呼籲。

前海軍人員致總統

1941 年 9 月 1 日

1. 在波斯成功取得的正面成果，使我們開始與俄國人接觸。我們計劃在波斯灣至裏海的鐵路上鋪設雙軌，或者至少大幅改善，以便開闢一條可靠的通道，進而確保長期物資供應能夠順利運抵窩瓦河流域的俄國後方基地。除此之外，至關重要的是鼓勵土耳其成為一道堅固的防線，以防止德軍進入敘利亞和巴勒斯坦。為實現這兩個重要目標，我計劃從現在到聖誕節期間，除了用我們自己的船隻向中東運送 15 萬名增援部隊外，還要運送兩個正規英國師，總計 40,000 人前往中東地區。然而，我們無法單獨提供所有船隻。你能否從 10 月初到明年 2 月借給我們配備美國船員的運輸船 12 艘和貨船 20 艘？這些船隻可根據需要懸掛任何旗幟，將貨物運到聯合王國的港口。如果這些船隻能在 10 月初抵達這裡，我們可以將它們作為補充船隻派往 10 月和 11 月前進中東的運輸船隊。

2. 總統先生，根據我從我們的會談中收集到的消息，我明白這是一件棘手的事務，但中東地區急需更多的英國軍力。此外，如果我們能成功掌控土耳其並支援俄國，進而阻止希特勒的東擴行動，我們將從中獲得巨大的利益。誠然，借用這些運輸船隻可能會影響美國向歐洲或非洲大規模派遣軍隊，但您明白，我從未在我們能夠合理預見的近期內請求進行這樣的調動。

3. 關於敵人擊沉船隻的賠償方式，我們將完全依照你們的建議行事。迄今為止，我們防衛嚴密的軍隊運輸船隊幾乎未遭逢任何損失。我確信，在當下，這將是一個明智且可行的步驟，若你能協助實現，我將深表感謝。

這個呼籲引發了最有力和最慷慨的回應。「**我確信，**」總統在 6 日說道，「**我們能夠協助你們實施增援中東駐軍的計畫。無論如何，我現在可以向你保證，我們能提供運輸 20,000 人的軍艦。**」他表示，這些船艦將由美國海軍人員操作，並且美國的中立法案允許海軍艦隻進入任何港口。此外，美國海運委員會將派遣 10 至 12 艘船隻前往北大西洋，往返於美國各港口與大不列顛之間，這樣，我們就能騰出 10 至 12 艘貨船駛往中東。他說，「**我把我們最好的運輸艦借給你們。順便說一句，我對你們增援中東的舉動感到高興。**」

前海軍人員致羅斯福總統

1941 年 9 月 7 日

1. 我對於您迅速回應我關於中東航運問題的呼籲深表感謝，並對您支持這個策略感到十分欣慰。我也正在籌備派遣另外 17 個戰鬥機中隊前往中東戰區。

2. 在我有關向俄國提供物資援助的電報中，我原本打算補充一句：「若他們堅持作戰，那物資是值得的；若不再作戰，便無須運送。」我們本身在坦克供應上正面臨嚴峻挑戰，但這個觀點促使我決定推行這個政策。

3. 我們全體以極大的關切期待著你承諾於週一公布的宣告。我將在週二於下議院發言。

與此同時，總統也開始履行他與我在普拉森夏灣達成的協定，使美國更直接地參與大西洋事務。

此刻，我竭力善用總統賜予我們的珍貴饋贈 —— 運輸艦。

波斯與中東戰局

首相致霍利斯上校轉參謀長委員會

1941 年 9 月 17 日

　　1. 必須盡可能加快美國快速運輸艦的運作，包括進出港口和裝卸貨物的過程，以便從後續的航行中獲益。無需因載運加拿大裝甲部隊而推遲這些快速運輸艦隊從美國出發的日期。載運這些部隊只是附帶任務，而非關鍵任務。我不同意將這些船隻在英國港口的裝貨時間從 10 月 23 日推遲到 11 月 15 日。應進行一次模擬演習，使第 1 暫編師能在最短時間內登船。如果與運輸船隊的行動協調一致，至少可以在這方面節省兩週的時間。

　　2. 尼羅河集團軍的編制相當完備。鑑於他們已經休整近 5 個月未曾參戰，這並不令人意外。這 60 個英軍營每營平均有 880 人，45 個炮兵團的缺額僅為 9%。令人驚訝的是，這些炮兵中有超過四分之一能夠在接下來的 4 個月內持續進行激烈炮擊，因此炮兵的應募人員不必優先登船。6 個坦克運輸連和 16 個標準化摩托運輸連應被優先考慮。這同樣適用於海軍替換人員和印度增援部隊，以及為駐伊拉克的兩個新印度師提供的炮兵支援等。10,000 到 20,000 名步兵應募人員可以視情況登船，同時皇家陸軍勤務團的專業技術小組可能需要緊急登船。不過，我們要記住，在「十字軍戰士」行動之前，沒有任何物資能夠運抵那裡。對馬來亞的增援可以稍後再進行，而對西非的增援是否執行則可靈活決定。我們首要解決的是誰應首先登船的問題。

　　3. 主要目的是根據羅斯福總統的要求，將英國第 1 和第 2 師轉移至中東。若能將運輸行動延長一、兩個月，尤其是在可以使用美國船隻進行第 2 次航行的情況下，那麼所有緊急需求都將得到滿足。沒有什麼東西是永遠無法排上運輸清單的。

　　4. 我要求空軍部繼續擴充中東現有的空軍中隊，將其增至 62.5 個中隊。

　　5. 希望你等就上述各點制定中東增援的修正方案。我亦樂於在今夜或明夜與參謀長委員會探討任何特殊的難題。

儘管三軍參謀長批准增派兩個師前往東方，心中仍存有疑慮。我意識到各種潛在的風險，但仍優先考慮奧金萊克的攻勢。

首相致霍利斯上校轉參謀長委員會

1941 年 9 月 18 日

1. 我們需要評估在所有運輸船隊抵達之前的這段時間內是否會爆發激烈戰鬥。不能假設這種戰鬥的風險均勻地分布在整個時期內，也不應認為我們必須在任何特定時刻提供最大限度的實際作戰兵力增援。看來，唯一可以預期的重大戰鬥就是延遲已久的西部沙漠攻勢。現在已經來不及為這次攻勢運送任何尚未發出的物資。然而，如果這次攻勢成功，包括技術單位在內的運輸隊（皇家陸軍勤務團）的工作將會非常緊張，無論是堅守現有陣地還是大膽西進。在這種情況下，我打算在可能的範圍內滿足我最初認為過多的皇家陸軍勤務團的需求。三軍參謀長備忘錄中提供的數字是13,500 人；如果將原定 10 月由運輸船隊運往印度 5 個步兵營的出發時間延後，可以增加 4,000 人。前者的迫切性似乎大於後者。印度的兵力確實非常薄弱，但根據這次新的安排，他們仍將獲得 7,900 人，即 3 個營加上用於擴充部隊的應徵兵員。這已是英軍派往印度協防任務中相當大的一支部隊。因此，我打算將這 5 個營共 4,000 人的出發時間延遲到新年，而空出的 4,000 個艙位用於皇家陸軍勤務團對中東的增援。應向印度駐軍司令部解釋，這次延遲只是短期的，擴充計畫仍會繼續進行。

2. 我們難以預測，在我們的運輸船隊於 1941 年底航行並於 1942 年 2月底抵達的這段時間內，其他「劇烈戰鬥」將從哪個地區沿著哪條路線展開。在這 5 個月的期間內，土耳其未必會向德軍開放入侵敘利亞的門戶，並且，如果土耳其拒絕，敵人更不會強行透過小亞細亞打開一條通道。除非俄國完全崩潰，德國不大可能輕易對土耳其發動大規模戰爭，因為這樣可能會導致多達 100 萬人死亡。因此，我認為在冬季結束之前，即 1942年 3 月之前，不存在從北面侵入敘利亞和巴勒斯坦的風險。這也是三軍參

謀長在多次報告中表述的看法。

3. 此外，敵人若要對我方發動大規模進攻，唯一可行的路線是穿過高加索地區，越過裏海區域。此路線的實施，需以控制黑海為前提，俄國目前在此擁有絕對的海軍優勢，並需攻陷塞凡堡和新羅斯斯克，進而由巴統穿越高加索至巴庫，或從黑海北部採取行動南下高加索。這在冬季是不切實際的。另一種可能性是德軍沿裏海推進，強行渡過窩瓦河以殲滅俄國僅存的後備軍。然而，除非俄國投降或崩潰，否則在未來6個月內，這個行動顯然無法完成。裏海在俄國海軍的堅守下，仍將是北方的一道重要屏障。

4. 因此，若德軍欲發起我們設想的「劇烈戰鬥」，則必須在上述期間內迫使土耳其和（或）俄國屈服，否則就得從安納托利亞進攻、取道高加索或沿裏海北部強行推進。若對戰爭的變化持有合理且實際的觀點，可以看出，1942年春季前，這些情況發生的可能性不大。

5. 因此，我無法認同那種每日都有相同危險的觀點，並且相信，我們有理由認為，1942年3月之前，除了中東戰區的西部沙漠之戰外，不會有任何「劇烈戰鬥」。當然，如果我們打算採取攻勢，那就另當別論了。在這種情形下，我認為，我可以對增派兩個師作為先頭部隊的明確決定中所包含的政治和戰略上的主要問題給予足夠的重視。

6. 這些考慮是什麼呢？首先，我們在道義上需要在中東做出實質性的貢獻，這顯然需要英國付出代價，以此洗刷我們一直被指責犧牲他國部隊和生命的汙名，儘管這種指責並不公平。其次，除了在參謀人員會談中提到的軍隊外，若我們再增加兩個師，這將對土耳其產生影響，進而增加我們對土耳其行動的影響力。第三，我不願推翻我向總統提出呼籲的依據。第四，這兩個師可能經由巴斯拉前進，以便為裏海以北的俄國後備軍提供有效的援助。

在這兩支部隊運送的3個月期間，我們依然擁有多種選擇的可能性……

按照慣例，我將情況告知史末資。

首相致史末資將軍

1941 年 11 月 20 日

　　從現在到聖誕節這段時間，我將派出兩個師和大約 80,000 名額外援軍前往中東。為了實現這個目標，我請求羅斯福借給我們美國的運輸艦，他已經慷慨同意。如果我們能清除昔蘭尼加的敵人，我們將在裏海地區擁有足夠的軍力來援助俄國並（或）影響土耳其的舉動。後者是我們急切盼望的。希望至少能讓土耳其拒絕德軍通過安納托利亞的請求。同時，比弗布魯克和哈里曼正前往莫斯科。我們不得不在坦克、飛機和其他急需軍火方面做出重大犧牲。如果俄國人能夠堅持下去，這是值得的。如果他們退出戰爭，我們就無需運輸。希望在 1942 年，裏海到尼羅河地區的兵力總數能達到 25 個師。如果俄國堅決要求我們派出我們實際能派往俄國的那幾個師，兵員和補給的運輸勢必會妨礙我們正在迅速發展的波斯鐵路。我非常懷疑俄國人這樣做是否明智。這些問題將在莫斯科討論，並由我們的參謀人員研究。事態進展將陸續彙報。

　　沙漠地區始終在我們的心中揮之不去。在 8 月的第一個星期，我前往普拉森夏灣的途中，寫下了一份關於即將到來的西部沙漠戰役的備忘錄。如今，我將其重新整理一遍。當初，我已將原稿提交給帝國總參謀長和本土部隊總司令布魯克將軍，兩位在原則上基本認可，僅對少數細節進行了微調。

　　自 10 月 7 日起，我將此文件分發給各高級司令官進行傳閱。第四節涉及陸軍和空軍司令的相關規定，已經透過電報傳達給奧金萊克將軍和特德空軍中將執行。該規定明確了兩者之間的關係，並確認無論是在作戰期間還是在準備階段，陸軍司令對空軍的使用擁有最高權力。從那時起，該規定在英國軍隊中被普遍採用，後來美國也獨立發展了類似的政策。

國防大臣備忘錄

1. 在這場戰爭中，最先將被重型裝甲坦克奪去的火炮在戰場上重新置於首要地位的指揮官將聲名大噪。為達此目的，需遵循三項規定：

（1）每門野戰炮或機動高射炮都應配備足夠的實體穿甲曳光彈。因此，每門機動炮就能充當反坦克炮，而每個炮兵隊伍則具備自我防禦坦克的能力。

（2）當大炮遭遇坦克的襲擊時，應視作一個良機。炮兵應持續戰鬥，直至敵軍抵達炮口。炮隊應使用高爆彈，以快速炮火迎擊靠近的坦克，直至其進入近距離。在這個階段，坦克的履帶是最易被摧毀的目標。在近距離內，應發射實心穿甲彈。只要敵軍分遣隊存在，戰鬥就應該繼續。最後一彈應在不超過10碼的距離內發射。或者，部分炮兵可假裝失去戰鬥力，或抑制火力，以便在極近距離內獲得發射穿甲彈的絕佳機會。

（3）由於採用上述策略的結果，尤其是在炮隊與坦克交戰時，大炮常常被坦克壓制而損失。只要戰鬥持續到敵人抵達炮口前，就絕不能視為一場災難，反而，這代表了炮隊的最高榮耀。摧毀坦克的成就足以彌補野戰炮或機動高射炮的損失。德國人對繳獲的大炮無甚用處，因為他們擁有大量偏好的本國型號。我們的供應足以彌補任何短缺。

皇家炮兵須確立一項原則：以坦克進攻妥善布置的英國炮兵並不划算，而這些炮隊將始終準備迎擊，以摧毀大量坦克。我們的炮兵在坦克逼近時不可後退，猶如滑鐵盧戰役中，韋林頓方陣在敵騎逼近時不退縮。

2. 德國人將他們所謂的「高射」炮隊置於最前線，並將其分散於所有裝甲和輜重縱隊中。他們自入侵法國起便採用此法，並不斷改進。我們也應該效仿。原則是所有編隊，無論是縱隊還是展開隊伍，均需配備一定比例的高射炮以確保防護。這個原則適用於所有縱隊，並應為其提供大量的機關槍和「博弗斯」式高射炮，因為這些武器的供應已經越加充足。現今

有250門「博弗斯」型防空炮正運往奧金萊克將軍處，以便他能在各縱隊中最佳地運用，並在進攻期間分配至各部隊集結地或加油站。

3. 陸軍在防禦空襲時，不應再完全依賴飛機的掩護。尤其要避免在行動中保持飛機在縱隊上空巡邏的觀念。這種對飛機的「分配」是不合理的；若大規模實施這種不利行動，將無法保持空軍的優勢。

4. 在中東，陸軍總司令一旦宣告即將進行一場戰役，空軍司令長官就應無條件提供所有可能的支援，無論其他目標多具吸引力。戰役的勝利能彌補一切，並創造新的決定性優勢局勢。陸軍總司令應向空軍司令長官指出他在對敵人後方設施進行預備攻擊和戰役中，空軍行動須達成特定目標和任務。空軍司令應以最高效的方式使用最大力量，不僅適用於永久分配給陸軍航空隊的中隊，也涵蓋戰區內所有可調動的空軍力量。

5. 若有必要，轟炸機可作為對遠距離或偏遠部隊的運輸或補給工具，其唯一目標是確保軍事行動的成功。鑑於兩位總司令的利益一致，我們預見不會出現任何問題。在準備階段，空軍司令長官應暫時擱置所有例行事務，專注於轟炸敵人的後方支援區域。他不僅需要進行夜間襲擊，還需要在戰鬥機的護航下於白晝發動攻擊，以達成目標。在此過程中，他將與敵方戰鬥機交鋒，並有機會在當地爭取制空權。準備階段的正確策略，可以在戰役中投入更大力量。所有敵軍集結或加油的地點，或在行進中的部隊，均應在白天由轟炸機在強大戰鬥機的掩護下攻擊。由此引發的空戰，不僅本身具有重大意義，並且對整體結果有直接的影響。

蒙哥馬利將軍並非該備忘錄的收件人。直到1943年，第8集團軍在阿拉曼取勝的18個月之後，我在的黎波里遇見他，偶然給他看了一份抄件。他寫道：「這個文件現在依然如撰寫時一樣正確。」當時，他因重新確立大炮在戰場上的地位而聲名遠播。

波斯與中東戰局

英國實力逐步提升

1941 年秋季

　　隨著冬季的接近，1942 年陸軍的數量和編制需要因應新形勢進行審視。我們無法確定德國是否在此時已經建造了用於入侵的多種登陸艇和坦克登陸艦。我們自己正以越來越大的規模進行類似的建設，且需求甚至更為迫切。1941 年 10 月間，我們無法斷定希特勒在進軍東方的初期階段，如果擊退蘇聯軍隊後，不會像他的許多將領最初建議的那樣，突然停止繼續東進並占據一個冬季陣地。既然他已經提前做好了準備，難道不會經由他控制下的歐洲精通線路調回 2、30 個師，在春季入侵大不列顛嗎？他是否在西方戰區仍保有足夠的精銳部隊，這一點尚無從知曉。德國空軍快速從東方調回西方似乎也是可能的。無論如何，我們都必須為這種突如其來可能發生的變化做好準備。艾倫・布魯克爵士，作為本土部隊總司令，承擔了陳述這個緊迫需求的責任。他準確地闡述了本土防務的必要性，並由他的團隊以最有力的方式提出。他們要求大量增援，並警告如果無法派遣這些兵員，戰鬥部隊將面臨嚴重削減。合理分配我們已經極為緊張的人力資源的責任，落在我作為國防大臣和三軍參謀長的肩上。

首相致陸軍大臣和帝國總參謀長

1941 年 10 月 4 日

　　1. 本土部隊總司令表示，春季到來時，除了在愛爾蘭的 3 個師，他將不得不將他的部隊縮減至 11 支完全機動的師，這讓我非常不安。這樣削減超過一半的陸軍是無法接受的。在任何類似情況接近討論階段之前，你們本應及早向內閣發出警告。

2. 沒有任何正當理由或必要削減陸軍。即使不考慮實際作戰，冬季因為正常消耗造成的損失不會超過 60,000 人，而超出的部分也已經安排補充。那 26 個標準師、9 個地方師和 7 個裝甲師，包括正在編成的國民自衛軍，無論如何都不應削減。如果需要新部隊，可以從那 4 個或 5 個獨立旅和 12 個未編旅的營中解決。

3. 請立即對總司令的宣告進行研究，並向我提出報告。在此期間，需遵循以下規則：在尚未獲得我的明確批准之前，任何現有的師編隊不應減少或轉變為其他形式。我還需知曉你們計劃用以替代現有部隊的任何新部隊，以及在人員或裝備上的任何重要編制變動。請提供當前或即將進行的變動列表。

與此同時，我竭盡全力提升本土部隊的效能，並阻止民政部門提出那些表面動聽卻似是而非的要求。

首相致陸軍大臣

1941 年 10 月 5 日

1. 我不支持在冬季讓陸軍從事挖掘下水道或類似工作的建議。空軍有相似的計畫，但情況不同。他們計劃派遣 8,000 名皇家空軍的熟練技師，穿著制服，前往各工廠支援約 6 個月。空軍的情況與陸軍截然不同，我認為他們的計畫是合理的。

2. 軍事方面的考慮應主導你的思維，因此不應向英國那些軟弱分子妥協，這些人不了解效率、敏捷行動和良好紀律是可能需與德軍交戰的武裝部隊的關鍵特徵。

3. 在任何緊急情況下，若遭遇猛烈空襲或在收穫季節，陸軍將立即提供盡可能的支援。然而，到春季時，我們將需要所有的兵力，而且每個部隊必須保持最高的備戰狀態，甚至可能在春季之前就需要投入戰鬥模式。你的職責是依照我作為國防大臣的指令，確保他們如鬥雞般做好準備。所

有官兵應參與檢閱、操練、演習，充分發展各班、排、連的個人備戰能力，不斷提升和淘汰中級軍官，並進行各種課程和競賽等活動。應該多次在城市和工業區舉行有軍樂隊伴隨的行軍。對於部隊中單調的生活，可以透過給予官兵更多假期來調劑。應當配備車輛以便軍人能前往城市消遣，作為必須的……

與那種艱苦訓練相對應的是少許娛樂。我們需要最頂級的正規軍，而不是那種設想在入侵發生時可以臨時參戰、滿身泥濘的民兵。我上週在下議院強調了追求輕鬆與短視權宜之計的風險，我們因此已經陷入的幽暗境地。

我們的機動戰鬥部隊可以從派爾將軍指揮的高射炮部隊和其他防空部隊獲取人力補充。由於對未來可能發生更大規模空襲的擔憂，人們要求確實增強防空力量。我對此觀點不十分認同，並再次以入侵的潛在威脅為背景展開討論，這種威脅始終縈繞在我心頭。

首相致霍利斯上校轉參謀長委員會

大不列顛的防空問題

首相指令

1941 年 10 月 8 日

1. 我們難以預測今年冬季的空襲會有多猛烈，以及明年春季入侵的威脅會如何。這兩隻兀鷹將在我們頭頂徘徊直到戰爭結束。我們必須小心，不能讓對它們的警惕過度削弱我們的機動野戰軍和我們在準備攻勢中的其他努力。

2. 合理的做法是將大不列顛的防空人員總數維持在現有的 28 萬人，同時加上他們能夠額外招募的女性人數。這至少比去年我們用來抵禦空襲的人數多出 30,000。計畫中提議增加的 50,000 人，將使總數達到 33 萬，這是難以實現的。目前國內即將獲得更多的高空和低空高射炮。這些炮有

英國實力逐步提升

些可以部署在新增的炮兵隊中，但除非英國防空部門能夠在上述人員數量範圍內巧妙地為這些炮配備人員，否則政府將不得不將其存放起來。

3. 鑑於當前英、德空軍的均勢，以及德國進攻俄國的影響，敵人不太可能對大不列顛進行持續猛烈的空襲來支持入侵或作為其前奏。他需保留力量以備入侵之用……

4. 因此，英國防空委員會務必增強靈活性，將固定防禦降至最低。為此，防空力量應盡量採用機動方式。派爾將軍需制定計畫，用最多數量的機動高射炮支援布魯克將軍的部隊。這些部隊有時需從原有位置撤下火炮，或者準備另一套機動火炮。如此，我們便能夠在需要時將力量從一個區域轉移到另一個區域。

……

6. 最關鍵的是，我們不能因為工廠製造了大炮就不斷增加火炮和炮兵部隊，導致我們經過訓練的有限人力越來越多地被束縛在靜態和消極的防禦中。

7. 各方應共同協助派爾將軍制定方案，以提升陸軍的機動高射炮和強化海岸炮兵隊。同時，在不增加他的兵員（28萬人，女性除外）的情況下，必須維持去年為我們提供優質服務的最低必要標準。

8. 請參謀長委員會提供建議，並考慮如何實施上述原則的建議。

此時，我方戰鬥機的能力已有顯著提升，不僅在防禦入侵方面提供了更強的保障，還為戰略規劃開闢了多種新視野。

首相致空軍參謀長

1941年9月1日

在我之前的報告中，我高興地看到我們國家的空軍實際上擁有100個戰鬥機中隊（99個半）。由於俄羅斯成為交戰國以及我們在中東（包括波斯）地位的改善，引發了戰爭局勢的巨大變化，我考慮向中東增派大量援

軍，以期影響土耳其，並（或）從南部側翼支持俄羅斯。我正在考慮派遣多達 20 個完整的戰鬥機中隊前往伊拉克－波斯和敘利亞戰區。在保衛我們控制的領土或盟國領土時，這些中隊可能會與德國的轟炸機和俯衝轟炸機交戰，而我們可以再次創造有利的戰鬥條件，如同去年德國在不列顛戰役中對我們進行空襲時，我們給予他們重大損失的情形一般。這比起在法國進行的那些非常艱苦的戰鬥來說，可能是更為有利的事情，儘管在法國那樣艱苦的戰鬥中，如果必要，我們仍會繼續進行。這支空軍將需經由漫長的海路繞過好望角，因此要到年底才能部署。它應攜帶一個或兩個控制中心等有效組織（如第 11 組那樣），以便充分發揮戰鬥機防衛的力量。在敵人入侵期間，這支空軍不會離開本國。當然，這是一支額外的部隊，不包括你為了供應東方而準備的全部空軍。

如果您能對局勢及所有關聯因素進行研究，並告知我所需人員數量、船舶需求情況以及您對這種軍事力量重要轉移的看法，我將不勝感激。若在裏海以北和以南的地區部署戰鬥機群，這將極大地支持俄國對抗德國的戰爭努力，並與轟炸機隊協同作戰，可能長期遏制德軍向東推進。印度空軍也將在這個地區行動。

我一直在全力以赴地嘗試提升和推動轟炸機的製造，這個製造流程甚至已經大大滯後於那些要求增加生產人士的最低標準。

首相致樞密院長

1941 年 9 月 7 日

我對重型與中型轟炸機生產擴展的遲緩始終深感擔憂。為使前線的中型和重型轟炸機數量達到 4,000 架，皇家空軍需要在 1941 年 7 月至 1943 年 7 月間製造 22,000 架，其中 5,500 架預計從美國獲取。近期預測顯示，在其餘的 16,500 架中，僅有 11,000 架能由我們自己的工廠生產。若想要在戰爭中獲勝，我們不能對此現狀感到滿足。因此，在與飛機生產大臣及查爾斯·克雷文爵士商討後，我已經下達指令，立即制定計畫以擴大我們

的努力，在此期間生產總共14,500架，而非11,000架。這只能經由極大程度的集中努力並犧牲其他需求來實現。原料和機床方面不應有無法克服的困難，並且將有足夠的飛行員駕駛這些飛機。問題的關鍵在於找到足夠的熟練工人來操作這些機器，並培訓大量新手。只有在犧牲其他生產項目的情況下，才能找到這些熟練工人。

我已經指示飛機生產大臣為此新方案制定計畫，並明確他為實現這個計畫規劃所需的條件。同時，我也請他提出滿足這些條件的建議。此外，我已經要求空軍大臣調整擴充皇家空軍的方案，以適應新的生產計畫。這將使機場建設、炸彈製造與裝藥等工作得到一定程度的緩解，因為所有前線飛機的數量達到預期水準的時間將比原計畫稍晚。

我希望你能獲取飛機生產大臣即將提出的計畫，召集相關的大臣們開會，並提出一些補充建議供我審議。必須指出這對我們其他規劃中生產的影響。或許需要推遲海軍部的建造計畫，或者減少陸軍裝備的生產量。最關鍵的是，必須削減大量新工廠的建設，這些工廠目前剛開始或即將動工，它們不僅在廠房建造方面，而且在所需用於材料製造領域，都需要大量的勞動力。你應要求取得所有此類工廠的說明，包括建造目的、開工日期、施工進度，以及預計投產的年分和月分的報告。其他長期計畫必須讓位於製造更多轟炸機的絕對需求。

我將此事視為當前戰爭中的關鍵因素之一，並期望在兩週內獲得你的初步建議。之後，你需負責監督該計畫的實施，而我將定期召開會議以提供支持。

與此同時，我卻不得不壓抑一些我們最可信賴的官員基於其固有熱情所提出的建議。空軍海防總隊特別受到嚴重影響，因為我們不得不削減其預期的擴展規模。在此期間，我的職責是在所有行政戰線上努力，並在多種互相矛盾的需求中向內閣提出建議，以便採取正確的解決方案。

首相致空軍參謀長

1941 年 10 月 7 日

　　1. 我們期望對德國的空中攻勢能夠實現空軍參謀部的目標。我們正全力打造我們理想中的、盡可能龐大的轟炸機部隊，並無意改變這個政策。然而，我不支持對這個攻擊策略抱有過度信心，更不支持用簡單的算術來表達這種信心。這種策略是目前摧毀敵人士氣的最佳手段。如果美國參戰，這個策略將在 1943 年藉由裝甲部隊在起義條件成熟的被占領國家內進行同步襲擊來加強攻擊效果。唯有經過這個方法才能確保決定性的勝利。即便所有德國城市遭到毀滅性轟炸，軍事控制未必會減弱，軍事工業甚至可能繼續生產。

　　2. 空軍參謀部過於誇大他們的觀點，可能導致誤導。在戰前，我們曾被他們所描繪的空襲破壞場景所誤導。這一點可以透過以下事實來說明：為空襲事件準備的病床有 25 萬張，而實際需要的從未超過 6,000 張。空襲破壞的場景被誇大到如此程度，以至於對戰前政策負責的政治家感到沮喪，並在 1938 年 8 月的捷克斯洛伐克事件中產生了一定影響。戰爭開始後，空軍參謀部不懈地試圖使我們相信，如果敵人占領了低地國家，甚至法國，我們將因空襲而處於極其危險的境地。然而，由於我們對這些說法並不過分關注，所以實際上已經降低了這種說法對民眾心理的影響程度。

　　3. 德國的士氣可能會開始渙散，而我們的轟炸對促成這個結果將會發揮關鍵作用。然而，諸事並行，因此很可能在 1943 年間納粹的作戰範圍將遍布整個歐洲，以至於在相當程度上我們無需依賴本國的實際建設。

　　4. 倘若敵方空軍被削弱至讓我們能夠在白晝時對德國工廠進行猛烈且精確的轟炸，那麼，形勢將截然不同。然而，據我目前所知，此類轟炸無法在戰鬥機掩護範圍之外進行。人們必須了解，內閣將竭盡所能全力以赴，但若有人認為在這場戰爭中存在任何明確的致勝之道，或在勢均力敵的對手間有其他終結戰爭的手段，這些人都不具備智慧。唯一之道便是堅持到底。

　　無論何時，只要你願意，我都樂意與您探討這些問題。

英國實力逐步提升

我已經基本得出關於 1942 年陸軍實力及規劃的期望，以及為維持陸軍所需的人力進行調配措施的結論。對於以下方案及所需實施的措施，我也已經獲得相關當局的認可。

陸軍的實力

國防大臣指令

1941 年 10 月 9 日

1. 目前，我們在聯合王國，包括北愛爾蘭，部署了 26 個標準摩托化步兵師和 1 個波蘭師，總計 27 個師，這些部隊裝備精良，配備了大炮和運輸工具，每個師平均約有 15,500 名士兵。此外，還有 10 個軍的組織和直屬部隊，共計 61,000 人。我們有 8 個地方師在海岸執行任務，每個師平均約為 10,000 人，但這些師除了海岸炮以外幾乎沒有其他火炮，而且幾乎沒有運輸工具。我們還擁有 5 個裝甲師和 4 個隸屬於集團軍的坦克旅，總共包括 14 個裝甲旅（其中 5 個為師屬單位）、4 個配備大炮和運輸工具的旅團、7 個步兵旅以及 12 個未編成旅的營。此外，還有 8 個機場防禦營、本土防衛營和青年兵營，總人數達 10 萬人。

2. 現建議將編制調整為 27 個標準化師（即野戰師），再加上 1 個配備有裝甲小隊的波蘭師，總計 28 個師。裝甲部隊將擴充至 7 個裝甲師，外加 8 個直屬集團軍的坦克旅，共計 22 個裝甲旅（含 7 個師小隊）。4 個旅團將繼續保留。取代 8 個地方師及上述其他部隊的，將有 13 個旅，加上等於兩個同盟國旅的部隊和 8 個「分遣營」；這些部隊構成本土野戰軍，總兵力相當於 45 個師。此外，還將保留 8 個機場防守營、本土防衛營及青年兵營。

3. 這些變動的目的在提升陸軍的作戰能力，尤其是裝甲部隊的實力，並計劃增添野戰炮、反坦克炮和高射炮，其中包括 1942 年成立的 5 個新印度師所需的炮。為達成此目的，印度軍中需配置多達 17 個英國營。

4. 第 2 節所提及的兵力削減與我們的戰爭需求不相符。為了在接下來的 9 個月內，即到 1942 年 7 月 1 日，達到目前規劃的兵力，並且維持中東的軍隊，在印度的軍隊以及我們在冰島、直布羅陀、馬爾他、香港等地駐軍的應募部隊，由於每季度的正常損失為 50,000 人，因此必須補充 278,000 人以維持陸軍的兵力。為實現這個目標，我們正在採取措施。陸軍方面，除了已經招募 63,000 名婦女外，至少還需再招募 142,000 名婦女。

因此，我詳盡地描述了我們在國內外的軍隊狀況。結論顯示了在那些促使美國參戰的特殊事件發生之前，我們所具備的軍事資源和布局的實力。指令繼續指出：

10. 若以師或相當於師的單位來統計我們的陸軍，1942 年的規劃大致如下：

（1）聯合王國，45 個師

（2）防空部隊，12 個師

（3）尼羅河集團軍，16 個師

（4）派駐伊拉克和波斯的印度集團軍，9 個師

（5）在本土的印度陸軍，8 個師

（6）要塞駐軍，7 個師

（7）非洲本地師，2 個師

共計，99 個師

11. 我們的責任是在於 1942 年擴展、裝備並維持所有的這些部隊。

除了為軍隊提供人員之外，正在擴建的軍火工廠在人力方面提出了更高的要求。若要保持全國士氣，就必須確保民眾獲得足夠的營養。貝文先生在勞工與兵役部，憑藉其豐富的工會領袖經驗，利用所有知識和影響力

來尋找所需人員。人力已經顯然成為我們軍事和經濟資源衡量的一個重要指標。貝文先生與樞密院長約翰·安德森爵士共同設計了一種制度，直至戰事結束前該制度的施行，對我們的幫助極大，使我們得以動員比以往任何戰爭中世界上所有國家更大的人口比例能夠參與國內或戰場上的戰爭需求。這項工作最初是從不太重要的職位上轉調人員。當人力儲備下降時，所有單位的人力需求不得不削減。樞密院長及人力調配委員會常需排除阻力，對相互競爭的需求進行裁定，結果則提交給我和戰時內閣。

這類人力調查的首次報告在1941年11月呈交戰時內閣。我向同僚們闡述了我對樞密院長在報告中所提主要問題的看法。顯然，此時我們必須將重擔轉移到女性身上。

人力調配問題

首相的備忘錄

1941年11月6日

若我清楚表達對我們必須解決的一些關鍵問題的看法，這可能會讓我的同事們感到更為便利。

1. 男子的強制服兵役年齡應該延後10年，即涵蓋51歲以下的所有男性。儘管這未必能使大量男子承擔現役的戰鬥任務，但卻能協助勞工大臣為軍隊尋找非戰鬥職位的人員。未來再次提升前述年齡標準的可能性不應該被排除，但目前看來，上限增加10年已經足夠。

2. 徵召年滿18歲半的青年男子入伍，以取代過去19歲入伍的政策，似乎已經完全敲定。實際上，如果這能帶來任何實質性的益處，我甚至願意在年滿18歲時就開始徵召。

3. 整體而言，儘管軍中的男性顯然對這種方式不感興趣，我對現今徵召女性加入輔助服務隊已成慣例的情況並不滿意，但對於自願報名的行為，應當大力鼓勵。

4. 倘若內閣決議支持強制婦女加入輔助服務隊，需考慮的方法是個別選擇，而非按年齡整批徵召。後一種制度將不可避免地阻止婦女加入，直至她們被按年齡整批徵召。

5. 應該推動鼓勵婦女參與軍火工業的運動。應加強對現有人力資源的利用……

6. 在合適的情況下，應鼓勵僱主更多地在工業領域僱用已婚女性。這通常需要基於部分工時的服務，因此，必須尋求降低那些肩負雙重責任婦女的負擔。

不可避免地，德國入侵這個問題不得不再次被提出來討論。我立即著手處理此事，並越發堅信入侵不會發生。同時，這是一種合理的策略，使我們能夠對可用的兵力進行必要且適當的部署。此時，本土司令部提出了大幅增加裝甲裝備的要求，而關於德國大量生產坦克登陸艇的傳言也被認為相當可信。如果不閱讀當時的文件，人們無法理解局勢的緊張程度，以及做出一些後來被事實證明是錯誤的決定是多麼容易。我彷彿是動物園中的飼養員，正在將有限的食物分配給一些龐然大物，所幸牠們將我視作友好的飼養員。

首相致帝國總參謀長

1941 年 11 月 3 日

1. 所有的經驗都顯示，所有的總司令必然會索取他們能想到的一切資源，並總是將他們的力量描述得最低……就在幾個月前，我才欣喜地看到我們能夠擁有 1,000 輛坦克以應付秋季入侵。如今，我們已經獲得 2,000 輛或更多些，並且到了春季，至少還會有 1,500 輛可供使用，使坦克的總數達到 3,500 輛。

布魯克將軍應以最佳方式編組這些坦克，需牢記為本土防禦入侵，應將盡可能多的坦克部署在前線，而後備隊則不必達到中東地區所需的規模。

2. 儘管我正倡導採取最強而有力的手段來抵禦春季的入侵，但對於有關入侵規模的傳聞，我仍然抱持相當懷疑的態度。據稱有 800 艘平底船，每艘可載 10 輛坦克，航速為 8 海里。支撐這種說法的證據極為薄弱——一名偵察人員在某地發現幾艘此類船隻正在建造，便推測其他地方也有類似的船隻正在建造，總數將達到 800 艘。如有其他證據支持此傳聞，敬請告知。

3. 隨著攝影技術的進步與空軍實力的提升，必須強力阻止在低地國家各河口集中大量船隻的行動。如今，我們已經取得加萊海峽的制空權，不明白敦克爾克、加萊和布洛涅如何能被用作入侵之用。聚集在這些港口及較小港口的船隻，我方空軍可以在戰鬥機護航下於白日進行轟炸。去年的情況並非如此。

4. 我們絕不能背棄對俄國的承諾。這是不可討論的。當然，如果阿爾漢格爾斯克港口被冰封，我們勢必得盡力尋找其他路線。然而，此時此刻，當我們對俄國的承諾剛剛寫下，且尚未採取其他任何幫助俄國的行動時，提出這樣的議題實在為時過早……

我認為應制定一個計畫，以便在發生入侵時將精選的部分國民自衛軍納入陸軍編制。

首相致陸軍大臣

1941 年 11 月 23 日

1. 公眾普遍認為，由於港口和河口內船隻雲集，以及軍隊的大規模調動，入侵的威脅將逐漸顯露。在這些過程中（可以設想這些過程可能耗時數月，且最終可能只是一個欺騙的策略）的某一個階段，我們將不得不宣布「警戒」。若要準確選擇這個時機，應在入侵開始前大約兩週。我們並不打算讓所有國民自衛軍從此停止他們的日常工作，而是徵召特定部分人民將其編入軍隊，正如民團通常的做法。

2. 國民自衛軍的其他部分則在入侵即將開始的前幾天內，或在敵軍已經開始登船時，才會被徵召。然而，在從「警戒」狀態到警報狀態的這段時間內，他們應保持高度警覺。

3. 我所提及的那些特定的國民自衛軍部分，自然不包括18歲以下和60歲以上的國人，而是指那些目前從事後備性質工作的，即未被允許加入軍隊，但自願加入國民自衛軍的眾多強壯男子。這些人將參與額外的訓練，並因此獲得金錢報酬。在「警戒」時刻到來之前，他們不會始終處於備戰狀態，也不需按陸軍部的裝備標準編成旅。他們將配備步槍、機關槍和捷克式輕機槍戰車，可以編成營。他們在「警戒」時刻到來之前不會改變其平民和志願兵的身分。

請按照在每個軍區內設立4個營的標準，向我提交具體建議。

我非常歡迎美國的軍事將領們對我們這座島嶼的防務表現出極大的關注，他們已經將英倫三島視為美國安全的基石。我們曾目睹他們如何擔心我們在中東的防禦努力，如果不足可能會威脅到美國本土的安全。1941年9月和10月間，馬歇爾將軍派遣恩比克將軍來到英國，我誠摯邀請他全面考察我們所有的國內和沿海防禦工事，並請他將所得到的結論詳細報告給我和他的政府。恩比克將軍是一位極具能力的評論家，同時也是英國的友好人士。然而，從一開始我就覺得他或許過於危言聳聽。接近11月底時，他提交了他的報告，我將我對這份報告的評語按照當時的原樣刊印出來。

首相致伊斯梅將軍轉參謀長委員會

1941年11月23日

恩比克將軍關於英國防務體系的報告，是基於對入侵兵力的假設，該假設用於進行各種準備工作。這些準備顯然已被恩比克將軍知曉，但我必須指出，雖然我們可以接受這些資料以使防務達到標準，但這些資料並無確鑿依據，僅僅是出於審慎的考慮……

英國實力逐步提升

這份報告的主要缺陷，與許多關於入侵的研究相似，在於忽視了事件的時間順序。如此大規模的入侵不可能在不被察覺的情況下準備妥當。必須在河口和港口集中船隻，不僅包括傳聞中的 800 艘登陸艇，還會有其他船隻和大型艦艇。空中偵察將揭示這個動向，並且空軍可能會在兩週或更長時間內進行猛烈轟炸。從敦克爾克到迪埃普，我們的空軍力量已經足夠支持我們在戰鬥機掩護下進行日間攻擊。敵人在克服登船的困難後，仍需調動和引導這些船隻渡海。到那時，我們有理由期待海軍進行強烈抵抗。恩比克將軍假設未來沒有警報，並且我們所有的小型艦艇將用於大西洋戰役。然而，一旦入侵規模達到猛烈攻擊的標準，這種假設就不成立了。請提交一份時間表（寫在一張紙上），詳細說明海軍從「警戒」第 1 天到第 20 天每天的行動安排，以及哪些艦隊將可供調遣。

這個階段雖然顯得很初步但不可或缺，恩比克將軍對此卻毫不關心，然而這正是島國抵禦入侵的主要且久經考驗的防禦措施之一。我們有意訓練陸軍並保持其戰鬥力，因此自然關注敵軍登陸後的情況，但皇家海軍和皇家空軍承擔著摧毀集結的入侵艦隊並在其穿越海峽時予以決定性打擊的責任。海軍和空軍的這個職責絕不能被免除。

1941 年接近尾聲之際，不可預知的高潮即將過去，我們可以放心地回顧那段致命的反德潛艇戰爭過程。我在當年 6 月底國會祕密會議中揭示的有利趨勢越加明顯。我們的資源在增加。到了 7 月，我們能夠在北大西洋各地及通往弗里敦的航線上，為運輸船隊建立起雖微弱但持續的護航艦隊。德國全力擴增潛艇之際，美國與我們的全面合作正在成形。儘管新式武器仍處於發展初期，海軍與空軍在消滅潛艇方面的有效戰術配合正在改善。對遠洋極為有用的雷達設備也已經開始生產，儘管從製圖階段起就面臨失敗風險。我們仍主要依賴海上閃避作為防禦方法。能夠引誘敵人進攻的日子尚且遙遠。

1941 年 9 月 4 日，美國驅逐艦「格里爾」號在獨自駛往冰島途中遭遇

德國潛艇襲擊但未被擊中。1週後，9月11日，總統公告了「先發制人」的命令。他在廣播中宣布：「從此刻起，若德國或義大利軍艦進入美國防務所需保護的海域，它們將自擔風險。作為美國陸海軍總司令，我公告的命令是立即執行這個政策。」9月16日，美國護航艦首次為哈利法克斯航線上的船隊提供直接保護，這立刻緩解了我們高度緊張的小型艦隊原有的壓力。然而，直到兩個月後，總統才成功解除中立法的限制；根據這些法律，美國船隻不得向英國運輸貨物，甚至不能武裝自衛。

我已將此事告知史末資將軍。

首相致史末資將軍

1941年9月14日

我對總統採取的行動感到滿意，只有當這些行動與我們會晤時商定的實際海軍行動相結合時，才能作出評估。他的防線從北極開始，沿著西經10度延伸至法羅群島附近，然後轉向西南至西經26度，直達赤道。在這個廣闊區域內，他將襲擊任何發現的軸心國船隻。前幾天，16艘德國潛艇在這個禁區內、格陵蘭島尖端附近的海面上，擊沉了我們的1個運輸船隊。應我的請求，美國驅逐艦從冰島出發來協助我們的護航艦，它們已於昨日出發，因此如果德國潛艇沒有逃逸，英、美艦隊將可以對它們採取聯合行動。美國承諾保護航行於美洲與冰島之間的所有英國快速運輸船隊，除了運兵船隊，這將使海軍部能夠從我們以哈利法克斯為基地的52艘驅逐艦和驅潛快艇中調回大約40艘，並將它們集中在本土周圍的海域中。這種寶貴的增援使得派遣護航艦以外的艦隻成群追獵並殲滅德國潛艇首次成為可能。希特勒將不得不在大西洋戰役中敗北和經常與美國商船和軍艦衝突之間作出選擇。我們知道他更傾向於藉由飢餓來扼殺我們，而不是入侵。美國公眾接受了「首先射擊」的宣言，但對其適用的廣闊區域並不知情，我認為他們將支持總統更廣泛地應用這個原則，由於這個原則的應用，戰爭可能隨時爆發。以上各節是最機密地消息，僅供你本人閱悉。

英國實力逐步提升

儘管當時德國派出的潛艇數量是 1940 年的 5 倍，我們的船舶損失卻顯著減少。從 1941 年 7 月到 11 月，在哈利法克斯航線上，沒有 1 艘快速運輸船隊中的商船被擊沉。從布雷頓角島的錫德尼出發、全程僅由英國和加拿大護航艦隊護送的那些緩慢運輸船隊在 7 月和 8 月間也未遭到襲擊。然而，在 9 月期間，我在給史末資將軍的電報中提到的一場戰鬥中，超過 12 艘的德國潛艇在格陵蘭到冰島的海域與我們交戰長達 7 天。運輸船隊中的 64 艘船中有 16 艘被擊沉，而德國的潛艇則損失了兩艘。10 月 31 日，哈利法克斯航線上運輸船隊的安全紀錄被打破，美國驅逐艦「魯本・詹姆斯」號被魚雷擊沉，傷亡慘重。這是美國海軍在尚未正式宣戰的情況下遭受的首次損失。在 8 月，取消了對任何運輸船隊中航行船隻數量的限制。快速和緩慢的運輸船隊常在部分航程中合併同行，因此在 8 月 9 日，有一個由 100 艘船組成的聯合運輸船隊安全抵達英國。在截至 9 月底的 3 個月中，每週的進口量平均接近 100 萬噸，顯示出每週增加約 80,000 噸的趨勢。

我們的空中巡邏隊在布雷斯特港監控德國巡洋艦時，發現德國潛艇頻繁出入以比斯開灣港口為基地，並沿著明確的航線穿越比斯開灣。這為我們的空軍海防總隊創造了一個機會，但要能充分利用，需要滿足兩個條件。首先是辨識問題。儘管我們的航空雷達效果顯著，但當時缺乏夜間辨識目標的方法，直到後來發展出飛機探照燈才解決。其次是需要一種能擊沉潛艇的空中武器。我們飛機上的炸彈和深水炸彈對那些轉瞬即逝的襲擊機會而言，精度和威力都不足。儘管如此，在截至 1941 年 11 月的 3 個月中，我們進行了 28 次襲擊。到 12 月，敵人被迫在夜間或水下穿越比斯開灣的危險區域。因此，德國潛艇進行追擊的時間被迫縮短了約 5 天。

在 8 月，空軍海防總隊的 1 架「亨德森」轟炸機在西部入口區域用深水炸彈攻擊了 1 艘德國潛艇。德國潛艇受損而無法下潛，艇上的水兵試圖動用火炮反擊，但「亨德森」轟炸機用機槍迫使水兵撤入潛艇下層。這成

為戰爭史上首次有潛艇升起白旗向飛機投降的事件。海面波濤洶湧，周圍無船隻，但「亨德森」轟炸機無情地監視著其獵物。飛機發出求援訊號，翌日，1艘漁船將潛艇拖至冰島。隨後，它被編入皇家海軍服役。這是一次極為獨特的事件。

英國皇家海軍此時面臨新的挑戰。援助俄羅斯的需求將注意力轉向通往阿爾漢格爾斯克和莫曼斯克的海上航線。到1941年7月底，維安——現已晉升為海軍上將——接到命令，負責偵察斯匹茲卑爾根群島。他派遣一支部隊登陸，摧毀敵方的煤炭儲備設施，並解救被德國人強迫服役的挪威人。在這次迅速的行動中，有3艘德國運煤船被捕獲。幾乎同時，從航空母艦「憤怒」號和「勝利」號起飛的56架飛機勇敢地襲擊了北角盡頭的彼得薩莫和基爾克內斯港內的德國船隻。襲擊對敵人造成了一定損傷，但我們也損失了16架飛機，此後未再進行類似襲擊。

1941年8月12日，由6艘船所組成的首支「P.Q.」運輸船隊從利物浦出發，途經冰島前往阿爾漢格爾斯克。自此，駛向俄國北部的運輸船隊每個月定期出發一至兩次。這些船隊有強大的護航力量，尚未遭遇敵方干擾。當阿爾漢格爾斯克港口冰封時，轉而使用莫曼斯克港口。關於成功向俄國軍隊運送軍需物資的慶祝與宣傳過於頻繁，然而翌年遭遇重大損失。

隨著俄國的參戰，德國飛機對英國沿海船舶的襲擊有所減少。「福克烏爾夫」式轟炸機的活動範圍很廣，但我們為應付這種威脅而設計配備戰鬥機彈射器的船隻正在建造，並迅速取得了許多成功。從直布羅陀和獅子山到本土的航線成為德國飛機和潛艇的目標，導致我們在8月和9月間損失了31艘商船和3艘護航艦。其中包括以擄獲德國軍艦「阿爾特馬克」號和圍攻德國戰鬥艦「俾斯麥」號而聞名的驅逐艦「科薩克」號。可以從飛行甲板上起飛6架飛機的首艘真正的護航航母——英艦「大膽」號——在1941年9月間服役，並立即展示了此類艦艇的價值。它不僅可以消滅或驅

英國實力逐步提升

逐「福克烏爾夫」式轟炸機，還可以在白天進行空中偵察，迫使德國潛艇潛入水下，並及時提供關於這些潛艇的警報。在接下來的許多年中，美國建造了大量在反潛戰和後來的兩棲作戰中發揮重要作用的船隻，這些船隻都以「大膽」號為藍本。

「大膽」號的服役時間極為短暫。12月21日，它在護送一支從直布羅陀啟程的運輸船隊返回本國時，經歷了一場極為勇敢的戰鬥，最終被德國潛艇擊沉。負責護航的沃克中校在這場持續數晝夜的戰鬥中充分展現了他的指揮才能，成功摧毀了約9艘德國潛艇中的4艘，還擊落了兩架「福克烏爾夫」轟炸機。某個夜晚，他的旗艦「鸛鳥」號在黑暗中追逐1艘德國潛艇，並與之相撞。兩船靠得如此之近，以至於「鸛鳥」號上的4英寸炮無法有效降低角度，炮手們「只能揮拳怒罵」，直到深水炸彈生效。沃克中校因此升遷，成為傑出的德國潛艇獵手。在他1944年因病去世之前，他指揮的護航艦隊總共擊沉了20艘德國潛艇，其中一次便擊沉了6艘。

德國派遣潛艇前往地中海的決策，使得我們在大西洋上的局勢有所緩解。有5艘德國潛艇在直布羅陀海峽被摧毀，另有6艘受損而被迫撤退，然而有24艘成功通過，並在後續章節中，讀者將會看到它們成為地中海的重大威脅。

偽裝的德國商船持續對我們的海洋貿易發動戰爭。澳洲巡洋艦「雪梨」號在澳洲西海岸外與德國的「襲擊艦G」遭遇。由於偽裝，德艦竟成功在開火前誘使對手駛入平射程內。兩艘船均被擊沉。25名德國船員隨後獲救，其餘的最終在澳洲西部登陸。「雪梨」號的700多名官兵卻無一生還。這是在幽僻海域中的一次悲慘犧牲。

數日後，那艘曾摧毀我方20艘總計約14萬噸船隻的「襲擊艦C」，在南大西洋遭遇我方巡洋艦「多塞特郡」號，最終被追擊並擊沉。

因此，我們早在 1941 年便有充分理由因為海洋戰爭而對商業影響的整體趨勢感到樂觀。1941 年 11 月，關於德國潛艇的襲擊，我們的損失降至自 1940 年 5 月以來的最低水準。希特勒對此誇誇其談，儘管德國的潛艇和空軍力量有所增加，以及我們海上運輸船隊數量及噸位均擴大，但實際上英國和盟國在 1941 年的船舶損失並未超過 1940 年。當然，雙方的攻擊目標都增多了，但我們擊沉的德國潛艇數量（包括義大利潛艇）卻從 1940 年的 42 艘增加到了 1941 年的 53 艘。

　　如此，在我們面臨戰爭發展變革的前夕，我們的軍事力量已經大幅增強，並在實際實力和對諸多問題的掌握上持續取得穩步進展。我們有信心捍衛我們的島國，並能按照船舶的最大運載能力向海外派遣軍隊。對未來即使仍然存在未知，但在克服重重困難後，我們對前景並不畏懼。德軍入侵已經不再可怕，同時，我們的海上生命線更加安全、寬廣、繁多且富有成效。對島國入口的掌控力逐月增強。德國空軍和潛艇曾威脅的封鎖已被打破，敵人被驅逐至遠離海岸的地方。糧食、軍火和補給品源源不斷地運抵英國。國內工廠的產量也在逐月增加。儘管地中海地區、西北非沙漠和中東仍有危險，然而截至 1941 年 11 月末，我們對迄今為止戰爭的進展在陸地、海洋和空中均感到欣慰。

英國實力逐步提升

與俄國更密切的接觸

1941年秋季和冬季

此時，英國與蘇聯的關係主要受到兩個議題的影響。首先，我們雙方在軍事協商上的進展模糊不清且不盡如人意；其次，蘇聯要求我們與軸心國的衛星國芬蘭、匈牙利和羅馬尼亞斷絕外交關係。如同先前在莫斯科會談中所見，在軍事協商方面幾乎毫無進展。對此，我在11月1日提交了以下備忘錄給外交大臣：

首相致外交大臣

1941年11月1日

我未曾聽聞我們有不進行軍事商談的政策。相反，我們是否明確表示過我們會進行軍事商談？實際上，我曾起草了一份文件，專注於軍事局勢而非供應問題，供比弗布魯克勳爵參考。伊斯梅將軍被派往俄國，正是為了啟動軍事商談。事實上，這不會帶來任何實質性的變化，因為目前沒有任何真正重要的實際步驟可行。他或許已經用事實和資料說明了要求我們向俄國前線派遣「25到30個師」的建議是多麼不切實際且無法實現。他可能已經解釋過，在俄國前線的任一端調入2到3個師都會如何阻塞為俄國運送物資的交通線。另一方面，我不明白為何在會議中，這類討論沒有在某個時刻被提及。毫無疑問，比弗布魯克勳爵和史達林曾討論過軍事問題。

韋維爾將軍曾抵達提比里斯，但未能與任何掌權者交談。他的俄語流利，因此最佳方案是他前往莫斯科。在接下來的幾個月裡，我們只能經由南翼進入俄國。

與俄國更密切的接觸

無論如何，讓我們闡明事實。

附言 —— 你應該檢視剛剛收到的韋維爾電報，該電報闡述即便僅派遣兩個師至大不里士或其以北如何能徹底封鎖波斯鐵路的通行。

我認為，若能設立一個軍事商談機構，便能在合理且避免誤解的情況下，將聯合行動的問題提上議程。從我接下來的備忘錄中，可以清晰地看出當時局勢的不盡如人意之處：

首相致伊斯梅將軍轉參謀長委員會

1941 年 11 月 5 日

我們無法預知德國人何時會進入高加索地區，也不清楚他們在抵達那道山脈屏障前還需耗費多長時間。我們對俄國人將採取的行動一無所知，不了解他們將動用多少兵力，或他們會抵抗多長時間。可以十分肯定的是，如果德國人步步緊逼，英國的第 50 師或第 18 師都無法及時趕到現場。由於「十字軍戰士」行動的延誤，我們目前無法看到那個範圍以外的情況。我不相信德國人會被阻止而無法占領巴庫油田，或者俄國人能夠有效地摧毀這些油田。俄國人對我們的問題保持緘默，並以極為懷疑的態度對待我們在這個問題上的任何詢問。

我們唯一能夠採取的行動是，若有可能，派遣 4 到 5 個重型轟炸機中隊駐紮波斯北部，以協助俄國人保衛高加索，並在最壞情況下有效轟炸巴庫油田，使其燃燒。這些轟炸機中隊需要戰鬥機護航。要為這些飛機提供補給，必須等到「十字軍戰士」行動及其成果明確之後。然而，應制定計畫，將大量空軍從利比亞調往波斯，以期在盡可能的時間內切斷敵人對油田的利用。務必請在下週內完成此事，以便我們了解涉及哪些問題。沒有人能確切預測俄國人能維持黑海控制權多久，儘管失去這種控制權是不可原諒的。

正如我們先前所見，芬蘭與我們斷絕外交關係的問題，最初是由麥斯基先生在 9 月 4 日與我會面時提及的。我深知這是俄國人採取強硬立場的一個議題。芬蘭在 1941 年 7 月，利用德國進攻俄國的機會，於卡累利阿前線重新展開敵對行動，意圖收復根據前一年莫斯科條約所失去的領土。芬蘭的軍事行動在 1941 年秋季不僅對列寧格勒構成重大威脅，也對連接莫曼斯克和阿爾漢格爾斯克至俄、德前線的補給線形成嚴峻挑戰。自 8 月以來，美國政府和我們都以嚴厲的措辭警告芬蘭，這種局勢可能會引發的後果。芬蘭人則認為，為了防備俄國，他們需要爭議中的東卡累利阿省，而過去兩年的經歷增強了他們的這種信念。然而，俄國正在與德國進行生死搏鬥，顯然不可能允許芬蘭作為德國的衛星國，切斷俄國與西方連繫的北方主要交通線。

羅馬尼亞的局勢與芬蘭相仿。1940 年 6 月，俄國已經占領羅馬尼亞的比薩拉比亞省，進而控制了多瑙河口。現今，在安東奈斯庫元帥的指揮下，羅馬尼亞軍隊與德國結盟，不僅奪回比薩拉比亞省，還深入俄國黑海區域的各省，如同芬蘭人在東卡累利阿的行動。此外，由於匈牙利位於中歐與東南歐的交通要衝，因此匈牙利對德國的戰爭行動提供了直接的支持。

然而，我並不完全相信宣戰是解決這種局勢的最佳途徑。在美國和我們的壓力下，芬蘭仍有可能接受公平合理的和平條件。至於羅馬尼亞問題，至少有多種理由可以相信安東奈斯庫的獨裁統治不會無限期地維持。因此，我決定致電史達林元帥，討論軍事計畫與合作，以及避免向軸心國的這些衛星國宣戰的事宜。

首相致史達林總理

1941 年 11 月 4 日

1. 為了清理事務並規劃未來，我計劃派遣駐印度、波斯和伊拉克的部隊總司令韋維爾將軍前往莫斯科、古比雪夫、提比里斯或任何你願意的地

與俄國更密切的接觸

點與你會面。此外，我們祕密選定的新任遠東總司令佩吉特將軍將與韋維爾將軍一同前往。佩吉特將軍在此間對內情瞭如指掌，因此將攜帶我們最高司令部方面最新且最成熟的意見。這兩位軍官能夠準確告知你我們的現狀、可行的措施以及我們認為的最佳策略。他們可以在兩週內抵達。你願意接待他們嗎？

2. 在我9月6日的電報中，我們曾表示願意對芬蘭宣戰。然而，你是否考慮過，英國此時對芬蘭、匈牙利和羅馬尼亞宣戰是否真的明智？這不過是形式上的宣示，因為我們的嚴密封鎖政策已經對它們生效。我個人反對宣戰，首先，芬蘭在美國擁有眾多支持者，因此出於謹慎，應考慮這個因素；其次，關於羅馬尼亞和匈牙利：這些國家有許多與我們友好的人士，他們被迫屈服於希特勒，但一旦希特勒失勢，他們可能很快重新站到我們這一邊。英國的宣戰只會將它們推向對立，並營造出希特勒領導一個反對我們的穩固歐洲聯盟的假象。請不要誤解為我們因缺乏熱情或友誼而質疑這個行動的價值。除了澳洲，其他自治領也不願採取這個行動。然而，若你認為這對你們確有實質幫助且值得一試，我會再度向內閣提出此議題。

3. 我希望我們的物資能夠像運抵阿爾漢格爾斯克時那樣迅速地被運走。目前有少量物資開始經由波斯運入。我們將竭盡全力透過這兩條路徑輸入物資。請確保隨坦克和飛機一同前來的技師們能在最佳條件下將這些武器移交給你們的人員。目前，我們派往古比雪夫的使團無法接觸到這些事務。他們的任務僅僅是協助你們。這些武器是我們冒險運送的，因此我們迫切希望它們能被充分利用。您有必要公告一道命令。

4. 我無法透露我們的即時軍事計畫，亦無法告知比你們所能透露更多的軍事消息，但請放心，我們絕不會無所作為。

5. 為了讓日本平靜下來，我們計劃派遣最新的戰鬥艦「威爾士親王」號到印度洋，具備擄獲和摧毀任何日本軍艦的能力，並在該區域建立強大的

戰鬥艦隊。我正敦促羅斯福總統對日本施加更大壓力，使其處於恐懼狀態，以確保海參崴的航路不被阻斷。

6. 我不願在讚美之詞上過多著墨，因為比弗布魯克和哈里曼已經向你們傳達了我們對你們卓越戰鬥的看法。請對我們的持續支持充滿信心。

如果我能直接從你處得知你已收到這封電報，我將倍感欣慰。

11月11日，麥斯基先生將史達林對這封電報的冷淡而含糊不清的回電遞交給了我。

史達林先生致首相

1941年11月8日

我們於11月7日接獲你的來電。

1. 關於蘇聯與大不列顛關係需要澄清這一點，我與你的看法完全一致。當前，這種澄清並未實現。缺乏這種澄清的原因有兩個：

（1）在戰爭目標以及戰後和平組織計畫方面，我們兩國之間缺乏明確的共識。

（2）蘇聯與大不列顛之間在軍事援助以共同抗擊歐洲希特勒方面並無協定。

只要在這兩個問題上未達成共識，英、蘇關係就難以明朗化。坦率地說，在當前局勢下，實現互信仍存在障礙。雖然提供蘇聯軍用物資的協定具有正面意義，但這不足以解決或完全概括兩國關係的所有問題。如果你提到的韋維爾將軍和佩吉特將軍來莫斯科是為了就上述兩個核心問題達成協定，我當然樂於與他們會面並討論這些問題。然而，如果他們的任務僅限於情報和次要事項的討論，我認為不必麻煩他們。在這種情況下，我也難以安排時間進行會談。

2. 從我的視角來看，大不列顛對芬蘭、匈牙利和羅馬尼亞宣戰的問題，已經形成了一種無法容忍的局面。蘇聯政府透過祕密外交管道向英國

與俄國更密切的接觸

政府提出了這個問題。出乎蘇聯的預料，這整個問題，從蘇聯政府向英國政府提出請求開始，到美國政府考慮此問題為止，卻被廣泛地公開傳播。目前，這個問題正在各類報紙上被隨意討論，包括友好的和敵對的媒體。在這一切過後，英國政府把對我們建議的否定態度通知了我們。為什麼要這樣做呢？是想顯示蘇、英之間缺乏一致性嗎？

3. 你可以放心，我們正全力以赴地將從英國運往阿爾漢格爾斯克的所有軍械迅速送達指定地點。對於經由波斯的路線，我們也會採取同樣的措施。在這方面，我想請你留意一個細節（儘管這只是小事）：坦克、飛機和大炮在運輸過程中包裝不佳，有時一個車輛的部件分散裝載在幾艘船上，而且由於包裝不夠完善，部分飛機到達時已經受損。

甚至在某段時間後，史達林似乎也意識到他發出的電報語氣可能過於激烈。我沒有打算回應這封電報，沉默已經足以表達我的立場。11月20日，蘇聯駐倫敦大使拜訪了外交部的艾登先生。以下是艾登先生對這次會談的紀錄，該紀錄透過電報發送給當時在古比雪夫的斯塔福德·克里普斯爵士：

今天下午，蘇聯大使請求會見我，他表示已經收到史達林先生的指示，要求他轉達史達林先生最近給首相的電報僅涉及實際和事務性問題。史達林先生無意冒犯英國政府任何成員，更遑論首相。

史達林先生的確忙於處理前線事務，幾乎無暇顧及其他。他曾提出關於在歐洲進行反對希特勒的軍事援助和戰後和平組織等重要議題。這些問題極為關鍵，因此不希望因任何個人誤會或情緒反應而複雜化。史達林在執行政策時克服了個人情緒，尤其是芬蘭事件曾令他和全國痛心。「我的祖國，」史達林曾言，「感到屈辱。我們的要求是祕密提出的，隨後事情公開化，並且英王陛下政府表示無法接受蘇聯的要求。這令國家屈辱，並對人民心理產生沮喪影響。」儘管如此，他仍專注於在歐洲達成反對希特勒的軍事援助和戰後和平組織的協定。

史達林的覆電明確指出,根據俄國領導人當前的思維,單純的軍事對話不會帶來實質性的成果。史達林關於芬蘭的電報中幾近歇斯底里的語氣,顯示出我們兩國在理解上的分歧。因此,我建議派遣艾登先生前往俄國,以再次嘗試調和我們的關係。我在 11 月 21 日致電史達林先生,正是出於此目的:

1. 剛接到你的來電,感謝。在戰爭初期,我便與羅斯福總統展開了私人通訊,這種交流鞏固了我們之間的諒解,並常常促進事情迅速處理。我的唯一願望是與您在相同的友誼和信任基礎上合作。

2. 關於芬蘭問題。當我於 9 月 4 日發出電報時,我已經做好準備向內閣建議對芬蘭宣戰。後續消息讓我考慮,如果能夠讓芬蘭人停止戰鬥、保持中立,或撤回本國,這將比正式宣戰將他們與軸心國同列為罪犯更有利於俄國和我們共同的事業。然而,如果他們在未來兩週內仍不停止戰鬥,而且你仍堅持我們對他們宣戰,那麼我們將遵從。我同意你的看法,認為對此事進行任何形式的公布都是極其錯誤的。當然,責任不在於我們。

3. 倘若我們在利比亞的攻勢如預期般成功,徹底擊潰當地的德、義軍隊,那麼,英王陛下政府便能比以往更從容地對戰爭全局進行廣泛的考量。

4. 為達成這個目標,我們計劃在不久的將來派遣你熟悉的外交大臣艾登先生,通過地中海前往莫斯科或其他地點與您會面。他將與高級軍事及其他領域的專家同行,能夠討論各種與戰爭相關的問題,不僅涉及向高加索派遣軍隊,還包括向貴軍在南方前線派遣部隊的事宜。我們的船舶資源和交通線路不允許使用大量船隻,並且即使如此,您仍然需要在經由波斯運輸軍隊與物資補給之間做出選擇。

5. 我注意到你也願意探討戰後和平組織的議題。我們的目標是在與你們結盟的情況下,並在經常與你協商的基礎上,全力以赴地作戰,不論戰爭持續多久;而一旦我們取得勝利(我堅信我們將會勝利),我們希望蘇

與俄國更密切的接觸

俄、英國和美國能夠以摧毀納粹主義的 3 個主要同夥和執行者的身分，在勝利者的會議桌上相聚。當然，首要目標將是防止德國，尤其是普魯士對我們進行第三次突然襲擊。俄國是一個共產主義國家，而英國和美國則不是，也無意成為這樣的國家，這個事實並不妨礙我們為了共同的安全和正當利益而制定一個完善計畫。外交大臣能夠就這些問題的全部內容與你進行討論。

6. 很有可能，你們在莫斯科和列寧格勒的防衛，以及在整個俄國前線對入侵者的卓越抵抗，將致命地削弱納粹政權的內部結構。我們不應僅僅依賴這種好運，而是必須繼續全力以赴地打擊敵人。

兩天後，史達林先生回電，語氣比之前稍顯平和：

1941 年 11 月 23 日

1. 感謝你發來的電報。對於你在來電中表達希望透過建立在友誼與信任基礎上的私人通訊與我合作的意願，我表示由衷的歡迎。我期望這能為我們共同事業的勝利帶來巨大的貢獻。

2. 關於芬蘭問題，實際上，蘇聯除了要求芬蘭停止軍事行動和退出戰爭之外，起初並未提出任何其他要求。但是，如果芬蘭在你設定的短時間內拒絕遵從這一點，那麼，我認為英國宣戰將是合理且必要的。否則，可能會讓人誤以為我們在對抗希特勒及其同夥的問題上意見不統一，並且希特勒的侵略同夥可以逍遙法外。至於匈牙利和羅馬尼亞，我們也許可以稍作等待。

3. 我肯定會支持您派遣外交大臣艾登先生儘早訪問蘇聯的提議。我相信，若我們共同商討並達成一項關於蘇、英軍隊在前線共同軍事行動的協定，且迅速加以實施，將會產生重大而正面的影響。關於戰後和平組織的計畫，應該是基於防止德國，尤其是防止普魯士再次破壞和平並重蹈覆轍地將各國人民推向可怕屠殺的總體概念，這是正確的。

4. 我完全贊同你的觀點，即蘇聯與英、美之間在國家組織上的差異不應也不能妨礙我們在相互安全和合法利益的根本問題上達成圓滿共識。如果在這方面仍存在疏漏和疑慮，我希望在與艾登先生的談判中能夠得到解決。

5. 請允許我對英軍在利比亞攻勢中取得的初步勝利表示祝賀。

6. 蘇聯軍隊與希特勒軍隊的戰鬥依然激烈。然而，儘管面臨重重困難，我軍的抵抗力量正在增強，並將持續增強。我們戰勝敵人的決心是不可動搖的。

在史達林的緊急請求下，英國立即決定向芬蘭、羅馬尼亞和匈牙利發出附有期限的最後通牒。正如以下各備忘錄所示，我極不情願地被迫置身於這個境地：

首相致外交大臣

1941 年 11 月 28 日

你似乎認為在 12 月 3 日對芬蘭、羅馬尼亞和匈牙利宣戰是理所當然的。我不願意在我們了解芬蘭的反應之前做出這樣的決定。此外，3 日太早。5 日才是我發電給史達林後的兩週期限。我僅在今晚才將電報發給曼納海姆。我們必須留出足夠的時間等待回覆。

我依然認為這項措施是不明智的，並且希望芬蘭人能夠撤兵。我未曾預料到會在此時採取這樣的行動。

首相致外交大臣

1941 年 11 月 29 日

關於芬蘭諸國。若有任何可能使芬蘭退出這場戰爭，我不願被時間限制。請參閱我於 11 月 21 日致史達林的電報，其中提到，「如果他們在未來兩週內仍不停止戰鬥，並且你仍然希望我們對他們宣戰……」。因此，程序應如下進行。若至 5 日，我們尚未聽聞芬蘭有退出戰爭的意圖，或得

與俄國更密切的接觸

知他們將堅持抵抗，則我們應致電史達林詢問其意願，若他仍希望，我們將立即宣戰。隨後將根據他的意願，對羅馬尼亞和匈牙利宣戰。

此刻，經蘇聯政府的知曉和贊同，我認為有必要親自向芬蘭領袖曼納海姆元帥發出最後一次呼籲。

首相致曼納海姆元帥

1941 年 11 月 29 日

想像到即將發生的事件，我心中充滿悲傷，這是因為我們出於對我們盟友俄羅斯的忠誠，不得不在數日內對芬蘭宣戰。一旦宣戰，我們便有可能在戰場上交鋒。實際上，你們的軍隊在戰爭期間已經推進得相當遠，足以確保你們的安全，現在可以選擇撤退。這無需公開宣告，只需脫離戰鬥並中止軍事行動，尤其是在嚴寒的冬季，有各種理由可以這樣做，形成事實上的退出戰爭。我希望能說服閣下相信我們將會戰勝納粹黨。我對此比 1917 年或 1918 年更有信心。如果芬蘭站在那些罪惡的、即將戰敗的納粹黨人一邊，貴國在英國的許多朋友將會感到極度痛心。我回憶起我們關於上次大戰的愉快談話與通訊，因此決定及早發出這封純屬私人性質的電報供你考慮。

12 月 2 日，我收到了來自曼納海姆元帥的回電。

曼納海姆元帥致邱吉爾首相

1941 年 12 月 2 日

昨日，我有幸透過美國駐赫爾辛基的公使收到您於 1941 年 11 月 29 日發來的來電，感謝您給予我這封私人電報的善意。我確信，在我軍抵達我認為能確保我們安全的防線之前，我無法停止當前的軍事行動。如果為了保衛芬蘭而進行的這些軍事行動使我的國家與英國發生衝突，我將深感遺憾，並且如果您因此感到有必要向芬蘭宣戰，我將倍感痛心。承蒙在這艱難時期給予我私人電報，我對此深表感謝。

此答覆明確顯示，芬蘭無意將其軍隊撤回至1939年協議的邊界，英國政府因此準備宣戰。隨後，類似的行動也對羅馬尼亞和匈牙利展開。

在此背景下，艾登先生為他的莫斯科之行做了準備，他將由帝國副總參謀長奈將軍陪同。在莫斯科的會談將全面洽談戰爭的軍事和一般方面的事務，並且如有可能，將簽訂一項正式的同盟條約。

1941年12月5日，我撰寫了一份呈交外交大臣的綜合指示，審視了我們對軍事局勢若干方面的觀點。即將討論的西部沙漠戰事在此時此刻也已經進入高潮。

1941年12月5日

1. 利比亞戰事的持續消耗了軸心國的眾多資源，同時，這也可能需要我們動用原本計劃用於保衛高加索或在俄國前線作戰的第50和第18兩個英國師。因此，這些師在近期內無法調動。撇開物資供應不談，我們能夠提供的最佳支援形式是在俄軍南翼部署強大的空軍力量，例如10個中隊；他們可以協助保護黑海上的俄國海軍基地。這些中隊將在利比亞戰役勝利後盡快撤離。他們的地勤人員和裝備不會像步兵師那樣嚴重阻塞經由波斯的交通線。中東最高司令部已經被指示要求為此次的調動行動制定計畫，當然，該計畫的實施取決於詳細偵察的完整性。

2. 土耳其的立場對俄國和英國越來越重要。土耳其擁有50個師的軍隊，需要空軍的支持。我們已經承諾，在土耳其遭到攻擊時，將派遣至少4個至多12個戰鬥機中隊前往支援。若情況果真如此，我們可能需要從計劃派往俄國南部戰線的中隊之中抽調部分力量。至於在黑海兩岸如何最有效地利用這些飛機以及所需機型，需由英國和俄國政府及參謀部根據具體情況進行磋商決定。

在這些交流進行的過程中，俄國前線的軍事危機緊迫性有所緩解。希特勒曾決意再度發起大規模攻勢，並將於1941年11月13日發布在年底

與俄國更密切的接觸

前攻下莫斯科的「秋季攻勢」。博克和古德林反對這個計畫，他們建議冬季德軍應固守陣地。然而，他們的建議遭到否決。在 11 月下旬，德軍在兩翼稍有進展，但不僅因為守軍和居民的頑強抵抗，也由於嚴寒的侵襲，德軍於 12 月 4 日開始的中路主攻完全失敗。自動武器難以操作；飛機和坦克的引擎無法發動。由於冬季服裝不足，德軍士兵幾乎被凍僵。

如同一個世紀以前那位無與倫比的軍事天才所經歷的，希特勒此刻才真正領悟到俄國冬天的嚴酷。他在無情的現實面前低下了頭。於是，他公布命令，要求部隊撤退到後方一條更為有利的防線，儘管他們仍需抵抗俄軍的猛烈進攻。這樣的攻勢相當頻繁。在這一年的剩餘時間裡，俄軍的攻勢持續不斷，迫使包圍莫斯科南北方的德國裝甲部隊後退，直至 12 月 31 日才在距莫斯科 60 英里的南北防線上站穩腳跟，而德軍曾一度逼近至距離城市 20 英里的地方。北方的情況對德軍也不容樂觀。雖然列寧格勒與蘇聯腹地的聯繫曾被徹底切斷，並受到南面德軍和北面芬蘭軍的嚴密包圍，但所有的攻勢均被擊退。在南方，德軍的進展稍顯成效。龍德施泰特曾到達羅斯托夫，並調轉方向進入高加索地區。然而，由於冒進，他被迫撤退 40 英里。儘管如此，他已經推進了 500 英里。俄國南部的工業區域和烏克蘭的豐饒麥田已落入其控制之中。僅剩克里米亞還有部分駐紮的俄軍需要被驅逐或殲滅。

因此，經過半年的戰鬥，德軍取得了顯著的成就，並給敵人造成了其他國家難以承受的損失。然而，他們試圖占領的 3 個戰略要地——莫斯科、列寧格勒和頓河下游，依然牢牢掌握在俄國人手中。距離高加索、窩瓦河和阿爾漢格爾斯克仍然遙不可及。俄國的軍隊不僅沒有被擊潰，反而愈戰愈勇，並且在來年，他們的實力必定會進一步增強。冬季已經來臨，戰事的長期化已成必然。

所有反對納粹的國家,無論其規模大小,目睹德國閃電戰的首次失利,皆感到無比振奮。只要德國軍隊在東線進行生死搏鬥,對我們這個島國的入侵威脅就暫時消除了。那場鬥爭將持續多久,無人能預見。至少,希特勒對未來仍然充滿信心。他在秋季與將軍們發生了多次爭論,並因他們未能實現他的宏偉計畫,導致總司令勃勞希契被解職。龍德施泰特也離職了。從此,希特勒親自指揮東方戰線的軍隊,自信於自己的軍事才能,滿懷希望認為蘇聯軍隊將在1942年早日崩潰。

　　我們與蘇聯的會談(在後續階段中似乎變得進展順利)已在前文中提及,接下來將介紹奧金萊克將軍於西部沙漠發動的攻勢。無論是會談還是攻勢,都因12月7日日本襲擊珍珠港而被推向一個新的階段。在全球對抗力量的結構發生顯著變化的背景下,我們將在適當時機重新探討這些話題。

與俄國更密切的接觸

前進之路

　　政策與意願促使我與總統進行最密切的交流。幾乎每週，甚至幾乎每天，我都會詳細地向他傳達我所掌握有關我們英國人想法、意圖以及戰爭全局的所有消息。這種通訊顯然引起了他的密切關注，並激發了他的強烈興趣與同情。他的回應自然較為謹慎，但此時，我對他的立場和意圖已經了然於心。我負責領導一個正遭受死敵攻擊並奮力抗爭的國家，而他則是一個強大中立國的領袖，居高臨下，威風凜凜，渴望將他的國家投入捍衛自由的戰鬥之中。然而，他尚未找到適當的行動方式。此時，英國必須制定自己的作戰計畫：如何以實際可能的最大規模調動所有軍隊與希特勒作戰；如何經由軍用物資和只能小規模的牽制行動支援俄國人；最重要的是如何生存下去！

　　然而，我的心中已經形成一個計畫，並且大多數三軍參謀長基本上接受了該計畫，將於1941年剩餘時間和1942年展開。在此期間，該計畫顯然是依據美國尚未參戰的背景，並在國會允許的範圍內向我們提供一切可能的援助而制定的。透過與總統的通訊，我察覺到他對所有海軍事務尤為關注，他不僅依據美國視角，也根據他個人的觀點，特別關注法屬北非，包括達喀爾，以及大西洋上的西班牙和葡萄牙島嶼。這些想法與我本身的觀點一致，並且我相信，今後將證明這些想法與我們單獨作戰時，以及與可能成為交戰國的美國聯合行動時的策略相協同。

　　我希望我們能在西部沙漠取得一次決定性的勝利，迫使隆美爾撤出利比亞和的黎波里塔尼亞。若一切順遂，這或許會促使突尼西亞、阿爾及利亞和摩洛哥脫離維琪政府，甚至可能連維琪本身也被吸引加入。這種目標

不過是基於希望的願景。然而，我們在聯合王國已經準備了1個裝甲師和3個野戰師，並擁有足夠的船艦力量，可以在德國空軍被俄國牽制時，將它們運送到地中海西部的任何地點。如果我們占領的黎波里，而法國保持袖手旁觀，那麼，憑藉馬爾他島的控制權，我們可進攻西西里島，進而在歐洲開闢當我們僅憑一己之力在西方奮戰時唯一可能的「第二戰場」。除挪威之外，無論我們的戰場運氣如何，我認為在1942年我們不太可能採取其他行動。進攻西西里的計畫由三軍參謀長和計劃委員會精心策劃。我們稱之為「鞭繩」。

一旦隆美爾被擊敗，連同他那支稀少而魯莽的軍隊被消滅，並且的黎波里歸入我方之手，我們便可以判斷在西西里島登陸4個師的精銳部隊（約80,000人）並征服該島並非不可能。曾對我們造成極大威脅的德國空軍，當下已經轉移至俄國，西西里島此時已無德軍。當我們的遠征軍航行於海洋並進入地中海時，敵人自然會有所察覺，但他們無法確定我們的目的地是法屬北非──比塞大、阿爾及爾、奧蘭──還是西西里島或撒丁島。這便是海軍國家所享有的戰略選擇自由。在1942年，還有什麼其他大型的攻勢計畫是大不列顛和英帝國能夠獨自執行的呢？我們如何與德國進行大規模交戰？有什麼計畫能在戰爭多變的局勢中提供我們值得追求的選擇呢？這可能超出了我們單獨承受的能力，也可能會出現意外。然而，無論怎樣，這總不致危及我們橫跨大西洋的生命線，或削弱我們本土的防禦力量。

看清前方的道路是一回事，能否踏上這條道路又是另一回事。然而，擁有一個雄心勃勃的計畫總比毫無計畫要好。所有的一切首先依賴於奧金萊克將軍在西部沙漠中籌備已久的攻勢是否能夠取得成功。所有的考量都必須與德軍可能突入裏海地區，或沿著同一方向通過土耳其，或進入中東──敘利亞、巴勒斯坦、波斯和伊拉克──所帶來的潛在威脅相結合

並加以評估。然而，我始終認為這些事件發生的可能性較低，事實也證明了這個觀點的正確性。在研究這些假設計畫的每個階段中，我贏得了三軍參謀長、國防委員會以及戰時內閣中各部大臣同事們的信任與支持。最終，所有計畫都嚴格按照既定順序得以實現，儘管是在1942年和1943年才完成的，而那時的局勢與我們在1941年10月所能預見的相比，已經發生了重大變化，並且對我們更加有利。

儘管這些推測在我們嚴格保密的領導圈子裡引起了不同意見，我仍然決心不放鬆對進攻歐洲大陸的裝備和計畫的準備工作。羅傑・凱斯爵士此時已屆70高齡。他在突擊隊的建立及進攻所需船艦的設計和建造中，作出了重要貢獻。由於他身居海軍元帥的高位且個性堅毅，與後勤部門之間產生了不少摩擦，因此我個人遺憾地得出結論，認為委任一位年輕的新領導者來負責海軍組織符合公共利益。路易斯・蒙巴頓勳爵在皇家海軍中僅為上校，但我認為他的成就和能力足以勝任這個職位。他當時在美國執行特殊任務，並受到極高的禮遇。他與太平洋艦隊同行，返回華盛頓後與總統進行了長時間的會談，並被授權向總統透露我們為登陸歐洲所作的準備及我設想中的計畫。總統對他表現出極大的信任，甚至邀請他在白宮小住。然而，在他實際前往白宮之前，我不得不將他召回國內。

首相致路易斯・蒙巴頓勳爵

1941年10月10日

我們需要你立即返回祖國，參與一項你將會非常感興趣的工作。

首相致哈里・霍普金斯先生

1941年10月10日

我們需要蒙巴頓前來執行一項既繁重又緊急的任務。請向總統說明，他因未能實現受邀訪問白宮的榮幸而感到非常遺憾。他將在離開美國前請求與總統會面。

前進之路

由於奧金萊克將軍為了完成部署而請求了近兩週的最後延期,我感到相當不安。

首相致奧金萊克將軍

1941年10月18日

你的來電使我的憂慮更為加劇。日期是由你向國防委員會提出的,儘管我們認為拖延是極其危險的,但仍接受了你的要求,並以此為目標制定我們的全面計畫。要向國會和全國解釋為何在俄國被炮火摧毀的整個時期內,我們的中東軍隊竟然停頓4個半月而未與敵人交戰,這是不可接受的。我一直努力避免公眾討論,但這種討論隨時可能爆發。而且,我們可以在這段時間內取得任何成功的寶貴幾週正在消逝。關於你再次延期一事,既沒有事先通知我,也沒有提出理由。我必須在星期一向戰時內閣說明你現在要求再次延期的具體天數。

此外,掌璽大臣計劃在星期一啟程前往美國,攜帶一封給總統的私人信函。在這封信件中(將交由羅斯福先生單獨閱覽,並在閱後焚毀或歸還),我計劃詳細說明你計劃在11月初的月明之夜發動進攻。我必須讓總統知曉我們的機密,以此激勵他的友好舉措。鑑於我們正在籌備「鞭繩」計畫,我在信中請求他派遣3到4個美國師,以替換我們駐紮在北愛爾蘭的部隊,進而增強對德軍春季入侵的防禦。我安排掌璽大臣赴美的日期是基於你報告中建議的期間。當然,如果只是兩、三天的延誤,那並無大礙。然而,如果在既定計畫中未經通知或解釋就做出重大更改,我將無法全面協調戰事。因此,務請及時來電。

正如奧金萊克將軍所期待的,進攻日期最終確定為11月18日。

我揣測總統可能的思維模式,便在奧金萊克於西部沙漠即將進行重大冒險前,將我的全部想法告知他。當時,副首相艾德禮先生正準備前往華盛頓參加國際勞工會議,我便委託他將以下信件轉交給總統。這與羅斯福先生的思維演變是相符的,這一點將越加顯而易見。

首相致總統

1941年10月20日

第一部分

尊敬的總統閣下：

1. 今年秋季的某個時刻，奧金萊克將軍將集結他所能調動的最大兵力在昔蘭尼加對德、義軍隊發起進攻。我們確信他的部隊在兵力、大炮、飛機，尤其是坦克方面，將優於敵人。他的目標是摧毀敵方的武裝力量，特別是裝甲部隊，並迅速攻占班加西。

2. 假如此次戰事取得勝利，那麼為推進至的黎波里所準備的計畫便可執行。若這次推進再度成功，預期的各方面重要反應是可以了解的，為了深思熟慮，可以事先進行研究。

3. 魏剛將軍可能因為受到鼓動而參戰，或者德國人會向他或維琪政府施壓，要求在法屬北非提供便利，這或許會迫使他加入戰爭。

4. 為了應對這些可能的突發事件，我們正調派相當於1個裝甲師和3個野戰師的軍力，並準備好船隻，預計從11月中旬開始可以出動。這支部隊可以在法國邀請下通過卡薩布蘭卡進入摩洛哥，否則將在地中海區域協助對利比亞攻勢的勝利。

5. 為了有效掩護這些準備工作，我們已經策劃了襲擊挪威海岸及增援莫曼斯克俄軍的大規模方案。這些方案中有些較為具體，有些則僅是初步設想。

因此，除了第18師在繞道好望角前往蘇伊士途中預計於11月7日抵達哈利法克斯港之外，我們可能不得不從大不列顛調動4個甚至5個師。我們必須預見到希特勒一旦穩固了俄國前線，將迅速在西方集結或許多達4、50個師的兵力，準備入侵不列顛群島。我們收到的報告可能有所誇大，稱德國人正在建造800艘船，每艘能載8到10輛坦克橫渡北海並在海岸任何地點登陸。當然，還會有傘兵和空軍的配合。

6. 襲擊規模如何尚難預料。人們可以推測他的計畫是：1939年的波蘭；1940年的法國；1941年的俄國；1942年的英國；1943年——？無論如何，我認為我們必須做好準備，從3月開始應付一次最大規模的突襲。

7. 在此情境下，將4至5個師（其中包括1個裝甲師）調離聯合王國，顯然是承受著相當的風險。若事態如本函最初推測般幸運發展，並且我們將國內軍隊縮減至上述規模，那麼，若能將1個美國軍和1個裝甲師，以及可能派出的空軍，部署在愛爾蘭北部（當然是在該政府及英王陛下政府的邀請下），進而使我們能夠在替換冰島駐軍之外，再撤出用於保衛大不列顛的3個師，這將是極大的保障和一項至高的軍事利益。

8. 倘若我們意識到你能實施這個措施，我們將更能自由地依照我所描述的方法採取果斷行動。此外，美國軍隊抵達北愛爾蘭將對整個愛爾蘭自由邦產生深遠影響，帶來不可估量的正面結果，並對德國的入侵計畫構成阻礙。我希望這能在你的考量中占據重要地位。我並不打算建議在我們觀察即將來臨的戰役結果前做出任何決定。

在討論指揮事宜以及海、空軍與陸軍之間關係的幾段內容之後，我的信接著寫道：

第二部分

13. 所有獲得的消息均指向一個結論：英軍在昔蘭尼加對德軍的勝利將徹底改變地中海戰局。西班牙可能因此受到鼓舞而保持中立。對於士氣低迷的義大利，這個勝利也可能對其產生深遠影響。或許更為關鍵的是，土耳其可能因此在抵抗希特勒方面變得更加堅定。我們並不期望土耳其立即參戰，只是希望該國在面對德國威脅和拉攏時保持堅韌不拔的態度。只要土耳其不被侵犯或誘惑，這個極為關鍵的長方形地區便始終是尼羅河集團軍東面側翼不可踰越的屏障。如果土耳其被迫參戰，我們當然將不得不提供本可在其他地方（如法屬北非或高加索）更好利用的大量支援。我們已經承諾支持土耳其（視軍事形勢而定），支援規模為4至6個師和20至

30個空軍中隊，並且正與他們合作在安納托利亞修建必要的機場。然而，土耳其所需要以確保其安全的，正是英軍戰勝德軍，使所有承諾變得真實而有效。

14. 這些部署在未來6個月內無法讓我們對俄國在高加索和裏海地區的防衛作出任何顯著貢獻。我們能為俄國提供的最佳支持是接管目前集結在波斯北部的那5個俄國師。如果這些師被調回國內用於戰鬥，我已向史達林保證英國不會損害俄國的正當利益，我們絕不會藉由損害他們的方式在波斯獲取利益。然而，我看不出在此期間我們如何能夠派遣比象徵性力量更多的部隊進入高加索，也不認為俄國人能在波斯保留類似規模的軍隊。俄國人的到來，其理論和行為已經使得波斯感到不安，如果發生騷動，我們將不得不部署3到4個英印師來保證從波斯灣到裏海的交通線暢通無阻。這些交通線是我們聯合援俄政策的重要部分，但因此可能需要額外的部隊支持而導致大部分被阻塞。我已努力讓俄國人意識到這一點。

15. 在我們於大西洋上會晤之前，我於1941年7月25日發給你的電報中，提及了1943年的長期計畫：例如，將15,000輛坦克經由數百艘特殊裝備的遠洋船舶運送，並在3、4個起義時機成熟的國家海灘上同時登陸。我曾提議在這個階段，可以從你們當前大規模建造的商船中撥出部分進行必要的改裝。我現將海軍部設計的圖紙交給你，這些圖紙詳細說明了這些船隻所需的處理方式。你會發現，這預計僅增加約50,000英鎊的成本，我認為也不會耽誤相當的時間。我估算應該至少為200艘船隻進行這樣的設備改裝。時間並不是非常充裕的，因為我們無法預見在1943年之前能否順利實施這樣的計畫。然而，與您已經開始的坦克製造計畫相關的主要問題是如何將這些坦克運送跨越海洋，並確保它們能夠在希特勒負責防務的那條漫長海岸線上未設防的海灘上登陸。因此，總統先生，我相信您會對此表示贊同。

16. 我已將一份關於野戰炮和高射炮部署情況的簡要備忘錄寄給你。

前進之路

這份文件與第一部分中提到即將展開的攻勢及我軍應對入侵的編制相關。相關領域的權威對其中所提的原則均表示認同，若你認為有價值，歡迎轉交給你們的軍官閱讀。

17. 我亦將我撰寫關於不列顛及英帝國陸軍當前與未來編制的備忘錄寄予您個人參閱，此編制計劃於1942年實施。顯然，期望達到100個師的數字，並不代表100個標準野戰師，如同之前已經充分闡明的。有些為駐軍，有些為高射炮隊，另一些則相當於旅團。然而，從廣義上講，這反映了較戰爭爆發初期所計劃更為龐大的軍事力量部署。此部署之所以成為可能，乃是由於自敦克爾克的損失後，我們尚未經歷任何重大戰事，因而軍火及後備兵員得以大量累積，而非被大量消耗。

18. 我尚未提及日本的威脅，這種威脅在最近幾天顯得尤為嚴峻。我也未提到您在大西洋上對我們的巨大支持，因為我們在會晤時已經詳細討論過這些重大議題，現在事態的發展正如我們所預期般。然而，我仍相信美國對日本採取的行動越強硬，維持和平的希望就越大。但若和平被破壞，美國與日本陷入戰爭狀態，您可以確信英國將隨即在1個小時內向日本宣戰。我們期望在聖誕節前派遣一支規模可觀的戰鬥艦隊前往印度洋及太平洋。

19. 最後，總統先生，容我表達對掌璽大臣能飛赴美國與你長談的羨慕之情。由於無法親身前往，我只能藉由這封冗長的信件與你交流。關於信中提及的即將展開的軍事行動，我能否請你絕對保密，僅限你一人知曉？為此，我已將信件的第一部分包含我們攻勢的具體日期與其他內容分開，期望你在閱後立即將其焚毀。

總統先生，致以最誠摯的問候和美好的祝願！

你的誠摯的朋友

溫斯頓・斯賓塞・邱吉爾

我亦透過國務大臣詳細地向中東的總司令們展示了這些計畫，使他們明白即將開展的「十字軍戰士」戰役將為我們打開繼續前進的通道，同時也為了再次強調他們發動攻勢的緊迫性。該文件闡述了一個不同的角度，展現了與我在致總統信中所表達相同理念的另一面。

首相致國務大臣

1941 年 10 月 25 日

1. 無人能夠確定德國將在冬季繼續在俄國作戰並無法脫身。更有可能的是，俄國前線將在一個月左右呈現出除南方以外的靜止狀態。即便俄國能守住莫斯科和列寧格勒，由於軍火儲備的損失，也將不得不暫時降為二等軍事強國。希特勒可以隨時將他的三分之一軍隊用於進攻俄國，同時仍保有足夠的兵力來威脅英國，對西班牙施壓，派遣援軍整頓義大利，並在東方推進。

2. 因此，人們絕不應推測，明年或來年春天我們的狀況會有所改善。相反，關於「鞭繩」（西西里島作戰計畫），它可能是「過了今朝，時機不再來」的一個例子。依我之見，到 12 月底，這樣的希望將無限期消失。

3. 希特勒的弱點在於空軍。英國的空軍已然強於他的空軍，並且在美國的援助下，發展速度更為迅速。俄國的空軍或許有德國空軍的三分之二，部署於合適的縱深，且狀況極佳。即便將義大利空軍中值得一提的部分計算在內，希特勒仍然沒有足夠的空軍來同時支持陸軍的行動。然而，英國空軍的主體必須留在國內以防禦入侵，因此大部分沒有被使用。

4. 因此，對我們而言，關鍵在於尋找能夠使我們在各戰區內以有利條件與敵方空軍交鋒的局勢。「鞭繩」行動可能正是提供這樣機會的方案。

5. 若能在明年 1 月分之前聯合並穩定控制位於的黎波里、馬爾他、西西里島和撒丁島的各個機場，則可以從國內起飛，並以這些機場為基地的轟炸機對軸心國較弱的盟友義大利展開猛烈且可能具有決定性的打擊。

由於義大利在西西里以北缺乏機場，這個行動將成為可能。新戰區內的空戰將直接削弱敵人對大不列顛、尼羅河流域以及其向東南進軍支援的空軍行動。

6. 英國在地中海中部的空中優勢將為我們帶來其他利益。根據第9節所述條件，從地中海出發的海上航線將由強大護航的運輸船隊執行，這將節省船舶資源並增強對東方戰事的支援。

7. 隨著這些成就（包括英軍抵達突尼西亞邊界），法國及法屬北非的反應或許可以推動魏剛採取行動，並將會有隨之而來的各種利益。

8. 上述內容必然以「十字軍戰士」行動的勝利為前提。你應當注意到敵人的軍力，尤其是空軍力量，將因一種極為強勁的牽制而受到影響，這牽制是「鞭繩」作戰計畫的預期結果，特別是在與「雜技家」作戰計畫（美國占領的黎波里塔尼亞）同時實施的情況下。沒有什麼能比同時出現多個目標更能確保我們的安全，或讓敵人遭遇更大挫折。這尤其適用於敵人從俄國戰區抽調多餘空軍、重新裝備、準備在其他地方作戰而留下的這段時間。如你所理解的，經過充分準備後在利比亞穩步推進，而其他地區靜止不動，必然會導致最大程度的對抗，並使這種對抗得以集中。這樣的策略將給予德國人足夠時間加強對西西里島的支援，並進一步控制義大利。我希望，你跟我一樣，意識到當前機會的稍縱即逝，以及德國在調整俄國戰線後可重新部署軍隊的時間是多麼短暫。正如你所言，這是「一個時機選擇的問題」。

9. 對於我們在地中海中部試圖建立空中優勢以開闢航路的計畫，敵人將作何反應呢？鑑於敵人在義大利可以使用的機場布局，他若想充分發揮空中力量的優勢，需要耗費一些時間。因此，他必然會對西班牙施加壓力，試圖封鎖直布羅陀海峽。我們傾向於相信，西班牙人將會憤慨並抵抗德國對其國家的任何侵犯，因為這些憤怒且飢餓的西班牙人對德國人懷有厭惡之情。英國在「十字軍戰士」行動中取得勝利，勢必會對西班牙政府

的情緒產生重大影響。毫無疑問，希特勒希望可以強行通過西班牙，就像他能夠控制義大利一樣。他的障礙在於政治領域。他的目標是建立一個以德國為盟主並服從「新秩序」的歐洲合眾國。這不僅依賴於對各國人民的征服，更需要各國人民的合作。當前在許多國家中不斷進行的謀殺與報復、屠殺人質等事件，最能有效地達成這種希望。如果在他軍隊所控制的那些已經被征服且難以控制的廣大地區之外，又加上西班牙和義大利，對他而言，這將這是一項難以處理的難題。

10. 基於上述種種原因，將「十字軍戰士」和「鞭繩」同時進行且緊密相連，顯得尤為合適。然而，必須清楚了解，除了在利比亞的推進外，我們在其他站區也不能繼續保持無所作為。我正面臨俄羅斯要求盡快派遣一支英國軍隊前往俄軍左翼前線的請求。在英國公眾對我們被指責為無所作為的憤怒日益增加的情況下，無限期地拒絕這樣的要求是不切實際的。因此，如果決定放棄「鞭繩」作戰計畫或應法國的邀請在法屬北非採取的另一行動（如三軍參謀長的報告中所述），那麼就必須及早準備調動一支強大的軍隊進入俄羅斯。

11. 請在國防委員會週一晚間開會前，提交您的進一步意見。

開羅的各總司令持有不同的看法。他們優先考慮尼羅河三角洲、蘇伊士運河、巴斯拉、高加索以及「托魯斯山堡」的防禦。他們不認為攻占西西里島既可行又必要。他們的關注在右方，向東看，即使決定向西進攻並能夠成功，他們更願意占領比塞大而非進攻西西里島。我完全理解他們的理論，而此理論也獲得印度的韋維爾將軍的強力支持。他們在10月27日發出的電報中詳細說明了這些論點和結論。

最終，我打消了實施「鞭繩」作戰計畫，即攻打西西里島的念頭。

前進之路

首相致伊斯梅將軍轉參謀長委員會

1941年10月28日

1. 鑑於近期來自中東的來電,以及你本人果斷放棄我所支持的「鞭繩」作戰計畫,我目前認為該計畫已經終止。

2. 然而,應當準備一支相當於兩個師和1個裝甲師的部隊,以便在「十字軍戰士」行動和「雜技家」行動成功時加以利用。除了將希望當作理由之外,並無其他理由期待魏剛將軍會因為我們即將採取的行動而邀請我們進入比塞大或卡薩布蘭卡。倘若他這樣做,我們必須準備好抓住這個重大機遇。相關總司令應立即研究此問題,並與中東總部,特別是坎寧安海軍上將進行商討。

3. 此情況可能發生,因為一旦英軍取勝,法國的民心會受到波動,或者因為德國實際上或許可能失去的黎波里,因此要求貝當允許他們使用該戰區(這種情況不應被排除)。

4. 該行動被命名為「體育家」。

5. 至關重要的是立即辨識出應公布哪些命令,以將「鞭繩」作戰計畫轉變為「體育家」作戰計畫,進而使船舶遭受的侵犯降至最低;其次,需了解船舶的需求狀況及其影響程度。

6. 我已經收到自美國傳來的報告,據稱那裡的友人對美國介入摩洛哥的想法甚感興趣,且諾克斯上校曾與哈利法克斯勛爵談論派遣15萬美軍登陸的事宜。如有可能,我們必須準備在「十字軍戰士」行動成功後,於任何適當時機向魏剛將軍提出類似建議,或至少提出一項英國的建議。這或將使局勢對我們有利。因此,應以最具說服力的措辭表達此建議。在「十字軍戰士」行動結果明朗前,我暫時不會向總統提及此事。

7. 我曾接到一封由路易斯・蒙巴頓勛爵轉交的信,信中他表達了對丹吉爾的濃厚興趣。這需要仔細研究,顯然會在西班牙和法國人之間引發重大爭議。然而,為此而犧牲與法國合作的機會,將是一個錯誤。

無論是否放棄西西里島的進攻計畫有何影響，我們都堅持對各種價值和機會的評估，因此在達成一致決策方面，我並未遇到困難。

首相致伊斯梅將軍，轉交參謀長委員會及帝國總參謀長

1941 年 11 月 2 日

　　儘管對韋維爾將軍的看法已經了解，我們果斷地決定實施這個程序，即「十字軍戰士」、「雜技家」、「體育家」。此執行程序不可更改。

　　因此，若一切順利，我們的戰略安排為：擊敗隆美爾的部隊並清除位於昔蘭尼加的敵人；進軍到的黎波里；在法國協助及邀請的情況下，進入法屬西北非洲。攻打西西里的計畫成為能成功實現前兩個目標的基礎，並可替換為第三個計畫。然而，這些計畫多為假設，因此我不願與中東司令部在戰略上進一步爭論。

首相致國務大臣

1941 年 11 月 11 日

　　關於你和奧金萊克對「十字軍戰士」行動的電報，我只能保持沉默。在我們了解該行動的進展之前，無法對未來形成任何觀點。戰役如同面紗，透過它凝視是不智的。

　　接著或許應該探究敵人的內心世界，看看他們究竟在盤算些什麼。

　　在 1941 年 7 月，德國陸軍作戰計劃部曾探討過名為「東方」的策略，目的在削弱英國在中東的影響力。他們的核心假設是，俄國戰役將在秋季取得勝利。如果這個假設成立——儘管這是個巨大的「假如」——一支裝甲兵團將於 1941 年末至 1942 年初的冬季自高加索出發，經波斯南下。在土耳其順從的情況下，10 個師的部隊，其中一半為裝甲和摩托化部隊，將從保加利亞途經安納托利亞進入敘利亞和伊拉克。若土耳其反抗，則需加倍兵力，因此計劃需推遲至 1942 年實施。在非洲的德、義軍隊則排在

前進之路

次要位置。1941年夏、秋期間,他們的任務除攻陷托布魯克之外,主要以防禦為主。到冬季,他們的人員和裝備損失將得到補充,隨後,在對波斯和伊拉克展開全面進攻分散英國的注意力和兵力時,利比亞的軸心國軍隊將進攻開羅。

德國最高司令部一向不支持在非洲進行冒險。派遣軍隊前往非洲,僅僅是為了阻止義大利軍的崩潰。當義大利軍的崩潰被遏制而我們被迫撤退時,這個成就並未改變德軍的戰略意圖。跨越地中海的航程面臨來自馬爾他的潛艇和飛機的襲擊威脅,因此不符合他們的計畫。由於「軸心國在增援方面與同盟國相比面臨更大困難」,北非一直被視為次要戰區。與義大利在陸、海、空的合作在德國人看來並不特別具有吸引力。德軍司令部只是勉強同意補充隆美爾部隊的不足。如果敵人有意,他們能夠以可接受的代價調配必要數量的軍隊,進而威脅我們的地位。很快就會看到,他們的主要障礙——馬爾他島——為何從未遭到攻擊。毫無疑問,克里特島的巨大損失是阻止他們採取行動的一個因素。

1941年8月初,德國陸軍部向負責指揮西、北、南各路集團軍群的將領們發出一封信,信中概述了在擊敗俄國之後接下來的目標:

(1)增援北非的軍事力量,以便能夠攻占托布魯克。為確保運輸艦隊的順利通行,德軍空軍需重啟對馬爾他的轟炸行動。

在氣候條件不至於導致延誤且運輸艦隊的服務能夠如期開展的情況下,可推測對托布魯克的攻勢將於9月中旬展開。

(2)「菲力克斯」計畫(即在西班牙的積極參與下攻占直布羅陀港)必須在1941年執行。

(3)假設東方戰役結束後,土耳其加入我們的陣營,並計劃在至少85天的準備後,向埃及方向的敘利亞和巴勒斯坦發動進攻⋯⋯

因此，秋冬季的各個月是我們的最佳時機。德國空軍已經從西西里島撤離。俄國前線的燃料供應不足以支持義大利海軍。8月分，隆美爾的物資和增援損失達33%。到了10月，這個關鍵數字上升至63%。義大利人被迫組織了一條替代的空運補給線。9月底，墨索里尼開始每個月空運15,000名增援部隊至的黎波里，但10月底時，僅有9,000人抵達。同時，海運至的黎波里幾乎停滯，只有少數船隊突破封鎖抵達班加西。然而，10月的損失最終迫使德國最高司令部為義大利海軍輸送汽油。他們還採取了一個更為重要的措施。鄧尼茨海軍上將勉強同意從大西洋撤出25艘潛艇進入地中海。這是一次真正的打擊，其後果不久將顯現。

在此期間，我們以馬爾他島為據點實施的控制是至關重要的，根據我的指令，海軍部在此建立的「K艦隊」取得了豐碩的戰果。11月8日晚間，飛機報告稱，他們襲擊了自航行恢復以來的首批義大利運輸船隊。該船隊包括7艘商船，由6艘驅逐艦、兩艘巡洋艦護衛，另有4艘驅逐艦支援。所有商船迅速被摧毀。我們的巡洋艦擊沉了1艘驅逐艦，另1艘則受損。義大利的巡洋艦未參與戰鬥。我將這個好消息電告總統。

前海軍人員致羅斯福總統

1941年11月9日

駛往班加西的軸心國運輸船隊在義大利與希臘之間被殲滅，這個事件無論從事件本身還是其後果來看，都具有重大意義。同樣值得關注的是，那兩艘義大利重型巡洋艦竟不敢迎戰我軍兩艘裝備6英寸口徑炮的輕型巡洋艦，而他們的6艘（實際上是4艘）驅逐艦也未敢對抗我們的兩艘軍艦。

我對莫斯科前線的印象也在不斷改善。

前進之路

軸心國的運輸船隊再次被迫中止航行，因此隆美爾有充足的理由向德國最高司令部表達不滿。

隆美爾將軍致德國陸軍最高司令部

1941 年 11 月 9 日

北非的軍隊和物資運輸速度已經大幅減緩。到 1941 年 10 月底，義大利承諾的 60,000 噸物資中，僅有 8,093 噸抵達班加西。計劃用於托布魯克攻勢的部隊中，約三分之一的炮兵和重要運輸隊到 11 月 20 日為止仍無法從歐洲運來。此外，從法國購得的 20 門 15.5 公分口徑大炮何時能從突尼西亞送達尚無定論……我們請求在 11 月進攻托布魯克的 3 個義大利師中，僅有 1 個師可用，且該師兵力不足。

然而，此時我們無災無難的時期已然結束。德國潛艇進入了這個戰場。11 月 12 日，當「皇家方舟」號將更多飛機派往馬爾他後，在返航直布羅陀的途中，被 1 艘德國潛艇發射的魚雷擊中。所有拯救該艦的努力均告失敗，最終這艘在眾多戰役中表現卓越的著名老軍艦在距離直布羅陀僅剩 25 英里的地方沉沒。這代表著我們地中海艦隊一系列重大損失的開始，也揭示了我們在該地區從未意識到的一個弱點。然而，此時一切為發動久拖不決的攻勢所需的條件均已備齊，因此我們必須轉向西部沙漠。

11 月 15 日，我透過國王的訓示電報傳達給奧金萊克將軍，以便他在適宜的「條件、時機和情況」下加以運用。

首相致奧金萊克將軍

1941 年 11 月 15 日

奉國王之命，我向西部沙漠的陸軍與皇家空軍的全體官兵，以及地中海艦隊，傳達陛下對他們在即將到來的關鍵戰役中展現出值得自豪的忠誠與盡職的信心。不列顛及英帝國的武裝力量將首次以齊備的現代化武器與

德軍對抗。這場戰役將對整個戰爭過程產生影響。此刻正是為最終勝利、祖國與自由進行最猛烈打擊的時機。駐紮在沙漠的軍隊或將為歷史增添與布萊寧戰役和滑鐵盧戰役齊名的一章。各國人民注視著你們。我們所有的心與你們同在。願上帝支持正義的一方！

前進之路

「十字軍戰士」行動

　　描述現代戰役時，戲劇性常被削弱，因為戰鬥範圍廣闊，且勝負常需數週方能決定。相比之下，歷史上著名戰役往往在數個小時內於幾平方英里的範圍內決定了民族和帝國的命運。在西部沙漠中，快速行動的裝甲和摩托化部隊的衝突，將這種今昔對比表現得淋漓盡致。

　　坦克已經取代昔日戰爭中的騎兵，以其更強大的威力和更廣泛的活動範圍成為新的主力武器。它們的機動運用在許多方面類似於海軍作戰，只是將海洋換成了沙漠。勝負的關鍵在於裝甲部隊的戰鬥效能，猶如一支巡洋艦隊的戰鬥能力，而非它們與敵人交戰時的位置，或敵人出現於地平線的哪個方位。坦克師或坦克旅，以及更小的編隊，能夠迅速在任何方向形成戰線，使得被包抄、後方被襲擊或被切斷的風險顯著降低。另一方面，一切都需要時刻依賴於燃料和彈藥的供應，而這對於裝甲部隊來說，比對於海上自給的船隻和艦隊要複雜得多。因此，軍事學術的原則有了新的闡釋，每場戰役也帶來了獨特的教訓。

　　在這類沙漠戰鬥中所投入的戰爭資源之龐大，絕不容低估。儘管在各個軍隊中，只有約 9 萬至 10 萬的戰鬥部隊直接參戰，這些部隊卻需要 2 到 3 倍的人員和物資來支援他們的奮戰。代表奧金萊克將軍攻勢開始的西迪雷澤格之戰激烈衝突，從整體過程中展現了戰爭的諸多生動特徵。雙方總司令親自參與，具備如古時般的主宰與決定性作用，雙方的冒險程度亦與冷兵器時代不相上下。

　　奧金萊克將軍的首要任務是奪回昔蘭尼加，並在過程中摧毀敵軍的裝甲部隊。若一切順利，他的下一個目標是攻占的黎波里塔尼亞。為了實現

「十字軍戰士」行動

這些目標，坎寧安將軍接任新籌組的第 8 集團軍司令，指揮第 13 軍和第 30 軍，連同托布魯克的守軍，總計約 6 個師及 3 個後備旅。英軍共有 724 輛坦克，其中包括 367 輛巡邏坦克，另有 200 輛備用。皇家空軍將在行動前一個月加強活動，擾亂敵方交通線並爭取制空權。在空軍少將科寧厄姆的指揮下，西部沙漠空軍包括 16 個戰鬥機中隊、12 個中型轟炸機中隊、5 個重轟炸機中隊和 3 個陸軍航空中隊。在 1,311 架現代作戰飛機中，有 1,072 架可供使用，此外，馬爾他還有 10 個中隊可以出動。

在隆美爾前線 70 英里外，托布魯克的駐軍靜候，它由 5 個旅團和 1 個裝甲旅組成。這個要塞是他常關注的目標，並因其戰略意義，目前仍阻礙德軍對埃及發動的任何攻勢。德國最高司令部已經決定消滅托布魯克，並計劃於 1941 年 11 月 23 日發動攻勢。隆美爾的部隊由龐大的非洲軍團構成，包括第 15 和第 21 德國裝甲師、第 90 輕裝師，以及 7 個義大利師，其中 1 個是裝甲師。敵方坦克數量估計為 388 輛，但根據最新紀錄，實際為 558 輛。在中型和重型坦克中，三分之二為德國製造，並配備比我軍坦克 2 磅炮更強大的火炮。此外，敵人在反坦克武器方面有顯著優勢。軸心國空軍包括 190 架德國飛機，其中 120 架可用於進攻，另有 300 多架義大利飛機，大約 200 架可用。

在坎寧安將軍指揮下的第 8 集團軍，將以其兩個軍展開攻勢，向西和向北推進，以抵達托布魯克，而托布魯克的守軍則同時猛烈突圍。為此，第 13 軍將進攻並奪取從哈爾法亞到西迪厄馬的敵人邊界防線，進行包抄和包圍，以切斷駐守在這些防禦工事之中的軍隊，然後向托布魯克推進。與此同時，幾乎囊括我方全部裝甲部隊的第 30 軍，將在沙漠側翼廣泛掃蕩，尋找隆美爾的大部分裝甲部隊並與之交戰，至少要牽制他們，以確保第 13 軍得到掩護。

儘管需要大規模的準備工作，攻勢發動時仍成功實現了完全的戰術突

襲。軸心國部隊正為 11 月 23 日向托布魯克的進攻而在新陣地集結。為了在關鍵時刻打擊敵軍的指揮中心，蘇格蘭突擊隊的 50 人在萊科克上校指揮下乘坐潛艇抵達敵軍防線後方 200 英里的海岸。在波濤洶湧的海面上，30 人成功登陸並分為兩組，一組負責切斷電話和電報線路，另一組由凱斯海軍上將的兒子凱斯中校帶領，襲擊隆美爾的指揮所。在 11 月 17 日午夜，他們突入德軍司令部的一座建築，許多德國人被擊斃，但隆美爾本人並未在場。在漆黑的房間中短兵相接時，凱斯不幸遇難。他死後被追授維多利亞十字勳章，以表彰其英勇行為。

11 月 8 日清晨，在大雨的籠罩下，第 8 集團軍迅速推進，按照計畫，第 30 軍包圍敵人陣地，抵達邊界，而第 13 軍最初未遇到抵抗，從南方逼近西迪雷澤格。此山脊約 100 英尺高，北面幾乎是峭壁，俯瞰隆美爾自西往東的主要交通線卡普佐小道。附近有一個大型飛機場。向南眺望，雖然地形無甚特異，卻將起伏的沙漠盡收眼底。雙方均認定這是整個戰區的關鍵所在，也是解救托布魯克之圍的重要關鍵之地。

在初始的 3 天內，一切運作順暢。11 月 19 日，德軍裝甲部隊的一個主要分支從其駐紮的沿海地區向南推進。次日，在西迪厄馬以西 15 英里的地點，他們與我們的第 4 和第 22 裝甲旅遭遇。英國第 7 裝甲師因偵查敵情而分散。其 1 個旅（第 7 旅）及支援部隊成功攻占西迪雷澤格。這些部隊隨後接連受到非洲軍團的攻擊，後者的裝甲部隊一直較為集中。在 21 日和 22 日的兩天中，尤其是在機場及其周邊，爆發了一場激烈的戰鬥。事實上，雙方的所有裝甲部隊都捲入這場戰役，大規模地在雙方炮火下激烈交戰。德軍坦克裝備精良且數量較多，因而占據優勢。儘管我們在旅長喬克·坎貝爾的英勇領導下奮戰，德軍仍然占上風，我們在坦克方面損失慘重。22 日晚，德軍再次奪回西迪雷澤格。第 30 軍指揮官諾里將軍損失了三分之二的裝甲部隊，因此下令全面撤退 20 英里，以便在阿布德小道

「十字軍戰士」行動

以北重整部隊。這是一場重大的失敗。

11月19日夜晚，奧金萊克發來電報：「目前看來，這次襲擊的確出乎敵人的意料之外，他們顯然沒有預料到我們的打擊會如此迅速且有力。儘管尚需進一步驗證，但有跡象顯示他們正試圖從拜爾迪耶－塞盧姆區域撤退。在確認我們的裝甲部隊今日抵達的地點之前，無法對戰局作出更深入的推測。我對於當前形勢保持樂觀……」特德也報告：「空戰在目前階段的進展似乎令人滿意。17日至18日的猛烈襲擊，雖然打亂了我們摧毀德國戰鬥機的計畫，但也在最初兩天內有效限制了敵方的空中行動。昨日，又有14架『容克87』式轟炸機在地面被摧毀。夜間，重型轟炸機共出動了56架次。駐馬爾他的空軍還將班加西列為攻擊目標，並已向第4裝甲旅空投了10噸彈藥。」

與此同時，11月21日，敵方的裝甲部隊顯然意欲決戰，坎寧安將軍遂下令第13軍推進。第4印度師已經迂迴至西迪厄馬附近。在其左翼，弗賴伯格將軍指揮的紐西蘭師向北移動，抵達拜爾迪耶的郊區，進而切斷了所有敵方邊界駐軍的補給線。他們攻占了非洲軍團司令部，並於11月23日幾乎重新占領了第7裝甲師弟兄們剛失去的西迪雷澤格。11月24日，弗賴伯格將紐西蘭師的大部分部隊集結在機場以東5英里處。自從在西迪雷澤格被擊退後，我方裝甲部隊在此地進行重組。托布魯克的守軍已經發動出擊，與德軍步兵激戰，但尚未突圍。紐西蘭師在一次成功的推進後，抵達西迪雷澤格城下。敵軍的邊界駐軍已被切斷，其裝甲部隊在擊敗我方第30軍後，布陣於比爾古比以北。雙方激烈交鋒，均遭受重大損失，戰局尚未分出勝負。

關於這場戰役最為精闢的描述，當屬奧金萊克將軍的最終報告，該報告於1948年在倫敦公報中發表。

鑑於德國裝甲師此時似乎已經決心迎戰，並據報坦克損失慘重，坎寧安將軍遂批准傳達指令，指示托布魯克守軍發起進攻，並命令第 13 軍展開行動。然而，在 11 月 21 日，我們開始遭遇困境。正如預期，敵軍立即對西迪雷澤格的威脅作出反應，其多支裝甲師繞過第 4 和第 22 裝甲旅。此刻，敵方全體裝甲部隊聯合，企圖將我方驅逐出這個戰略要地，並阻止援軍抵達被孤立的支援部隊和第 7 裝甲旅。儘管原本並未打算讓這些部隊長期防禦，他們在缺乏支援的情況下竟成功抵禦了 21 日整日，這實屬不凡的成就。原本希望第 5 南非步兵旅能在敵軍發起攻勢前抵達戰場，但他們未能如願，部分因阿里埃特裝甲師的阻撓，部分因缺乏處理龐大車隊的經驗。

　　次日，3 支裝甲旅齊聚全力守護此地區。儘管我們的坦克和反坦克炮奮勇作戰，但仍不敵德軍，因此在 11 月 22 日傍晚，第 30 軍被迫撤退，損失了三分之二的坦克，並留下一個大突出陣地給托布魯克守軍防守。

　　敵人以令人震驚的方式取得勝利。在一場夜間突襲中，他們出其不意地襲擊了第 4 裝甲旅，將其徹底擊潰，該旅的百輛坦克占據了我們剩餘裝甲力量的三分之二。11 月 23 日，他們幾乎全殲了第 5 南非步兵旅，這是諾里將軍指揮的僅有的兩個步兵旅之一 —— 由於缺乏運輸工具，無法增援更多步兵旅。隨後，24 日，敵人利用數個裝甲師對邊界進行了強力反擊。在此之前，一些早期報告顯然大大誇大了敵人坦克的損失，敵人的坦克數量至少與我們相當，且效能更優，同時他們能夠從控制的戰場中恢復損失的數量。

　　敵對裝甲部隊之間的力量對比發生轉變，導致局勢極端危急⋯⋯

　　此時發生了一段驚心動魄的插曲，讓人聯想到美國南北戰爭時期，1862 年傑布・斯圖爾特在約克敦半島騎行繞過麥克萊倫的事件。然而，這一次是經由一支裝甲部隊來實現的，若其覆滅將決定其他軸心國部隊的命運。隆美爾決意奪取戰術主動權，率裝甲部隊強行東進至邊界，希冀透過

「十字軍戰士」行動

製造足夠的混亂和恐慌,迫使我方司令部不戰自退。他很可能記得在6月15日的沙漠戰役中,他的裝甲部隊曾因迅速突襲而使麥塞維將軍在關鍵時刻選擇撤退的好運。他這次突擊行動幾乎再度接近成功,下文將詳細描述。

他集結了非洲軍團中仍屬戰場上最強大的一支部隊,沿著阿布德公路直接衝至比爾設斐森,險些發現了第30軍本部和兩個重要的軍需站;若無這兩個軍需站,我們就無法繼續作戰。抵達邊界後,他將部隊分成多個縱隊,一些向北或南轉進,其餘則深入埃及境內20英里。他在我們後方進行大規模破壞,並俘虜了許多人。然而,這些縱隊並未對第4印度師造成影響。它們遭到從第7裝甲旅、支援部隊和警衛旅中迅速組成的分遣隊追擊。更為重要的是,我們的空軍已在敵對雙方的上空取得了制空權,持續沿途襲擾敵軍。隆美爾的縱隊實際上未獲得德國空軍的支援,遭受了我們在德國控制戰場上空時所領會並忍受的痛苦。11月26日,敵人的所有裝甲部隊轉向北方,在拜爾迪耶及其周邊暫避。次日,他們接到緊急命令撤回西迪雷澤格,遂急忙西行返回。隆美爾的大膽戰術已告失敗。

從奧金萊克和特德在這段期間發來的每日電報中摘錄一些片段,或許頗具趣味。奧金萊克在21日傳來捷報:「幸運的是,狐狸的洞穴已被封堵,獵犬正在追逐。」當日續電稱:「第22裝甲旅與敵方裝甲部隊於11月18日在比爾古比交戰,比此前報告所述更為激烈,顯然我們大約損失了40輛巡邏坦克,其中許多已經在後續完成修復。敵軍坦克損失估計為55輛。西迪雷澤格由第7裝甲師的支援部隊和第5南非步兵旅防守。托布魯克守軍於今晨出擊……由於戰鬥發展迅速,難以準確估計敵方坦克損失……至今為止,戰事一大顯著特點是我們完全掌握空中優勢,陸軍與空軍配合極佳。」22日,他總結報告說:「看起來有望達成近期目標,即摧毀德國裝甲部隊。」隨後續電道:「官兵士氣和鬥志高昂。據我看來,坎寧安迄今以卓越的技巧和非凡的膽識指揮這場極其複雜的戰役……我認為關

鍵在於德國第 15 裝甲師是否與第 21 裝甲師大量參與過去 4 天的裝甲會戰，或該師依然相對完整。我希望是前者，但尚未確定。」23 日傳來較為幽暗的印象：「看來戰事將達高潮。無論如何，部分位於比爾古比以北的德國坦克成功突圍。我們在西迪雷澤格的軍隊，昨日遭遇據稱出動百輛坦克的敵軍東西兩面強大壓迫……」

這種引述片段揭示了最高統帥部幾乎每個小時的感受，而這些材料顯然只是他們所提交報告中的極小部分。

我們遭受的巨大衝擊以及隆美爾襲擊後在戰線後方引發的混亂，使得坎寧安將軍向總司令表示，若攻勢持續，可能導致坦克部隊的毀滅，進而危及埃及的安全。這將意味著承認失敗和整個行動的挫敗。在這個關鍵時刻，奧金萊克將軍親自介入。應坎寧安的請求，他於 11 月 23 日與空軍中將特德飛往沙漠地區的駐軍司令部，充分意識到潛在的危險，卻命令坎寧安將軍「繼續對敵人加緊進攻」。憑藉個人的果斷決策，奧金萊克成功挽救了這場戰役，並彰顯了他作為戰區司令官的卓越能力。

11 月 24 日，他從前方指揮部發來電報告訴我：

我到達後，發現坎寧安對情況感到憂慮，原因是據稱我們可用的坦克數量極少。顯然，連續 5 天的戰鬥和調動，使我們的裝甲師因敵襲和機械故障而陷入混亂。這種擔憂是有道理的，但現在已經無關緊要……敵人在昨晚的進攻中使用了義大利坦克，我認為這表明他們缺乏本身的坦克。我堅信敵人已竭盡全力，處於絕望之中，因此我們必須繼續對他們施加無情的壓力。在這個過程中，我們可能暫時失去所有坦克的機動性，但只要摧毀敵方坦克，這就無所謂了。敵人已經放棄了西迪厄馬和塞盧姆的守軍，我們已經俘獲逾 3,000 名敵人（其中包括 1,000 名德國人）……這些事實具有重大意義。因此，我已命令坎寧安將軍動用一切可用資源進攻，收復西迪雷澤格，並與托布魯克守軍匯合，托布魯克守軍則應進攻其正面的敵

「十字軍戰士」行動

軍以提供支援。官兵們士氣高昂，紐西蘭師配備步兵坦克，集中在西迪雷澤格前方。敵人在拚死抵抗，但這在我們的預料之中。

我立即回覆：

首相致奧金萊克將軍

1941 年 11 月 25 日

1. 11 月 24 日的來電已經收到。我衷心贊同你的觀點和意圖，無論結果如何，英王陛下政府願意共同承擔你戰鬥到底的責任。不是獲得一切，就是一無所有，但我相信你是強者，並將獲得勝利。

2. 你顯然已經收到我關於第 1 裝甲師其他部隊今日在蘇伊士登陸的電報。如有必要，盡快投入戰鬥，無需顧慮未來。用所有部隊全面壓制敵人，務必致敵於死地。

3. 您的崇高精神與堅定意志深深激勵了我。請對特德和皇家空軍在掌握制空權方面的貢獻給予讚譽。

奧金萊克於 11 月 25 日返抵開羅後發來電報：

「我已決定暫由現任副參謀長里奇將軍接替坎寧安將軍。這並非因我對當前局勢有任何擔憂，而是因為我得出一個與我個人意願相悖的結論，即儘管坎寧安迄今為止表現令人欽佩，但他現在開始從防禦角度考慮問題，主要是由於我們坦克損失嚴重。在作出這個果斷決定之前，我已長時間對此問題進行了深入思考，並於今日下午返抵後與國務大臣磋商。儘管從一般理由來看，此時採取此舉並不恰當，但我確信自己是正確的。我將盡力減少對此事的宣傳。」

奧金萊克在致坎寧安將軍的公函中寫道：

「我已經形成一個看法……認為你目前是從防禦角度思考，而非從進攻角度。因此，我對你堅持執行我繼續進攻命令的能力失去了信心。」

國務大臣奧利弗·利特爾頓曾對這位總司令的決策進行了解釋，並堅定地表示支持。我立刻向他發送了一封電報。

首相致國務大臣

1941 年 11 月 25 日

奧金萊克將軍在所有指揮官中擁有至高無上的權威，他在此次戰鬥中做出的所有決策，均會獲得我們的認可。你的行為和態度值得稱讚。請將此電告知奧金萊克將軍。

我在此將此事留給那位英勇軍官的哥哥，海軍總司令，以及他們共同的朋友奧金萊克將軍去考量。我對奧金萊克將軍無視任何私人顧慮，不被戰略折中或推遲行動等誘惑影響的行為深感欽佩。

在戰役的這個階段，我還需要記錄其他幾個密切相關的事件。11月20日，在形勢尚好的時候，我向總統發去一封電報，敦促他全力以赴確保維琪政府在這個關鍵時刻保持不動。

前海軍人員致羅斯福總統

1941 年 11 月 20 日

1. 我方部隊在利比亞的推進與部署已經取得顯著成效，敵軍遭受了意想不到的打擊。直至目前，他們才意識到我方行動的龐大規模。今天可能會爆發敵我裝甲部隊之間的激烈戰鬥。我方已經下達命令，不惜一切代價將當前戰事推向決勝階段。機遇似乎對我們並非不利。

2. 倘若在我們可能從東方以及國內對北非事務施加影響之際，魏剛被一位親德的軍官取代，那將造成極大的損失。我希望您盡力說服維琪政府讓魏剛繼續擔任司令。如果此事無法實現，則可以考慮讓如喬治將軍這樣退役且友好的人士接替。自法國崩潰以來，我未見過喬治，但我有理由相信他為人正直，我對他非常了解。無論如何，總統先生，倘若我們在利比亞取得重大勝利，突尼西亞和整個法屬北非可能都會向我們敞開大門，因

「十字軍戰士」行動

此我們必須準備好利用這個成就。另一方面，我擔心希特勒可能因為的黎波里面臨威脅，而要求占領比塞大。對維琪法國而言，錯失這次機會將不再有，而且這是他們最後的贖罪機會。

此時，切斷隆美爾的燃料供應至關重要，因此我聯絡了奧金萊克將軍和海軍總司令，敦促他們打擊敵方的交通線。

首相致奧金萊克將軍

1941 年 11 月 23 日

看到珍貴的燃料船隻駛向班加西，而敵軍在伯寧集中空軍時，似乎需要冒險使這些地點暫時失去作用，哪怕只有短短 3、4 天。敵人對這種行動的恐懼顯然是有理由的。唯一能夠進行這種冒險的時機，就是當敵人正值戰鬥的艱難時期。一旦他們能夠從戰區撤退或逃回的部隊進行增援，成功的機率便會降低。當前在班加西和阿蓋拉以西，有許多事物可以輕易獲得，一旦主要戰役結束，獲取這些的代價將顯著增加。我相信你會對此進行深思。請回憶一下，當法國崩潰時，他們透過虛張聲勢和欺騙得到了多少東西。「綠洲」部隊的任務是什麼？

首相致地中海艦隊總司令坎寧安海軍上將

1941 年 11 月 23 日

我已經指示第一海務大臣於今日向你發電，闡明攔截正向班加西運送援兵、物資尤其是燃料的船隻之關鍵性。我們從此處獲得的情報顯示，許多船隻正駛向或即將啟航前往該地。敵方曾請求空軍提供保護，但由於其駐非洲空軍正全力參戰，無法提供援助。我們再次將此消息告知你。我期待從海軍部獲知你計劃採取的行動。阻止這些船隻不僅有助於贏得一次極為重要的勝利，還能拯救數千人的生命。

這名海軍上將立刻親自以電報回覆我：

感謝你於 11 月 23 日的來電。我對於班加西供應線的重要性有著敏銳的洞察，第一海務大臣應已向你解釋我們為應對局勢而採取的部署。我們首先的策略是利用地中海兩端的艦隊威脅來阻止敵方運輸船隊，這個策略已經取得顯著成效。目前，運輸船隊雖然重新航行，但將遭受來自海面艦隻、飛機和潛艇的襲擊。不幸的是，你提到的德國空軍全力投入地面戰鬥的報告尚未得到證實，敵人對我們的行動仍保持高度關注。相反，我們在偵察機方面的力量薄弱，這為我們的輕艦隊增添了極大的風險，使它們在需要速度時不得不在缺乏支援的情況下行動。

他盡了全力，但最具成效的一擊來自馬爾他。24 日晚，「K 艦隊」的巡洋艦和驅逐艦從港口出發，攔截了敵人急需的兩艘油船。因此，我可以將這個喜訊告知奧金萊克：

1941 年 11 月 25 日

昨夜，我們派出「曙光」號與「佩內洛普」號從馬爾他啟航，成功擊沉了至關重要的運油船「普羅西達」號和「馬里乍」號。坎寧安海軍上將正在追擊其他艦隻。

當隆美爾率領非洲軍團穿越英國第 8 集團軍的交通線和後方進行大膽且代價高昂的襲擊時，弗賴伯格與他的紐西蘭軍隊在第 1 陸軍坦克旅的支援下，開始逼近西迪雷澤格。經過兩天激烈的戰鬥，他們成功收復了該城。同時，托布魯克的守軍再次發動進攻並占領了艾德杜達。11 月 26 日夜，托布魯克守軍與救援部隊取得了聯絡。紐西蘭師和第 13 軍總部的部分部隊進入了被圍的托布魯克。這個局勢迫使隆美爾從拜爾迪耶折返。他努力打通通往西迪雷澤格的道路，並用改編後的第 7 裝甲師，從側翼進攻，糾集了 120 輛坦克，再次奪回了西迪雷澤格。他擊退了第 6 紐西蘭旅，使其遭受重創，失去戰鬥力。他們與第 4 旅，除了兩營與托布魯克守軍會合外，其餘向東南撤至邊界，最終這個英勇的師在損失 3,000 多人後，在

「十字軍戰士」行動

此整編。托布魯克守軍仍處於孤立狀態，他們憑藉勇敢的決心堅守所有既得陣地。

里奇將軍此時重新編組了他的部隊，將托布魯克的駐軍納入第13軍的指揮，同時將紐西蘭師調入後備隊。在西迪雷澤格以西15英里的阿德姆山谷，因位於敵軍自東向西的主要交通線上，成為了攻擊的目標。我們的兩個軍團都參與了行動。第13軍從艾德杜達發起進攻，第30軍則從南側襲擊。在這些部署過程中，隆美爾進行了最後一次突襲，試圖解救他的邊境部隊。然而，這次突襲被擊退，軸心國軍隊開始全面撤退至加柴拉防線。

我們的電報不斷傳來。26日奧金萊克表示：「今天的消息雖少，但都是好消息。今晨，紐西蘭軍隊已經望見了托布魯克的守軍，我剛剛聽說紐西蘭軍隊重新占領了西迪雷澤格。激烈的戰鬥仍在繼續。敵人的裝甲和摩托化部隊顯然仍在我們後方的拜爾迪耶、比爾設斐森和哈爾法亞之間活動，但毫無成效。現在可以確認，這種裝甲和摩托化部隊的突擊是為了分散我們對托布魯克的注意力。這個企圖顯然失敗了。」

關於更替坎寧安將軍一事，他補充道：「我對你給予我的支持深表感謝。在這方面，與其他方面一樣，其重要性無以言表，無法用裝甲師或其他事物來衡量。隆美爾尚未被擊敗，但我相信我們已經掌握主動權，並且我相信我們將繼續保持這個主動。」

首相致奧金萊克將軍

1941年11月26日

毫無疑問，你時常在思索如何將後備軍隊調遣至戰區。我深知這需要依賴運輸條件，並且對於你而言，在維持供應需求的兵力在最低限度下運作是多麼關鍵。然而，我很想了解你當前後備部隊的狀況。如果你需要再增加1個師或2、3個旅，你將從哪裡獲取？我推測在必要時，你可以從

巴格達調回第 50 師中的 1 個旅。

請分享你的能力與見解。

奧金萊克回應稱,西部沙漠的補給問題使得關鍵在於用新兵替換疲憊的部隊,而不在於增加新的編制,儘管他當然希望有更多部隊前往前線以增強實力。他正將第 50 師的 1 個步兵旅團編入總部的後備軍中,但認為沒有必要召回其餘兩個正在前往伊拉克途中的旅團。

儘管我對最高司令部的所有作為多表認同與讚許之意,但奧金萊克未能親自指揮,而是將此重任委託給一位在戰場上尚未經過考驗的下屬軍官,實在令人遺憾。

首相致奧金萊克將軍

1941 年 11 月 27 日

帝國總參謀長和我對你曾經扭轉過戰局印象深刻,卻在此次行動中未能再贏得勝利感到驚訝。你的出現能激勵士氣,但這顯然需由你自行斟酌。

他回應道:

我曾深思熟慮是否應親自接替坎寧安成為第 8 集團軍司令。我非常清楚這場戰役的重要性,但我得出的結論是,在總司令部我能發揮更大的作用,因為在此地,我能掌握全局並保持適當的判斷⋯⋯當然,如有需要,我會前往里奇處進行視察。

我與帝國總參謀長皆未被說服,然而我們並未逼迫他接受我們的觀點。

奧金萊克於 11 月 30 日的電報結尾寫道:「我們的輜重縱隊已於 11 月 29 日晨抵達托布魯克。第 13 軍司令戈德溫 —— 奧斯汀將軍對你的生日祝賀詞是:『通往托布魯克的走廊已被清理並確保安全。托布魯克和我一樣獲得了解救。』」

「十字軍戰士」行動

12月1日，奧金萊克親自前往前線司令部，與里奇將軍共處10日。他雖未親自指揮，但卻嚴密監督屬下。據我看來，這對雙方而言並非最佳安排。然而，第8集團軍此時在戰場上已占上風，因此這位總司令在12月10日告知我：「顯然，敵軍正在全線西撤。阿德姆已被攻克。南非與印度軍隊在此與來自托布魯克的英軍會合，因此我認為托布魯克已經解圍。我們正在與皇家空軍緊密合作，奮力追擊敵軍。」

根據德國紀錄，在「十字軍戰士」戰役中，敵軍損失顯著，包括被圍困後被俘的拜爾迪耶、塞盧姆和哈爾法亞的駐軍，總人數約為德軍13,000人和義軍20,000人，合計33,000人，另加300輛坦克。與此相比，同一時期內（11月18日至1942年1月中旬）不列顛和英帝國軍隊的損失為：2,908名官兵陣亡，7,339人受傷，7,457人失蹤，總計17,704人，以及278輛坦克毀損。這些損失中，十分之九是在攻勢的第一個月內發生的。

至於沙漠中的戰鬥，我們終於迎來了一個平和且令人愉悅的時刻。德國的紀錄表明，這次打擊在羅馬軍事界引發了憂慮的情緒。

1941年12月2日

北非的局勢要求竭盡全力為德國軍隊提供補給，補償巨大的損失並輸送精銳援軍。鑑於當前的海上狀況，空運必須成為橫跨地中海的主要運輸手段。

12月4日的紀錄中提到：

領袖指出，攻占比塞大港是解決運輸難題的唯一出路。占領馬爾他已經不可能。他認為，若無法藉由突尼西亞進行補給，長期保住利比亞將是不可能的。由於未能及時建立供應線，軸心國在地中海和北非的局勢岌岌可危。以往的一些決策曾深受對俄戰爭的強烈影響。

海軍在西部沙漠戰爭中始終扮演著關鍵角色。皇家海軍和皇家空軍透過摧毀軸心國補給線並支持第 8 集團軍的進攻，曾協助將隆美爾的部隊逼入絕境。然而，就在此關鍵時刻，我們在東地中海的海軍力量卻因接連遭遇災難而幾乎全軍覆沒。

　　德國潛艇在地中海的打擊力量對皇家海軍來說顯得尤為沉重。「皇家方舟」號已不復存在。兩週後，「巴勒姆」號被 3 枚魚雷擊中，並在 3 分鐘內傾覆，造成 500 多人遇難。隨後，事態進一步惡化。1941 年 12 月 18 日的夜晚，1 艘義大利潛艇悄然駛近亞歷山大港，釋放出 3 枚「人控魚雷」，每枚由兩人操控。趁港口柵門開放之際，他們潛入港內並安放了定時炸彈，這些炸彈在 19 日凌晨於「伊莉莎白女王」號和「英勇」號戰鬥艦下方爆炸。兩艦均遭重創，數個月之內無法作戰，成為艦隊沉重的負擔。如此一來，短短幾週內，我們的東方戰鬥艦隊原本強大的戰鬥力量已被嚴重瓦解。此外，在另一個戰區，「威爾士親王」號和「卻敵」號的損失也必須提及。我們曾經成功地對戰鬥艦隊的損失進行了保密。許久之後，在一次祕密會議上，我在下議院中說道：「在幾週內，我們失去了或長期失去戰鬥力的大型軍艦有 7 艘，占我們戰鬥艦和戰鬥巡洋艦的三分之一以上。」

　　然而，「K 艦隊」也遭受了重創。正值亞歷山大港慘劇發生之際，從馬爾他傳來消息，稱敵方一支重要運輸船隊正駛向的黎波里。巡洋艦「海王星」號、「曙光」號和「佩內洛普」號，帶領 4 艘驅逐艦立即出發追擊。在靠近的黎波里港時，我方艦艇誤入一片新布雷區。「海王星」號觸雷，嚴重受損，而其他兩艘巡洋艦雖也受到損傷但仍能撤離。不久，驅逐艦「坎大哈」號駛入布雷區試圖營救「海王星」號上的官兵，但也因觸雷而失去行動能力。「海王星」號在布雷區內漂流，又碰撞上兩枚水雷，最終沉沒。艦上的 700 多名官兵中，只有一人生還，他在木筏上漂流 4 天後被敵軍俘虜，而艦長奧康納及其他 13 名官兵則在木筏上遇難。「坎大哈」號繼續漂

浮，最終漂出布雷區，次日夜間被驅逐艦「美洲虎」號發現，成功救出大部分官兵。

德國參謀部對這個事件的評價富有啟發性。「『海王星』號的沉沒可能對堅守的黎波里塔尼亞產生決定性的影響。若非此事，英國艦隊或許已經摧毀義大利的運輸船隊。毫無疑問，在危機達到頂點時丟失這些補給，將導致極其嚴重的後果。」

「K艦隊」的輝煌歷史就此黯淡。巡洋艦「加拉提亞」號亦被德國潛艇擊沉。英國派駐東地中海的艦隊僅剩幾艘驅逐艦和維安海軍上將艦隊的3艘巡洋艦。

截至1941年11月底，我們在陸地、海洋和空中的聯合行動曾在地中海收穫成功。然而，如今在海軍方面，我們遭遇了巨大損失。12月5日，希特勒終於意識到隆美爾面臨的致命威脅，並下令將1個完整的空軍大隊從俄國調往西西里島和北非。在凱塞林將軍的指揮下，對馬爾他發起了新一輪的空襲行動，襲擊強度達到了新高，馬爾他只能為生存而戰。到年底，德國空軍控制了通往的黎波裏海路上空的制空權，這使得隆美爾的部隊在戰敗後得以重新裝備。海、空、陸三方面戰事的相互作用，在這幾個月的事件中表現得尤為明顯。

然而，隨著全球事態突如其來地爆發，所有其他的事情都顯得黯然失色。

日本局勢升溫

　　日本正準備踏上一段最為驚心動魄的冒險旅途，這是自西元 1592 年豐臣秀吉決心與中國決戰並率領海軍入侵朝鮮以來，前所未見的關鍵時刻。長久以來，傳統與習俗的深厚積澱，引領著這些生活在神祕的遠東島嶼居民渡過無數世紀。勇氣、紀律與民族精神的奇妙結合，曾維繫著這個冷酷且勇猛的亞洲民族的生命力。歐洲大約在西元 1300 年從馬可‧波羅的記述中首次得知他們的存在。日本的國教是一種佛教的分支。後來，基督教傳教士的入侵、信徒的虔誠以及這些信徒遭到的殘酷屠殺，曾是歐洲人未予重視的一段歷史插曲。對超過 25 萬基督教信徒的殘忍屠殺，持續了 24 年，直到大約西元 1638 年才結束。此後，日本進入了嚴格的閉關鎖國狀態，曾有過完全與世隔絕的時期，期間幾乎毫無聲息地渡過了數個時代。直到 19 世紀以其特殊的喧囂挑戰之聲重返世界舞臺。日本本身的藝術、文化和信仰，支撐著一個嚴密的社會結構。科學、機械和西方哲學，對他們而言是完全陌生的。

　　然而，蒸汽機重新定義了全球的距離與結構，約在一個世紀前，遠洋船隻抵達日本，以武力和思想衝開了這個幾乎完全封閉的封建國度大門。西元 1853 年，美國海軍艦長培利准將率艦隊進行了一次不受歡迎的來訪，此後的一段時間裡，任何 1 艘英國或美國的炮艦都能憑藉其背後支持的政府之意志對日本施加外部壓力。伴隨外國軍艦而來的，是白人發明並準備教授或出售的那些奇妙技藝。於是，13 世紀以來那個貧乏且質樸的文化，與面露笑容、繁榮且武裝精良的 19 世紀文明並列展現在這個東方島國之上。

日本局勢升溫

山姆大叔與不列顛尼亞堪稱新世代日本的教父與教母。在不到兩代人的時間裡，除了悠久的過去，日本的社會背景幾乎是一片空白，但他們從武士的刀劍快速躍升至鐵甲艦、來福線大炮、魚雷和馬克沁式機關槍，同時在工業領域也經歷了類似的革命。在英、美的指導下，日本從中世紀迅速而劇烈地邁入現代。中國在這個過程中被超越，甚至被擊敗。1905年，世界目睹了帝俄不僅在海上頻頻失利，即使在滿洲的陸地戰場上也被「卓越」的日本軍隊打敗好幾次，這個結果實在令人震驚。此時，日本華麗轉身，隨即躋身世界強國之列。當日本人發現自己在國際間受到了尊敬，也感到驚訝。「當我們將古代藝術與文化的美麗產品奉獻給你們時，你們曾輕視與嘲笑我們；但自從我們建立了裝備精良的海、陸軍隊之後，我們反而被視為高度文明的國家。」然而，他們所獲得的不過是實用科學的裝飾和保護。一切都是表面現象，背後依然是古老的日本。我記得年輕時，英國漫畫家常常將日本描繪成一個機敏、整潔、穿制服的信使。有一次，我看到一幅美國漫畫，風格截然不同。畫中，一個和尚模樣的年長武士，一隻手握在他的短劍上，看起來英姿颯爽，面容威嚴。

我從未自詡為日本歷史的研究者，無論是古代還是近代。我對日本的了解僅限於報章、少數書籍以及我曾供職的多個政府部門的官方文件。在俄、日戰爭期間，我傾向於支持日本，並歡迎英、日條約的簽署。在第一次世界大戰中，當我在海軍部任職時，得知日本加入協約國並成功將德國勢力排除在遠東之外，我感到欣慰。1921年，我不無遺憾地參與了英、日同盟的終止。儘管從中我們獲得了力量和利益，但在日本與美國的友誼之間，我們必須選擇，我對於應採取何種策略毫不猶豫。

在軍事行動和政策制定中，必須始終努力將自己置於俾斯麥所謂的「另一個人」的位置上。一位大臣越是能夠感同身受地做到這一點，他犯錯的可能性就越小。對於相反觀點了解得越多，應對時就越不容易困惑。

然而，沒有深刻和充分理解的想像力是一個陷阱，因此很少有專家能對日本人的思想形成真實的印象。日本人的思維確實難以捉摸。舊的和新的社會之間隔著若干時代，這兩者如何融合並相互作用，外國人難以理解。日本是否了解自己的思想，或者在天性中有何力量在關鍵時刻支配一切，這確實是個疑問。

日本陸軍體系發展出一系列以武士道傳統為樞紐的同心圈；武士道傳統鼓勵所有軍官及其部屬為日本的軍譽而獻身，並無愧於祖先。然而，日本從長期的孤立中崛起於廣闊的國際舞臺，並迅速將未曾想像過的強大武器交予其戰士手中，經過冷靜而緩慢的發展，甚至逐漸形成發展了控制亞洲的計畫，或許還意圖引領亞洲征服全球。甚至有傳聞提及所謂的「一百年計畫」，儘管這僅是面對不斷變化的局勢和環境所必然生成一種推動力的背景。

在第二次世界大戰爆發後的年代中，日本陸軍的權力和野心主要受到來自海軍的制約。19世紀中葉的日本軍界，陸軍由德國教官訓練，而海軍則由英國教官指導。這個背景導致了兩者在精神狀態上的長期差異，並在服役條件上表現得尤為明顯。陸軍軍官通常不出國，除非參戰，因此相比常常造訪外國港口、對日本以外世界有更多了解的海軍軍官，他們更容易形成狹隘的自大和民族主義傾向。此外，陸軍自信能夠擊敗或抵禦在遠東的任何敵軍，而海軍則清楚了解本身在艦隊實力上不及英國和美國，尤其在日本本土海域之外作戰時。因此，海軍在國際事務上比陸軍更為謹慎和穩健。

商人階層並未像陸軍或海軍那樣受到官方的關注或擁有正式的組織架構，他們從未制定過一套統一的政策來指導他們賴以生存的金融、工業和貿易活動。他們的影響力部分透過國會中的政黨實現，部分藉由與宮廷人物的關係施展。總體而言，商業利益通常反對重大軍事冒險，但其中有一

日本局勢升溫

些人，尤其是在中國有投資的商人，卻支持陸軍的擴張政策。由於陸軍擁有傳統的威望，並且被普遍視為是捍衛國家利益、對抗私人資本家企圖的力量，因此在緊急關頭，日本民眾傾向於支持陸軍而非自由主義資產階級的領導。

根據1889年的日本憲法，締結條約、宣戰和簽署和約等重要事務是天皇的特權，不受國會控制。天皇同時擁有對軍隊的最高指揮權。然而，他被認為依靠海軍和陸軍參謀長的建議行使權力，並根據內閣的意見指導外交政策。根據憲法，內閣不對國會負責，儘管立法需要兩院多數票通過。首相由天皇挑選和任命，通常根據「元老」的建議以作出決定。本世紀初存在多位元老，但他們去世後無人補充，至1940年僅剩西園寺公爵。在他年底去世後，首相的提名將由稱為「新元老」的卸任首相們經由會議決定，這些新元老在1941年共有8位。

內閣中的陸軍大臣和海軍大臣必須分別由現役陸軍大將和海軍大將擔任。如果首相無法找到合適的陸軍大將或海軍大將來擔任這些職務，他將無法籌組或維持內閣。此外，門戶之見極為強烈，以至於陸軍大將或海軍大將不會在其政策可能會遭到軍部堅決反對的內閣中擔任陸相或海相。因此，陸軍部和海軍部能夠藉由召回或威脅召回擔任大臣的軍人等手段，對政策施加持續而且有決定性的影響。

在1936年，日本與德國簽署了反共公約，這個協定最初是由日本陸軍省與德國國社黨代表里賓特洛甫在未通知雙方外交部長的情況下祕密談判達成的。雖然這不是正式的同盟，但它為未來的聯盟奠定了基礎。1939年春，以平沼男爵為首相的內閣中，陸相試圖與德國簽訂全面的軍事同盟條約。由於海相米內大將的反對，這個計畫未能實現。至1939年8月，日本不僅繼續進行自1937年7月開始的對華戰爭，還捲入了新成立的滿洲國與外蒙古之間的邊界衝突及俄國的敵對行動。沿著這條戰火未熄的前

線及其後方，雙方都部署了大量軍隊。當德國在歐洲戰事即將爆發之際，未經與其反共盟友日本協商或通知，便與俄國簽訂了互不侵犯條約，日本因此感到受到冷落。他們與俄國的爭議被擱置，對德國則充滿憤慨。英國對中國的支持和同情，導致我們與昔日盟國的關係疏遠，在歐洲戰事初期，我們與日本的關係已經不再友好。然而，在日本，幾乎沒有或完全沒有對德國的熱情。

平沼內閣因德、蘇條約而「失去顏面」，因此被迫辭職。繼任的內閣由阿部大將出任首相。儘管阿部大將出身於陸軍（已退役），但他被視為溫和派。1940 年 1 月，他被米內海軍大將接替，米內在任平沼內閣的海相時曾反對與德國結盟。在阿部和米內的領導下，日本政策在歐洲事務中保持中立，同時繼續對中國的戰爭。然而，不久後，劇烈的動盪震撼全球。希特勒的突襲導致法國、比利時和荷蘭淪陷，英國在 1940 年秋季面臨入侵和毀滅的可能性，許多長期以來的宏偉計畫從夢想變為現實。法國、荷蘭在遠東擁有大片屬地，而英國也可能崩潰，日本會一無所獲嗎？歷史性的機遇是否已經到來？陸軍和民族主義政界人士中激發出深切的熱情。他們要求日本立即南進，占領法屬印度支那（東南亞中南半島）、馬來亞和夢寐以求的荷屬東印度（印尼）。為推進這個政策，陸相畑俊六大將退出內閣，迫使米內海軍大將辭去首相職務。

日本國內歷來不乏謹慎的力量，他們在維持政府組織控制方面承受著巨大的壓力。元老推舉近衛公爵接替米內，近衛是一位年輕的貴族，與皇室關係密切，同時與陸軍領袖們也保持友好的關係。他的任期從 1940 年 7 月開始到 1941 年 10 月結束。他是一位備受尊敬且個性極具靈活度的政治家，他的方法是給予陸軍一些象徵性的滿足，而不允許將國家捲入大規模的戰爭。1940 年夏天，近衛公爵成功壓制了陸軍對英國和荷蘭屬地的任何襲擊行動。同時，他同意對維琪法國施壓以獲取中南半島北部的空軍基

地，並在 9 月與德國和義大利簽訂了三國同盟條約。該條約規定如果美國為了英國的利益加入歐洲戰爭，日本有義務站在軸心國一邊參戰。

在這個時期，其他一些重大的事件變得越發顯著。到 1940 年 11 月底，不列顛戰役的結果以及希特勒從入侵英國的計畫中退縮，這在日本被視為頭等大事。英國對塔蘭托港的義大利艦隊成功進行了空襲，使幾艘現代化的戰鬥艦失去戰鬥力長達數月，這讓日本海軍深刻體會到新式空軍的威力，尤其是在執行突襲時的能力。日本開始相信英國並未走向衰敗，反而會繼續戰鬥，且力量日益增強。在日本，普遍感到與德國簽訂三國同盟條約是一個錯誤。始終存在一種隱約的擔憂，即害怕英國與美國聯手，將兩國最強大的海軍資源結合起來，其潛力一旦釋放，將是無可匹敵的。這種威脅似乎越來越迫近。1941 年春，近衛文麿獲得內閣同意，與美國展開談判，試圖解決兩國之間懸而未決的問題。值得注意的是，陸軍大臣東條英機這次支持近衛的政策，反對外相松岡洋右，因此松岡主張與美國的談判違反日、德同盟的宣告被駁回了。

儘管如此，日本人在思想上的激昂情緒卻越發強烈。在他們正常的現代政治生活體制中，數以千計的基層但擔負重任的軍官及人員似乎聽到：

祖先預見戰爭即將來臨的聲音。

他們對於有領土等矛盾爭議的帝俄——如今是蘇俄，是否會如同面對 13 世紀時期造成威脅的蒙古人進行復仇的祖先感到愧疚？先輩們的宏偉戰績，激勵後代去進行最勇敢的嘗試。而此時，全球正處於動盪之中。新的力量和巨人已然崛起，歐洲將出現一個「新秩序」。這是否也是在亞洲建立「新秩序」的契機？在這個整體框架中，日本有著經過深思熟慮並與全球變局相契合的計畫。陸軍領袖們主張應當在適當的時刻展示權威。他們當然可以聲稱，如果日本要發動戰爭，那麼最佳時機——法國的崩潰——已被謹慎或膽怯的政客們錯失了。

在社會階級最上層且附庸於天皇的貴族和公爵們，他們反對發起侵略戰爭。在動盪的時代，他們必然會失去許多東西。他們之中許多人曾經出國旅行，見過外國宮廷中與他們同等地位的人物。他們羨慕歐洲的生活，懼怕歐洲和美國的強大力量。他們羨慕英國君主立憲制度下穩固的王位。他們繼續依賴表面上的議會制度，希望能夠平穩地繼續在位或統治。然而，誰能預料陸軍會如何作為呢？宗法制度，天皇或任何朝代從未能與陸軍分離。天皇和公爵們嚮往和平與謹慎，但也不願因為堅持態度而遭受威脅或毀滅。

1941 年 7 月的經濟制裁果斷實施，使日本內部的政治危機達到了爆發點。保守派成員感到震驚，而溫和派領導人則陷入恐慌。這造成日本陸軍在制定國家政策時影響深遠的一個重要因素，同時也涉及到在國內享有的威望問題。此前，海軍曾發揮應有的制衡作用。然而，美國、英國和荷蘭實施的禁運切斷了海軍，以及實為日本全部戰爭力量所依賴的石油供應。日本海軍不得不依靠儲備石油以維持運作，因此在太平洋戰爭爆發時，已經消耗了 4 個月的儲備量。顯然，這種困境迫使他們面臨兩個選擇：要麼與美國達成協定，要麼走向戰爭。美國的要求包括，日本不僅要從在中南半島的新侵略行動中撤退，還需要從他們已經在中國地區長期投入巨大資源進行的戰爭中撤出。這是一個公正但嚴苛的要求。在這種情況下，如果無法透過外交手段達成可接受的協定，海軍便與陸軍在戰爭政策上結成統一戰線。海軍已經將其航空隊發展到具備高度進攻能力的地步，這個事實增強了他們採取此類行動的決心。

在日本統治階層中展開的激烈辯論持續了整個夏季和秋季。我們如今了解到，關於是否與美國開戰的關鍵議題，是在禁運後不久的 7 月 31 日就進行討論的。所有日本領導人都清楚地意識到，做出選擇的時間非常有限。他們認為，也許在日本實現其任何野心目標之前，德國可能已經在歐

日本局勢升溫

洲取得勝利。日、美間的談判仍在進行。日本政界的保守派和宮廷希望獲得一些條款，以便可以控制國內的主戰派。美國國務院和我都相信，日本最終可能會在美國壓倒性的力量面前退縮。

讀者們曾見證我們對日本是否加入敵方的擔憂自戰爭伊始便無情地籠罩在我們的心頭。日本的野心與機會同樣顯而易見。我們驚訝於它為何不在法國崩潰時便發動宣戰。儘管之後我們稍感寬慰，但依然在全力以赴地保衛不列顛島免遭毀滅，並持續進行西部沙漠的戰事之際，持續關注日本的態度。我承認，與其他戰事狀況相比，日本的威脅在我看來始終處於一種不祥的模糊狀態。我相信，如果日本向我們進攻，美國將被迫參戰。若美國不參戰，我們將無法保衛印尼、新加坡等地，事實上，也無法保衛我們在東方的帝國範圍。另一方面，如果日本的侵略使美國捲入戰爭，我倒寧願如此。我對此深信不疑。1941年的戰略優先順序是：首先，保衛不列顛島，包括應付入侵威脅和潛艇戰爭；其次，是中東和地中海的戰爭；第三，是在6月後對蘇聯運送物資；最後，才是抵禦日本的進攻。但我們始終視為理所當然的是，若日本入侵澳洲或紐西蘭，我們應當犧牲中東以保衛我們自己的親屬和同胞。我們都認為這種意外事件發生的可能性既遙遠又未必會成為現實，因為馬來亞、泰國，尤其是印尼，對日本來說更易征服且更具吸引力。如果馬來亞的局勢發生變化，我確信我們會不遺餘力地扭轉局勢，即便這意味著中東戰區潰敗或對蘇聯的供應中斷。另一方面，美國的參戰則可以壓倒一切災難的總和。

切勿以為這些豁達的決策是無意識地或未經戰時內閣及軍事顧問們深入且持續的研究而作出的。

經過一段時間之後，我意識到總統在7月26日宣布的禁運，以及我們與荷蘭參與禁運後所帶來的深遠影響，我越發迫切地希望英、美兩國的海軍艦隊在太平洋和印度洋對日本進行最大程度的威懾。海軍艦隊是我們

能夠調動的一切力量。我們對資源進行了詳盡的盤點清查。

　　1941 年 8 月 25 日，我向第一海務大臣提交了一份備忘錄，討論籌組一支東方艦隊的構想，並提出了我對這支艦隊組成的看法。我深信在不久的將來，應能在印度洋部署一支具有威懾力的艦隊，而這支艦隊可以由最精良的少數船艦所組成。第一海務大臣回覆稱，海軍部計劃在 1942 年初於錫蘭建立一支艦隊，包括戰鬥艦「納爾遜」號和「羅德尼」號、戰鬥巡洋艦「聲威」號以及輕型航空母艦「赫爾米茲」號。「皇家方舟」號將在稍後派遣，但需等到 4 月。在此期間，那 4 艘「皇家」級戰鬥艦將被派往印度洋，擔任運送軍隊及物資船隊的護航任務。第一海務大臣在備忘錄中詳細闡述了大西洋戰區至關重要的地位，他認為在大西洋保留我們所有 3 艘最新的「英王喬治五世」級戰鬥艦，以應付德艦「提爾皮茨」號可能的出擊，是極為重要的。

　　我不喜歡這樣的安排。用舊式「皇家」級戰鬥艦來護航，對付裝備 8 英寸大炮的巡洋艦是有效的，但若敵人派出 1 艘快速現代戰鬥艦進行襲擊，這些戰鬥艦及其護航的運輸船隊將變得毫無還手之力。以當前狀況來看，這些舊軍艦不過是漂浮的棺材。因此，有必要調派一、兩艘快速主力艦，以防止日本派出重型襲擊艦。

　　我使用以下語句來結束寫給海軍部的信：

1941 年 8 月 29 日

　　……我必須補充，我認為日本絕不會在已經與中國交戰的情況下，同時挑戰現在由美國、英國和俄國組成的聯合力量。更有可能的是，日本將選擇與美國談判，至少在 3 個月內不會採取任何進一步的侵略行動或積極加入軸心國。沒有什麼比我提到的艦隊，尤其是 1 艘「英王喬治五世」級戰鬥艦的出現，更能令其猶豫。這確實可能是一種決定性的遏制方法。

日本局勢升溫

最後決定派遣「威爾士親王」號與「卻敵」號，連同4艘驅逐艦和作為關鍵組成部分的現代化裝甲航母「無畏」號，作為遠東艦隊的首批艦隻。不幸的是，「無畏」號因事故暫時喪失戰鬥能力。我們決定不顧這個事實，讓兩艘快速主力艦繼續前進，希望能穩定日本政局，並與美國太平洋艦隊取得聯絡。我們的總體海軍戰略是在太平洋中美國主力艦隊的遠端掩護下，以新加坡為基地建立一支英國東方艦隊，該艦隊預計到1942年春將擁有7艘主力艦、1艘一級航母、10艘巡洋艦和24艘驅逐艦。海軍副參謀長湯姆‧菲利普斯爵士被選為司令，並於1941年10月24日在「格里諾克」號軍艦升起他的司令旗。

在10月底，我撥通了澳洲、紐西蘭和南非聯邦總理的電話，向他們通報了我們計劃在遠東進行的海軍部署細節。

1. 我仍然傾向於認為日本不會輕易對美、英、中、荷四國發動戰爭，除非俄國確定已經崩潰。即便如此，他們或許仍會等待到德國承諾的春季對不列顛群島的入侵。俄國的抵抗依然強勁，尤其在莫斯科附近，且冬季已然臨近。

2. 海軍部原計劃是在接近年底時，以新加坡為基地，籌組一支由「羅德尼」號、「納爾遜」號和4艘「皇家」級戰鬥艦組成的艦隊。然而，由於「納爾遜」號最近受損，這個計畫被打亂，「納爾遜」號需要3到4個月進行修復。

3. 在此期間，為了進一步遏制日本，我們正派遣最新的戰鬥艦「威爾士親王」號前往印度洋，與「卻敵」號會合。這項行動是在無視本國艦隊總司令抗議的情況下實施的，並且我們冒著極大的風險。「威爾士親王」號不久將抵達開普敦。此外，那4艘「皇家」級戰鬥艦一旦準備完畢，將被調派至東方水域。隨後，「卻敵」號將由續航能力更強的「聲威」號接替。

4. 在我看來,「威爾士親王」號可能是遏制日本的最佳手段之一,因此我們將竭盡全力確保它的長期調動。然而,我必須明確指出,由於「約克公爵」號在12月前未準備就緒,而「提爾皮茨」號可能隨時發動突襲,以及其他作戰的可能性,「威爾士親王」號的調動需要在其抵達開普敦時重新評估。

在1941年10月,近衛公爵卸下了他的職責。他曾請求與羅斯福在檀香山進行一次面對面會談,希望帶上他的陸軍和海軍首長,以便在可能解決的問題上加以約束。然而,總統拒絕了他的提議,這導致陸軍方面對這位明智政治家的批評增多。東條大將接替了他的職位,兼任首相、陸相和內務相。根據戰後審判,這位東條大將在戰敗後被處以絞刑。在審判中,他解釋說,他親自接管內務省是因為「面對內部可能混亂的趨勢,將選擇和平而非戰爭。」他遵從天皇的命令,重啟與美國的外交談判,但與政府成員達成共識,即如果內閣的建議被拒絕,日本將走向戰爭。1941年11月,當東條與幕僚長告知天皇戰爭或將不可避免時,天皇希望作進一步的努力以避免衝突,但同時也對東條表示,「若情況如你所言,除了準備戰爭,別無選擇。」

在11月初,我收到蔣介石一封措辭激烈的警告信,內容是關於日本將在中國進一步採取行動。他認為日本已經決意從中南半島發動進攻,目標是占領昆明並切斷滇緬公路。他呼籲英國從馬來亞空運支援。他在信末寫道:

乍一看,你可能會認為,在貴國於歐洲和中東如此英勇作戰之際,這個事件可能使貴國捲入對日戰爭。我的見解則不同。我不相信當中國堅持抗戰時,日本仍有能力發動攻擊,然而一旦沒有此種顧慮,他們將在自認為適當的時機進攻貴國。中國已經到達抗戰的最嚴峻關頭。目前,能否保衛至新加坡與緬甸的陸上通道,首先取決於英、美是否願意合作以保衛雲

南為前提。如果日本人在此突破戰線，我們與貴國的聯絡將被切斷，而貴國與美國及印尼等地在空軍與海軍方面的協調機構將受到新局勢的嚴重威脅。我願盡一切力量表明我的信念，即給予中國我所述的援助實屬明智且具有遠見的決定。沒有其他途徑可以使日本潰敗並確保當前抵抗侵略的國家獲得勝利。切盼見覆。

而在當下，我能做的只有將這個警告轉達給總統。

前海軍人員致羅斯福總統

1941 年 11 月 5 日

1. 我已接獲蔣介石請求空運援助的呼籲。就新加坡的空軍實力而言，你了解我們的處境。即便如此，我會準備派遣飛行員，甚至一些飛機，只要他們能及時到達。

2. 我們當前所需的，是一種不可忽視且考慮到能夠最全面遏制日本的策略。到目前為止，日本尚未做出最終決定，而天皇似乎在進行某種約束。當我們在普拉森夏灣討論此事時，你提到爭取時間，這個策略迄今為止非常成功。然而，我們的聯合禁運正在逐步迫使日本在和平與戰爭之間做出抉擇。

3. 目前看來，他們似乎將進入雲南，切斷滇緬公路，進而對蔣介石造成重大損害。如果他的抵抗一旦崩潰，這不僅是一場世界性的悲劇，還可能使日本人可以調派大量軍隊向北或向南進攻。

4. 中國人已經呼籲我們針對日本進攻雲南一事對日方提出警告，我相信他們也向你提出了類似的請求。我希望你會認為這樣做是合適的：提醒日本人，從一個我們從未承認其駐軍權利的地區對中國發起進攻，將明顯違背美國政府已經明確表達的立場。我們當然準備發出同樣的照會。

5. 我們無法經由單獨的行動來遏制日本，因為我們在其他地方已經有太多的限制與負擔。然而，無論你們選擇什麼策略，我們當然願意與你們

並肩作戰，並全力支持你們。我個人認為，日本更有可能因為局勢的發展而被迫參戰，而不是主動選擇戰爭。請告知你的看法。

總統於 11 月 9 日回應稱，儘管低估此威脅的嚴重性將是一個重大錯誤，他仍對日本準備經由陸路進攻昆明是否意味著日本在不久的將來會全面宣戰感到懷疑。他將努力透過租借法案支援中國，並在中國成立美國志願空軍。他認為，鑑於日本的情況，任何「拘泥於形式的口頭警告或勸誡」至少有可能會產生相反的效果。「整個問題將由我們持續、認真地關注、研究和因應。」

我竭力透過反覆強調這些謹慎答覆的要點來安撫蔣介石。

我們除了繼續執行遠東的海軍計畫，並讓美國盡可能持續地透過外交手段維持日本在太平洋的平靜之外，別無他策。

我撰寫了一封信給史末資將軍，他曾提出一些更為重大的問題。

1941 年 11 月 9 日

我認為此時由我親自請求羅斯福參戰毫無意義。在大西洋會議時，我曾對他的官員們表示，我寧可美國現在宣戰而在 6 個月內無法獲得物資，也不願美國不宣戰卻獲得加倍的物資。當這句話傳到他耳中時，他覺得過於苛刻。我們絕不能低估他在憲法上的困難。他可以以行政長官的身分採取行動，但只有國會才有權宣戰。他甚至對我說過：「我可以永不宣戰，但我可以促成戰爭。如果我請求國會宣戰，他們可能會辯論 3 個月。」徵兵法案僅以微弱優勢通過，沒有此法案，美國陸軍將崩潰。他現在已經成功地以微弱多數在參議院廢除中立法令。如果獲得眾議院的支持，這將意味著德國和美國船隻將在大西洋上頻繁交戰。美國輿論最近有所進展，但在國會，這完全是票數問題。當然，如果我發現有任何方法能提升局勢，我會願意嘗試。在此時刻，我們必須保持耐心，相信趨勢正向我們傾斜，並且可能會有重大事件的發展。

日本局勢升溫

11 月 10 日，在首相例行參加的倫敦市政廳年度晚宴上，我表示：

我不得不承認，儘管近 40 年前，即 1902 年，我曾經投票支持英、日同盟條約，並一直致力於推動與這個海島帝國的良好關係，同時始終熱切希望日本人繁榮並讚賞他們的諸多才能，但如今我深感遺憾地見證了日本與英語世界之間的衝突正在萌芽。

眾所周知，美國在遠東的利益由來已久。它正竭力在太平洋上尋求維持和平的途徑。我們無法預知其努力是否會奏效，但若其失敗而導致美國與日本開戰，那麼，我必須說，英國將在 1 個小時內隨即宣戰，這是我的職責所在。

若我們以冷靜的目光審視這片無邊無際的陰霾局勢，可以發現，日本人民參與一場全球戰爭實屬不必要之舉。他們將會意識到，與太平洋區域內人口占全球近四分之三的國家對峙，這無疑是極具風險的行動。若鋼鐵是現代戰爭的基石，那麼像日本這樣年鋼產量僅約 700 萬噸的國家，無故挑起與年鋼產量約 9,000 萬噸美國的戰爭，實屬危險之舉；而這尚未計入英國可能作出的重大貢獻。因此，我希望太平洋的和平能夠依照日本最具智慧的政治家所表達的願景得以維持。然而，為了捍衛英國在遠東的利益以及目前岌岌可危的共同事業，一切準備已經就緒，並在持續推進中。

11 月 20 日，日本向華盛頓遞交了其「最後之言」。儘管這些提議明顯顯示日本試圖在避免戰爭的情況下獲得勝利的成果，但美國政府仍然認為有必要進行最後一次外交嘗試。我們已經收到有關這份日本照會的通知，並被要求提供我們的看法。11 月 23 日，我在給外交大臣的備忘錄中寫道：

首相致外交大臣

1941 年 11 月 23 日

我們首要關注的是避免進一步的侵略與戰爭，因為我們已經深受戰爭之苦。美國不會放棄對中國事務的支持，因此我們在這個問題上可以安心

地與其保持一致。當然，我們不能同意允許日本在西伯利亞自由進攻俄羅斯的可能。我個人懷疑這種情況是否會在目前發生。我記得在大西洋會議上，羅斯福總統親自新增了一句話：「在北方必須不得再有任何侵略。」我認為在這一點上可以與美國達成共識。我認為日本正式宣布廢除軸心國條約並非必要，他們置身事外本身就會令德國人失望並受到損害。我們不應同意任何禁止美國或英國援助中國的條款，而美國也不會要求我們這樣做。

基於上述條件，若藉由經濟措施對日本稍加放鬆以使其能勉強維持生存，即便僅為我們爭取到額外 3 個月的時間，這也是值得的。然而，這些只是初步的看法。

我不得不承認，若得知美、日協定已經簽署，而根據該協定，我們在未來 3 個月於遠東的局勢不會比現在更糟，我將感到欣慰。

11 月 25 日，總統發來一封電報，描述談判的進展。日本政府曾建議，在與中國達成全面解決或全面恢復太平洋地區和平之前，先從中南半島南部撤離。作為交換，美國應提供石油給日本，不干涉日本在中國恢復和平的努力，協助日本獲取印尼的產品，並將日、美之間的商業關係恢復正常。雙方應同意在東北亞和南太平洋地區不進行任何「軍事擴張」。

隨後，美國計劃提出一個反建議，大體上接受日本照會中的條件，並簡明地提出特定條件，附加於日本自中南半島南部撤軍的條款之後，而不涉及中國局勢。美國準備接受對原凍結令進行修訂的有限經濟協定，例如石油僅可按月供應民用需求。美國的這個建議有效期為 3 個月，並基於這樣的理解，即在此期間將討論涵蓋整個太平洋區域的全面解決方案。

當我閱讀到曾經被稱為「暫定條約」的這份草擬覆文時，我認為並不合適。荷蘭和澳洲政府，尤其是蔣介石也持與我相同的看法，蔣介石甚至向華盛頓遞交了一份強烈的抗議。然而，我清楚地意識到，當我們評論一個完全可以由美國決定行動方針的問題時，必須遵循的一些潛在規則。我

日本局勢升溫

注意到「英國人試圖將我們拖入戰爭」的想法所帶來的危險。因此，我沒有觸及這個問題，即聽憑總統處理這個問題，因此我僅就中國立場發給他以下電報：

前海軍人員致羅斯福總統

1941 年 11 月 26 日

今晚，我收到了你關於日本的電報，同時也得到了哈利法克斯勳爵關於討論進展及你對日本反建議的詳細報告……顯然，這件事的處理完全取決於你，而且我們確實不需要再捲入另一場戰爭。只有一個問題讓我們感到不安。蔣介石的情況如何？他不是正面臨難以支撐的局面嗎？我們所擔憂的正是中國。如果他們崩潰，我們共同面臨的危險將大大增加。我們確信美國對中國事業的關注將引導你們的行動。我們認為，日本人對自己的信心是最薄弱的。

毫無疑問，這份電報於標註日期當天的黎明送達華盛頓。赫爾先生在其回憶錄中提到：

夜幕降臨之際，邱吉爾先生發來一封電報，對我們擬定的條約草案進行評論。顯然，他受到蔣介石電報的影響，擔心這個暫定條約可能只會給蔣介石帶來「極為有限的資源」。據邱吉爾所言，中國是令他憂慮的根源，而中國的崩潰將極大地增加我們共同面臨的危險。在與遠東問題專家們再次討論後，我得出結論，我們應當撤銷這個暫定條約。作為替代，我們應該向日本提出目的在全面解決問題的 10 項建議；最初這個暫定條約只是作為這些建議的引言。雖然暫定條約中的條款僅涉及少量的棉花、石油及其他幾種商品，其數量與日本要求的無限制供應相比非常有限，但顯然美國輿論甚至對有限供應石油給日本也持普遍反對的意見。中國人強烈反對，其他相關國家的政府要麼不支持，要麼態度冷漠……因此，即使日本會同意這個暫定條約的可能性不大，但仍不足以讓我們冒那些潛在的風險，尤其是中國士氣和抵抗崩潰甚至瓦解的風險。

截至目前，我們尚未聽聞所謂的「十點照會」，而此照會不僅契合我們與所有相關政府的期望，實際上還超越了我們所敢奢求的範疇。就在 26 日當天，赫爾先生在「國務院」會見了日本的特使。他甚至沒有向他們提及總統於 23 日電告我的那個臨時條約。反之，他遞交給他們的是這個「十點照會」。其中兩點如下：

1. 日本政府將撤回駐紮在中國和中南半島的所有陸軍、海軍、空軍及警察部隊。

2. 美國政府將僅支持首都暫設於重慶的中華民國國民政府，而不會在軍事、政治和經濟上援助中國境內的其他任何政府或政權。

特使們顯得異常震驚，狼狼地離開了現場。這種反應可能是真誠的。他們被選中主要是因為他們以尋求和平的溫和立場而聞名，這樣便能在一切安排妥當前麻痺美國。然而，他們對政府的整體意圖知之甚少，甚至未曾料到赫爾先生掌握的消息遠超他們。自 1940 年底，美國已經成功破譯日本的重要密碼，並持續解讀大量軍事和外交電報。這些電報在美國的祕密圈子中被稱為「魔術」。美國人將「魔術」內容告知我們，但在我們收到之前，難免會有延遲——有時長達兩、三天。因此，我們無法在任何特定時刻掌握總統或赫爾先生所知的全部消息。我對此並無不滿。

那天下午，總統向駐菲律賓的高級專員發送了如下電報：

準備工作逐漸顯現……以便近期進行某種形式的侵略行動，儘管至今尚無明確跡象顯示此次行動的力量，或其目標是滇緬公路、馬來半島、印尼，還是菲律賓群島。推進泰國，似乎是最有可能的。我認為這次日本的侵略可能導致美、日之間爆發敵對行動……

當哈利法克斯勳爵於 11 月 29 日前往「國務院」拜訪時，赫爾先生向他表示，日本的威脅「已經迫在眉睫」。「我們與日本的外交關係實際上已告終結。目前，事務將由陸、海軍官員接手處理，我已經與他們商議……

日本局勢升溫

日本可能會在我們意想不到的時機突然採取行動……我認為，日本人意識到他們現在全面恢復的無節制征服策略可能是孤注一擲，因此需要極大的勇氣並冒極大的風險。」他還提到：「當邱吉爾收到蔣介石關於臨時條約的強烈抗議時，如果他能發一封強硬的電報回給蔣介石，鼓勵其以日本人和美國人所展現的熱情去奮戰，那會更為理想。他沒有這樣做，而是將這項抗議轉交給我們，並且他本人對此並無異議……」

我對日本的計畫是否已經確定，以及總統的決心究竟達到何種程度，皆不甚了解。

前海軍人員致羅斯福總統

1941 年 11 月 30 日

依我之見，有一種至關重要的方式尚未被利用以避免日本與我們兩國之間的戰爭。這種方式即為祕密或公開地（取決於哪種方式更為適宜）明確宣告，任何日本的進一步侵略舉動將立刻引發嚴重的後果。我明白你在憲法上的限制，但若未能以公正方式向日本表明進一步侵略的悲劇性後果而使其因侵略落入戰火，那將是令人遺憾的。我請求你在適當時刻（或許為時不遠）考慮是否可以宣告日本的任何進一步侵略將迫使你向國會提出最嚴重的聲明及請求，或傳達類似的意思。我們當然會發表類似宣告，或參與聯合宣告，無論如何我們正在安排與貴方同步的行動。我親愛的朋友，請原諒我的大膽建議，但我深信此舉可徹底改變局勢，並防止戰爭的悲劇性擴大。

然而，他與東條對於美、日之間矛盾問題的了解及預想，早已經遠遠超過現況了。世界局勢亦如是。

11 月 30 日午後不久（美國時間），赫爾先生拜訪總統，桌上擺放著我昨夜發出的當天電報。他們認為我有關對日本發出聯合警告的建議無益。這對我們來說並不意外，因為他們已經掌握了一封截獲自東京發往柏林的

電報，日期同樣是 11 月 30 日，這封電報指示日本駐柏林大使通知希特勒和里賓特洛甫如下內容：

他極其祕密地告訴他們，存在著某場軍事衝突引發盎格魯撒克遜國家與日本之間戰爭突然爆發的嚴重危險，並補充說明這場戰爭的爆發時間可能比任何人所能想像的還要快。

12 月 2 日，我拿到了這份電報的譯文。這個發展並不要求英國採取任何特別措施。我們只需靜觀其變。實際上，日本的航空母艦編隊已於 11 月 25 日載著準備攻擊珍珠港的整個海軍航空隊出發。當然，這支艦隊仍在東京的命令掌控之下。

在 12 月 1 日於東京召開的御前會議上，決定了對美開戰的方針。根據東條在審訊時的供述，天皇保持沉默。在接下來的一個星期，太平洋一片死寂。所有可能透過外交途徑解決的方法均已嘗試，尚且至此並未發生任何軍事侵略行動。我最深切的擔憂是日本可能攻擊我們或荷蘭，而憲法上的限制可能會阻礙美國的宣戰。經過 12 月 2 日長時間的內閣會議後，我向外交大臣遞交了一份反映我們結論的備忘錄：

首相致外交大臣

1941 年 12 月 2 日

我們的政策原則是不在美國之前採取行動。除非日本試圖占領克拉地峽，美國才會直接面臨日本的新侵略行動，這樣的情況下還有一些時間。如果美國採取行動，我們必須立即支持他們。如果美國沒有採取行動，我們就需要重新評估我們的立場……

日本隨時可能攻擊荷蘭領土。若在美、日談判後發生，這將直接冒犯美國。我們應告知荷蘭，我們不會阻止荷蘭對日本發動侵略之後的任何決定。對美國而言，這樣的侵略行為是他與日本間的直接問題。若美國對日本宣戰，我們將在 1 個小時內跟進宣戰。如果經過一段時間，美國即便有

我們的支持仍無法採取果斷行動，那麼，即便獨自應對，我們也將與荷蘭人協同努力。

對大不列顛屬地的任何攻擊，必然引發對大不列顛的戰爭。

英國情報機構和空中偵察的警覺不久便發現了一些跡象，顯示「日本即將對泰國發起進攻，且此行動將包括派遣一支海運部隊前往遠征以奪取克拉地峽的戰略要地」。我們將這個情報通報給華盛頓。在我們與遠東總司令之間，以及與澳洲和美國政府之間，展開了一系列冗長的電報往來，討論是否應採取先發制人的措施以保衛克拉地峽。基於軍事和政治考量，我們作出了明智的決定，認為不應在次要戰區先行攻擊，以免使局勢複雜化。至12月6日，倫敦和華盛頓均獲悉大約35艘運輸艦、8艘巡洋艦和20艘驅逐艦組成的日本艦隊正從中南半島駛向泰國灣。其他日本艦隊也在海上執行不同任務。

1946年，一個龐大的美國國會調查團公布了其調查報告。這份報告詳細記述了導致美、日戰爭的事件，以及未能透過軍事部門向無掩蔽艦隊和守軍發出緊急「警戒」命令的所有過程。每一個細節，包括日本密電的譯釋和密電的原文，共計40卷，均已公開於世。美國的實力足以承受美國憲法精神所要求的這種嚴格考驗。

我並不打算對美國歷史上這個令人震驚的事件作出評判。與總統親近且受其信賴的幾位卓越美國人士，與我一樣敏銳地意識到日本可能在遠東對英國或荷蘭的屬地發動攻擊，而刻意避開美國，這種情況將導致國會無法批准美國參戰的巨大風險。美國領導層明白，這可能意味著日本將占領廣闊的地區，若再加上德國在蘇聯的勝利以及隨後的英國被侵入，美國將單獨面對不可阻擋的侵略者聯合力量。這不僅使處於危險中的偉大道德事業被拋棄，甚至美國及剛剛意識到本身危險的美國人民之生命也可能受到

威脅。總統及其信任的朋友們早已了解到美國在反對希特勒及其主張的戰爭中保持中立的嚴重風險，並因國會的限制而感到不安。幾個月前，國會眾議院僅以一票多數通過了必須恢復的強制兵役制，否則他們的陸軍在全球動盪中幾乎崩潰。羅斯福、赫爾、史汀生、諾克斯、馬歇爾將軍、史塔克海軍上將，以及作為他們聯絡人的哈里·霍普金斯，均志同道合。後代美國人及全球自由人民將因他們的遠見而感恩。

日本對美國的攻擊，使美國的挑戰和任務變得極為清晰。美國面對此次攻擊的具體形式，乃至其規模，相較於整個國家為了自身安全而前所未有地團結於一項正義事業這個事實而言，顯得微不足道，我們對此為何感到驚訝呢？在他們看來，正如我所觀察的那樣，日本對美國的攻擊和開戰，實則是自我毀滅。此外，關於敵人的整體和近期目標，他們比我們更早知曉。這讓我們想起克倫威爾在鄧巴高地上注視蘇格蘭軍隊進攻時高呼，「上帝已經把他們交到我們手裡來了。」

我們絕不能允許透過外交往來的官樣文章，將日本描繪成無辜的受害者，聲稱其只是借歐洲戰爭之機尋求適度擴張或獲取資源，而此時，美國向日本提出了一些無法滿足它的期望，不能控制軍國主義的狂熱且自認為準備充分的國民所能接受的建議。多年來，日本一直透過惡意的侵略和挑釁折磨著中國。此刻，由於強占中南半島，事實上以及已經簽訂三國協定，在形式上已與軸心國命運相連。如今，就讓它去做它想做的事，並承擔一切後果吧。

日本居然選擇與英、美開戰，甚至可能最終將與俄國對峙，這在過去曾被認為是不可能的事。日本的宣戰與理性相悖。我堅定地相信，這種冒險將使日本遭受長達一代的毀滅，而事實證明，這個預言是正確的。然而，各國政府和人民並不會總是做出理性的決策。有時，他們會採取瘋狂

的行動，就像某個團體掌權之後，迫使他人服從並協助他們實施愚蠢的計畫。我曾毫不猶豫地多次表達我對日本不會採取瘋狂舉動的信念。即便我們再怎麼努力地試圖將心比心，我們也無法理解那些超越理性的人類思維和幻想的過程。

然而，瘋狂是一種災禍，於戰爭中驅使人們追求奇襲之利。

珍珠港事件！

1941年12月7日，星期日晚間。首相別墅內，只有懷南特和艾夫里爾・哈里曼與我共進晚餐。9點新聞剛開播不久，我便打開了小型無線電收音機。播報了數則關於俄國前線及英國在利比亞的戰事消息，隨後提到日本人在夏威夷襲擊了美國船隻，也攻擊了印尼的英國船隻。接著，有宣告表示新聞節目後某位先生將發表評論，隨後是聽眾問題解答環節，或類似節目。此時我並未感受到直接的衝擊，但艾夫里爾指出日本襲擊美國值得關注，我們因此不顧疲憊，保持清醒。隨後，膳司索耶斯進入房間，確認消息：「確實無誤，我們也聽到了，日本襲擊了美國。」大家默然無語。在11月11日倫敦市長官邸的午宴上，我曾表示，若日本進攻美國，英國將在「1個小時內」宣戰。我起身離席，走向常用的辦公室，要求接通總統的電話。大使隨我而出，猜測我將採取決定性行動，提醒道：「您不覺得最好先確認一下嗎？」

幾分鐘後，羅斯福先生接通了電話。「總統先生，關於日本的情況是怎麼回事？」「情況屬實。」他答道，「他們已經在珍珠港對我們發起了攻擊。現在，我們都在同一條船上。」我讓懷南特接電話，他們交談了幾句，大使起初說，「好」，「好」——然後顯然變得嚴肅，發出一聲「啊！」我繼續說，「這無疑讓事情變得簡單。願上帝保佑你。」或類似的話。接著我們回到客廳，試圖整理思緒，以面對這個已然發生的重大國際事件。此事之震撼，即便是身處核心的人也驚愕不已。我的兩位美國朋友以令人欽佩的堅定精神承受了這次衝擊。我們尚不清楚美國海軍遭受了多大損失。他們沒有為國家陷入戰爭而哀嘆。事實上，幾乎可以說，他們似乎從長期

的煎熬中得到了釋放。

國會要到星期二才召集，議員們分散在這個島國的各個角落，而當時交通面臨諸多障礙。我指示辦公室設法與下議院議長、各黨派領袖以及其他相關人士通話，要求次日召開兩院聯席會議。我聯絡外交部，要求他們立即準備對日本宣戰的相關事宜（這個過程涉及一些手續），以確保在國會開會時能及時進行，並務必召集並通知戰時內閣的所有成員，以及我確信已知情的三軍參謀長和陸、海、空軍各大臣。

完成此事後，我的思緒立即轉向一直縈繞心頭的問題。我隨後向德瓦萊拉先生發出如下電報：

1941 年 12 月 8 日

如今，良機已至，切莫錯失，再度成為一個國家的時刻已經來臨！我願意在你期望的地點與你會面。

我亦聯想到正在奮鬥的中國，於是撥通蔣介石的電話，說：

1941 年 12 月 8 日

英帝國與美國已經遭到日本的襲擊。我們一直以來都是盟友，如今，我們將共同面對同一個敵人。

我們亦發送了以下電報：

首相致哈里・霍普金斯先生

1941 年 12 月 8 日

於此歷史時刻，越來越思念你。——溫斯頓、艾夫里爾。

沒有任何一個美國公民會否認我的看法：若我宣稱擁有美國的支持是我最大的喜悅，那便是事實。我無法預知事態的發展，也不敢自信已經完全評估日本的軍事力量。然而，此刻，我深知美國將全力以赴地投入這場

戰爭。因此，我們終於取得了勝利！是的，經過敦克爾克的撤退；經過法國的崩潰；經過奧蘭的那次驚險事件；面對入侵的威脅時，除了空軍和海軍，我們幾乎沒有防禦力量；經歷了潛艇戰的生死較量——那幾乎輸掉的第一次大西洋戰役；經過17個月的孤軍奮戰和19個月我肩負的艱難歲月。我們已經取得勝利。英格蘭將繼續存在；不列顛將繼續存在；聯邦和英帝國將繼續存在。戰爭會持續多久，或如何結束，無人能預知，而此時我再也不關心這些問題。在我們這個島國的漫長歷史中，無論遭受何種創傷和破壞，我們將再次以勝利和安全的姿態重新站立。我們不會被摧毀。我們的歷史不會終結。即使在孤立無援時，我們也不會滅亡。希特勒的命運已成定局。墨索里尼的命運已成定局。至於日本人，他們將遭遇毀滅。剩下的只是如何恰當地運用我們壓倒性的力量。依我看，英帝國、蘇聯，如今再加上美國，他們同心協力，生死與共，擁有兩倍甚至3倍於敵方的力量。毫無疑問，這將是一段漫長的歷程。我預見東方將遭受慘重的損失，但這一切只是暫時的局面。我們共同團結，就能戰勝世界上的任何對手。我們面臨許多災難和無法估量的損失與艱辛，但對最終的勝利已無任何疑慮。

　　愚昧之人並不鮮見，而非僅限於敵國，他們或許低估了美國的實力。有些人聲稱，美國是軟弱的；有些人則認為，他們總是缺乏團結。他們身處遠方觀望徘徊，永遠無法凝聚成一體。他們無法承受流血犧牲。他們的民主政治和定期選舉制度，將使他們的戰爭行動陷入癱瘓。在敵友眼中，他們不過是地平線上的一個模糊影像。如今，我們應能看出這個人數眾多、但遙遠且富裕的民族弱點。然而，我曾研究過美國南北戰爭中戰鬥到最後一寸土地的精神。美國人的熱血曾在我的血管中流淌。我想起愛德華‧格雷30多年前對我說過的話——美國就像「一個巨大的鍋爐，一旦在其下方點燃火焰，便能產生無窮的力量」。當我入睡時，心中充滿了感

珍珠港事件！

慨與思緒，猶如一個獲得救贖而心懷感激的人般安然入睡。

我隔天一覺醒來便立刻決定要去見羅斯福。我在我們中午的會議上向戰時內閣提出了此事並進行討論。在獲得他們的支持後，我便向國王呈交了申請。

1941 年 12 月 8 日

殿下：

在我心中已經確立了一種信念，認為這是我的責任，即只要羅斯福總統同意，我就應立即訪問華盛頓，而我相信他會同意。關於英、美防務與攻勢的整體計畫，必須依據現實狀況加以商議。我們也需要小心，不能讓從美國獲得的軍火和援助遭受可能無法避免的巨大損失。當我在華盛頓時，艾登先生會在莫斯科，這樣，三大盟國間的一些重大問題或許能更容易解決。

這些理由今日已獲內閣同僚一致同意，因此，我請求陛下准許我出國。我計劃很快乘軍艦啟程，此次離國共約 3 週。我將帶著與赴大西洋會議時相同數量的人員同行。

在我離開國家期間，掌璽大臣將代理我的職務，並由樞密院長、財政大臣及戰時內閣的其他成員協助。我計劃邀請陸、海、空三軍大臣在此期間暫時出席戰時內閣。我離國期間，外交部將向樞密院長報告，國防委員會則向掌璽大臣報告。我將透過無線電保持與所有正在進行的事務聯絡，並在必要時做出決定。我計劃攜帶第一海務大臣和空軍參謀長同行，因為高層人員與美國進行協商一切方案是至關重要的。

我渴望陛下能對此事予以許可。至於我的意圖，必然保持機密。

陛下最誠摯、最忠實的臣僕

溫斯頓・邱吉爾

此外，我預計德國和義大利將根據條約義務對美國宣戰。我會推遲向總統提出訪問建議，直至局勢更加明朗。

國王允准了。

前海軍人員致羅斯福總統

1941 年 12 月 9 日

1. 感謝您 12 月 8 日的來電。既然我們如您所言已是「風雨同舟」，再舉行一次會議是否明智？我們可以根據現實情況和新事實重新審視整體戰爭計畫以及生產和分配問題。我認為這些事項（其中一些正引起我的關注）在最高行政層級上能夠得到最佳解決。再次與您會面，對我來說將是莫大的愉悅，而且越早越好。

2. 如果您同意，我可以在一、兩天內從這裡出發，乘坐軍艦前往巴爾的摩或安納波利斯。航行大約需要 8 天，我會安排停留 1 週，以確保我們之間的每個重要事項都能得到解決。我將帶上龐德、波特爾、迪爾和比弗布魯克以及必要的隨行人員。

3. 你的看法如何，請盡快告知。

總統憂慮我返程途中可能遭遇危險。我撥打電話以安撫他的擔憂。

前海軍人員致羅斯福總統

1941 年 12 月 10 日

我們原本就認為返程不會遇到任何重大危險，然而，真正的威脅是我們沒有在最高層面詳盡商議海軍狀況的極端嚴重性及所有相關的生產與分配問題。我已經準備好在百慕達與你會晤，或從那裡飛往華盛頓。面對新的不利局勢，尤其是在太平洋地區的情況，如果再推遲 1 個月才決定我們的聯合行動，可能會造成重大損失。我原本計劃於明天晚上出發，但將推遲行程，等待你指定的會晤地點。我對最終勝利的信心從未如此強烈，但唯有協調一致的行動才能實現勝利。致以最誠摯的問候。

珍珠港事件！

次日，我再次接到了總統的電話。他表示得知我將在白宮停留一段時間令他感到欣慰。他認為自己無法離開美國，因為動員工作正在進行中，且太平洋的海軍局勢仍未明朗。他相信我們能克服所有生產和供應方面的難題。他再次強調旅途中的危險，並建議我謹慎評估。

戰時內閣批准立即對日宣戰，所有程續均已準備就緒。因艾登已啟程前往莫斯科，我臨時負責外交部事務，並以此信函遞交日本大使：

外交部

1941 年 12 月 8 日

先生：

12 月 7 日晚，聯合王國國王陛下政府得知日本武裝部隊在未事先經過宣戰或附帶宣戰條件的最後通牒情況下，企圖在馬來亞海岸登陸，並對新加坡和香港進行轟炸。

鑑於此類毫無理由的侵略行為公然違反國際法，尤其是違背了日本與聯合王國作為締約國有關開戰行動的第三次海牙公約第一條的規定，聯合王國國王陛下政府已經指示我駐東京大使，代表聯合王國國王陛下政府通知日本帝國政府，兩國已經進入戰爭狀態。

表達至高無上的敬意。

溫斯頓·邱吉爾

某些人對這種儀式化的方式感覺很感冒。然而，當你不得不結束一個人的生命時，保持禮貌並不費力。

國會於下午 3 點召開，儘管通知時間倉促，但議會廳仍座無虛席。按照英國憲法，國王依據內閣建議宣戰，使國會面對既定事實。因此，我們能夠提前兌現對美國的承諾，事實上在美國國會行動之前就對日本宣戰。荷蘭政府也宣戰。我在發言中說道：

最為關鍵的是，絕不可低估我們在此地或在美國可能面臨新出現的危險之嚴重性。敵方已然膽敢發動進攻，這或許是因為輕率而為，亦或是因對其實力的自信。英語世界與我們勇敢的俄羅斯盟友正面臨的考驗必將艱難，尤其是起初階段，並且可能會持續相當長的時間。然而，當我們環顧這個世界的幽暗局勢時，我們沒有理由質疑我們事業的正義性，或懷疑我們的實力與意志是否足夠支撐這個事業。

此地至少占據全球五分之四的人口。我們對其安危及未來肩負重任。過去，我們曾有微弱的光芒；如今，我們擁有燃燒的火光；未來，這光芒將普照所有陸地與海洋。

兩院全票通過此決議。

我認為此刻有必要立即委任已經返回新加坡的達夫・庫珀先生擔任遠東事務的常駐大臣。

首相致達夫・庫珀先生

1941 年 12 月 9 日

1. 你已經被指派為新加坡遠東事務的常駐內閣大臣。你將在戰時內閣祕書的協助下，在戰時內閣的領導下履行職責，並直接向其匯報。你獲授權籌組一個軍事參議院，其組成及所涵蓋的地域範圍需先行呈報。大致將與軍事總司令管轄的領域一致。你的主要職責是協助成功推進遠東的軍事行動，方法包括：

（1）盡量解除各總司令迄今承擔的額外責任；

（2）提供明確的政治指導。

2. 你的職責還包含如果無法及時向國內請示的情況下，在當地解決緊急問題。你可以設立一個當地問題解決機構，以便快速處理那些本應向各部門請示的次要例行事務。對於需要特別指示的事項，只要時間允許，你應向國內請示。不論如何，你必須定期向國王陛下政府報告。

珍珠港事件！

　　3. 當奧利弗‧利特爾頓上尉獲任駐開羅國務大臣時，曾明確此任命不改變國王陛下政府在中東派遣代表的既有職責，亦不改變他們與國內各部門的公務聯繫。類似的安排也適用於遠東。要使這個機構成功運作，相當程度上取決於你在這初期關鍵時刻的掌控能力。

　　4. 你熟知各個政府部門和內閣的運作流程，理應對遠東事務產生強而有力且即時的影響。請立即透過電報將你的具體建議以及對任命及其範圍界定和公布方式的意見告知我。

　　祝你好運，並致以最誠摯的問候。我們必須在各個地方徹底進行這場戰爭。

　　達夫‧庫珀以堅定且清晰的思路投入這些新任務，但遺憾的是，我們與美國在華盛頓商定的遠東最高司令之安排使他的職位變得多餘，因此在兩個多星期後，我命令他回國。

　　在一段時間裡，關於珍珠港事件的詳細消息不為人知，如今其經過已經被詳盡記錄。

　　直到 1941 年初，日本對美國的海軍作戰計畫是預期美國人會試圖開闢一條通道橫渡太平洋以解救他們在前哨據點的守軍，日本的主力艦隊便在菲律賓附近海域迎戰。偷襲珍珠港的構想出自日本海軍總司令山本大將之手。這種在任何宣戰動作之前進行的隱蔽襲擊準備，以極其祕密地方式展開。到了 11 月 22 日，由 6 艘航空母艦組成的襲擊艦隊，連同戰鬥艦和巡洋艦組成的支援編隊，在日本本土以北的千島群島一處偏僻錨地集結。襲擊日期定在 12 月 7 日（星期日），因此在 11 月 26 日（東京時間），艦隊在南雲海軍大將指揮下啟航。南雲在夏威夷以北遠距離航行，憑藉北緯區域的濃霧和暴風掩護，接近目標而未被發現。在那個不祥的日子，日出前，進攻從珍珠港以北約 275 英里的位置展開。360 架飛機參與，包括在戰鬥機掩護下的各種轟炸機。上午 7 點 55 分，第一顆炸彈投下。港內停

泊著美國海軍的 94 艘艦艇，其中太平洋艦隊的 8 艘戰鬥艦是主要目標。幸而航空母艦和強大的巡洋艦隊因執行其他任務而不在港內。

　　這次襲擊的經過常被生動地描述。這裡只需強調關鍵事實，並記錄下日本飛行員的無情效率。至上午 8 點 25 分，首批魚雷和俯衝轟炸機已經完成攻擊。到了上午 10 時，戰鬥已經結束，敵人業已撤退。留下的是一支被炸得支離破碎、籠罩在火焰與煙霧中的艦隊，以及美國的復仇之心。戰鬥艦「亞利桑那」號被摧毀，「奧克拉荷馬」號傾覆，「西維吉尼亞」號和「加利福尼亞」號在泊位沉沒，除在乾船塢的「賓夕法尼亞」號之外，其他戰鬥艦皆遭重創。超過 2,000 名美國人遇難，近 2,000 人受傷。太平洋的優勢已轉移至日本手中，全球戰略力量的對比暫時發生了根本性變化。

　　我們的美國盟國也經歷了一連串的不幸事件。

　　在菲律賓群島指揮的麥克阿瑟將軍，於 11 月 20 日接到警告，預示外交關係將發生重大變化。指揮有限實力的美國亞洲艦隊的哈特海軍上將與鄰近的英、荷海軍當局商議，並根據他的作戰計畫，開始將艦隻向南分散，以便在荷屬海域與未來的盟友聯合，籌組一支襲擊艦隊。他可以調動的艦隻，除了 12 艘舊式驅逐艦和各類輔助艦隻外，只有 1 艘重型巡洋艦和兩艘輕型巡洋艦。他的實力幾乎完全依賴於 28 艘潛艇。12 月 8 日凌晨 3 點，哈特海軍上將截獲了關於襲擊珍珠港的驚人電報。他沒有等待華盛頓確認，立即警告所有相關方面，說明敵對行動已經開始。黎明時，日本的俯衝轟炸機襲來，接下來的幾天裡，空襲規模不斷擴大。12 月 10 日，卡維特海軍基地被徹底摧毀，同日，日本人在呂宋島北部首次登陸。災難迅速加劇。美國大部分空軍在戰鬥中或地面上被摧毀，到 12 月 20 日，剩餘的美國空軍已經撤退到澳洲的達爾文港。幾天前，哈特海軍上將的船艦已經開始向南分散，只留下潛艇與敵人在海上交鋒。12 月 21 日，日本入侵部隊主力在林加延灣登陸，直接威脅馬尼拉。隨後，事態的發展如同在

馬來亞一樣，但防守時間較長。

於是，日本多年來精心策劃的計畫在勝利的火焰中迸發，然而這並非終點。

日本駐柏林大使在電報中提及他拜訪里賓特洛甫的情況。

在珍珠港遭襲後的次日凌晨1點，我拜訪了外交部長里賓特洛甫，向他闡述了我們希望德、義兩國立即對美國正式宣戰的意圖。里賓特洛甫回應稱，希特勒當時正在東普魯士總部的一次會議中商討如何以一種能夠給德國人民留下良好印象的方式來處理宣戰事宜，並表示他會立即將我們的願望傳達給希特勒，並全力促成這個願望的實現。

希特勒與其幕僚皆感震驚。約德爾在受審時提及，希特勒「為了將此消息告知凱特爾元帥和我，深夜來到我的地圖室。此事完全在他意料之外」。然而，在12月8日清晨，他便指示德國海軍襲擊任何發現的美國船隻。這比德國正式對美宣戰早了3天。

12月9日晚10時，我在內閣的作戰室召集了一場會議，主要由海軍部官員參與，目的在評估海軍局勢。與會者大約12人。我們嘗試評估日本參戰之後對整體形勢所帶來全面改變的後果。除了大西洋，我們已經失去對其他海洋的控制。澳洲、紐西蘭及其周邊重要島嶼均面臨威脅。我們當下僅掌握一種關鍵武器。「威爾士親王」號和「卻敵」號已經抵達新加坡，部署於此原本是為了利用不明行蹤的頂級戰鬥艦對敵軍產生不可預測的海上威脅。現在我們該如何部署它們？顯然，它們應該出海並隱匿於眾多島嶼之間。普遍意見支持這個策略。

我個人認為，它們應該橫渡太平洋，與倖存的美國艦隊會合。這樣的行動將展現出一種壯麗的姿態，並將英語國家的戰力聯合起來。我們已經真誠地同意美國海軍部將其主力艦從大西洋撤出。因此，在幾個月內，美國西海岸可能會有一支能夠在需要時進行決定性海戰的艦隊。這樣的一支

艦隊及其存在，對於我們在大洋洲的同胞來說，將是最佳的保護。我們對此想法都表現出極大的興趣。然而，由於時間已晚，我們決定暫時擱置，留待夜間考慮，然後在次日早上決定如何處理「威爾士親王」號和「卻敵」號的問題。

沒想到在短短兩個小時內，它們全數沉入海底。

在這些船艦的慘劇中，意外因素發揮了如此決定性的作用，現須對此進行描述。

12月2日，「威爾士親王」號與「卻敵」號抵達新加坡。12月5日，海軍上將湯姆·菲利普斯飛往馬尼拉，與麥克阿瑟將軍和海軍上將哈特商討可能的聯合行動。哈特同意將4艘美國驅逐艦編入菲利普斯的艦隊。兩位海軍上將均認為，新加坡和馬尼拉此時都不適合作為聯合艦隊的基地。次日，消息傳來，一支龐大的日本海運部隊已經進入泰國灣，顯然關鍵事件即將來臨。菲利普斯於12月7日清晨返回新加坡。12月8日午夜過後，據報在哥打巴魯有敵軍登陸，隨後又報告稱宋卡和北大年附近也有敵軍登陸。日本對馬來亞的大規模入侵已經展開。

菲利普斯海軍上將堅信，在敵軍試圖登陸時予以攻擊是他的職責所在。在一次高級軍官會議上，大家一致同意，海軍在這個危急時刻無法置身事外。他向海軍部報告了他的計畫，並請求新加坡空軍司令部將戰鬥機調往北部機場，同時要求我方薄弱的空軍給予最大可能的支援。具體來說，就是在12月9日於其艦隊以北100英里範圍內進行偵察，並在12月10日上午在宋卡海域上空提供偵察和戰鬥機掩護。然而，這最後一項至關重要的協助無法實現，原因有二：一是預計新加坡將遭受攻擊，二是北部機場已經無法防守。當此消息傳達給菲利普斯海軍上將時，他已經於12月8日下午5點30分率領「威爾士親王」號、「卻敵」號以及「伊列克特拉」號、「特快」號、「吸血鬼」號和「坦尼多斯」號驅逐艦離港。訊號還

151

警告稱，在中南半島南部的空軍基地有一支龐大的日本轟炸機隊駐紮。儘管頻繁的暴風雨和低雲層不利於空軍行動，菲利普斯仍決定繼續前進。12月9日傍晚，天氣轉好，他很快意識到可能被敵機跟蹤。突襲的機會消失，必須預料到次日早晨在宋卡附近會遭遇猛烈空襲。菲利普斯海軍上將因此不得不放棄他的大膽計畫，於黃昏後轉向基地返航。他的努力應已無可指摘，但午夜時分，因不幸消息傳來，哥打巴魯以南150多英里的關丹地區出現敵軍登陸。菲利普斯海軍上將推測，既然敵方最後一次發現他的艦隊是北行，那麼他們不太可能預料到他會在12月10日白晝駛向南方。因此，他決定冒險向關丹出發，試圖完成突襲任務。

日本的紀錄中並未提及曾在12月9日從空中偵察到這支英國艦隊。然而，1艘潛艇報告稱，這支艦隊在下午兩點正向北航行。駐紮在西貢附近的日本第22航空隊正在為轟炸新加坡裝載炸彈，但他們迅速改裝魚雷，決定對英國軍艦進行夜間襲擊。由於未能發現目標，他們在午夜返回基地。12月10日黎明前，另1艘日本潛艇報告稱英國軍艦正在南下。於是，早上6點，一支由9架飛機組成的搜索隊出發，隨後在1個小時後，一支由84架轟炸機和魚雷轟炸機組成的強大襲擊隊以大約9架為一組分批出發。

關於敵軍在關丹登陸的情報最終被證實為不實。然而，由於新加坡方面未發來更正電報，那位海軍上將依舊抱有期望，直至天亮後不久，驅逐艦「特快」號抵達港口，確認沒有敵人蹤影。在繼續南行之前，艦隊花時間搜索先前發現的1艘拖輪及其他小艦艇。然而，此時危機已至，命運充滿艱辛。日本航空隊曾向南遠巡至新加坡，未見任何船艦。它們返航北上時才偶然發現其追尋的目標。

在上午10時20分，「威爾士親王」號發現了1架偵察飛機，隨後不久於上午11時，第一波轟炸機便現身。敵方分批次持續進行襲擊。首批

飛機攻擊時,「卻敵」號遭到 1 枚炸彈命中並起火,但火勢很快得到控制,因此航速未受影響。第二批飛機襲來時,「威爾士親王」號幾乎同時遭到兩枚魚雷命中,損害極為嚴重,海水開始湧入船艙,左舷的兩個推進器失去功能,船隻從此逐漸失去控制。在此輪攻擊中,「卻敵」號未被擊中。數分鐘後,另一波飛機逼近「卻敵」號,但它再次成功避開攻擊,沒有受損。此時,兩艘艦艇已經拉開距離,坦南特艦長向新加坡發出緊急訊號,報告「敵機正在轟炸」後,便指揮「卻敵」號駛向海軍上將所在的旗艦。

在下午 12 點 22 分,敵方對兩艘戰艦發動了又一次的致命襲擊。「卻敵」號在成功躲避了多枚魚雷後,最終還是遭到擊中。緊接著,在另一次攻擊中,1 枚魚雷摧毀了它的操舵系統,隨後又連續被 3 枚魚雷命中。坦南特艦長意識到船隻的命運已成定局。他迅速命令所有船員上甲板,這個果斷行動無疑拯救了許多生命。在下午 12 點 33 分,「卻敵」號傾覆並沉沒。「威爾士親王」號在大約 12 點 23 分時再遭到兩枚魚雷襲擊,隨後又被 1 枚魚雷命中,速度降至 8 海里,迅速陷入下沉狀態。經過再次轟炸後,它被命中並傾覆,於下午 1 點 20 分沉沒。幾艘驅逐艦從近 3,000 名官兵中救出了 2,000 名。總司令海軍上將湯姆‧菲利普斯爵士和旗艦艦長約翰‧利希均溺亡。

在答覆三軍參謀長關於為何未從新加坡派出戰鬥機支援艦隊的質詢時,後已證實,菲利普斯海軍上將由於堅持無線電靜默,因此在 12 月 9 日未能發出更改計畫的訊號。新加坡方面直到 12 月 10 日上午仍不知其具體位置,直到中午才收到坦南特艦長的緊急訊號。隨後,戰鬥機立即被派出,但到達時僅目睹了「威爾士親王」號的沉沒。

在評估菲利普斯海軍上將於災難期間所採取的策略時,需要特別強調的是,他有充分理由相信,他計劃對關丹的攻擊已經超出他最擔心的、以海岸為基地的敵方魚雷轟炸機的有效射程。因此,他只需應對普通遠端轟

珍珠港事件！

炸機在撤退時可能發起的緊急攻擊。從西貢機場到關丹的距離為 400 英里，當時尚無魚雷轟炸機嘗試過襲擊如此接近這個航程的目標。我們與美國人當時都嚴重低估了日本在空戰中的效率。

12 月 10 日那天，我正在開箱子，床邊的電話鈴聲突然響起。是第一海務大臣來電，他的聲音獨特，伴隨著咳嗽和吞嚥，使我最初難以聽清。「首相，我必須報告，『威爾士親王』號和『卻敵』號被日本人擊沉，我們認為是被飛機擊沉的。湯姆·菲利普斯已經遇難。」我問道：「你確信這是真的嗎？」，「毫無疑問。」於是我放下電話，幸好此刻我獨自一人。在整個戰爭期間，從未有過如此直接的震驚打擊我。讀者可以想像，內閣為這兩艘戰艦付出的種種努力、希望和計畫隨著它們的沉沒而消失。當我在床上輾轉反側時，這個消息的恐怖感觸及心底。在印度洋或太平洋，除了美國在珍珠港倖存的主力艦正迅速返回加州外，英國和美國已無主力艦。日本在遼闊的海域中獨霸一方，而我們則勢單力薄，無力防禦。

當下議院於當天上午 11 時剛剛開始集會時，我便親自前去告知他們事情的經過。

我帶來壞消息，我認為有必要儘早讓下議院知道。新加坡方面報告，英國軍艦「威爾士親王」號和「卻敵」號在與進攻馬來亞的日本軍作戰中被擊沉。除了日本官方公報，尚未獲得詳細消息，公報稱這兩艘船是在空襲中被擊沉的。

我可以順便提到，在下次下議院會議時，我將藉機對戰爭的整體局勢進行簡要說明。過去幾天，該局勢從多方面的利弊角度看，已經發生了重要變化。

此時，我於 12 月 14 日啟程赴美的一切計畫正在祕密進行中。在這期間的 96 個小時內，事務如麻。12 月 11 日，我必須向下議院詳細說明新的局勢。人們對於在利比亞久拖不決、勝負未定的戰役感到憂慮和不滿。

我毫不隱瞞地指出，我們在日本手下可能面臨嚴重的危機與損失。另一方面，俄國的連勝已經揭示了希特勒在東方戰役中的致命錯誤，而冬季天候仍將顯示其強大的威力。潛艇戰暫時得到控制，我們的損失大大減少。最終，全球五分之四的人口正與我們站在同一邊共同奮戰。最終勝利是可以確保的。我在這個意義上發表了演講。

我以最為冷靜的方式陳述事實，避免許下任何不切實際的承諾。我最後說道：

自然，我不應當準備來討論遠東和太平洋上所產生的新局勢，或者為了恢復有利局勢而必須採取的措施。我們可能會遭受巨大的損失與困難，但將在與美國和荷蘭的緊密合作下，盡最大努力保衛自己。大不列顛和盟國的海軍力量曾經並且仍然遠遠超過三個軸心國聯合的艦隊。然而，我們絕不能低估在馬來亞和夏威夷遭受損失的嚴重性，也不能低估這個新敵人對我們的攻擊威脅，或者低估在遠東產生、整頓和調派取得絕對勝利所需要的龐大軍隊之相對要求。

我們即將進入一段極為艱難的時期，這會要求每個人迅速作出一些必要的調整。正如我曾經指出的，我們在提供物資方面必須對俄國履行承諾，同時我們要預見到，在未來數個月內，運抵不列顛的美國物資數量和美國海軍的援助力度將會減少。這個缺口必須得到填補，而唯有透過我們本身的努力才能做到這一點。然而，我堅信，美國的1.3億人民已經下定決心參與這場戰爭，一旦他們專注於此事 —— 這必然會發生 —— 並將此事視為生活中的首要任務，那麼軍火生產及各類援助將遠超迄今為止在和平時期所能期望的標準。如今，不僅是大英帝國，美國也在為生存而戰；俄國在為生存而戰；中國在為生存而戰。整個歐洲在敵人殘暴統治下被征服國家的精神和希望都寄託在這四個偉大的作戰聯盟身上。我曾說過，人類的五分之四站在我們這一邊。這可能還是低估了。那些曾給人類帶來巨

珍珠港事件！

大災難的，僅僅是這些結黨營私的惡徒及其軍事或政治組織。如果我們不能在千年歷史中留下一個不被遺忘的教訓，那將是我們這一代的恥辱。

下議院一片寂靜，彷彿暫時擱置了評判。我並不期待他們會有更進一步的表態。

在12月7日至8日夜間，正當珍珠港事件的消息傳來之際，艾登先生已經從斯卡帕灣啟程前往莫斯科。儘管時間上完全可以召回他，但我認為由於這個新事件的爆發，使他的任務顯得更加重要。俄國與日本之間的關係，以及美國對俄國和英國軍火供應的必然調整，引發了重大且複雜的問題。內閣對此看法堅決。艾登繼續他的行程，而我則確保他及時獲取消息。有許多事情需要告知他。

首相致艾登先生（在海上）

1941年12月10日

1. 自你離去以來，已經發生諸多變故。首先，美國在夏威夷遭遇大災難，目前僅有兩艘現役戰鬥艦在太平洋對抗日本的10艘戰鬥艦，他們正從大西洋召回所有戰鬥艦。其次，據美國傳來的消息，我們即將在馬來亞及整個遠東地區面對擁有制海權的日本軍隊猛烈攻擊。再次，在我看來，義大利和德國必然會對美國宣戰。此外，俄國軍隊在列寧格勒、莫斯科全線、庫爾斯克及南方均取得輝煌戰果。德國軍隊在惡劣的冬季條件下及俄國越發猛烈的反攻中，多數處於守勢或撤退。最後，據奧金萊克報告，利比亞的局勢已經發生變化，但在我們這個第二戰場上，前方仍有許多激烈戰鬥。最後，從中東派遣空軍增援馬來亞的需求十分迫切。

2. 考量到上述情況，你不應在此時提議成立10個中隊。每件事都依賴於美國的供應，因此在我抵達那裡之前，我無法判斷我們所處的狀況。

3. 願你的健康有所改善。我們在這裡的生活確實美好。

當我踏上船隻時，續電言道：

首相致艾登先生（在海上）

1941 年 12 月 12 日

「威爾士親王」號和「卻敵」號的損失，加上美國在珍珠港遭受的打擊，使得日本的戰鬥艦隊在太平洋中取得了全面的控制權。他們能夠在任何地點用任何一支海外艦隊發起進攻。幸運的是，太平洋區域如此遼闊，以至於他們的力量部署只能是有限的。我們預期他們將會向菲律賓、新加坡和滇緬公路發起進攻。在英、美兩國的新式戰鬥艦完成建造，進而恢復實際的優勢之前，還需要經過許多個月。在太平洋災難和宣戰的衝擊下，美國已經暫停了一切物資的出口。我希望能夠在這一點上有所鬆綁，但在當前情況下，鑑於俄國的勝利以及我們面臨的新威脅，我們無法承諾超出既定供應量的任何額外支持。你應當強調，由於東方對戰鬥機需求的迫切性，我們在飛機方面是多麼的匱乏；另一方面，美國的參戰彌補了所有這一切，因此只要給予時間並保持耐心，必然會迎來勝利⋯⋯

我已經啟程。

珍珠港事件！

戰時橫渡大西洋

在如此多重事態同時發展的時刻，我本應基於多項重要的理由留在倫敦指揮政府的運作。但我從未懷疑，英、美之間的全面理解比其他任何事情都更為重要，因此我必須立即帶領一隊頂尖的專家顧問趕往華盛頓。不少人認為在這個時節搭乘飛機經過危機重重的區域是一種冒險之舉，因此，我們於 1941 年 12 月 12 日前往克萊德河準備登艦。「威爾士親王」號已經不復存在。「英王喬治五世」號正在監視「提爾皮茨」號。新下水的「約克公爵」號將載我們前行，同時逐步操練並展現其全部效能。我們團隊的主要成員包括戰時內閣成員比弗布魯克勳爵、第一海務大臣龐德海軍上將、空軍參謀長波特爾空軍中將，以及現已被布魯克將軍接替擔任帝國總參謀長的迪爾元帥。我熱切希望布魯克留在倫敦，以便處理那些急待解決的重大問題。我邀請迪爾一同前往，因為他熟知我們的事務且廣受信任與尊重，代替布魯克與我一道前往華盛頓。在那裡，他將迎接一個新的任務領域。

與我同行的還有在 1941 年成為我長期醫療顧問的查爾斯・威爾遜爵士。這是他首次與我一起航行，之後的每次旅程他都陪伴在側。或許正是由於他細緻的照料，我才能夠倖存。儘管我無法在他生病時說服他接受我的建議，而他也不能總是期望我完全遵循他的指示，但我們成為了忠實的朋友，而且我們都活了下來。

為了避開德軍潛艇的埋伏，我們計劃以平均每小時 20 海里的速度在 7 天內完成航行。根據海軍部的指示，我們沿著愛爾蘭海峽駛入比斯開灣。天氣惡劣，狂風巨浪，天空烏雲密布。我們必須穿越德軍潛艇在法國西部

戰時橫渡大西洋

港口和大西洋之間的活動區域。由於德軍潛艇頻繁出沒，海軍部命令艦長不要讓我們的小艦隊掉隊。然而，由於風浪，我們的小艦隊航速無法超過6海里，因此我們以這個速度緩慢繞過愛爾蘭南部，花費了48個小時。經過距離布雷斯特不到400英里的區域時，我不禁想起1週前，「威爾士親王」號和「卻敵」號被沿岸基地的魚雷轟炸機擊毀的情景。烏雲使得我們的護航飛機無法與我們匯合，偶爾只有1架出現。然而，當我走上艦橋時，卻看到一片不受歡迎的藍天。然而，一切順利，鉅艦和護衛的驅逐艦緩緩前進。我們對它的慢速感到不耐煩。第2天夜裡，我們駛近德軍潛艇的活動路線。海軍上將龐德指出，我們撞上1艘潛艇的機率比被魚雷擊中的可能性更大。夜色漆黑，於是我們拋下驅逐艦，以可能的最大速度在不停翻滾的風浪中繼續前行。我們封閉艙口，巨浪拍擊甲板。比弗布魯克勳爵抱怨說，乘坐潛艇和這艘軍艦沒什麼區別。

我們的眾多譯電人員自然可以透過無線電接收到大量任務。我們在一定範圍內能夠發送回電。當新派遣的護衛艦艇從亞速爾群島過來與我們匯合後，它們可以在白天接收我們用摩爾斯電碼譯成的密電，然後在距離我們大約100英里的後方安全地發送出去而不暴露我們的位置。儘管如此，我們依然對無線電失聯感到恐懼——畢竟我們身處世界大戰中。

旅行途中，我們同時在思索所有問題，而我的心思與外交大臣相連，他正朝相反方向迅速航行。最緊迫的議題是我們對蘇聯政府要求向日本宣戰的政策。我向艾登先生發送以下電報：

1941年12月12日

在你離開國家之前，你曾詢問三軍參謀長關於俄國對日本宣戰是否對我們有利的問題。經過深思熟慮，參謀長們給出了如下意見：

俄國對日本宣戰將對我們極為有利，條件是，唯有當俄國人確信這在當前或明年春天不會對他們的西部戰線造成危害。

三軍參謀長接著詳盡地闡述了支持和反對的理由。權衡之後，他們強調防止俄國在西線崩潰至關重要。

我接著對外交大臣說道：

若你的討論結果使你相信俄國有意向日本宣戰，那麼，可以考慮是否應由美國人，而非我們，去施加必要的任何壓力。

在他抵達莫斯科後，我附上一句附言：

考慮到美國、中國以及我預見澳洲明確地強烈希望俄國參與對日戰爭，你不應做任何妨礙此事順利進行的舉動，只要史達林認為自己有足夠的力量去實現這個目標。鑑於我們所能提供的幫助是如此有限，我們不應對他施加過多的壓力。

翌日再次致電表示：

俄國前線近期的若干成就可能促使史達林更傾向於與日本開戰。情勢逐漸對我們有利，因此你需要在當地判斷，對他施加多大力度與何種強度的壓力才是明智之舉。

在航程途中，我收到了艾登先生即將抵達莫斯科時發來的一系列電報，詳述他抵達後蘇聯方面就其他事項的意見。

這些電報的內容被他在歸國後以自己的言辭概述於1942年1月5日提交的詳盡報告中：

……在12月16日我首次與史達林先生和莫洛托夫先生會晤時，史達林先生詳細闡述了他對戰後歐洲各國邊界劃定的看法，尤其是關於德國的處理建議。他主張恢復奧地利的獨立地位，將萊茵地區從普魯士分離出來作為獨立國家或保護國，並盡可能建立一個獨立的巴伐利亞國。他還建議將東普魯士交給波蘭，讓蘇臺德地區歸還捷克斯洛伐克。他認為南斯拉夫應該復國，甚至從義大利手中獲得一些額外領土，阿爾巴尼亞應重新獨

立，土耳其應獲得多德卡尼斯群島，並對希臘在愛琴海中的重要島嶼進行有利於希臘的調整。土耳其還可以取得保加利亞境內和敘利亞北部的部分地區。總體而言，被占領的國家，包括捷克斯洛伐克和希臘，應恢復戰前的邊界，而史達林先生願意支持英國在西歐國家——如法國、比利時、荷蘭、挪威和丹麥——獲得基地等的任何特殊安排。關於蘇聯的特殊利益，史達林先生希望在波羅的海國家、芬蘭和比薩拉比亞恢復1941年德國進攻前的局勢。「寇鬆線」應成為未來蘇、波邊界的基礎，羅馬尼亞應為蘇聯提供基地等特殊便利，並從匈牙利現占領土中獲得補償。

於首次會談中，史達林先生大體上認同以物品，特別是機床，作為德國對被占國家的賠償方式，而非金錢賠償，認為金錢賠償不合適。他對戰後「民主國家」組成軍事同盟表示關注，並稱若歐洲某些國家願意組成聯邦，蘇聯不會反對。

在12月17日的第2次會談中，史達林先生敦促英王陛下政府立即承認蘇聯未來的邊界，尤其是關於波羅的海國家併入蘇聯以及恢復1941年蘇、芬邊界的問題。他認為，任何英、蘇協定的簽署都取決於在此問題上能否達成雙方共識。我雖然答應回國後將與聯合王國國王陛下政府、美國政府以及英王陛下各自治領政府進行商議，但也向史達林先生解釋，由於我們與美國已有先前約定，英王陛下政府在此階段無法對戰後歐洲的任何國界承擔義務。史達林先生認為這個問題至關重要，因此在12月18日的第三次會談中進行了進一步探討。

在俄國的要求中，最為核心的是關於戰爭初期被俄國征服的波羅的海國家最終應併入蘇聯的主張。除此之外，還有許多關於俄國主權擴張的條件，伴隨對無限制供應和難以實現的軍事行動之強烈呼籲。我剛讀完這些電報後，立刻對波羅的海國家併入一事作出強烈反應。

首相致掌璽大臣

1941 年 12 月 20 日

　　1. 史達林對芬蘭、波羅的海國家和羅馬尼亞的要求明顯違背了他曾認可的大西洋憲章第一、第二和第三條。若要我們在沒有事先與美國協商的情況下達成這樣的協定，無論是祕密的還是公開的、直接的或間接的，這都是絕對不可接受的。邊界問題的解決時機尚未到來，這些問題只能在我們取得勝利後，透過和平條約會議加以解決。

　　2. 單是為了達成一個可以公開協定的願望，絕不應促使我們做出不當的承諾。外交大臣的表現極為出色，因此即使他不得不悄然離開莫斯科，也不應感到沮喪。無論如何，俄國人將繼續為他們的生存而戰，並依賴我們提供大量物資，這些物資是我們經過艱苦的努力蒐集而來，並忠誠地交付給他們的。

　　3. 我期望內閣同意將前述各節告知外交大臣。毫無疑問，他將運用必要的機智和審慎來處理此事，但他應該清楚了解我們的立場。

　　戰時內閣與我的看法一致，於是發出了電報。我致函艾登先生如下：

首相（於海上）致艾登先生（在莫斯科）

1941 年 12 月 20 日

　　1. 顯然，你不可能對史達林無禮。我們對美國有義務，不可達成祕密或特殊協定。如果將這些提議呈交羅斯福總統，他會果斷拒絕，並可能導致雙方長期困擾。

　　2. 俄國在其西部邊疆的戰略安全，是和平條約會議的目標之一。列寧格勒的地位已經被事實證明特別危險。首要目標是防止德國再度挑起戰爭。普魯士與南部德國的分離及普魯士本身的邊界問題，將是未來待解的重大議題之一，但這些都屬於不確定且或許遙遠的未來。我們當前必須經由艱苦且持久的戰鬥來爭取勝利。若現在公開討論這些問題，只會使所有

德國人團結在希特勒周圍。

3. 即便此時非正式地向羅斯福總統提出這些問題，在我看來，也是欠妥之舉。這是我應當遵循的一種策略，以防止意外或徹底地中斷對話。如果你無法依據內閣指示所提方針帶回聯合宣告，也無需感到失落。我相信你的訪問已經取得極大成效，而你的立場將受到廣泛的支持。

這趟旅程似乎漫長。

艾登先生用他自己的言辭描述了他在莫斯科與史達林會談過程的情形。

我們在極為友好的氛圍中互道別離。經過我多次解釋後，史達林先生似乎已經充分理解我們目前無法在歐洲開闢第二戰場的現狀。他對我們在利比亞攻勢的進展表現出極大興趣，並認為最理想的戰略就是依據軸心國集團會因其最薄弱環節的崩潰而瓦解的原則來擊敗義大利。

他不相信自己具備足夠的力量同時對德國作戰並引發與日本的敵對。他期望在明年春天之前，能將遠東軍隊恢復到因協防而從中抽調部分部隊前的實力。他並未承諾在來年春天對日本宣戰，而是計劃屆時重新考慮此事，儘管他更願意讓日本人先發動敵對行動，正如他所預測的那樣。

然而，此時令我們憂心的是國際關係中最棘手的議題，即法國問題。美國已經宣布與德國交戰，這對維琪法國將帶來何種影響？在英國，我們繼續維持與戴高樂的聯繫。而美國政府，尤其是國務院，則與維琪法國保持著緊密而饒有成效的往來。貝當的健康狀況不佳，據稱因前列腺問題需要接受手術。魏剛已被從北非召回維琪，並解除了指揮職務。達爾朗海軍上將似乎正處於權勢高峰。同時，奧金萊克在利比亞及其周邊的勝利，在維琪法國的高層也突顯了法屬北非的各種問題。希特勒在沙漠中受挫，並在俄國被阻擋後，是否會堅持透過海、空途徑而非西班牙向突尼西亞、阿爾及利亞、摩洛哥和達喀爾派遣德軍？這種策略，或其中的某些行動，是否會成為他對美國參戰的回應？

跡象顯示，達爾朗海軍上將可能會繼任或替代貝當，外交部已經接獲一些祕密詢問，探討我們與偉大盟友對他的態度。這些可能引發困境的事情涉及我們的整個海軍局勢，包括土倫艦隊、卡薩布蘭卡和達喀爾的兩艘未完成的戰鬥艦、港口封鎖等諸多事項。在從首相別墅乘火車前往克萊德河的行程中，我曾將一份關於海軍狀況的備忘錄交給相鄰房間的第一海務大臣。

1941 年 12 月 13 日

我期望我們能夠聯合向維琪提出一項成敗攸關的建議。如果維琪不接受，那就轉向法屬北非。

我們尚無法斷言美國參戰將如何影響法國，但我們期待利比亞的勝利能帶來正面的迴響。尤其德國軍隊在俄國的困境日益嚴重，這將對所有人的心理產生影響。很有可能，如果美國提議派遣一支美軍遠征隊在卡薩布蘭卡登陸，再加上我們在「體育家」作戰計畫中所能提供的支持，將決定法屬北非（或許包括馬達加斯加）的行動。無論如何，這值得一試。在我們獲得維琪的答覆之前，我不願對「體育家」或「短棒」作戰計畫的部署進行任何調整。

必須牢記，美國通常會支持將北非和西非視為英、美聯合行動的主要戰區之一。

我撥通了史末資將軍的電話，說道：

1941 年 12 月 20 日

我認為再次橫渡大西洋是我的責任，希望在幾天內全面指導戰爭事宜並與羅斯福總統商討。我自然期望他能在法屬北非和西非推進政策上提供協助。這符合美國人的理念，但他們可能過於專注於對日戰爭。我會隨時向你通報情況。

戰時橫渡大西洋

在此期間，戰爭在新舊戰區如火如荼地展開。我對於在日本強大力量壓迫下的香港命運並不抱有幻想。然而，若英國的抵抗能更為頑強，則對各方利益將更為有利。香港幾乎與珍珠港同時遭到日本攻擊。在莫爾特比陸軍少將的指揮下，守軍肩負著從一開始就超出其能力範圍的艱鉅任務。日軍動用了3個師的兵力，而我們僅能集結6個營應戰，其中包括兩個加拿大營。此外，還有少量的機動炮兵、2,000多名商民自衛團成員，以及負責港口防禦的海岸炮與高射炮。在圍攻過程中，日軍始終掌握了無可爭議的制空權。在當地居民中，一支活躍的「第五縱隊」向敵方提供了不少協助。

為了在九龍港被破壞前阻止敵軍的進攻，駐守部隊的3個營攜帶16門大炮在九龍半島展開。不久，他們遭遇猛烈攻擊，並於12月11日接到命令撤回島上。接下來兩天的夜晚，他們在極其困難的條件下巧妙地完成了撤退。

首相致香港總督和守軍

1941年12月12日

我們正在密切關注你們對香港這個港口和堡壘的日常防禦。你們守護著這個在世界文明史中久負盛名連結歐洲與遠東的關鍵要塞。我們堅信，香港抵抗這場野蠻且無理攻擊的行動，將為英國歷史增添光輝的一頁。

在你們經歷困境之際，全體國人的心靈與諸位同在。你們的每一次抵抗，皆使我們更接近那注定到來的最終勝利。

敵軍為了跨越九龍半島與香港島之間那1英里寬的水域，經過數日精心準備。在這段時間內，他們依次使用炮火、轟炸和迫擊炮攻擊我們的防線。12月18日夜間，他們首次登陸，後續部隊迅速向內陸推進。隨著進攻力量的不斷增強，防守部隊被迫逐步後撤，且因為傷亡慘重而人數大量減少。儘管沒有增援或救援的希望，他們仍然堅持作戰。

首相致香港總督

1941 年 12 月 21 日

　　我們獲悉日本軍隊已經在香港島登陸，這個消息引起了我們的高度關注。在這裡，我們無法判斷現有駐軍面對日軍登陸是否可以進行有效的反擊。然而，絕不能產生投降的念頭。島上的每一個區域都需要爭奪，必須以極其頑強的方式抵抗敵人。

　　應迫使敵方在生命和裝備上付出最大代價。在內線防禦中必須奮力作戰，必要時逐屋作戰。每堅持一天的抵抗，都是對全球同盟事業的貢獻，並因長期抵抗，你和你的士兵將贏得我們確信應屬於你們的不朽榮耀。

　　這些命令在精神上得到了徹底的服從。在諸多忠誠的行為中，有一事值得記錄。12 月 19 日，加拿大旅長勞森報告其總部遭襲；戰鬥已經進入平射程內；他決心戰鬥至最後一刻。他確實這樣做了，他與同伴官兵皆光榮陣亡。守軍堅持了整整 1 週。每位能夠握住武器的人，包括來自皇家海軍和皇家空軍的部分人員，全力參與了殊死抵抗。與他們不屈不撓的精神相媲美的是英國平民的堅忍精神。聖誕節當天，局勢已經到了不可抵擋的極限，投降成為不可避免的結局。在堅毅的總督馬克·揚爵士的指揮下，這個殖民地打出了一場壯麗的戰役。的確，他們已經獲得了應當屬於他們的那種「不朽的光榮」。

　　在馬來亞，另一場災難降臨。日軍於 12 月 8 日於該半島的多個地點登陸，並對我們的機場進行破壞性空襲，這些襲擊嚴重削弱了我們原本就已經脆弱的空軍力量，並立即使北部的各個機場無法使用。在哥打巴魯，海岸防禦由 1 個步兵旅沿著長達 30 英里的前線堅守，而日軍則成功地使 1 個師的大部分部隊上岸，儘管我們的岸上部隊和空軍給予了重創。經過 3 天的激戰，敵軍在陸地上穩固立足，附近的機場已經落入他們手中，因此，那個已經遭受重大損失的旅奉命向南撤退。

同樣在 12 月 8 日那天，日軍在更北的北大年和宋卡登陸，未遭遇抵抗。勇敢出擊的荷蘭潛艇擊沉了他們的幾艘船艦。在 12 月 12 日之前，未有重大戰事發生，而在當天，敵軍以其最精銳的 1 個師在亞羅士打以北成功襲擊第 11 印度師，造成重大損失。

在我離開國家之前，我曾致電印度駐軍總司令韋維爾將軍：

1941 年 12 月 12 日

1. 此刻你必須轉向東方，緬甸已經納入你的管轄範圍。你需要抵禦日軍向緬甸及印度的推進，並努力阻斷他們通往馬來半島的通道。我們正將第 18 師經好望角調往孟買，同時轉運至高加索與裏海戰區的 4 個皇家空軍戰鬥機中隊也將調至此地。我們也在為你運送一批特製的高射炮和反坦克炮，其中一些已在運輸途中。你應保留第 17 印度師，以防禦日軍。根據你的判斷，合理配置這些部隊，並在東方戰線上發揮其最大效能。

2. 有一項提議，計劃在近期的某個合適時機，由你和奧金萊克共同商討如何將伊拉克和波斯併入開羅管區。俄國的勝利與奧金萊克在利比亞的推進暫時消除了德軍入侵敘利亞－伊拉克－波斯戰區的威脅。雖然這種威脅可能重現，但我們面臨其他更為緊迫的威脅需要處理。

3. 我希望你能同意這些因過去 4 天世界局勢的劇變而作出的新部署。我將在權衡我們所面臨的緊張局勢的同時，盡可能為你提供裝甲車輛、飛機和英國人員。請詳細電告你的意見和需求。

我亦發送如下電報：

首相致掌璽大臣，並透過伊斯梅將軍轉交參謀長委員會

1941 年 12 月 13 日

務必全力規劃人員與物資的調動進入印度，並在利比亞決戰告捷時立即從中東派遣空軍增援。利比亞決戰結束後，應努力盡快運出裝甲車輛。

首相致緬甸總督

1941 年 12 月 13 日

韋維爾已經被委任掌管緬甸的陸、空防務。我們正經由好望角轉運第18 師、4 個戰鬥機中隊以及高射炮和反坦克炮等至孟買，以便讓他根據判斷作出最佳部署。利比亞的戰鬥進展順利，但在勝負未明之前，我無法從該地調走任何空軍部隊。我們正準備在獲勝後將 4 到 6 個轟炸機中隊轉至你的戰區。

致以一切美好的祝願。

馬來半島的防禦戰涉及一項重要的戰略決策。我懷有明確的信念，但遺憾的是，我無法在大洋中執行。

首相致伊斯梅將軍轉參謀長委員會

1941 年 12 月 15 日

務必確保保護新加坡島和要塞所需的軍隊不在馬來半島上耗盡或被切斷。就重要性而言，沒有任何事物能與這個要塞相比。你確信我們將擁有足夠的軍隊足以進行長期防禦嗎？請與奧金萊克和自治領政府商議，將第 1 澳洲師從巴勒斯坦調往新加坡。請及時報告處理情況。

我感到欣慰的是，我們的國務大臣達夫·庫珀先生也獨自得出了相同的結論。

首相致伊斯梅將軍轉參謀長委員會

1941 年 12 月 19 日

1. 達夫·庫珀表達了與我在那封以「務必」開頭的電報中所提到的相同擔憂。達夫·庫珀建議集中兵力保衛柔佛以防守新加坡，這與迪爾的意見完全一致。

2. 在太平洋和印度洋上，英、美海軍艦隻遭遇災難後，我們無法阻

止日本人在泰國和馬來半島大量登陸軍隊。因此，除非進行爆破和採取延緩敵軍前進的行動，否則無法在柔佛防線以北的任何地區據守。而實際上，這道防線只能作為新加坡島要塞和海軍基地最後防禦戰的一部分進行堅守。

3. 目前須告知當地駐軍總司令，他的職責僅限於保護柔佛和新加坡，絕不可以其他任何事務與全力保衛新加坡之事相對抗。這不應妨礙他在南撤時運用阻滯戰術和爆破，並進行有序撤退。

4. 你尚未告知當前遠東總司令是誰。波納爾是否已經抵達？若未到，他身在何處？他應盡快乘飛機前往。

5. 凡從好望角調往印度的各類增援部隊，均應由韋維爾用於保衛緬甸，或在局勢需要時移交給遠東司令部，這一直是我們的計畫。我們完全支持你調運高射炮和戰鬥機中隊的決定。

6. 第18師同樣可以由韋維爾根據本身需求使用，或是協助遠東司令部，但為何仍停駐於此？若第18師東調，明智之舉似乎是至少派遣1個澳洲師進駐印度以替代其位置。

7. 請詳細描述你當前正在處理的事務，以及你計劃如何解決向新加坡派遣增援部隊所面臨日益加劇的挑戰。此外，減少新加坡島上無用人口的措施進展如何？關於物資供應的答覆情況如何？

在本書中，無法詳細敘述這個故事的結局。新加坡的悲劇很快就會顯現。只需提到，在這個月剩餘的日子裡，印度師對沿西海岸南下的敵軍主力進行了多次狙擊戰。12月17日，敵軍入侵檳榔嶼，儘管進行了爆破，仍有許多小型艦艇被敵軍完整奪取。這些艦艇後來幫助敵軍以小規模兩棲部隊進行側面攻擊。到月底，我們的部隊在怡保附近作戰，距離他們初始陣地已有150英里之遙。此時，日軍在半島上登陸的部隊至少有3個足額師，包括禁衛軍。在空中，敵軍的優勢顯著增加，其在占領機場上部署的

飛機品質超出預期。我們被迫採取防守，損失慘重。12月16日，婆羅洲北部也遭入侵，不久被攻占，但在此之前，我們成功破壞了那些巨大而寶貴的煉油設施。在這些戰鬥中，荷蘭潛艇擊沉了敵軍不少船艦。

在我航行期間，奧金萊克將軍在沙漠地區的軍事行動進展順利。軸心國軍隊巧妙地避開了各種包圍戰略，成功地撤退到從加柴拉向南的後方防線。12月13日，第8集團軍對該陣地發起攻勢。此時，該集團軍包括第7裝甲師、第4裝甲旅及其支援部隊、第4英印師、摩托化警衛旅、第5紐西蘭旅、波蘭旅團和第32陸軍坦克旅。這些部隊全部由第13軍司令部指揮。第30軍則負責應付被切斷和遺棄在塞盧姆、哈爾法亞和拜爾迪耶並還在頑強戰鬥的敵軍。敵人在加柴拉的表現不錯，但他們的沙漠側翼卻被我們的裝甲部隊包抄，因此隆美爾開始從德爾納撤退至阿傑達比亞和阿蓋拉。他們在撤退途中受到我方在這些遼闊區域內一切能夠行動和補給部隊的追擊。

自12月的首個星期開始，敵軍空中力量顯著增強。德國空軍第1軍團已經從俄國戰區撤回，並調往地中海地區。根據德國紀錄顯示，該軍團的飛機數量從11月15日的400架（可用206架）增至1個月後的637架（可用339架）。其中大部分飛機被派駐西西里島，以保護通往北非的海上通道，而在沙漠地區，俯衝轟炸機在高效的「梅塞施密特109」戰鬥機護航下越發活躍。皇家空軍在戰鬥首週取得的優勢已然喪失。我們將看到，敵人於12月及次年1月在地中海空中力量的恢復，以及我們數個月內制海權的實際喪失，如何剝奪了奧金萊克辛苦爭取且長期期待的勝利果實。

當「約克公爵」號緩緩向西航行時，我們團隊中的每一個人都在忙碌地投入工作，所有的注意力都集中在那些急待解決的重大問題上。我們既滿懷期待，又略顯焦慮地準備與總統及其政治和軍事顧問們進行首次作為盟友的直接會晤。在離開英國之前，我們已經意識到，日本在珍珠港的襲

擊激起了美國人民的強烈憤慨。我們從官方報告和新聞摘要中獲得的印象是，全美國的憤怒正集中於日本。我們擔心戰爭的真正優先次序可能不會被充分理解。我們意識到一個重大風險，即美國可能在太平洋對日本開戰，而我們則在歐洲、非洲和中東對抗德國和義大利。

在此前的一章中，我曾描述英國持久且越加壯大的力量。在大西洋上的首次對德潛艇戰役中，我們取得了顯著優勢。我們無疑有能力保持海上通道的暢通，並堅信如果希特勒企圖入侵這座島國，我們足以擊退他。俄國的抵抗力量也給了我們極大的鼓舞。儘管在利比亞戰役中，我們曾抱有過高的期望，但我們所有的未來計畫都依賴於大量美國物資的持續運入，尤其是飛機、坦克和巨大的商船。作為一個非交戰國，美國總統曾經願意將大量軍事裝備轉交給我們，因為當時美軍並未參戰。然而，如今美國已與德國、義大利，特別是日本處於戰爭狀態，這種做法必然受到限制。本國的需求難道不會優先考慮嗎？在俄國遭襲後，為了支援蘇聯軍隊，我們理應犧牲了一部分剛從工廠生產出的裝備和物資。美國移交給俄國的物資甚至超過我們所獲得的，我們對此表示完全贊同，因為俄國對納粹侵略者進行了卓越的抵抗。

儘管如此，推遲為我們自己的軍隊提供裝備，特別是在利比亞激戰中的部隊急需的武器，也同樣面臨挑戰。我們必須承認，「美國優先」將成為我們盟友的重要原則。我們擔心，在美軍大規模行動之前，將會有一段漫長的準備期，而在此期間，我們將面臨巨大的困境。這種情況將發生在我們不得不在馬來亞、印度洋、緬甸和印度面對新的可怕敵人之時。顯然，供應品的分配問題需要深刻關注，其中隱藏著許多困難和微妙之處。我們已被告知，所有根據租借法案的交貨計畫將暫停，等待調整。幸運的是，英國的軍火和飛機製造業正在擴大並迅速發展，不久將有顯著的產量。然而，當「約克公爵」號迎著不息的狂風前行時，我們隱約看到一系列的

「難關」以及可能拒絕供應關鍵裝備的情況，這將影響我們的整個生產體系。比弗布魯克在面對困難時依然保持一貫樂觀。他聲稱，美國的資源尚未被完全統計，這些資源是無可估量的。一旦美國全力投入這場戰爭，結果將遠超任何計畫或想像。此外，他認為美國人尚未完全意識到他們在生產領域的潛力。所有現有的統計資料將因美國的努力而被超越和改寫。每個人將獲得充足的物資，他對此的判斷是正確的。

　　與主要戰略問題相比，這一切顯得微不足道。我們能否說服總統及美國軍事首腦相信，日本的失敗並不意味著希特勒的失敗，而希特勒的失敗卻能使日本的覆滅僅僅成為時間問題？我們為此重大問題進行了長時間的深思熟慮。參謀長們和迪爾將軍，以及霍利斯和他的軍官們準備了幾份文件來論述整個問題，並強調戰爭整體性的觀點。

　　正如將看到的，這些工作和擔憂都是多餘的。

戰時橫渡大西洋

全球戰事快速演變

這些日子裡，我減少了日常事務，無需參加內閣會議或進行接見，8天的航程讓我得以根據戰事的演變，對整個局勢進行審視。我憶起拿破崙談到長時間專注於思考事物的效用——他說：「把事物集中起來思索，久而不倦。」我嘗試這樣做，並如往常一樣透過口述將我的思考記錄下來。為了準備與總統會面及與美國進行商討，我根據對戰爭如何展開的見解，擬定了關於戰爭未來發展的3個文件。由於帶來了參謀長龐德和波特爾以及迪爾將軍，且一些事實能夠由霍利斯將軍與祕書處及時核對，因此文件的制定是可靠的。每份文件耗費4、5個小時，歷時兩、三天。因為我心中有整個戰爭的全景，構思這些內容並不困難，但過程緩慢。事實上，若用普通寫法，同樣時間內可重複寫兩、三遍。當每個文件經過核對完成後，我將其作為我個人信念的表達，送給我的同事們傳閱。他們同時也在為聯合參謀會議準備自己的文件。我欣慰地發現，儘管我的主題較為概括，而他們的較為專精，我們在原則和評論上依然保持一貫的協調。沒有引起爭議的分歧，論據也幾乎無需修改。這樣，儘管沒有人確切或嚴格地受到約束，我們仍然達成了一套我們明確同意的建設性原則。

第1份文件綜述了一些理由，說明為何在1942年歐洲戰區的戰役中，主要目標應由英、美軍隊占領非洲的整個海岸線以及從達喀爾到土耳其邊界的地中海東部海岸。第2份文件討論了為求恢復太平洋控制權應採取的措施，並指出1942年5月是實現這個目標的適宜時間。它詳細探討了經由臨時大量建造來增加航空母艦的必要性。第3份文件指出最終目標是由大批英、美軍隊在德國占領區內最合適的地點登陸以反攻歐洲，並將1943

年定為這次主要攻擊的時間。

在聖誕節前,我將這3份文件呈交給了總統。我解釋說,儘管這些文件反映了我的個人觀點,但這並不妨礙參謀人員之間進行任何正式的意見交流。我將它們以備忘錄的形式撰寫,呈交英國參謀長委員會。我還向總統指出,這些文件並非專為他而寫,但我認為他了解我的想法以及我對大不列顛的計畫和願望是至關重要的。他收到文件後立即閱讀,並在次日詢問是否可以保留這些文件的副本。我對此欣然同意。

對於我於10月20日就這些問題寄給艾德禮先生的信,儘管尚未收到正式答覆,也並不期望有答覆,但我感到總統在關於法屬西北非洲行動的思考上,正與我保持一致。在10月期間,我只能向他闡述我們英國人在獨自作戰時的想法和計畫。如今我們已經成為盟友,必須採取協同且更大規模的行動。我確信他與我將在大部分問題上達成共識,這個基礎已然奠定。因此,我充滿希望。

第一部分
大西洋戰場

1941年12月16日

在俄國戰區的挫敗與損失成為戰爭期間的主要事實,希特勒面臨的困境無從估量。德國軍隊和納粹政權一直依賴輕鬆且廉價的勝利來維持。然而,此刻他們面對的並非他們預期的迅速勝利,而是一個冬季中因殺戮和燃料與裝備的空前消耗所帶來的衝擊。

1. 大不列顛和美國在這樁戰事中,除了保證我們承諾的物資按時送達外,沒有其他任務。唯有藉由這種方式,我們才能保持對史達林的影響力,並將俄國的巨大努力納入這場戰爭的整體戰略中。

2. 北非戰區即將迎來奧金萊克將軍在昔蘭尼加的勝利,也將在一定程

度上削弱德國的力量。我們可以預期，在今年年底之前，敵人在利比亞的軍隊可能會被徹底消滅。這不僅會對德國和義大利造成嚴重的打擊，還將消除我們駐尼羅河流域軍隊長期以來面臨西方入侵的主要威脅。當然，奧金萊克將軍將迅速推進名為「雜技家」的作戰計畫，這應使他能夠占領的黎波里，進而讓他的裝甲部隊前鋒抵達法屬突尼西亞邊界。在我們於華盛頓分手之前，他可能會提供某種預測。

3. 德國在俄羅斯遭受的損失與失敗，以及他們被逐出利比亞，顯然將迫使他們在來年春季竭盡全力向東南方向推進，直抵高加索或安納托利亞，或兩者同時進行，以突破包圍他們的封鎖線。然而，我們不應斷定他們具備執行此項任務的作戰能力。俄軍在經過冬季的恢復後，將會從列寧格勒到克里米亞的整個戰線上對其施以重擊，使德軍被迫撤出克里米亞是輕而易舉之事。目前沒有跡象表明俄國海軍無法控制黑海，也不應認為德國現有的兵力能夠使進攻土耳其和穿越安納托利亞成為納粹政權在當前局勢下所能承擔的任務。土耳其擁有50個師，其戰鬥力及自然屏障均享有盛名。儘管土耳其一向注重安全，俄國對黑海的控制以及英國在地中海東岸和北非海岸的成就，加上義大利海軍的弱勢，令我們有理由盡力促使土耳其採取一致行動，並足以激勵其抵抗德國的入侵。雖然斷言德國向東南方向突入波斯—伊拉克—敘利亞前線的威脅已經消除為時尚早，但目前來看，這個威脅的可能性似乎較以往更低。

4. 因此，我們應極力爭取法屬北非，而此刻正是對維琪政府及北非法國當局施展一切可行的誘導與施壓手段的時機。德軍在俄國的失利、英軍在利比亞的勝利、義大利士氣的低落及軍事上的崩潰，尤其是德、美間的宣戰，勢必對法國及其帝國的民心造成巨大影響。此時正是向維琪政權及法屬北非發出警告的時刻，警告內容應包括美國和英國承諾重建法國為強大國家，並保證其領土完整。這應伴隨英、美遠征軍從摩洛哥大西洋海岸及阿爾及利亞的行動。阿爾及利亞的適合登陸地點須由奧金萊克將軍從東面推進的部隊提供有效支援。對於法國人和效忠的摩爾人，應當供應足量

的軍需品。應敦促維琪將其艦隊從土倫調至奧蘭和比塞大,並使法國重新作為主要交戰國參與戰爭。這意味著德國將全面掌控法國,把整個國家作為其占領區進行治理。無論是已經占領的地區還是尚未被占領的地區,情況似乎並無顯著差異。無論局勢如何變化,歐洲的法國終將遭受徹底的封鎖。當然,亦有一種可能性存在,即由於德國在俄國受到牽制,即便法屬北非與之交戰,他們可能對法國未被占領的區域不予重視。

5. 若能促使維琪政權至少默許法屬北非倒向我方,我們須盡快準備大規模的軍事部署。即便不考慮奧金萊克將軍若在的黎波里塔尼亞獲勝後從東面調遣的部隊,我們在不列顛已為「體育家」作戰計畫集結約55,000人,包括兩個師和一支裝甲部隊,以及所需的運輸船。這些部隊可在接到命令後第23天抵達法屬北非。自馬爾他出發的主力部隊和空軍可以迅速抵達比塞大。我們期望美國承諾在未來6個月內透過卡薩布蘭卡及其他非洲大西洋港口派遣至少15萬兵員。至關重要的是,應有大約25,000名美軍在獲得維琪或法屬北非許可後儘早部署。

6. 我們還請求美國部署相當於3個師和1個裝甲師的軍隊至北愛爾蘭。若有必要,這些部隊可以在北愛爾蘭完成訓練。美國軍隊的駐紮將被敵方察覺,可能導致其高估實際駐軍人數。美軍在不列顛群島的存在,將是對德國入侵計畫的有力遏制。這將使我們能夠用額外兩個師和1個完整裝甲師加強法屬北非的軍事力量。如果這些部隊能夠與已經駐紮在北非的法國軍隊聯合行動,並獲得適當的空軍支援,德國人若要通過他們未能掌控的海域征服北非,將面臨異常艱難且損失慘重的戰役。由於我們跨越大西洋的航線直接且便捷,而敵方的地中海通道則遭受重創,正如他們在利比亞的冒險中所經歷的情況,因此西北非洲戰區對英、美行動而言極為有利。

7. 在此我們可以強調,我們極其期待美國的轟炸機隊以大不列顛群島為基地對德國展開行動。我們本身的轟炸計畫未達到預期效果。雖然計畫

龐大且不斷擴展，但其充分發展已被拖延。需要知道，我們對透過日益猛烈和精準的轟炸來影響德國城市和港口的生產及士氣寄予厚望，尤其是在他們進攻俄國的失敗後，這可能對德國民眾的戰鬥意志產生重大影響，進而引發對德國政府的內部反應。如果美國派遣例如 20 個轟炸機中隊至聯合王國，這將加強並加速這個程序，同時也是對德國對美宣戰的最直接且有效的回應。在大不列顛境內將進行安排以促進這個過程，並發展英、美兩國自今至戰爭結束時對德國的無限制轟炸。

8. 然而，我們必須預見到維琪政府可能不會採取我們希望的行動，反而可能在法屬北非煽動抵抗。他們或許會協助德軍進入北非；德國軍隊可能強行通過西班牙，或被允許借道；駐紮在土倫的法國艦隊可能落入德國控制，而維琪政府可能促使法國及其帝國全面與德國合作反對我們，儘管這看起來不太可能有效實施。大多數法國人支持英國，現在更多的人支持美國。達爾朗海軍上將未必會將土倫港的艦隊完整交給德國。最不可能發生的事情是法國士兵和水兵會認真與美、英作戰。即便如此，我們絕不能排除法國和北非中那些失敗主義者與德國半真半假聯合的可能性。如果真的發生這種情況，我們在北非的任務將更加艱難。

1942 年內需發動戰役，目標是占領或征服整個北非海岸，包括摩洛哥的大西洋港口。明年年底之前，達喀爾及法屬西非其他港口必須被攻克。然而，儘管為防止德軍入侵，進軍法屬北非十分緊急，但控制達喀爾及法屬西非港口可能需要 8 到 9 個月的準備時間。計畫須立即制定。若有充裕時間和準備，並配備適當裝備，後述行動就不會有不可克服的困難。

9. 我們需要重新審視與戴高樂將軍及「自由法國」運動的關係。迄今為止，美國尚未承擔我在與他的通訊中所提到的類似義務。並非完全歸咎於他的過錯，該運動在法國民眾心中引發了新的敵意。美國現在認為，對他採取的任何行動都應有特別影響，即重新界定我們對他和法國的義務，以便這些義務更緊密地依賴於他和法蘭西民族在洗刷恥辱方面可能做出的

努力。如果維琪政府在法屬北非採取我們期望的行動，美國和英國就必須努力促成「自由法國」（戴高樂派）與其他準備再次對抗德國的法國人之間的和解。相反，如果維琪政府繼續與德國勾結，而我們不得不進攻法屬北非和西非，那麼，就必須給予戴高樂派的運動支持，並充分加以利用。

10. 我們無法預見西班牙將會採取何種選擇與行動。然而，似乎西班牙人不太可能允許德國人自由穿越西班牙來襲擊直布羅陀並進犯北非。雖然可能會有滲透，但正式請求讓一支軍隊通過可能會遭到拒絕。如果確實如此，那麼冬季將是德國人試圖強行通過西班牙的最不利時機。此外，希特勒幾乎要用武力鎮壓整個歐洲處於戰敗和半飢餓狀態的地方，因此他不太可能輕易接管法國未被占領的地區並捲入伊比利半島上憤怒、凶猛且飢餓的人民對他的激烈游擊戰中。英國和美國必須竭盡全力增強這些人民的抵抗意志。目前的有限供應政策應當繼續執行。

直布羅陀的港口和基地對我們來說意義重大，除非伊比利半島被占領或西班牙允許德國人通過其邊境，否則德國人根本無望攻占大西洋上的島嶼。

11. 總體而言，1942年西方戰事的主要戰略攻勢包括英國和美國占領並控制法國在北非和西非的所有屬地，以及英國進一步控制從突尼西亞到埃及的整個北非海岸。如此一來，如果船艦條件允許，我們便可自由經由地中海前往中近東各國及蘇伊士運河。實現這些重大目標的前提是英、美兩國在大西洋上保持海軍和空中優勢，供應線持續暢通，以及不列顛群島獲得有效的防禦保障以抵禦入侵。

有關太平洋戰事的第2份文件是在我們成功登陸後才完成的。

第二部分
太平洋戰場

1941 年 12 月 20 日

1. 日本憑藉其海軍優勢，能夠將軍隊運送至幾乎任何想要占領的地點，並在這些地方建立為海、空軍補給燃料的基地。而同盟國在一段時間內將無法進行常規艦隊戰鬥。其軍隊的運送能力依賴於減少海洋面積攔截的機會。即便沒有占優勢的海軍，我們仍能在各地進行突襲。然而，我們無法跨越海洋進行持續進攻。因此，我們必須預見太平洋上的屬地和據點將被逐一奪走，敵人則能夠輕鬆在每個地點立足並消滅當地守軍。

2. 在這個過渡階段，我們的任務是在每一個受攻擊的地點進行頑強抵抗，並在有機會時冒一切必要風險將物資和增援部隊偷偷運送過去。如果我們的軍隊堅持抵抗，而我們又盡可能多地提供增援，敵人將被迫承擔遠離本土且日益增加的海外負擔；他的船舶資源將變得緊張，運輸路線將成為易受攻擊的目標，而美國、英國和荷蘭的所有可用海軍和空軍——特別是潛艇——應集中其作戰力量。最重要的是不應讓敵人輕易獲得巨大的補給；應迫使他供養所有征服地，使其戰線延長，資源耗盡。

3. 日本的資源是一種消耗性的關鍵因素。由於在中國進行消耗巨大的戰爭，這個國家的資源已經長期處於過度緊張狀態中。他們在襲擊珍珠港的那天乃是他們力量最大的時候。如果真的如史達林所說，他們除了自己的空軍以外還擁有 1,500 架德國飛機（他一定知道這些飛機是怎樣運去的），那麼，他們現在僅能以國內每個月 300 到 500 架的微小產量來補充耗損，實際上已經無法彌補他們的耗損了。我們的政策應該是使他們在海外的征服地區盡可能維持最大數量的軍隊，並盡可能使他們不停歇地忙碌，以便使其交通運輸達到飽和狀態並造成高比例的飛機消耗率。如果我們無所行動而讓他們安閒自在，他們就能夠以極少的代價和輕易地擴展他

們的征服地,出動最少數量的海外軍隊,就獲得最大的利益,而只承擔最少的義務,這樣將使我們遭受巨大的損害。所以正確和必要的做法就是在我們具有相當把握的每一個地點與他們作戰,使他們不斷地消耗和拉長戰線。

4. 然而,我們必須堅決以儘早重獲海上優勢為目標。此目標可透過兩種方式實現:其一,增強我們的主力艦。日本建造的兩艘不受條約限制的新式戰鬥艦,必須被視為對整個太平洋戰區具有重大影響的因素。據悉,美國有兩艘新式戰鬥艦將在明年5月投入戰鬥。自然,戰爭計畫必須考慮敵方行動、意外事故和不幸事件,但若我們的戰鬥艦數量不再減少,且未發生新的不可預見緊急情況,我們期待將「納爾遜」號和「羅德尼」號與這兩艘美國新式戰鬥艦合併,使裝備16英寸口徑大炮的現代主力艦達到4艘。作為這支艦隊的支撐,應有足夠數量經過改造且可用的美國舊式戰鬥艦組成艦隊,使其能在明年5月以後的任何合適時機,計劃進行一次艦隊戰鬥。在太平洋上恢復我們的海軍優勢,即便不進行實際交戰,也能確保整個美洲西海岸的安全,避免分散負責進攻任務的軍隊還要負擔於大規模的防禦工作。因此,我們必須將建立一支在太平洋上占據絕對優勢的作戰艦隊設為主要戰略目標,並以1942年5月為實現此目標的期限。

5. 即使在過渡階段,也應竭盡所能地發揮航空母艦的最大功效。我們正計劃籌組一支由3艘航空母艦和相當數量護衛艦組成的艦隊,在南非、印度和澳洲之間的海域行動。美國已經擁有7艘正規的航空母艦,而日本則有10艘,但美國的航母體積較大。除此之外,我們還需大力發展一批臨時建造,規模不一的航空母艦。唯有此法,方能迅速擴展我們的海上控制權。即便這些航母只能起飛少量飛機,它們仍可與其他航母協同作戰。我們應當發展一種浮動空軍設施,以確保我們能在相當長的時間內取得並保持對沿海基地的區域性空中優勢,並為部隊登陸提供掩護,以攻擊敵方新占領的地區。若不能確保這種區域性空中優勢,甚至在獲得區域性空中

優勢之前，即便我方艦隊占據顯著優勢，也會在極為不利的條件下作戰。目前除了已經預期在1942年完工的戰鬥艦之外，我們無法獲得更多的戰鬥艦，但我們應該能夠並且必須獲得更多的航空母艦。建造1艘戰鬥艦需要耗時5年，但在6個月內建造1艘航空母艦卻是可能的。

在北部戰爭中，密西西比河上的艦隊與小艦艇隊的情況如出一轍。必須承認，優先發展適合的艦載飛機類型，勢必會妨礙我們對德國實施大規模轟炸，而這正是我們所考慮的主要作戰策略。然而，這涉及時間與數量的問題。我們不能奢望在1942年實現我們為該年度設定對德國投彈的數量目標，但到1943年，我們將超越這個水準。我們的聯合行動計畫可能會延後實現，但終將實現。而在這個過渡期間，德國的城市和其他目標並不會消失。儘管必須全力以赴以增加對德國的投彈率，直至達到1943年和1944年設定的龐大規模，但由於其他需求，或許我們會被迫推遲計畫。因此，更為關鍵的是在此期間，美國的轟炸機中隊，即便只是象徵性地，也應以不列顛群島為基地，對德國的城市和海港展開行動。

接下來的幾段涉及到獲取空軍基地的議題、俄羅斯介入對日戰爭的情況、太平洋護航問題及新加坡的利用問題，這些內容無需刊載。最後一段如下：

12. 我們無需擔心太平洋上的這場戰爭在首次攻擊之後會吸引過多的美國軍隊。我們應期望1942年用於歐洲的軍隊數量不會因太平洋行動而受到重大影響，儘管這些行動必然是有限的。對我們不利的情況是美國將建立一支1,000萬人的龐大陸軍，這支軍隊在至少兩年的訓練期間將消耗所有可用的資源，卻僅僅駐守美洲大陸而無所作為。為避免這種局面的出現，並有效利用即將到來的大量軍隊和充足的軍火儲備，最佳策略是讓美國人在太平洋上恢復他們的海上控制權，同時不妨礙進行計劃中的那些顯然次要的海外軍事行動。

關於我始終反對在歐洲大陸上進行大規模軍事行動這一點，曾有諸多流言散布，因此澄清事實顯得尤為重要。我一直堅信，只有對那些被德國占領的國家實施盡可能大規模和決定性的打擊，才能取得勝利，並且應將1943年夏季定為實現這個目標的時間點。讀者將會意識到，早在1941年底之前，我所設想的行動規模就已經設定為40個裝甲師和100萬其他兵種的部隊，作為初始階段所需的基本軍力。當我看到那些推測我的立場進行錯誤猜想而撰寫的書籍時，感到有必要讓讀者關注當時撰寫那些真實的文件，其中一些將在敘述過程中被列舉。

第三部分
在1943年進行的戰役

1941 年 12 月 18 日

假如1942年成功實施了第一部分和第二部分所述的行動，那麼1943年初的局勢可能會是這樣的：

（1）美國與英國將在太平洋上重新確立海軍的現實優勢，日本在海外的所有侵略活動將因其交通線遭受襲擊以及英、美派遣遠征軍以收復失地而面臨險境。

（2）不列顛群島將繼續保持完整，並具備比過去更強的防禦入侵的能力。

（3）自達喀爾至蘇伊士運河，以及自地中海東岸至土耳其邊境，整個西非與北非的海岸線將由英、美兩國掌控。

1. 土耳其即便不直接參與戰爭，也勢必會支持美、英、俄的聯盟。俄國的地位將得到顯著加強，英、美承諾的物資供應將部分彌補俄國因戰爭而喪失的軍火生產能力。鑑於西西里島和義大利的立足點已經建立，義大利內部或許會產生有利於我方的反應。

2. 然而，所有這些因素都不足以終止戰爭。僅僅將日本逐出其侵略的國家地區並擊敗其海外軍隊，並不能宣告戰爭的結束。唯有在歐洲戰場上擊敗德國軍隊，或者由於戰事失利、經濟困境以及盟國的持續轟炸所引發的德國內部動盪，才能結束戰爭。當美國、英國和俄國的力量逐漸被德國所感受到時，德國內部的崩潰或許會發生，但我們絕不能對此寄予厚望。我們的戰略規劃必須基於這樣的假設，即德國的陸軍和空軍的抵抗將繼續維持在當前水準，同時他們的潛艇戰將藉由不斷增加的潛艇編隊持續進行。

3. 因此，我們必須做好準備，派遣足夠的英、美軍隊，以便在適當時機分別或同時在關鍵地點登陸，進而光復西歐和南歐被占領的地區。由於德國的嚴厲鎮壓，這些國家無法憑本身力量發動起義。然而，如果有足夠數量且裝備精良的部隊在以下國家登陸：挪威、丹麥、荷蘭、比利時、法國的海峽和大西洋沿岸，以及義大利，甚至可能在巴爾幹地區，那麼，德國駐軍將難以抵擋反攻軍隊和起義人民的力量。只要我們掌握了選擇進攻地點所需的制海權，德國人就無法在每個這樣的國家中部署足夠的軍隊進行有效抵抗。特別是，他們無法從北到南或從西到東調動裝甲部隊；他們只能將其分散在各被占領國，導致無望的分散狀態，或將其調回德國的中央據點，這樣一來，在我們從各地進行反攻並建立了重要據點之前，他們將無法及時到達。

4. 此處我們必須面對短期計畫與長期計畫之間常見的衝突。戰爭是一場持續的對抗，需逐日進行。為未來做好準備，必須經歷相當的困難，並在某種限度內進行。經驗顯示，預測往往不準確，而準備總是滯後。即便如此，仍需有一個計畫和主題，以便在合理的時間內取得戰爭的勝利。在現代條件下，若未準備好精心設計的專用設備，任何大規模進攻都無法發動，因此計畫越顯必要。

5. 因此，我們當前必須面對的不僅是將日本趕回本土和重奪太平洋

控制權的問題，還包括在 1943 年夏季由美、英聯軍登陸歐洲被占國家的海岸以光復這些國家的問題。應制定一個在所有上述國家中進行登陸的計畫。至於究竟選擇哪些國家，應盡量推遲決定，以便從局勢變化中找尋最有利的契機，並確實保密。

6. 原則上，登陸行動應由裝甲和機械化部隊執行，這些部隊應具備透過登陸艇或經過特殊改裝的遠洋船隻在沙灘而非港口登陸的能力。如此一來，可能進攻的戰線將極為寬廣，以至於駐紮在這些國家的德軍無法在所有地點保持足夠的力量。必須研製一種登陸設備，以便迅速而安全地完成大規模登陸。英、美各遠征軍的先遣部隊應在 1943 年春季集結於冰島、不列顛群島，並在可能的情況下，在法屬摩洛哥和埃及集結。主力部隊將直接跨越大洋。

7. 不必認為此事需要大量兵員。若裝甲部隊的突襲得手，當地人民的起義（必須把武器帶給他們）將成為地面攻勢的核心。40 個裝甲師，每個師 15,000 人，或相當於這些師的坦克旅（其中英國將努力提供將近半數），人數將達到 60 萬。在這批裝甲部隊之後，還有另外 100 萬各兵種的軍隊，這樣的規模足以從希特勒的統治下奪回大片地區。然而，這類戰役一旦發動，將需要不惜巨大耗費地予以供應補給。我們的各項工業和訓練機構到 1942 年年終的時候應當已經具有充分的規模了。

8. 除了掌控海洋（若無此控制，一切行動皆無法執行）之外，確保行動成功的關鍵在於擁有一支強大的空軍力量。為了實現登陸，顯著擴展航母上飛機的數量是必要的。然而，這在 1942 年的軍事行動中無論如何都是必需的。為了削弱敵人並阻礙其防禦準備，英國對德國的轟炸，以及從馬爾他、的黎波里和如果可能從突尼西亞對義大利的轟炸，必須達到最大強度。鑑於英國前線的空軍力量略優於德國，俄國空軍在大多數俄國戰線上已經取得優勢，其力量可視為德國前線飛機力量的五分之三，加上美國的資源和未來的發展，因此，沒有理由認為我們無法在 1943 年夏季之前

確立決定性的空中優勢。同時，在此期間，可以對德國進行猛烈且持續的打擊。考慮到轟炸攻勢必然是一個程度的問題，且目標無法被消除，優先發展適合於現有及必要建造的航母和臨時改裝航母所需的戰鬥機和魚雷機是正確的。

9. 若我們當下設定這些任務並謹慎地避免它們過度影響當前需求的生產狀況，那麼，即便德國屆時尚未崩潰，我們仍可期望在 1943 或 1944 年底取得勝利。現在宣布我們計劃在 1943 年派遣軍隊進入歐洲的意圖，可能是有利的。這將賦予被征服地區人民可以預期的希望，並且阻止他們與德國侵略者的任何接觸。僅就這個事實而言，促使並維持數千萬人的思想朝向有利於我們的方向發展，本身就是一種強而有力的心理影響。

在航行途中，於撰寫此文件之日，我向三軍參謀長朗讀了一次。以下內容摘自我們的會議紀要：

首相表示，他期望三軍參謀長對該文件進行全面評審，計劃將其作為與總統會談的基礎。他認為，讓英帝國和美國的民眾了解我們在 1943 年大規模進入歐洲大陸的目標具有重要意義。總體而言，戰爭的 3 個階段可被稱作 ──

（1）收縮包圍圈。

（2）使各國人民獲得自由。

（3）最終對德國本土發起攻勢。

我的全體同事們完全同意這些觀點，並且普遍支持文件中所表達的意見，這些觀點確實概括了我們對戰爭問題進行聯合研究和討論後所形成的結果。

把未來的事件作為一個整體來看，我對這 3 份文件感到滿意；現在重新審視它們，便會發現它們與英、美兩國在 1942 年和 1943 年戰役中實際行動的高度一致。我終於獲得總統對於北非遠征（即「火炬」行動計畫）的

全球戰事快速演變

同意,這成為我們首次大規模的聯合登陸攻勢。我熱切期盼橫渡海峽並解救法國的行動(該行動計畫當時稱為「圍殲」,後來改稱「霸王」),於 1943 年夏季實現。

儘管規劃未來至關重要,並在有時能夠從某些方面預測未來,然而,任何人都無法確保這樣重大的事件不會因敵人的行動和反擊而被擾亂。這些備忘錄中的所有目標均按照原先所定的順序由英、美軍隊實現。我原本期望奧金萊克將軍能在 1942 年 2 月清除利比亞,但這個希望落空了。他遭遇了一系列重大挫折,關於這些情況將會詳細敘述。希特勒可能正是因這種成就受到鼓舞,才決定全力以赴保衛突尼西亞,隨後通過義大利並越過地中海調派了 20 餘萬新兵到此。因此,英、美軍隊捲入了一場比我計劃中更大、耗時更久的北非戰役。由於這個原因,時間表被迫推遲了 4 個月。英、美盟國在 1942 年年底時仍未控制「法國在北非和西非的所有屬地及由英國進一步控制從突尼西亞到埃及的整個北非海岸」(第一部分,第 11 節)。我們直到 1943 年 5 月才取得這些成果。因此,我曾殷切希望並努力推進的跨越海峽解救法國這個最主要的計畫未能在那年夏季實施,而被迫推遲了一整年,直至 1944 年夏季。

隨後的反思和我們目前所掌握的所有消息,使我堅信,我們計畫的失敗實際上對我們來說是個幸運的轉折。那次遠征被推遲了一年,進而避免了我們在當時冒險進行一項極其危險且可能震驚全球的行動。如果希特勒足夠聰明,他本應減少在北非的損失,並在新成立的美軍達到完全成熟和精良之前,以及在大批登陸艇和專門建造的「桑葚」浮動港口完成之前,以兩倍於 1944 年所擁有的兵力與我們在法國交戰。我現在相信,即使「火炬」行動如我所願在 1942 年結束,或即使從未嘗試進行該行動,1943 年橫渡英吉利海峽的企圖也會導致巨大的失敗,並對戰爭結果產生難以估量的影響。1943 年我越發意識到這一點,因此承認「霸王」計畫的延期不可

避免，儘管我充分理解我們蘇聯盟友的困擾和憤怒。

　　一旦我們確認 1944 年才能橫渡海峽，迫使敵人在地中海作戰的必要性便顯而易見。我們只能通過在西西里島和義大利登陸，才能與敵人進行一場大規模戰鬥，並至少擊潰軸心國中較弱的盟友。我得到總統的同意，邀請馬歇爾將軍在 1943 年 5 月與我從華盛頓前往阿爾及爾，目的就是為了確保這個決定的落實。這一切將在實際事件發生時詳細敘述。

全球戰事快速演變

訪問華盛頓與渥太華

　　原本計劃是乘船逆流而上波多馬克河，再改乘汽車前往白宮，然而經過近 10 天的海上航行後，我們都急於結束旅程。因此，我們重新安排，從漢普頓停泊處搭乘飛機，於 12 月 22 日黃昏後降落在華盛頓機場。總統在汽車內等候，我欣慰且愉快地緊握他那有力的手。不久，我們抵達白宮，這裡在接下來的 3 個星期將成為我們的家。我們受到羅斯福夫人的熱情歡迎，她費盡心思確保我們的居住舒適。

　　我必須承認，心中繁雜的事務與待辦的個人任務令我在恢復清醒前僅能對這些日子保留模糊印象。顯然，與總統的接觸成為印象最深的經歷。我們每天見面數個小時，常常共進午餐，哈里・霍普金斯也時常在場。集中精神於討論事務，並達成了許多大大小小的協定。晚餐則具有更多社交性質，但同樣親切友好。總統注重禮儀，親自調製開胃雞尾酒。他坐在輪椅上，我推他從客廳至電梯，彷彿華特・雷利爵士鋪外衣於伊莉莎白女王身前的故事。這位傑出的政治家近 10 年間將其意志融入美國生活，而且似乎他的思維對與我心弦產生共鳴的動機有所良好回應。我對他產生了強烈的感情，隨著歲月的流逝而加深。因習慣或需求，我們常在床上處理事務，因此他時常造訪我的房間，並鼓勵我也如此對待。霍普金斯住在我的臥室對面，而不久後，我的行動地圖室在他隔壁房間設立。總統對皮姆上尉完成的設計表現出極大興趣，喜歡來此專注的研究很快就覆蓋多面牆壁的戰區大地圖，艦隊和軍隊的動向被精確迅速地記錄下來。他也很快設定了自己的高效地圖室。

　　日子以小時為單位逐漸流逝。我很快意識到，在聖誕節之後，我需要在美國國會發表演說，並且幾天後在渥太華向加拿大議會致辭。這些重要

訪問華盛頓與渥太華

　　任務對我的生命和精力提出了巨大且嚴格的要求，並且是在所有日常商談和繁雜事務之外額外增加的。事實上，我不知道自己是如何完成這一切的。

　　我們在 12 月 22 日晚首次會談的紀錄已經定稿。我立即向總統及其邀請的與會者提出了英、美在法屬北非干預的計畫。總統此時還未閱讀我在船上撰寫的文件，這些文件需要等到次日才能交給他。然而，他顯然對我 10 月 20 日的信件進行了深思。因此，我們發現彼此的立場相當接近。我給國內的報告表明，我們在抵達當晚就深入探討了關鍵問題。

首相致戰時內閣和參謀長委員會

1941 年 12 月 23 日

　　1. 昨夜（12 月 22 日），總統與我就北非局勢進行了商討。赫爾先生、韋爾斯先生、霍普金斯先生、比弗布魯克勳爵和哈利法克斯勳爵亦出席了會議。

　　2. 我們一致認為，如果希特勒在俄國遭遇挫折，他必定會嘗試採取其他行動，而他最可能的策略是通過西班牙和葡萄牙進軍北非。我們在利比亞的成功，以及與法屬北非合作的可能性，是促使希特勒（如果他有能力）急於占領摩洛哥的又一個原因。然而，根據報告研判，威脅似乎尚未迫在眉睫，這可能是由於希特勒當前仍有諸多事務需要處理。

　　3. 我們雙方達成共識，預先阻止德國人在西北非洲和大西洋島嶼的行動至關重要。除了其他各種理由之外，法國的戰鬥艦「讓·巴爾」號和「黎歇留」號對任何奪取它們的人來說，都是一項重要的戰利品。因此，討論的焦點不在於是否行動，而在於如何執行。

　　4. 各類建議曾被提出：

（1）美國政府可以以極為嚴肅且堅決的語氣向維琪政府闡明，這是他們重新審視本身處境並選擇支持法蘭西復國的最後機會。作為這個行動的象徵，可以邀請貝當派的魏剛代表來參加在華盛頓召開的同盟國會議。

（2）可因為英國的推進及美國的參戰並計劃派遣軍隊到北非，進而徹底改變了北非局勢，進而與魏剛進行交涉。

5. 另一方面，有人建議，這種溝通過程的結果可能僅僅是獲得貝當和魏剛的圓滑承諾，而與此同時，德國人卻了解了我們的意圖。因此，如果要進行這些交涉，最適當的策略是不論是否收到邀請，都應制定出進入北非的所有計畫。我強調，由於美國的參與，這可能在法國及其北非駐軍中引發巨大的心理影響。赫爾先生認為，隨著事態的發展，北非可能會出現一位新的領袖。

6. 總統表示，他迫切希望美國地面部隊能夠迅速部署到最能發揮作用的地區，並同意無論是否收到邀請，都應該準備好進入北非的計畫。大家一致同意將此計畫交由各參謀部進行研究，基於以下假設：在該區域內預先遏制德國人的關鍵行動，並假設利比亞戰役如預期般取得全面勝利。大家承認，船舶問題顯然是一個至關重要的因素。

7. 我詳細報告了利比亞戰事的進展，總統和其他美國人顯然對此印象深刻並受到了激勵。

8. 在交談中，總統提及他將在未來的會議中建議由美國接替我們在北愛爾蘭的部隊，並表示計劃派遣3至4個師前往。我對此表示熱烈歡迎，並希望其中包括1個裝甲師。大家認為這與籌備派遣美國軍隊前往北非的計畫並不矛盾。

幾天後，總統向我提出的首要計畫便是起草一份由所有對德、義或對日作戰的國家簽署的莊嚴宣言。總統和我借鑑了大西洋憲章的方法，各自準備宣言草稿，並將其合併。在原則、情感，甚至文字上，我們達成了完全的一致。在國內，戰時內閣對計劃建立的大同盟的規模感到既驚訝又震撼。期間，曾有大量迅速往來的電報，關於哪些政府和當局會在宣言上簽字，以及簽署的先後順序，也出現了一些棘手的問題。我們欣然同意將首位給予美國。戰時內閣非常明確地表達不願意將印度作為一個獨立的主權

訪問華盛頓與渥太華

國家包括在內。赫爾先生反對使用「當局」一詞，我使用這個詞是為了包括「自由法國」運動的組織，而該組織在當時並不受美國國務院的歡迎。

這是我首次與科德爾・赫爾先生會面，並與他進行了多次交談。在我看來，他當時似乎與總統的關係並不密切。在諸多重大事件中，有一個小插曲似乎占據了他的思緒，這讓我感到驚訝。在我離開英國之前，戴高樂將軍曾告訴我們，他打算進攻由維琪政權的羅貝爾海軍上將控制的聖皮耶島和密克隆島，而「自由法國」的海軍完全有能力實現這個目標，英國外交部也未提出異議。然而，如後來的情況表明，美國國務院希望由一支加拿大遠征軍來占領這些島嶼。因此，我們要求戴高樂暫停行動，而他確實表示會遵從。然而，他仍然指示他的海軍上將米塞利埃奪取了這些島嶼。「自由法國」的水兵們受到當地民眾的熱烈歡迎，並且公投結果顯示有90%的多數反對維琪政權。

此事對赫爾先生似乎產生實質影響。他認定國務院的政策已經遭到破壞。聖誕節時，他發表宣告稱：「初步消息顯示，所謂『自由法國』的船隻在聖皮耶島和密克隆島的舉動乃是擅自行事，違背所有相關協定，且確實未經美國政府事前知曉或同意。」他意圖驅逐「自由法國人」出島，這兩個島嶼是他們從維琪政府手中攻克的，但美國輿論對赫爾的宣告強烈反對。公眾在這關鍵時刻為島嶼的光復感到欣慰，因為島上那個曾向全世界散布維琪謊言和毒害的電臺，且可能向獵殺美國船隻的德國潛艇發送祕密訊號的電臺，如今將永遠沉默。

我深知赫爾先生的真正才能，並對他懷有極高的敬意。然而，我認為他將一個本應局限於部門的問題，推到了一個遠遠超出應有範圍的境地。在我們的日常對話中，我察覺到總統對相關事件整個事態的發展並不滿意。總而言之，許多其他煩惱正在困擾我們，或即將降臨。在外交部的強烈要求下，我支持了戴高樂將軍和所謂的「自由法國」。關於此事件，美

國和法國的著作中已有諸多敘述，但我們主要討論的事項並未因此事件受到任何影響。

某日下午，海軍部長諾克斯先生神情憂慮地走進我的辦公室。他問道：「你經歷過多次危機。請告訴我，你怎麼看待這件事。我們曾命令艦隊與日本交戰以救援威克島，但在航行數個小時後，艦隊司令決定返航。在這種情況下，你會如何處理艦隊司令？」我答道：「當艦隊司令表示無法執行任務時，干預是危險的。他們總會有天氣、燃料或其他理由進行辯解。」當日，威克島在少數美國海軍陸戰隊誓死堅守後失守，這些陸戰隊在陣亡或被俘前給日本造成了遠超本身人數的損失。

我們必須盡可能地理解澳洲政府因日本戰爭機器的驚人效率而產生的擔憂心情。太平洋的掌控權已經失去；他們最精銳的3個師在埃及，另1個駐紮在新加坡。他們意識到新加坡面臨致命威脅，並擔心澳洲本土會遭到入侵。全國超過一半人口的大城市都坐落在海岸線上。集體撤退到內陸，並在缺乏軍工廠和補給的情況下組織游擊隊，成為他們面臨的迫切問題。來自母國的援助遙不可及，而美國在大洋洲的軍事力量尚在緩慢建立。我個人不認為在印尼和馬來亞有那麼多誘人目標的情況下，日本人會跨越3,000英里的海洋入侵澳洲。然而，澳洲內閣的視野不同，強烈的不安預感令他們深感憂慮。即便在如此危難時刻，他們仍然堅持黨派紛爭。工黨政府僅握有微弱的兩票多數。他們甚至反對為保衛本土而實行強制兵役制。雖然允許反對黨參與軍事會議，但全國聯合政府未能成立。

我於是撥通了柯廷先生的電話：

首相致澳洲總理

1941年12月25日

1. 日本參戰後，獲總統批准，我們立即將乘坐美國運輸艦繞道好望角航行的英國第18師調往孟買和錫蘭。此外，羅斯福先生現已同意讓美國

訪問華盛頓與渥太華

運輸艦「芒特弗農」號運載的英國旅直接駛向新加坡。我們取消了將第17印度師從印度調往波斯的計畫，該師現正前往馬來亞。1週前，我從船上發送無線電報至倫敦，建議由你召回駐巴基斯坦的澳洲師，使其進入印度以替換派出的其他部隊，或者若有可能，直接前往新加坡。我已經使軍事當局意識到，關鍵在於不能將需用於保衛新加坡和柔佛通道的軍隊全數用於防禦馬來半島北部。他們將緩慢撤退，同時進行拖延戰並破壞交通。

2. 美國和我們在海軍方面遭受的重大損失，令日本人有能力運送大量援軍登陸，但我們不認同你在12月24日給凱西先生的電報中所表達的觀點，即認為新加坡要塞有迅速陷落的危險，因為我們決心以最大的毅力保衛這個要塞。

3. 你曾獲悉支援的空軍部隊已在途中。當勝利即將到手時，若不顧奧金萊克將軍的判斷而調離他的兵力，導致對隆美爾和利比亞的控制減弱，將是不智之舉。我們已經命令駐中東的各總司令商定計畫，以便在利比亞局勢允許時立即派遣戰鬥機和坦克前往新加坡。

4. 我和三軍參謀長與總統及其顧問們正緊密協商，目前已經取得鼓舞人心的進展。他們不僅意識到新加坡的重要性，還急切希望在可能的情況下，從澳洲調遣軍隊和飛機以解救菲律賓群島。若菲律賓群島陷落，總統同意將軍隊和飛機調往新加坡。他也非常願意向澳洲派遣大批軍隊，因為美國人渴望在澳洲建立對日作戰的重要基地。韋維爾將軍已被任命為緬甸及印度的司令，負責將抵達印度的援軍輸送至馬來亞和緬甸前線。與其他人一樣，他也了解到新加坡的極端重要性。波納爾將軍現已抵達，他是一位極具能力的陸軍軍官。

5. 您可以放心，我將全力鞏固從仰光到達爾文港的戰線。我正與美國盟友極力尋求合作。我會在一、兩天內發出更詳細的電報。

我們的聖誕節因簡單的慶祝儀式而增添色彩。白宮花園中矗立著傳統的聖誕樹，總統和我在陽臺上向聚集在黑暗中的眾多群眾發表了簡短的演

講。我願意在此分享我所用的詞句，因為在這種場合和環境中，這些話語彷彿自然而然地從我心底流露。

我身在異國他鄉，遠離了故土和親人，然而我無法宣稱在這片土地上度過紀念節日時感到疏離。無論是由於母系血緣的連繫，亦或因多年活躍生活中所建立的友誼，亦或因共同語言、共享信仰的聖壇，以及在相當程度上追求共同理想的偉大民族事業中所蘊含的崇高情感，我在這裡——美國的中心和巔峰之地，未曾感受到自己是個異鄉人。我感受到團結與兄弟般的情誼，加之你們對我的熱情歡迎，讓我相信我有資格坐在你們的爐邊，分享你們聖誕節的歡愉。

這是一個不同尋常的聖誕前夜。幾乎全球都陷入生死搏鬥，各國之間用科學能夠創造出最可怕的武器互相攻擊。若我們不能確認引導我們走向戰場的原因不是對其他國家人民的土地或財富的貪婪，不是低俗的野心，也不是損人利己的不健康欲望，那麼，這個聖誕季對我們將是悲慘的。在這場席捲了所有陸地和海洋並逐漸逼近我們家園的戰爭風暴中，在這一片混亂中，今晚在每一座茅屋小舍內，在每一個寬廣的心靈中，我們都能找到精神上的寧靜。因此，至少在今晚，我們可以暫時拋開困擾我們的憂慮和危險，為孩子們在這個風雨如晦的世界中爭取一個快樂的夜晚。因此，至少在今晚，整個英語世界的每個家庭都應成為一個充滿光明、快樂與和平的聖地。

讓孩子們盡情歡笑，享受他們的夜晚吧。讓聖誕老人的禮物增添他們的歡樂吧。讓我們成年人也和他們一起沉浸在無限的快樂中，在我們重返嚴肅任務和迎接未來挑戰之前。我們立志透過我們的犧牲與勇氣，確保這些孩子不會失去他們的傳承，也不會被剝奪在一個自由美好世界生活的權利。

願上帝的恩典降臨，祝願大家享有一個愉快的聖誕節。

聖誕節當天，我與總統一同前往教堂。在簡短的儀式中，我感受到了一種寧靜，並欣賞地吟唱著名的讚美詩，其中一首「啊，小市鎮伯利恆」

訪問華盛頓與渥太華

是我以前從未聽過的。確實,對於那些相信宇宙受精神力量支配的人,這能極大地增強他們的信仰。

我帶著激動的心情接受了在美國國會演講的邀請。對於我深信不疑的英語民族聯盟而言,這個場合至關重要。此前,我從未在外國議會發表過演說。然而,由於我的母系家族可以追溯到5代前,其中一位曾在喬治·華盛頓的軍隊中擔任尉官,因此我感到有資格向這個偉大共和國的代表們談論我們共同的事業。事情的發展如此奇妙,儘管我可能不配,但我再次感到自己被某種預定的計畫所驅使(我提到這一點,希望能得到諒解)。

聖誕節的大部分時間,我都投入在演講的準備中。到了12月26日,我與國會兩院領袖們一同從白宮前往國會大廈時,總統對我表達了祝願。沿途似乎聚集了大量人群,但為了安全起見,美國採取了比英國更為嚴格的預防措施,將他們隔離得很遠,周圍還有兩、三輛載滿武裝便衣警察的車輛護衛著。下車後,我心中湧現出濃烈的兄弟情誼,想走到歡呼的人群前,但未被允許。議事廳內的場景既動人又非同尋常,從一排擴音器望去,那個半圓形的大廳已經人山人海。

我必須承認,我感到極為舒適,甚至比在英國下議院時更為自信。人們懷著極大的善意和專注傾聽我的發言。在我的演講過程中,聽眾在我預期的地方發出笑聲和掌聲。當我談及日本暴行時,有人問道「他們究竟視我們為何等人?」引發了最為熱烈的反應。在這莊嚴的集會上,我不斷感受到美國民族的能力與決心。誰還會懷疑一切將會好轉呢?

在我演講結束時,我如是說道:

參議院與眾議院的議員們,我僅占用片刻時間,將注意力從當前的紛爭與動盪轉向未來更廣泛的基礎。我們在此團結一致,抵禦那些企圖摧毀我們的強大敵人;我們在此共同捍衛自由人珍視的一切。在短短的一代之中,世界大戰的災難已經兩度降臨;在我們這一生中,命運之神的長臂兩

次跨越大洋,將美國拖入戰爭的前線。如果我們在上次戰爭後便團結一致,並為自身安全採取聯合措施,便不會再遭遇此等災禍。

我們難道不對自己、對子女以及受苦難的人類負有責任,確保這些災難不會有第三次席捲我們嗎?惡性疫病可能在舊世界爆發,將破壞性災害傳播至新世界,而一旦蔓延,新世界將無法倖免;這一點已被證明。職責與謹慎敦促我們必須:首先,持續警惕地檢查並及時處理憎恨與復仇的病源地;其次,建立適當的組織,確保這種疫病在初期階段尚未全球蔓延時便得到控制。

5、6年前,美國和英國可以藉由不流一滴血的方式,輕而易舉地要求德國遵循在第一次世界大戰後所簽署的裁軍條款,並有機會確保德國獲得我們在《大西洋憲章》中所宣告的那些不應被拒絕給予任何國家(無論是勝利者或失敗者)的資源。那個機會已經消逝,永不復返了。重新將我們聯合在一起曾需要強大的推動力,或者,如果你們允許我換種說法,可以說,那些看不到世界上有某種偉大目標和計畫正在實現的人,必定是心靈被矇蔽了,而我們有幸成為其忠誠的服務者。我們沒有被賦予預見未來奧祕的能力。然而,我依然要表達我堅定而不可動搖的希望與信念,即在未來的歲月中,英、美兩國人民將為了自身的安全和共同的利益,以莊嚴、正直與和平的方式攜手前行。

稍後,那些領袖們隨著我步出,接近環繞會議廳的群眾,讓我得以向他們熱情問候。隨後,安全警察和他們的車輛在我們兩側護送我回到白宮,總統聽了我的演講後告訴我,我講得很好。

在華盛頓,人們正處於緊張的活動之中。在這些日子裡,經過頻繁的接觸和討論,我推測總統及其幕僚與顧問們正準備向我提出一項重要建議。在軍事和商業或生產領域,美國人傾向於追求明確、全面、邏輯嚴密的大規模結論。他們的實際思維和行動基於這些結論。他們相信,一旦基礎按真實和廣泛的方針制定,其他階段將自然且幾乎不可避免地隨之而

來。英國人的思維則截然不同。我們並不認為在迅速變化和不可預見的情況下，合乎邏輯且明確的原則是唯一的解決之道。尤其在戰爭時期，我們更加重視隨機應變和臨時安排，努力根據正在發展的事件生存和取勝，而不願總是由一些基本因素來主導事件。關於這兩種觀點，有許多爭論的空間。分歧在於關注的重點，但兩邊這種思考模式的差異已經根深蒂固。

哈里·霍普金斯告訴我：「在你了解我們傾向於選擇誰之前，無需急於拒絕總統即將向你提出的建議。」由此，我意識到在東南亞設立盟軍最高司令部和界線劃分的問題即將出現。

次日，我得知美國人提議選擇韋維爾作為候選人。儘管選擇了一位英國指揮官，我還是收到了祝賀。然而在我看來，由於日本的進攻，這位指揮官負責的區域不久將會淪陷，而他所能調動的軍隊也將被消滅。我發現英國三軍參謀長在得知此事後也持相同看法。

紀錄顯示，我在12月26日的一次會議中曾明確表示，我對這個安排的可行性和適宜性持完全懷疑態度。「當前的情況是，某些關鍵戰略地點需要堅守，各地區的指揮官都清楚他們的職責所在。挑戰在於如何將資源應用於該區域。這是需要相關政府來解決的問題。」儘管如此，我們顯然需要與美國的立場保持一致。

艾德禮先生將他與內閣對我在美國國會演講的祝賀電文發給我，我在回電中開始向他詢問西南太平洋司令部的事宜。

首相致掌璽大臣

1941年12月28日

1. 得知你們對我的演講感到滿意，我覺得非常高興。歡迎儀式異常熱情。此地的工作正在如火如荼地進行。今天，總統與我耗費5個小時接待所有其他盟國、友邦及英國自治領的代表，並向他們致以鼓舞人心的言辭。我與總統的會晤越發親密友好。比弗布魯克在供應問題上也取得了非凡的成就。

2. 在西南太平洋的聯合指揮問題上，事態急需解決。昨夜，總統力主讓我任命一名統一指揮官，負責統領英國、美國和荷蘭的陸、海、空軍。今晨，馬歇爾將軍應邀前來，他對此事態度堅定。儘管美國海軍部官員反對，新的、深遠的安排勢在必行。總統傾向於選擇韋維爾將軍，而馬歇爾顯然已經準備了詳盡的計畫，並起草了命令草案。雖然我對計畫持批評態度，並對其在美國輿論中的影響表示擔憂，但我讚賞這個提議的慷慨精神。參謀長們已經花費整日研究此事，今晚在得知他們的意見後，我將透過電報表達經過深思熟慮的看法。

3. 我將於明天下午啟程前往渥太華，在那裡停留兩整天，並於星期二在加拿大議會發表演說；然後我會返回此地，再停留3、4天，因為有許多決策需要作出。我們正全力尋找所需的船隻來進行必要的軍隊調動。請向所有同事致以最誠摯的問候。能夠在這樣一個確定的基礎上行動，實在令人愉快。

在我能夠知曉本國經過深思熟慮的意見之前，必須滿足總統和馬歇爾將軍的緊迫要求。事態進展迅速，無法在大西洋兩岸進行長時間的討論。12月28日當天，我與總統召開會議，並與同僚們起草了一系列經過慎重推敲的電報來說明事實。

首相致掌璽大臣

1941年12月29日

1. 我已向總統表示同意，我們應該採納他的建議，但前提是需要經過內閣批准，而他的建議正式得到了馬歇爾將軍的熱情支持。

（1）在西南太平洋應設立統一的指揮中心。界線尚未最終確定，暫時假定涵蓋馬來半島、緬甸前線，延伸至菲律賓群島，並向南至達爾文港及澳洲北部的關鍵供應線和基地。

（2）應委任韋維爾將軍為美國、不列顛、英帝國與荷蘭在該戰區由各

相關政府調配的所有陸、海、空軍的總司令，或如願意，也可稱為最高司令。

（3）韋維爾將軍的司令部最初計劃設於泗水，他將任命一位美國軍官擔任副總司令。目前，布雷特將軍似乎是最有可能的人選。

（4）戰區內的美、英、澳、荷海軍艦隊，須依據（1）和（2）節所述總則，歸美國海軍司令統領。

（5）計劃讓韋維爾將軍在南太平洋地區設立一個參謀部，類似於過去福煦在法國指揮龐大的英、法軍隊的高級統轄參謀部。他將服從於一個合適的聯合機構之指令，該機構對我這個國防大臣和作為美國軍隊總司令的總統負責。

（6）韋維爾將軍管區的主要司令官包括緬甸、新加坡和馬來亞、印尼、菲律賓群島的總司令以及負責南太平洋和澳洲北部交通線的南方總司令。

（7）在印度需指派一位代理總司令，而澳洲將設立自己的總司令。印度和澳洲除了上述情形，不會屬於韋維爾將軍的指揮範圍。這兩地作為主要基地，是從英國和中東以及從美國向戰鬥區域輸送人員和物資的關鍵通道。

（8）美國海軍將持續負責菲律賓群島及大洋洲以東地區，涵蓋從美國至大洋洲的整個太平洋航道。

（9）正在起草發給最高司令的指令，該指令將確保相關政府的必要剩餘利益，並概括地定義最高司令的任務。不久你將收到這份草稿。

2. 我從未嘗試辯護或反對我們接受這項慷慨且無私的美國提議，而是將其視為一種致勝策略，我已經堅信其優勢。行動迫在眉睫，甚至可能在我於1月1日從加拿大返回之前就需要實施。當然，必須與澳洲、紐西蘭和荷蘭進行磋商，但需待我了解戰時內閣的意見後，才能展開討論。屆時，若獲得各方認可，這裡的成員將著手制定細節。

首相致掌璽大臣

1941 年 12 月 29 日

事態迅速演變。總統已經對我在上次電報中提出、且參謀長委員會認同的方案，獲美國陸軍部與海軍部的同意。因此，我迫切期待你的批准。一旦你同意，總統將向荷蘭方面提出建議。外交部應同步採取行動。

你也應當將下列電報傳送給韋維爾將軍。此地人員正在擬定細節，並與美國人共同制定。達夫·庫珀的任務狀況需要核查，並且無論如何不能使此類更大解決方案複雜化。請告知我你的看法。

我需要你去向國王通報各方消息，並獲得他的批准。

我不得不說向韋維爾將軍提出的建議無疑需要極高的責任感才能促使他接受。他將不得不在混亂的局面中承受幾乎必然的失敗重擔。

首相致掌璽大臣

1941 年 12 月 29 日

請在內閣批准總體政策後，將以下內容發送給韋維爾將軍：

1. 總統與陸、海軍顧問們已經多次強調西南太平洋地區統一指揮的緊迫性，他們一致希望，並且總統和馬歇爾將軍強烈建議，由你擔任該戰區的盟軍陸、海、空最高司令。相關指令正在擬定中，其條款將很快公布。儘管我希望這些條款在涉及無先例問題時能令你安心，我當然樂於聽取你對各項條款的看法。

2. 我相信你會珍惜別人對你的信任，因此我要求你立刻履行你的職責。事態非常緊迫，因此不能因參謀長委員會正在審議的細節而推遲公開宣布，最遲的公布日期是 1 月 1 日，星期四。

3. 你是唯一擁有同時管理多個戰區經驗的人，你明白我們會支持你，並確保你得到公正對待。所有人都意識到局勢的幽暗與艱難。總統將宣布你的任命是出於他的意願。

4. 請務必告知我你對參謀部的看法，該參謀部基本上將是一個前線參謀部，而非實際指揮機構。如果你願意任命波納爾為你的參謀長，那麼珀西瓦爾就可以擔任新加坡和馬來亞司令。

在 12 月 27 日，我已將下述電報傳送給艾德禮先生：

首相致掌璽大臣

1941 年 12 月 27 日

感謝你批准延長我的停留時間。

我定於 12 月 30 日星期二在加拿大下議院發表演講。新年期間要在英國下議院再進行一次演講是完全不可能的。

12 月 28 日至 29 日，我乘坐夜車抵達渥太華，並下榻於總督阿斯隆勳爵的府邸。29 日，我參加了加拿大戰時內閣的一次會議。隨後，總理麥肯齊·金為我引薦了反對黨——保守黨的領袖們，並讓我與他們共處。這幾位先生在忠誠和決心上無人能及，但同時他們也感慨，未能親自參與戰爭的榮耀，而不得不聽取他們的反對黨——自由黨人士所表達的、他們一生所支持的諸多觀點。

我於 12 月 30 日對加拿大議會發表了演說。在無休止的行政事務中，準備兩篇跨越大西洋並傳遍全球的演講稿，是一項極為繁重的任務。對於一位堅韌的政界人物來說，演講本身並不算重擔，但在如此緊張的氛圍中，選擇哪些內容該說，哪些不該說，確實讓人憂慮和困擾。我盡力做好準備。在加拿大的演說中，最成功的部分是提到維琪政府，加拿大依然與該政府保持關係。

1940 年前往北非是他們的責任，也是對他們有利的選擇，他們原本能夠在法蘭西帝國中占據領導地位。在非洲，藉助我們的支持，他們將掌握壓倒性的海上優勢。他們會獲得美國的承認，還能動用儲備在海外的所

有黃金。如果他們採取這種行動，義大利可能在 1940 年底之前就被迫退出戰爭，而法國將在同盟國的會議中以及戰勝國的談判桌上保持其國家地位。然而，他們的將軍們誤導了他們。當我警告他們，無論他們如何行事，不列顛都會獨自繼續戰鬥時，他們的將軍對總理和分裂的內閣說：「3週後，英國將像一隻小雞一樣扭斷自己的脖子。」嘿！這是什麼小雞，什麼脖子，多麼惡毒的話呀！

這場演說進展得相當順利。為了喚起回憶，我引用了哈里·勞德爵士在上次大戰中的歌曲，這首歌曲的開頭是：

如果我們大家回顧過去的歷史

我們便能夠準確地表達我們當前的狀況。

在我的講稿中，我提到「那位傑出的老喜劇作家」。就在即將說到這裡時，我想到「吟遊詩人」這個詞彙。多麼出色的提升！我欣慰地意識到他當時正在聆聽，並因被提及而感到愉悅。我感到無比欣喜，因為我為一個透過激動人心的歌曲和勇敢的生活對蘇格蘭民族及英帝國做出重大貢獻的人找到了一個恰當的詞彙。

在演說的尾聲，我勇敢地嘗試對戰爭的未來進行預言。

當前戰爭可分為 3 個主要階段。首先是鞏固、聯合及進行最終準備的階段。在這個時期，儘管戰爭激烈，我們仍需集結力量，抵禦敵方進攻，並取得必要的空中優勢與船舶噸位，以確保我們的軍隊能夠跨越海洋與敵人對峙（俄國情況除外）。唯有當美國取得顯著進展，並在你們的有力支持下，造船計畫達到高峰時，我們才能動員全體力量與現代科學之裝備對抗敵人。此階段持續時間取決於軍事工業和造船廠生產努力的熱情。

接下來的階段可以稱為反攻階段。在這個階段，我們的主要目標是收復已失或尚未失去的領土，並期待被征服的民族在救援和進攻的部隊與航空力量大規模進入其國境時發動起義。為此，遭敵人占領的國家或地區，

以及被征服的政府或政權，不應放鬆在精神和物質上為迎接救援所作的準備和努力。無論是德國人還是日本人，侵略者都必須被視為應盡量避開和隔離的傳染病患者。在無力進行積極抵抗時，必須堅持消極抵抗。要讓侵略者和暴君們意識到，他們短暫的勝利將面臨可怕的清算，他們是被追捕的對象，他們的事業注定會失敗。對於那些充當敵人幫凶的賣國賊和叛徒，將給予特別的懲罰，並交由他們的同胞審判。

還有一個第三階段需要策劃，即對歐、亞兩大洲犯罪國家的堡壘及其本土進行攻擊。

因此，我試圖用幾句話來揭示未來模糊不清且難以預料的奧祕。然而，在我們努力預測前行之路時，必須牢記敵方的力量及其行動能夠在各個階段影響我們的命運。此外，你們要注意，我並未為每個階段設定任何時間限制。這些限制將取決於我們的努力、成就以及戰爭風險所導致的變幻不定的過程。

我感到慶幸，在華盛頓和渥太華的演講時機恰到好處。這兩次演講的發表，正值我們因結盟的形成及其帶來的巨大潛力而充滿振奮之際，而這一切都在日本經過長時間的精心準備後發動襲擊之前，接下來就使我們遭受了接連不斷的損失。即使當我以自信的語氣發表演講時，我也預感到不久將受到的嚴酷打擊。在太平洋和印度洋，以及這些海洋所環繞的所有亞洲大陸和島嶼上，不僅英國和荷蘭，還有美國也將付出沉重的代價。我們面臨的必然是一個漫長的軍事災難時期。在光明重現之前，我們必須忍受數個月的黑暗和令人感到身心俱疲的失敗與損失。當我在新年前夕搭乘火車返回華盛頓時，我被邀請到一節擠滿美國重要新聞記者的車廂。我並沒有抱著幻想祝願他們度過一個輝煌的新年。「1942年即將到來。這將是艱難的一年——充滿奮鬥與危機的一年，也是邁向勝利的重要一步。願我們都能安全而光榮地度過這一年！」

英美政策全面協調

當我重返白宮時，簽署聯合國公約的所有準備工作已然就緒。華盛頓、倫敦和莫斯科之間曾有過頻繁的電報往返，但此刻，所有問題都已經塵埃落定。總統曾竭盡所能地努力說服因局勢變化而重新活躍的蘇聯大使李維諾夫接受「宗教自由」一詞。因此，他被特邀到總統辦公室與我們共進午餐。由於經歷了本國的艱難歷程後，此刻的他不得不謹慎行事。隨後，總統與他進行了長時間的單獨交談，討論了他的靈魂問題以及地獄之火的危險。羅斯福先生曾多次向我們提及他對這位俄國人的談話，讓我們對他留下了深刻印象。事實上，我曾一度向羅斯福先生承諾——如果他在下次總統競選中失利，我將推薦他擔任坎特伯雷大主教。不過，由於他在 1944 年的競選中獲勝，這個問題從未真正提上日程。李維諾夫顯然在恐懼與戰慄中向史達林報告了「宗教自由」問題，而史達林卻將其視為理所當然。戰時內閣也提出了他們關於「社會保障」的論點，作為首個失業保險法的起草人，我對此議案表示真誠的認同。經過歷時 1 週全球大量的電報交流後，大同盟所有國家達成了一致協定。

「聯合國」這個名稱由總統提議，以取代「協約國」的稱謂。在我看來，這是一項重要的改進。我向朋友展示了拜倫《恰爾德·哈羅爾德遊記》中的幾行詩句：

這裡，聯合國拔出刀刃的所在，

那日，我們的同胞奮勇作戰！

此乃諸多將名垂千古之事——且萬事皆將名垂千古。

英美政策全面協調

　　1942年1月1日清晨，總統坐在輪椅上被推到我面前。我從浴室走出，批准了宣言草稿。單靠宣言無法贏得每場戰役，但它闡明了我們的立場和作戰目的。當天晚些時候，羅斯福、我、李維諾夫和代表中國的宋子文在總統書房簽署了這份莊嚴文件。其餘22國的簽署工作則交由國務院負責。此處需將宣言最終文字記錄在案。

　　美國、大不列顛及北愛爾蘭聯合王國、蘇維埃社會主義共和國聯盟、中華民國、澳洲、比利時、加拿大、哥斯大黎加、古巴、捷克斯洛伐克、多明尼加共和國、薩爾瓦多、希臘、瓜地馬拉、海地、宏都拉斯、印度、盧森堡、荷蘭、紐西蘭、尼加拉瓜、挪威、巴拿馬、波蘭、南非和南斯拉夫聯合宣言。

　　宣言的簽署國政府：

　　1941年8月14日，美國總統與大不列顛及北愛爾蘭聯合王國首相發表的聯合宣告，即大西洋憲章，所包含的目標與原則之共同綱領，已獲得同意。

　　堅信捍衛生命、自由、獨立及宗教信仰的自由，為了在本土及全球維護人權與公正，取得對敵國的徹底勝利至關重要，堅信它們目前正進行一場共同抵禦試圖征服世界的野蠻與殘暴勢力的鬥爭，特此宣告：

　　（1）各國政府承諾動用其軍事和經濟的所有資源，以對抗與其處於戰爭狀態的三國公約成員國及其附庸國。

　　（2）各國政府承諾與簽署本宣言的其他國家合作，不會單獨與敵國達成停戰或和約。

　　任何在擊敗希特勒主義的戰鬥中已經做出或可能做出物質支持和貢獻的國家，均可加入上述宣言。

　　在我向總統提出的其他請求中，派遣3到4個美國師進入北愛爾蘭的建議尤為突出。我認為，派遣60,000到70,000美國軍隊到厄爾斯特，將

明確表明美國決心在歐洲直接干預。這些新招募的軍隊可以在厄爾斯特完成他們的訓練，就像在美國境內一樣，同時成為戰略上的一個指標因素。德國人必然會將這個行動視為阻止入侵不列顛群島的又一部署。我希望他們會誇大登陸部隊的數量，以便繼續關注西方。此外，每派 1 個跨越大西洋的美國師，都能讓我們多派遣 1 個訓練有素的英國師前往中東，或者當然 ── 這一直是我心心念念的 ── 前往北非。儘管幾乎沒有人（即使有的話）持這種觀點，實際上，這卻是我一直期待盟軍突襲摩洛哥、阿爾及利亞或突尼西亞的第一步。總統完全了解這一點，所以雖然我們沒有明確地闡述這個概念，我卻感到我們的思想在同一方向發展，儘管我們兩人之中的任何一位都認為還沒有必要去討論具體的方法。

陸軍部長史汀生及其顧問們也認為進入愛爾蘭的行動與他們盡快進攻歐洲的計畫一致。因此，一切進展順利。我們急於讓敵人了解這個戰略行動，於是公布了計畫，但沒有透露軍隊的數量。我們也希望這消息能使德國軍隊留在西線，進而對俄國的戰事有所幫助。我們無法讓英國公眾和媒體理解我們的理由，因此出現了許多不合理的評論。例如，有人質疑：「為什麼要把美國軍隊派到厄爾斯特？難道不該更好地部署在新加坡嗎？」我後來意識到這種觀點時，想起了波普的詩句：

列位神祇啊！消滅空間和時間，讓這對戀人感到幸福吧。

毫無疑問，派遣一支軍隊穿越那麼遙遠的距離並期待及時發揮作用，事實上是不切實際的。

我向戰時內閣彙報了所有決策。

首相致掌璽大臣

1942 年 1 月 3 日

1. 你應該已經收到我提及我們昨天活動的兩封電報。總統為目前合作

的所有國家選擇了「聯合國」這個名稱。這個名稱比「同盟」或「協約國」好得多，因為「同盟」一詞在憲法上引起了麻煩，而「協約國」則顯得乏味。

2. 我們無法將「或當局」插入宣言的最後一節，因為李維諾夫不過是一個個性死板的人，他顯然在經歷了之前的遭遇後，嚇得心神不定。但這可以經過換函的方式將其包括在內，函中說明「國家」一詞包括像「自由法國」組織，或可能在西班牙、北非或德國本身產生的起義組織那樣的當局。由於已經有近30個國家獲悉，消息洩漏是必然的，因此急需決定。總統也渴望在1月1日簽字。

3. 關於給韋維爾的指令，盡快作出決定同樣至關重要。在此情形下，我們必須考慮美國的意見，須知我們不再是孤立運作，而是協同合作。我個人主張將緬甸納入韋維爾的戰區；然而，當地的緬甸總司令顯然需以印度為基地，並執行其本身的任務。韋維爾必須與蔣介石建立友好關係，顯然蔣介石對他和布雷特印象不佳。

4. 即將啟動大規模調遣美國陸軍和空軍至北愛爾蘭的行動，我們正緊鑼密鼓的籌集所需船隻，以便在這些部隊移動期間，若條件允許，立即展開「超級體育家」作戰計畫。

5. 我們在這裡如同置身於一個緊密的大家庭，親密無間且輕鬆隨意，而我對總統的敬佩已在思想上根深蒂固。他的遠見卓識、堅定決心以及對共同事業的無私奉獻，實在令人讚嘆不已。對於最初的一些不幸，這裡沒有顯露出任何動搖或不安的跡象，人們將其視為理所當然，這些不幸將透過集結壓倒性優勢的兵力來彌補。當然，公眾中不久將掀起一場激烈的辯論。

6. 請將我對戰時內閣新年賀電表達的深切謝意轉達給他們。你喜歡我在加拿大的演講，這讓我感到十分欣慰。我在那裡受到的歡迎讓我深受感動。

未來的歷史學家們或許會視我們的第一次華盛頓會議——代號「阿卡迪亞」——為一項極為珍貴且持久的成就，那便是創立了如今廣為人

知的「聯合參謀長委員會」。該委員會的總部設於華盛頓，但由於英國的三軍參謀長必須居住在接近本國政府的地方，因此由駐華盛頓的高級軍官擔任他們的代表。這些代表與倫敦保持每一日、甚至每個小時的聯繫，因而能夠隨時向他們的美國同僚解釋與戰爭相關的任何問題上英國三軍參謀長的觀點。在卡薩布蘭卡、華盛頓、魁北克、德黑蘭、開羅、馬爾他和克里米亞半島等地頻繁舉行的會議，常常將長官們聚集在一起，有時長達兩週。在戰爭期間聯合參謀長委員會舉行的 200 次正式集會中，有多達 8、90 次是在這樣的會議中進行的，並且多數最重要的決策是在這些莊重的集會上作出的。

　　慣常的流程是在清晨，各自的參謀長委員會獨立召開會議。當天稍晚時，雙方匯聚形成一個整體，他們通常在晚上再舉行一次聯合會議。他們討論戰爭的全面指揮問題，並向總統和我提出共同商定的建議。當然，這時我們的直接討論透過電話或電報持續進行，同時與我們的參謀人員保持緊密聯繫。然而，專業顧問們的建議由全體會議考慮，然後命令下達給所有戰場上的指揮官。無論在聯合參謀長會議上的意見分歧有多尖銳，無論辯論多麼坦率甚至激烈，對共同事業的真誠效忠始終高於國家或個人利益。一旦決定形成並獲得政府首腦的批准，就由所有人，特別是那些原先意見被推翻的人，完全忠誠地執行。沒有一次無法達成有效的行動協定，也沒有一次無法向每個戰區的指揮官發出明確的指令。每位執行命令的軍官都知道他收到的命令具有雙方政府的聯合意圖和專家的權威意見。在盟國中，從未設立過一個比該機構更有用的作戰機構，儘管在形式上有所變動，但事實上持續存在至今，對此我感到非常欣慰。

　　俄國人未派遣代表參與聯合參謀長委員會。他們擁有一個廣袤、統一且獨立的戰場，因此與英、美參謀部的合併既無必要，也無法實現。我們可以了解他們行動的大致範圍和時間，他們同樣可以了解我們的，這就已

英美政策全面協調

經足夠。在這類事務上，我們盡量在他們允許的範圍內與他們保持緊密聯繫。我將在適當的時候描述我親自前往莫斯科的幾次訪問。在德黑蘭、雅爾達和波茲坦會議上，包含 3 個國家的參謀長們都圍坐在同一張桌子旁。

共享語言無疑是英、美雙方洽談時的最大優勢。這樣避免了使用翻譯時可能出現的延誤和常見的誤解。然而，語言表達的差異在初期引發了一件趣事。英國參謀人員準備了一份計畫，作為緊急事項提交，並通知他們的美國同事，希望將其「列入議程」。對於美國參謀人員來說，這句話意味著將文件擱置一旁並遺忘。經過長時間甚至激烈的討論後，雙方才意識到他們在此事上的看法完全一致，且要求的正是同一件事。

我曾經描述過，儘管迪爾元帥不再擔任帝國總參謀長，他仍與我們一道乘坐「約克公爵」號前來。在所有的討論中，他都發揮了重要作用，不僅在海上如此，尤其在我們與美國領導人會晤時更為明顯。我立即意識到，他在他們心目中的威望和影響力已經達到了頂峰。在這場戰爭期間，沒有其他任何一位英國軍官能在大西洋彼岸贏得美國人如此程度的尊重和信任。他的品格、謹慎和機智，使他幾乎立即贏得了總統的信任。同時，他與馬歇爾將軍之間也建立了真誠的同事關係和私人友誼。

美國的生產領域曾經歷大規模擴充。在這些方面，比弗布魯克是個具有強大推動力的人物。美國官方發表的戰時工業動員報告對此提供了大量證明。美國戰時生產管理局長唐納德·納爾遜曾擬定一些龐大計畫。「然而，」根據美國的紀錄，「進行大膽嘗試的需求，卻是由比弗布魯克勳爵於 12 月 29 日對納爾遜施加重大影響的……」經過的情形，最好用納爾遜先生自己的話來描述：

比弗布魯克勳爵強調，我們必須將生產目標設定得遠高於 1942 年的水準，以應付一個資源充足且頑強的敵人。他指出，我們對當前戰爭中獨特的物資損失缺乏經驗……他多次重申，在規劃必需的戰爭物資生產時，

我們應設立更高的目標。例如，他認為我們應計劃在1942年生產45,000輛坦克，而不是努森先生預估的30,000輛。

這份美國紀錄接著表述：

比弗布魯克勳爵也將他逐步灌輸給納爾遜的理念傳達給總統。在一份致總統的備忘錄中，他將預期中的美國、英國和加拿大在1942年的生產情況與英國、俄國和美國的需求進行了比較。這種比較揭示了1942年計劃生產存在巨大的不足。坦克的缺口為10,500輛，飛機的缺口為26,730架，大炮的缺口為22,600門，步槍的缺口為160萬支。比弗布魯克勳爵指出，生產目標必須提升，並堅信目標是可以實現的，因為「美國工業擁有巨大的生產潛力」。1942年的生產目標應包括坦克45,000輛，反坦克炮17,700門，戰鬥機24,000架，以及兩倍於原定計畫的高射炮產量。

結果制定出了一系列生產指標，其數量甚至超過納爾遜提出的。總統堅信我們工業能力的概念需要徹底檢驗……他下令完成一項軍火生產計畫，即在1942年生產作戰飛機45,000架，坦克45,000輛，高射炮20,000門，反坦克炮14,900門和機關槍50萬挺。

我將所有這些好消息傳遞給國內。

首相致掌璽大臣

1942年1月4日

關於供應問題，曾召開過多場會議。這些會議由總統及副總統親自主持。每天都有談判，討論具體細節。隨後，在星期五，由總統和我主持了一次會議。星期六又進行了兩場會議。最終的結論是：

1942年，美國決定將商船的生產量提升至800萬噸，而到1943年，這個數字將增至1,000萬噸。新的1942年造船計畫在產能方面提升了三分之一。

1942 年的生產計畫顯示出增加的趨勢，所有相關部門已經收到指令。總統將在本週向國會提交的諮文中簡要提到這個生產計畫。預算將涵蓋所需的財政項目。

馬克斯此次任務圓滿完成，霍普金斯真是一位天使。希望你得知生產計畫大幅增加後感到高興。

截至 1943 年底，這些令人矚目的數字已被實現或超越。

長時間專心於整個戰事，不斷與總統及其核心顧問們、以及我的顧問們進行磋商，我的兩篇演講和加拿大之行，還有需要立即決策的緊急事務接踵而至，與國內同事們的電報往來也紛繁複雜，這一切使得我在華盛頓的這段時間不僅緊張辛苦，甚至感到精疲力竭。我的美國朋友們認為我已顯疲態，建議我休息。因此，斯特蒂紐斯先生善意地將他在棕櫚海濱附近的一處僻靜的小別墅借給我使用，於是我於 1 月 4 日乘飛機前往。動身前夜，我在白宮的房間裡溫度控制器一時失靈，室內溫度過高令人悶熱，而我在試圖開窗時感到心臟的跳動有些緊繃，導致後續幾天的不適。然而，我的醫療顧問查爾斯·威爾遜爵士決定不推遲南方之行。馬歇爾將軍陪同我們搭乘飛機前往，我與他進行了幾次愉快的交談。我們在斯特蒂紐斯的別墅裡度過 5 天，或在蔭涼處或在陽光下休憩，享受著令人愉悅的海浪，儘管有一次出現了一條相當大的鯊魚。他們說，那只是一條「海底鯊」，但我並不完全放心。被海底鯊吃掉與被其他鯊魚吃掉同樣不妙，因此我從那時起就留在淺水區。

關於我的行蹤消息被嚴格保密，白宮曾通知新聞界，稱總統和我的一切動向應被視作如同美國戰鬥艦的行動。因此，報紙上未見任何報導。然而，在佛羅里達有不少人迎接我，許多曾與我愉快交談的新聞記者和攝影記者在我們休憩場所的門口等候，但沒有任何消息洩漏到報紙上。

首相致掌璽大臣

1942 年 1 月 5 日

　　1. 我將前往美國南方待幾天，希望能完全隱匿，總統將前往海德公園。在此期間，參謀人員正辛勤工作，我們回來後將處理結果。擬定共同攻勢計畫需要克服許多困難，但我們必須堅持。美國軍隊進入愛爾蘭的重大行動在這邊已經完全安排妥當。你必須確保我們那邊的準備一切就緒。請注意做好這方面的工作，並研究他們的特殊飲食等相關事務。

　　2. 我揣測你已經知悉，我們不僅著眼於解決當前需求，還試圖策劃一個在所有可能地點有效部署美軍的方案。船舶是限制因素。

　　3. 我會樂意透過電報傳達所有必要的消息，因為我將保持與電報的頻繁聯繫。他們在此竭力保密我的位置。關於我回國或行蹤的消息，最好不要讓國內報紙進行猜測。

首相致掌璽大臣

1942 年 1 月 7 日

　　經歷了一段相當疲憊的時期後，遵循查爾斯・威爾遜的建議，我目前在南方休假幾天。總統正努力阻止美國報紙提及此事。請確保在英國不洩漏任何消息，否則美國媒體將會惱怒，而我將被他們和遊客困擾。

　　當我在「棕櫚海濱」的溫暖陽光下躺臥，並口述電報和備忘錄時，聽聞義大利的「人控魚雷」襲擊亞歷山大港，導致「伊莉莎白女王」號和「英勇」號喪失戰鬥能力。這個事件在前一章中已經提及。此不幸事件在我們其他軍艦損失後接踵而至，極不巧合且令人沮喪。我立即意識到其嚴重性。地中海的作戰艦隊暫時消失，我們保護埃及免受海上直接襲擊的海軍力量已被削弱。在此緊急時刻，似乎有必要派遣從英國南部海岸能調動的所有魚雷飛機。不久之後，這導致了不愉快的後果。

首相致伊斯梅將軍,將其轉交參謀長委員會,並致函空軍大臣。

1942 年 1 月 7 日

考慮到地中海的海軍態勢,從海防空軍總隊或轟炸機總隊派遣強大的空中支援,尤其是魚雷飛機,顯得尤為緊迫和重要。適當減少對德國及其船舶的轟炸攻勢,此舉需予以採納。阿諾德將軍告訴我,他將盡快派遣兩個轟炸機隊,共 80 架轟炸機,並配備一些戰鬥機中隊前往厄爾斯特。請告知你正在進行的工作以及坎寧安海軍上將是否感到滿意。

英國對義大利的冒險行為可能在斯卡帕灣再次發生感到憂慮。

首相致第一海務大臣

1942 年 1 月 9 日

亞歷山大港事件極為不快,這讓我聯想到斯卡帕灣的安全措施,如何預防類似襲擊。我們是否真的每 20 分鐘就用深水炸彈巡邏入口?毫無疑問,強勁的水流比亞歷山大港的平靜水面更具保護性。

目前情況如何?

至關重要的是防止敵方察覺我們那兩艘穩穩停靠在亞歷山大港的大型戰鬥艦的實際狀況。

我此刻抽出了一些時間來解決幾項使我煩惱的棘手問題。當時,印度總督和內閣再次建議為印度制定新憲法,以便國民大會黨能在新憲法的框架下團結一致,專注於共同事業和自身安全的構想。此種無益的幻想將在後續內容進一步探討。

首相致掌璽大臣

1942 年 1 月 7 日

1. 我希望我的同事們能夠了解,在敵人已經抵達邊界時,討論印度憲法問題,特別是修改憲法的潛在風險。此時讓國民大會黨掌權,以便「從

印度獲取更多利益」的想法，顯得毫無依據。然而，如果採納任何形式的選舉或議會制度，這將成為無法避免的結果。把對立的政治人物引入防禦機構將導致行動癱瘓。僅僅選擇友好的印度人不會造成嚴重後果，但無論如何，這都無法滿足政治需求。儘管印度的自由黨人善於辭令，但從未兌現承諾。印度軍隊在卓越地作戰，但必須銘記，他們效忠的是英王和印度皇帝，而國民大會及印度宗教機構的統治絕不可能被一個正在戰鬥的國家所接受。

2. 我認為你在美國的輿論方面不會遭遇任何困擾。我所見的所有報紙對印度的評論都顯得異常克制，尤其是在他們參戰之後。此地的關注點都集中在盡快贏得這場戰爭上。已掌控省政府的國民大會黨提名人的首要職責，就是重新承擔他們作為部長的責任，並展現他們能夠在這緊急時刻成功完成委託給他們的重大任務。務必請將這些意見傳達給內閣。我相信我們不會偏離我們所謹慎採取的立場。

艾登先生從莫斯科帶回關於蘇聯領土擴張欲望的消息讓我極為不安，尤其是針對波羅的海國家的野心。這些國家曾是彼得大帝的征服地，經歷了 200 年的沙皇統治。自俄國革命後，它們成為歐洲抵禦布爾什維克主義的前線。這些國家如今被稱為「社會民主主義國家」，但其活動積極且充滿攻擊性。1939 年戰爭爆發前，希特勒與蘇聯交涉時將其視為抵押品棄之不顧。那裡曾經歷過俄國和共產黨的嚴酷清洗，所有具有權勢的人物都被多方手段清除。從此，這些堅強的民族開始了地下生活。不久之後，希特勒以納粹方式進行反清洗。最終，在全面勝利的局勢中，蘇聯再次掌控了這些國家。這樣，愛沙尼亞、拉脫維亞和立陶宛幾經風波被反覆梳理，但公理所在毋庸置疑。波羅的海國家應享有獨立自主的權利。

英美政策全面協調

首相致外交大臣

1942 年 1 月 8 日

　　1. 在戰爭中，特別是在現代戰爭中，最重要的因素是精神因素。

　　2. 俄國可能基於戰略考量提出關於列寧格勒通路的問題，因芬蘭人曾經利用這些通路攻擊俄國。在波羅的海，有些島嶼可能對俄國的安全至關重要。在某些情況下，布科維納或比薩拉比亞的邊界問題也可以用戰略安全為理由。在這些情況下，如果居民願意，必須允許他們撤離並給予補償。在其他情況下，領土轉讓必須在戰爭結束後透過自由公正的公民投票決定，這與俄國的建議截然不同。在任何情況下，在和平條約會議之前不應討論邊界問題。我知道羅斯福總統和我一樣堅定認同這個觀點，他多次向我表達他對我們在莫斯科採取的堅定立場感到欣慰。如果英國內閣屈從於這樣的政策，我無法支持。

　　3. 我認為，我們的誠意展現在維護史達林曾表示支持的大西洋憲章原則之中。與美國的聯合也依賴於此……

　　4. 關於我們在戰爭現階段拒絕採取任何可能損害和平談判或違背大西洋憲章原則的行動對俄國產生的影響這一點，必須承認，他們僅在遭到德國攻擊後才加入戰爭，而在此之前對我們的命運漠不關心，並且在我們最危急的時刻確實加重了我們的負擔。他們的軍隊曾以非凡的勇氣作戰，並在保衛自己國土的戰鬥中展現了無可爭議的巨大力量。他們為本身的生存而戰，卻從未顧及我們。相反，我們竭盡全力支援他們，因為我們欽佩他們捍衛國家的決心，也因為他們加入了反對希特勒的陣營。

　　5. 沒有人能預見戰爭結束時的力量對比或勝利者的軍隊將抵達何處。然而，似乎可以預期，美國和英國不會筋疲力盡，而將成為全球前所未有最強大的軍事與經濟聯盟。同時，蘇聯在重建過程中將需要我們的援助，這種需求將遠超我們對他們的依賴。

　　6. 你曾經承諾與我們以及美國和自治領一同研究俄國的要求。那項承

諾是我們必須履行的。然而，對於由我領導的任何英國政府的立場，絕不能有任何誤解，這個立場是堅持大西洋憲章中公布的自由和民主原則，尤其在涉及領土割讓問題時，這些原則必須嚴格適用。因此，我認為我們的回應應是，所有關於領土邊界的問題都必須留待和平條約的會議來決定。

從法律的角度來看，事情的現狀就是如此。

在「棕櫚海濱」期間，我始終透過電話與總統及駐華盛頓的英國參謀保持密切聯繫，並在必要時也能直接撥通倫敦。有一件事發生了，雖然當時有些尷尬，但卻頗為有趣。溫德爾・威爾基先生曾請求與我會面。那時，他與總統的關係相當緊張。羅斯福對於我與反對派的知名人物會晤顯得不太熱衷，因此我一直未曾這樣做。然而，想起溫德爾・威爾基在1941年1月訪問英國時我們建立的良好關係，我覺得在離開美國前不與他見面是不妥當的，我們的大使也是這樣認為。因此，我在1月5日晚上撥打了電話給他。過了一陣子，我被告知，「你的電話接通了。」我說，「很高興能與你交談，希望我們能見面。我明晚將乘火車返回，你能否在某個地點上車，與我共度幾個小時？下週六你會在哪裡？」一個聲音回答，「嗯，就在我現在的地方，寫字檯旁。」我回應，「我不太明白。」對方問，「你認為你在與誰說話？」我答，「溫德爾・威爾基先生，不是嗎？」對方答道，「不對，你是在與總統通話。」我聽得不太清楚，便問，「誰？」對方答，「你在與我，富蘭克林・羅斯福通話。」我說，「本無意此時打擾您。我本想與溫德爾・威爾基通話，但電話交換機搞錯了。」總統說，「希望你在那裡過得愉快。」接著我們輕鬆地聊了一些私人事務和計畫，最後我問，「您不介意我希望與溫德爾・威爾基通話吧？」羅斯福說，「我不介意。」然後我們結束了通話。

務必牢記，這是我們和諧交往的初期，因此當我回到華盛頓時，我覺得有必要從哈里・霍普金斯那裡了解是否曾引起任何冒犯。因此，我給他寫信：

請告知我，與我們討論過的那個人交談此舉是否有任何不當之處，因為我堅信以禮相待一位社會名流是履行我的責任；因此，除非你給予相反的建議，我依舊打算如此行事。

霍普金斯表示，並未引起任何干擾。

此刻正是返鄉之時。

首相致掌璽大臣

1942 年 1 月 9 日

1. 從我們之間的電報往來，你可以看出我在這裡並未閒著。實際上，這種隱居的生活讓我能比在華盛頓的繁忙中更清晰地集中精力。我正在起草一份關於英、美合作的重要文件，打算回去後立即與三軍參謀部討論，然後再與總統商議。

2. 我非常高興地得知，8 日的辯論順利地進行，且下議院同意推遲對核心問題的討論。當然，那些冗長的言辭和激烈的聲音，已被完整地傳達至此，人們可能會認為這是下議院的立場。曾有幾句傳至此地的言論對美國的輿論不太有利，因此我將向總統解釋，我們無法約束個別議員發表奇特的意見，就如同他無法控制美國國會中來自偏遠地區議員的看法一樣。盼告知你和安東尼發言的要點。

3. 假如我在星期二的發言被視為一份報告，隨後有人立刻提出休會動議，這可能是合適的。這樣可以讓常規的批評得以表達，同時我仍然保有答辯的權利。然而，你或許會覺得這並無必要。我不禁感到我們有許多話題要討論，儘管無法將精華部分表述出來。

1 月 9 日晚，我搭乘火車啟程返回華盛頓，並於 11 日抵達白宮。一路上，我都在處理公務。

回到暴風雨中

在佛羅里達休息期間,我起草了一份致參謀長委員會和交戰時內閣國防委員會的第 4 份備忘錄,分為兩部分。這份文件也是為美國人準備的。與前 3 份文件不同的是,這份是在我與總統、他的顧問們以及聯合三軍參謀長在華盛頓展開商談後撰寫的。隨後,回到倫敦後,我將所有這些文件交給戰時內閣傳閱,供其參考。在我們兩國之間,已經達成了許多協定,而戰時內閣在相當程度上同意我們所設定的方向。在此,我僅列出一些較為概括方面的事項。

首相致伊斯梅將軍轉呈參謀長委員會與國防委員會

1942 年 1 月 10 日

利用這幾日的寧靜與隱居,我重新審視了這場戰爭的特點,特別是基於我在此地商討後的戰場表現情況。

1. 美國已經遭到攻擊,並與 3 個軸心國處於戰爭狀態中,願盡快有效地將其訓練有素的軍隊派往前線。然而,由於船隻緊缺,這在 1942 年內無法大規模實現。在此期間,美國陸軍將從略多於 30 個師和 5 個裝甲師的兵力,擴充至大約 60 個師和 10 個裝甲師。目前,陸軍和空軍(超過 100 萬人)保有或即將徵集約 375 萬人。儘管人力儲備幾乎無限,但在當前階段,徵集更多兵員將是對戰爭努力的誤導。

2. 1942 年被調往實際戰鬥前線的軍隊數量,似乎僅占上述美國軍隊的四分之一至三分之一。然而,到了 1943 年,得益於過去和近期的造船計畫,船舶噸位顯著增加,能夠將更多部隊橫渡海洋。因此,1943 年夏季可能以大規模攻勢行動為特徵,這些行動在此期間應進行詳盡研究。

3. 美國空軍的力量已經強大，並且正在迅速成長，預計在1942年能夠投入大規模的作戰。以不列顛群島為基地的強大轟炸機隊計劃襲擊德國及其入侵港口。美國戰鬥機中隊可以參與大不列顛的防禦戰，並控制戰鬥機航程內的法國沿海地區。

4. 總統已經向國會通報，美國的武器和船舶生產將在1942年大幅增加，並在1943年達到高峰；這讓希特勒感到比以往任何時候都更有必要在美國施加足夠壓力之前，於1942年進行決戰。

5. 希特勒曾有時間準備（或許是大量生產）可以在任何海灘登陸的坦克運輸車輛。他無疑在空降部隊的襲擊中，尤其是用降落傘和滑翔機的運用上，達到了難以估量的程度。總統曾宣布大不列顛為聯合國的重要堡壘，這反映了美國主要戰略家的共識。大不列顛確實是在1942年即將展開的關鍵戰役中可能導致戰爭失敗的唯一地區。讓不列顛群島的有效防禦陷入危險將是極為輕率的行為。

6. 因此，向北愛爾蘭派遣4個美國師（其中1個為裝甲師）是至關重要的軍事行動，任何阻礙都不應該存在。替換英國在冰島的部隊將可釋出另1個英國師。然而，有人建議要求美國當局在冰島訓練盡可能多的部隊進行山地和雪地作戰，因為只有大量經過這種訓練的滑雪山地部隊，才能為未來拯救斯堪地那維亞半島的行動做好準備……

7. 敵軍在昔蘭尼加的頑強抵抗、隆美爾將軍的撤退或許可能帶領部分部隊逃離、可能已經抵達的黎波里的援軍，以及在拖延期間可能到達的其他增援部隊，尤其是我們前線部隊的補給困難──這一切可能會推遲，甚至阻止「雜技家」作戰計畫（肅清的黎波里）的全面實施。因此，我們有機會對「超級體育家」作戰計畫（英、美軍隊聯合占領法屬北非）進行更深入的研究，並盡快實施「磁石」行動（美國軍隊開到北愛爾蘭）。

8. ……德國前線空軍的數量已經不及英國。其相當大的一部分必須留在俄國戰場。然而，大部分英國空軍仍被迫留在國內，儘管當前面對的是

較為分散的德國轟炸機和戰鬥機，但由於敵軍擁有良好的內部交通線和快速機動能力，所以無法調動。此外，還需考慮義大利的空軍。

11. 我們當前的戰略目標是透過持續的交戰逐步削弱德國空軍的實力。在俄國前線，這個策略正被有效實施；而在英國前線，除非敵人重啟轟炸或日間進攻，否則只能有限度的執行。然而，在地中海區域，敵人似乎有意開闢新戰線。因此，我們必須在此部署優勢兵力，而這個優勢僅能藉由美國空軍的到達來實現。關鍵在於，在每個可能的時機和攻擊點上，持續迫使德國空軍作戰。我們承受消耗的能力遠超他們。實際上，考慮到未來的大量補給，我們幾乎能像格蘭特將軍在其最後戰役中那樣，承受二比一的損失。在 1942 年損失的德機或飛行員，相當於 1943 年的兩架或兩名。只有透過不斷迫使敵人參與空戰，才能使其空軍力量消耗到超過其生產和訓練能力的水準。如此，我們將重新掌握主動權，因為敵人將如同跟我們以往一樣，疲於應對日常需求，勉力支撐。

12. 俄國軍隊在頓河沿線及克里米亞半島上的成功抵抗，確保了俄國對黑海的控制，這對我們來說是極大的支持，我們應為此感到歡欣鼓舞。3 個月前，我們還擔心德軍可能通過高加索推進到裏海和巴庫油田。這樣的威脅幾乎可以確定在未來 4、5 個月內，至少到冬季結束時可以避免，而且俄國軍隊在南方持續的成功抵抗無疑會為我們提供全面的保障。

13. 然而，這種危險或許會在今年晚春再次出現。石油供應的緊張已經在德國及其征服的國家之中越發嚴重，這使得奪取巴庫和波斯油田成為對德國來說極為重要的目標，僅次於成功入侵不列顛群島的需求……隨著氣候狀況的改善，德國陸軍的強大力量可能會立即再次展現。在這種情況下，他們很可能會在俄、德戰線的北段和中段採取防守姿態，而將進攻的矛頭指向東南方，經由高加索進取那裡的油田。

對日本的戰爭

17. 一般而言，若德國戰敗而導致崩潰，將給予日本無法抵擋的壓力；

然而，日本的失敗卻不會結束世界大戰。此外，太平洋的廣闊距離以及日本人已經占領或可能奪取的那些關鍵前進據點，將使得前往進攻日本本土成為一項漫長的任務。以澳洲和印度為基地的軍隊逐一奪回目前委任給韋維爾將軍的西南太平洋地區的島嶼、機場和海軍基地，同樣將是一場持久戰。擊敗德國似乎比擊敗日本要來得迅速些。考慮到我們還有其他任務需要完成以及船隻的限制，無論如何，在相當長的一段時間內，我們不能指望在上述地區發展出足夠的海軍、空軍和陸軍優勢。

18. 儘管我們應將對德戰爭置於首位，但若稱我們對日處於「守勢地位」則是不準確的；相反，使我們在德國戰敗前能在遠東度過這段時期的唯一途徑是重獲主動權，即便規模較小。

19. 在這個擁有數千島嶼的區域中，許多島嶼可以轉變為臨時的海、空軍基地，僅靠消極防禦將遇到無法解決的問題。日本人一旦獲得暫時的海上控制權和在廣闊區域的空中優勢，他們就有能力奪取幾乎任何他們想要的地點，或許新加坡要塞是個例外。他們可以派遣一支流動部隊，清除我們或荷蘭人迄今還能堅守的任何駐防地。他們將透過精心策劃的空軍基地網路來鞏固他們的占領地，並無疑地，他們希望在幾個月內確保占領新加坡要塞。一旦他們占領了此地和馬尼拉，並在關鍵地點建立了空軍基地，他們就形成了一個能夠進行長期抵抗的海、空防禦系統……到1942年夏季，英國將全力協助，美國海軍的優勢應會得以恢復。

20. 隨後，或儘早，應對日本已經占領的島嶼或港口進行襲擊。據我所知，總統已下令在美國西海岸籌組一支類似游擊隊的部隊。這樣的部隊因其特殊性質，在兩棲作戰中奪取關鍵據點和防禦工事時非常有效。它需要由多支小規模旅團支持，這些旅團的機動性和裝備應與預期的特定任務相符，並且每項任務都經過詳細研究而制定。除非戰略需要，否則無需在奪取或收復的島嶼上駐留。消滅或俘獲駐守部隊，破壞任何有用設施後撤離即可。每次任務和行動所需的部隊組成需要單獨研究。根據經驗，看來

需要足夠的艦載機和坦克部隊以及坦克登陸艇的掩護。敵方不可能準備充分，在許多地點必定易受攻擊。經過甚至僅少數幾次成功的類似行動後（所有這些行動對部隊和指揮官而言，都是極為寶貴的訓練經驗），敵人將被嚇得不敢以薄弱兵力守衛某些地方，而被迫在堅固據點集中兵力。屆時，若我們不欲占領過多島嶼，就可以輕鬆獲得一些合適的島嶼，並在這些島嶼上建立臨時或永久的空軍基地和加油站。在敵人孤立的駐防地之間製造恐慌，似乎是為大規模收復領土和建立從澳洲北進的強大基地之行動做為非常有價值的準備。

我已將此文件遞交給總統。

當我重返白宮時，我注意到聯合參謀長會議的工作已經取得顯著進展，並且大多與我的觀點一致。總統在 1 月 12 日召集了一次會議，此時對於戰爭的總體原則和目標已經達成完全共識。分歧僅限於優先順序和關注點，並且一切都受制於那個嚴峻而專斷的因素──船舶的調配。根據英國的紀錄，「總統非常重視組織一場『超級體育家』行動，即美、英聯合對北非的遠征。派遣 90,000 名美國軍隊和 90,000 名英國軍隊連同龐大的空軍進入北非的一個暫定時間表已經擬定。」決定派遣兩師美國軍隊到北愛爾蘭，其目的已在前面敘述過。總統曾私下對我表示，他將在必要時迅速派遣 50,000 名美國軍隊到澳洲及控制日本人前進路線的那些島嶼。有 25,000 名軍隊將儘早出發占領新喀里多尼亞和美洲與大洋洲之間的其他戰略要地。在「主要戰略」方面，參謀人員一致同意「只應從對德作戰方面抽調必要的最小限度軍隊來保衛在其他戰區的重要利益」。沒有人比馬歇爾將軍對於得出這個基本決定更具影響力。

某晚，這位將軍來訪，向我提出一個棘手的問題。他曾同意派遣近 30,000 美軍前往北愛爾蘭。我們已經將兩艘「女王」號級船隻──世界上唯一的 80,000 噸級船隻──交給他使用。馬歇爾將軍詢問我們應讓多少

人登船,並提到救生艇、筏及其他漂浮設備只能容納約 8,000 人。如果忽視此限制,則可裝載 16,000 人。我對此回應:「我只能告訴你我們的做法,你需自行判斷將冒的風險。如果這是直接軍事行動的一部分,我們會滿員裝載船隻。如果只是合理時間內的部隊調動,我們不應超過救生設備的容量。這由你決定。」他聽後沉默,我們便轉向其他話題。首次航行時,這些船隻裝載了較少的軍隊,隨後的航程則滿載至船沿。幸運的是,命運眷顧了我們的朋友。

我現在已到了不得不離開白宮以及美國人民那殷勤好客和激動人心氛圍的時刻;當時,美國人民堅定不屈地對抗暴君和侵略者。我必須返回的地方並非陽光普照之地。雖然我渴望回到倫敦,並確信我們將贏得最終的勝利,但我仍不斷感受到即將來臨的巨大災難時期,可能會持續數個月。我對在非洲西部沙漠戰勝隆美爾的希望已然破滅。隆美爾已經成功逃脫。奧金萊克在西迪雷澤格和加柴拉的成就並未帶來決定性成果。這些結果削弱了我們制定英、美聯合突襲法屬北非計畫的聲勢,導致該行動明顯推遲了幾個月。

首相致掌璽大臣

1942 年 1 月 12 日

鑑於我即將短暫緘默(儘管我確信這不會是永久的),請務必於今晚將任何需要我在動身前決定的重要事項電告於我。

我在 1 月 14 日向總統辭行,他似乎對航程的風險感到憂慮。我們在華盛頓的逗留已為全世界所知數日,根據圖表,我們的返程航線上有超過 20 艘德國潛艇。在晴朗的天氣下,我們從諾福克乘飛機抵達百慕達,「約克公爵」號及其護航驅逐艦在此等待我們。我們乘坐的是 1 架巨型波音水上飛機,讓我留下了深刻印象。在 3 個小時的飛行中,我與正駕駛員凱利·羅傑斯上尉結識,他顯然是一個才華橫溢、經驗豐富的人。我操控了

一段時間，嘗試駕馭這架重達 30 噸或以上的龐然大物在空中的飛行，我越來越喜歡這架飛機。不久後，我詢問上尉，「從百慕達飛到英國如何？它能攜帶足夠的燃料嗎？」雖然他看似沉默寡言，卻表現出明顯的興奮。「當然可以。根據當前的天氣預報，後面會有每小時 40 英里的尾風。我們可以在 20 個小時內完成飛行。」我問距離有多遠，他回答，「大約 3,500 英里。」對此，我不禁有所思慮。

然而，在我們著陸後，我將此事告知波特爾和龐德。當時，馬來亞正經歷著非同尋常的事態，我們理應盡快返回。空軍參謀長立即表示，他認為這種冒險毫無必要，因此他無法對此承擔責任。第一海務大臣支持他的觀點。我們在那裡有「約克公爵」號及其驅逐艦，一切都已經準備就緒，它將為我們提供舒適和安全。我問道，「對於你曾提到的那些德國潛艇又該如何呢？」海軍上將對此以輕蔑的手勢回應，顯然認為對於 1 艘有適當護衛和高速的戰鬥艦，這種威脅不值一提。我猜測這兩位軍官認為我的計畫是我自己乘飛機，而讓他們乘「約克公爵」號返國，於是我說，「當然，我們大家都可以有座位。」聽到這句話，他們的表情明顯變化。經過一段時間的沉默後，波特爾表示可以研究此事，並將與機長詳細討論，還會與氣象局研究天氣。這件事便告一段落。

兩個小時後，他們兩人都回來了，波特爾表示他認為此事可行。那架飛機在適當條件下必定能完成任務；由於強烈的順風，預報的天氣對我們特別有利。毫無疑問，迅速返回國內至關重要。龐德說，他非常信任那位機長，他確實擁有極為豐富的經驗。這當然是一場冒險，但另一方面，我們還需考慮德國潛艇的威脅。所以我們決定起飛，除非天氣惡化。出發時間定在次日下午兩點。大家認為必須將我們的行李減少到只剩下幾箱重要文件。迪爾將留在華盛頓，作為我與總統的私人軍事聯絡代表。我們一行將僅包括我本人、兩位參謀長、馬克斯·比弗布魯克、查爾斯·威爾遜以

及霍利斯。所有其他人員將乘坐「約克公爵」號航行。

那天下午，我在百慕達議會發表演講，這是西半球最古老的議會。我勸說他們同意並盡力協助在島上建立美國海、空軍基地，他們對此感到有些為難。整個帝國的生存如今岌岌可危。我們與美國聯盟的順利進展使得最終勝利勢在必得，儘管路途將會漫長。他們沒有反對。那天晚上，總督諾利斯勳爵設宴款待島上的知名人士和即將離去的客人。大家興味盎然。唯有我稱作中校參謀的湯米擔心他無法獲得飛機上的座位。他表達了他一想到要乘船回國就感到多麼沮喪。我提醒他應銘記對海軍服役的忠誠以及海上生活為勇敢水手帶來的樂趣。我詳細談到來自德國潛艇的那些不可否認的威脅。他是個很難安撫的人。然而他找到了解決辦法。他已經說服飛機上的一位膳務員讓他頂替其位置；他將親自去洗餐具。但我問道，機長的意見如何呢？根據湯米的想法，如果機長在最後時刻得知這個安排，他將不會反對。他還查明了自己的體重比膳務員輕。我聳了聳肩，然後我們去休息，時間已是深夜。

我過早地醒來，心中覺得再無法入睡。我必須承認，我感到相當恐懼。想到大洋的遼闊，想到我們要在抵達不列顛群島前將飛越 1,000 英里的距離。我意識到自己或許做了一件魯莽的事情，這是一場賭博。我一向對在大西洋上飛行感到畏懼，但事情已經決定。儘管如此，我必須承認，如果在早餐時，甚至在午餐前，有人來告訴我天氣發生變化，我們必須經由海上返回，我很可能會欣然接受由那艘遠道而來的華麗軍艦載我們返航。

陽光明媚地灑在島嶼上，天氣狀況已被確認良好。正午時分，我們乘坐汽艇前往飛機所在地。我們在碼頭耽擱了 1 個小時，因為 1 艘負責從「約克公爵」號取行李的值班小艇耗費了超出預計的時間。湯米顯得情緒低落。機長已經以機長慣常的方式無視了他的計畫。那名膳務員是經過訓

練的機組成員；他無法再容許多一人搭乘；每個油箱都加滿了汽油。即便如此，起飛仍非易事。因此，我們滑行至港口遠端，留下湯米如詩中的厄林勛爵般憂傷，只是原因不同。在此之前和之後，我們在類似的旅行中從未分開過。

正如機長所預見的，從水面起飛並非易事。誠然，我一度懷疑我們能否成功越過環繞港口的低矮丘陵。然而，危險並不存在；我們有技藝精湛且值得信賴的飛行員。飛機在距離珊瑚礁四分之一英里處艱難地升空，避免了我們需要快速攀升幾百英尺。關於這類大型飛機上令人感到舒適的設施，毋庸置疑。我在機尾的雙人房內享有一張精美寬敞的床鋪，兩側設有巨大的窗戶。要前往會客室和餐廳，需沿著一條長約 3、40 英尺的走廊穿過各個房間。在餐廳中，食物和飲品一應俱全。飛行相當平穩，震動並不會讓人感到不適，我們度過了一個愉快的下午，並享用了一頓豐盛的晚餐。這種飛機有兩層，搭上常規樓梯即可到達駕駛艙。夜幕降臨，各項報告皆稱心如意。此刻，我們正以 7,000 英尺的高度穿越雲層。可以看到機翼前緣以及傾瀉在翼面上的巨大熾熱排氣流。此時，這類飛機利用一根間歇膨脹和收縮的大橡膠管來防止結冰。機長向我解釋其工作原理，我偶爾看到冰層在橡膠管膨脹時裂開並脫落。隨後，我上床安然入睡了幾個小時。

黎明前我醒來，便前往操縱室。天色越加明亮。我們下方則是幾乎無間斷的雲層。

在副駕駛員座位上坐了約 1 個小時後，我感到周圍瀰漫著一種焦慮不安的氣氛。我們計劃從西南方向接近英國，理應已經飛越錫利群島，但透過雲層的任何縫隙，我們都未曾見到它們。由於在雲層中飛行已經超過 10 個小時，並且期間僅見過一顆星星，我們很可能稍微偏離了航線。無線電聯繫自然受到戰時規定的限制。顯然，從正在進行的討論中，我們不確定

我們的位置。不久，一直在研究位置的波特爾對機長說了幾句，然後轉向我，「我們將立即轉向北飛。」於是，我們照做了，再經過半個小時的穿雲飛行後，我們看到了英格蘭，不久便到達了普利茅斯上空。在這裡，飛機避開了那些閃閃發光的防空氣球，我們安全著陸。

下飛機時，機長對我說：「我從未像這次將你安全降落在港口時感到如此欣慰。」當時我未能理解他話中的深意。事後我得知，若我們在轉向北飛前再繼續沿原航線飛行5、6分鐘，就會飛越布雷斯特的德國炮臺上空。我們在夜間的航行過於偏南，而做出的急速調整，使我們不是從西南飛來，而是從南偏東的方向進入──也就是說，我們是從敵方而非預期的方向飛來。幾週後我聽說，這導致我們乘坐的飛機被誤認為是從布雷斯特飛來的敵方轟炸機，6架「旋風」式戰鬥機因此奉命出動將我們擊落，但最終未能完成任務。

我致電羅福斯總統，告知：「我們從百慕達出發，進行長途飛行，藉助一股時速30英里的順風抵達此地。」

附錄

（1）略語表

A.A.guns. 高射炮

A.D.G.B. 英國防空理事會

A.F.V.s. 裝甲戰車

A.G.R.M. 皇家海軍陸戰隊高級副官

A.R.P. 空襲警備處

A.T.rifles 反坦克步槍

A.T.S. 婦女地方輔助服務隊

C.A.S. 空軍參謀長

C.I.G.S. 帝國總參謀長

C.inC. 總司令

Controller. 第三海務大臣及軍需署署長。

C.O.S. 參謀長

D.N.C. 海軍建設局局長

F.O. 外交部

G.H.Q. 總部

G.O.C. 總指揮官

H.F. 本土部隊

H.M.G. 英王陛下政府

M.A.P. 飛機生產部

M.E.W. 經濟作戰部

M.O.I. 新聞部

M.of L. 勞工部

M.of S. 軍需部

P.M. 首相

U.P. 不旋轉的炮彈——這是火箭的代號。

V.C.A.S. 空軍副參謀長

V.C.I.G.S. 帝國副總參謀長

V.C.N.S. 海軍副參謀長

W.A.A.F. 空軍女性輔助部隊

W.R.N.S. 皇家海軍女子服務隊

(2) 密碼代號表

（德國的密碼代號加星號為記）

Acrobat（雜技家）：從昔蘭尼加出發，向的黎波里出發。

Annihilation（圍殲）：1943 年反攻法國的軍事行動計畫（後更名為霸王）。

Arcadia（阿卡迪亞）：1941 年 12 月的首次華盛頓會議。

Barbarossa（巴巴羅薩）：德國對俄國的侵略計畫。

Battleaxe（戰斧）：1941 年 6 月針對塞盧姆、托卜魯克及卡普佐堡區域的攻擊方案。

Canvas（帆布）：攻占奇斯馬約。

Colorado（科羅拉多）：克里特島。

Crusader（十字軍戰士）：1941 年 11 月於西部沙漠的軍事行動方案。

Exporter（輸出商）：敘利亞的軍事行動方案。

Felix（菲力克斯）：德國攻占直布羅陀的方案。

Gymnast（體育家）：英國占領法國北非。

Influx（流入）：征服西西里島。

Jaguar（美洲虎）：1941 年，支援馬爾他島。

Lustre（光輝）：協助希臘。

Magnet（磁石）：將美軍部署到北愛爾蘭。

Mandibles（下顎）：攻取多德卡尼斯群島的軍事戰略。

Marita（瑪麗）：德軍對希臘的入侵方案。

Mulberry（桑葚）：人造港。

Orient（東方）：德國試圖破壞英國在中東各地國際地位的計畫。

Overlord（霸王）：1944 年目的在解救法國的軍事行動計畫。

Pilgrim（香客）：占據加那利群島。

Strafgericht（懲罰）：德國對貝爾格萊德發動轟炸。

Scorcher（灼熱）：捍衛克里特島。

Operation sea lion（海獅計畫）：德國策劃侵略英國的行動。

Supercharge（增壓）：輪換駐紮在托卜魯克的澳洲部隊。

Super-Gymnast（超級體育家）：英、美聯軍占領法國屬地北非。

Tiger（老虎）：W.S. 第 8 號船隊運送坦克駛過地中海。

Torch（火炬）：英、美針對法屬北非的軍事行動計畫。

Truncheon（短棒）：針對里窩那的聯合攻擊。

Whipcord（鞭繩）：對西西里島發起攻擊的方案。

Workshop（工廠）：攻占班泰雷利亞島。

(3) 英國和德國空軍實力的推測

（1941 年 12 月 9 日）

首相兼國防大臣的備忘錄

1. 自戰爭爆發 15 個月以來，估計德國空軍用於各類戰場和用途的飛機共有約 22,000 架，而英國空軍則有大約 18,000 架。在過去 8 個月的激烈戰鬥中，從今年 4 月到 11 月，德國空軍增加了 12,000 架，英國空軍增添了 11,000 架，其中包括從國外運來的約 1,000 架。在這 8 個月的戰鬥中，雙方空軍均在全力擴充，所獲得的飛機數量大致相當，平均每個月約為 1,400 至 1,500 架。

2. 在這 8 個月中，英國空軍的前線實力穩定維持在約 2,100 架，幾乎沒有變化。因此，每個月生產的 1,400 架飛機正好在激烈交戰時保持了這個數量。假設在這 1,400 架飛機中，其中 500 架是教練機，另外 200 架為專門用於訓練的作戰飛機——在戰況緊張時，這已經是相當寬鬆的估計——這意味著每個月有 700 架作戰飛機被淘汰，即相當於我們前線飛機總數的三分之一。實際上，損失的數量可能更高，因為就轟炸機中隊而言，每個月損失的轟炸機相當於前線飛機編制的五分之二。

3. 德國的損失比例顯然不亞於我們。根據空軍部的估算，從今年 5 月至 8 月，他們的戰機損失約為 3,000 架，而從 8 月至 10 月底則為 2,800 架，總計損失 5,800 架。而我們在同一時期的作戰損失則不到其數量的一半。

4. 根據空軍部情報處獲得的消息分析，截至 5 月 1 日，德國在前線的

空軍力量約為我們的 3 倍，大概有 6,000 架。如果這個情況屬實，並且他們的損失比例不高於我們的，那麼他們每個月的損耗至少為 2,000 架（按五分之二計算則更多）。假設我們對他們平均月產量為 1,500 架的估計正確，並推測其中有 1,100 架用於作戰，那麼德國空軍會以 2,000 減 1,100 的速度逐漸減少，也就是說，第 1 個月至少減少 900 架。隨著戰線的縮短，損失和減少的速度自然會降低，但 4 個月後，他們的飛機數量一定會遠少於 4,000 架。

這個結論是不可避免的，除非德國人事先為防止意外儲備了大量飛機。然而，觀察他們戰前的產量，這種情況不太可能發生。無論如何，這種方法並不經濟，因為飛機迅速過時。一個國家的空軍若安排得當，應在戰爭爆發時準備一批足以應對頭兩、三個月的儲備，以便在戰爭初期使用，並依靠後續生產來維持需求。

需要進行一項調查，以準確了解我們前線編制中每個月耗損的飛機比例及其原因。應能夠對我方與德方的作戰損失進行準確估算，假定其他方面的損失比例與我們相同。值得注意的是，德國派往教練單位而扣除的飛機數量，必定與我們在此方面的數量相同（軍官訓練班應視為訓練單位）。

5. 根據我們掌握的情報，德國每個月僅製造 400 架教練機。以此生產規模來看，顯然無法彌補空軍情報部門所評估德國龐大空軍駕駛員的損失。我們使用的教練機數量遠超此數，且不包含直接提供給加拿大訓練學校的數量。

據傳，德國擁有大量在戰前接受培訓的後備飛行員，而在戰俘中，戰後培訓的飛行員卻很少被發現。若此屬實，並且他們確實儲備了大量飛機，那麼，為何這兩者未能結合，且在大規模空戰期間，作戰飛機的數量並未因此增加，這實在令人費解。

6. 務必竭盡全力釐清當前相互矛盾的陳述。經濟作戰部對產量的評估，與前線實力遠超 3,000 架的估算數字不一致。這個數字與德國在敦克

附錄

爾克及不列顛戰役期間的產量相比是相符的（包括有利的地理因素）。空軍情報處的估算幾乎是此數字的兩倍。

目前能夠解釋這個矛盾的原因似乎無非是：

（1）經濟作戰部的評估錯誤嚴重，德國的產量幾乎是他們預估的兩倍。此外，德國人在不列顛戰役及敦克爾克戰役中並未全力以赴。

（2）相對而言，我們的德國情報小組被德國人誤導了（德國人可能故意為之），他們所相信的數字遠遠超出真實的數值。

（3）德國情報組所統計的軍隊並非全為我們所稱的前線部隊，其中有相當一部分（至少三分之一）為非戰鬥單位，可能類似於軍官培訓班。

(4) 軍事指令和備忘錄

（1941年1至6月）

首相致陸軍大臣和帝國總參謀長

1941年1月6日

1. W.S. 第5號A運輸船隊已經出發，第5號B即將啟航，因此，這兩個船隊的問題已經解決。它們共載有55,000人，其中12,000人前往印度及其他地區，43,000人前往中東。在前往中東的43,000人中，約有22,000人用於補充戰鬥部隊和特遣部隊，21,000人為技術人員、補給線人員及基地駐軍等，其中約有4,000人為海軍和空軍。如此，中東的集團軍可獲得22,000名戰鬥人員和17,000名其他人員。

2. 除去駐紮在肯亞和亞丁的近70,000人，中東集團軍目前的組成顯示擁有15萬名戰鬥部隊。除此之外，40,000名補給線人員和20,000名基地駐軍及分遣隊支持著這些部隊，也就是15萬加60,000。再加上W.S.第5號A和B運輸船隊的22,000名戰鬥人員和17,000名補給線人員、基地駐軍等，總共合計172,000名戰鬥人員和77,000名後勤人員。

3. W.S. 第6號運輸船隊目前正在進行裝載，戰鬥部隊人數為8,500

人，加上 4,000 名新兵中的部分戰鬥人員 —— 約 2,500 人，總計戰鬥部隊人數為 11,000 人。此外，還有機動海軍基地人員 5,300 人（稍後運到），以及包括前往開普敦訓練班的皇家空軍和海軍 7,000 人，自由法國軍隊 2,000 人，基地駐軍和其他分遣隊約 9,000 人。該運輸船隊抵達後，中東地區的總人數將為戰鬥部隊 183,000 名和後勤部隊 86,000 名，比例為 15 比 7。戰鬥部隊與後勤人員的比例正在逐漸減少，這個趨勢需要引起關注。

4. 對於「戰鬥部隊」這個類別，需進行更細緻的分析。比如，第 7 澳洲師的 14,800 人據稱沒有經過訓練，大多數也未裝備；騎兵師的 8,500 人機械化進展甚微，他們除了維持地方秩序，實際上不能被稱為戰鬥部隊。我還可以指出其他幾個部隊，從其有效機動性來看，同樣不算戰鬥部隊 —— 這類部隊約有 6,000 人。因此，應從戰鬥部隊總數中減去約 29,000 人，將其從 183,000 人降至約 154,000 人，並在後勤和非戰鬥人員項下增加 29,000 人，從 86,000 增至 115,000。因此，中東集團軍的實力（不包括肯亞和亞丁的 70,000 人）應為：戰鬥部隊 154,000 人，後勤與非戰鬥人員 115,000 人。非戰鬥人員比例似乎過高。必須記住，戰鬥部隊中還可能還需要再減去一個不小的數字，因為每個師或旅團都有自己的前線運輸隊，而 1 個師或旅團通常被視為獨立、自給自足的軍事單位。此外，我們不應忘記，為了供應所有這些後勤和未編組或無戰鬥力的人員，必須對英國人民的口糧進行嚴格削減，且最近還需要進一步削減；也不能忘記，每位士兵和每噸物資都必須由船舶冒著敵方潛艇、空襲和襲擊艦的重大危險，繞道好望角運輸，這些船舶的往返時間，加上進出港口和裝卸，需時不少於 4 個月。因此，所有忠誠之士，無論在國內還是在中東，都有責任設法增加戰鬥部隊的數量，並將後勤與非戰鬥人員盡可能減少到最低限度。在這方面，行政管理工作有機會作出卓越貢獻，這種卓越的工作或許會對戰時經濟產生相當於戰場上一次重大勝利的效果。

5. 如果 W.S. 第 5 號 A 和 B 以及 W.S. 第 6 號運輸船隊所載的後勤人員過多，的確能夠激勵第 4 段提到的那 29,000 名非戰鬥人員轉為戰鬥人員，那麼我便心滿意足了。例如，是否可以讓第 7 澳洲師獲得必要的輔助部隊，進而承擔超出當地範圍的軍事行動？是否可以將那 8,500 人的騎兵師轉為機械化部隊，以幾個旅或至少幾個團的規模對敵作戰呢？如果能夠實現，即便目前我們各運輸船隊中的非戰鬥部隊比例仍然是個問題，無論如何，中東集團軍的作戰人數將顯著增加，即使推遲運送第 50 師也可以應付。關於這點，也許會有一些令人寬慰的消息傳來。

在 W.S. 第 6 號運輸船隊中運送第 50 師的第 1 旅，是否優於運送海軍基地機動保衛隊，當前正在進行深入的權衡。然而，準備工作或許已實施多時，此刻更改計畫，恐怕難以實現。鑑於參謀長委員會在未來近 3 個月內將無所作為，此議題必須於明日（1 月 7 日）提交給他們審議。

6. 否則就必須依照當前的建議執行，批准派遣 W.S. 第 6 號運輸船隊（人數已減少至 34,000 人或更少）。我對中東駐軍的最終組成深感遺憾。待所有這些運輸船隊抵達後，其總人數將達到 24 萬人，另加 43,000 人，再加 20,000 人——總計超過 30 萬人，還需加上在亞丁和肯亞的 70,000 人——總共支餉與領取口糧者達 37 萬人。在這支龐大的軍隊中，作戰部隊僅包括以下人員：

澳洲第 6 師。

一支來自紐西蘭的師級部隊，由兩個旅團構成。

印度第 4 師。

印度第 5 師。

步兵第 16 旅。

第 2 裝甲師。

第 7 裝甲師（不完整）。

英國第6師（尚未完整）。

動員自肯亞和亞丁的70,000人構成的戰鬥單位，包括兩個南非旅、兩個西非旅及東非當地軍隊。我們期望在不久的將來，除了這些部隊之外，

（1）填補以上部隊的不足，

（2）利用未分類的士兵和後勤部隊中徵集的兵員籌組英國第7師。

這些後勤部隊包括：

第7澳洲師，

1個裝甲騎兵師。

如此一來，便形成了約10個師的規模，包括步兵、裝甲兵和騎兵，再加上大約1個來自肯亞的師，總共達到11個師。儘管這些部隊的數量不小，但從如此遼闊的地區中獲得的成果卻相當有限。

首相致伊斯梅將軍，抄送參謀長委員會。

1941年1月21日

經過昨晚的討論，我們已經達成如下決策：

1. 3艘「格倫」級軍艦及其所攜帶的所有登陸艇和突擊隊（除去1個——因韋維爾將軍已有1個突擊隊）應盡快出發，經好望角航線抵達蘇伊士港。

2. 其餘的有：

（1）因為埃及已有一支突擊隊，故多出的那支成了多餘。

（2）已乘坐「卡蘭加」號的突擊隊部隊。

（3）國內其他的突擊部隊。

應迅速將這些部隊增補至5,000人，並確保全面裝備，同時應以最快速度持續進行訓練。若無法達成此目標，我們將失去為新登陸艇配備人員

附錄

及使用這些艇所必需的關鍵進攻武器,而新登陸艇正源源不斷地從造船廠交付。聯合作戰指揮官必須留在國內,以便重組這支軍隊,並使其達到5,000人的滿編狀態。

預計今日(1月21日)完成並提交一項涵蓋第一、二段的計畫。

3. 應通知韋維爾將軍,他向班加西進軍的計畫已獲批准。除非遭遇完全意外的困難,他還應在尼羅河三角洲布置一支軍隊,以便在登陸艇和突擊隊抵達後,能夠攻下「下顎」作戰計畫的主要目標(羅得島)。在此期間,他應做好所有準備,以便盡快發動攻勢。應叮囑他根據上述構想報告何時能夠採取行動,以及他計畫使用哪些主力部隊。希望進攻日期不晚於3月1日。

4. 韋維爾將軍還須立即在尼羅河三角洲籌組一支戰略後備軍,以便在希臘或土耳其有需要時使用。一旦他在班加西的野戰軍及駐紮於該港口的裝甲師穩固立足後,便可放棄陸上交通線,以節省人力與運輸資源。

如果我們成功奪取班加西,務必將其打造成為具備強大防禦能力的海、空軍基地,必要時可從亞歷山大港及交通線附近的港口或據點獲取火炮等裝備。因此,他須在接下來的兩個月內籌組一支戰略性攻擊部隊(可將「下顎」作戰計畫中的軍隊作為首批成員)。期望這支部隊能夠迅速擴充至相當於4個師的規模,儘管採用旅團編制可能更為合適。

5. 空軍的部署首先要滿足我們對希臘的義務,同時也需與上述行動相協調。中東空軍作戰總司令的首要任務仍是持續派出戰鬥機增援隊支援馬爾他島的抵抗。為順利完成這些任務,「憤怒」號將裝載第3批40架「旋風」式戰鬥機進行另一次航行。

6. 無論是為「流入」作戰計畫,還是為「約克」作戰計畫,都需籌組一支由兩個師、若干軍直屬部隊以及經過整編的突擊隊構成的遠征軍,前往地中海西部執行任務,以便根據局勢需要支援韋維爾將軍。這兩項作戰計畫均需深入研究和修訂,以使其達到完美,其中「約克」作戰計畫更具實

際可行性。應指派一位司令官，並盡力在 3 月 1 日後準備展開行動。需研究並報告上述計畫是否與後續前往中東的運輸船隊相衝突。

首相致陸軍大臣

1941 年 1 月 29 日

1. 我十分感激你為遵循我的建議所付出的巨大努力，成功削減了陸軍對英國人力的需求。

2. 我仍然不明白，1 個師級部隊擁有各兵種 15,000 人就算是齊全了，為什麼你要求的師級部隊人數需要到 35,000 人呢。或許對於 1 個包含 3 個師的軍級部隊來說會更為便利。根據你的計算，這樣的 1 個軍級部隊就需要 105,000 人，而其中只有 45,000 人屬於野戰部隊。請為我製作一張表，說明其餘 60,000 人如何在以下各類部隊中分配：

（1）軍直屬部隊，

（2）隸屬於該軍的集團軍直屬部隊，

（3）後勤支援部隊。

3. 我也無法理解我們計算補給線部隊標準的依據是什麼。在大不列顛島，軍隊駐紮於供應基地的中心地帶，這裡也是全球最發達的鐵路網路中心。他們擁有數不勝數的公路，且為高級公路。若敵人入侵，行軍距離最多僅需 70 到 100 英里，儘管可能需要搭乘火車進行較長距離的南北側面移動。此情形與法國的情況截然不同。在法國，由於選擇了聖納澤爾等港口作為基地，我們必須維持一條長達 500 英里的交通線，主要依賴公路。去年為首批派往法國的 10 個師提供的補給線部隊的規模，與您現在為留在大不列顛的防守軍隊準備的補給線部隊規模，究竟有何不同？

4. 我們若不事先推測今後 12 個月內可能發生的情況，問題將無從解決。我們當然需要在海灘後方保持至少 15 個英國師以防禦入侵。對於這些師的大部分來說，比在法國的軍隊（英國遠征軍）小得多的規模就已經

附錄

足夠。由於地中海現已封鎖，中東軍隊的籌組將會放緩。然而，我們應規劃，到 7 月時，在尼羅河三角洲或附近部署 6 個印度師中的 4 到 6 個師和 3 個英國師（或同級別的旅團）。此外，非洲還有 4 個非洲殖民地師。當然，最後這 4 個師並非傳統意義上的師，不能在戰場上作為主要戰術部隊使用。實際上，它們只是駐紮在東西非洲和蘇丹的守備部隊，只需少量的炮兵和技術兵補充，補給線部隊可由當地解決。請告知，你打算為這 4 個駐屯的或地方化的所謂「師」提供什麼規模的軍直屬部隊、集團軍直屬部隊和補給線部隊。不管從哪方面的意義來講都把它們叫做師，難道是正確的嗎？

5. 讓我們再次討論尼羅河集團軍及其下屬的 16 個師，必須意識到這一點：一旦我們攻占班加西，並用一支駐紮於此的野戰部隊加以防守，埃及的局勢將會改變。屆時，印度師將可以用來維持國內秩序，而事實上，這些印度師將會駐紮於可能發生動亂的中心附近。它們不需要像在法國或佛蘭德作戰的英國師，甚至如國內的英國師一樣進行戰鬥。對於這些師，你計劃為它們提供什麼規模的補給線部隊？你認為有必要為它們編組軍隊，並按照歐洲標準為它們配備中型和重型火炮等嗎？

6. 然而，我們必須從以下角度思考：在這個戰場上，我們的主要目標是動員尼羅河集團軍中盡可能多的部隊，參與大規模的軍事行動，以協助希臘、土耳其或同時支持兩國作戰。你預估到 7 月分會有多少個師或同等規模的部隊能在東南歐參戰？在我看來，4 個澳洲師，1 個紐西蘭師，兩個南非師中的 1 個，3 個英國師，和 6 個印度師中的 3 個，總計 12 個師，應能夠參戰。這些部隊必須按最高標準裝備，因為他們將面對德國軍隊。另一方面，他們只能逐步進入戰鬥——到 3 月底約有 4 個師參戰，其餘的則要等到船隻和設備到位後。因此，問題在於：為對抗德國的 12 個師提供頂級裝備，而那些在埃及防止騷亂或駐守征服義大利領土的部隊則用次等標準裝備，所謂的非洲殖民地師則按更低標準。我希望，鑑於這

個總體情況（總參謀部還需詳加研究），你的問題將更為明晰 —— 即：國內的 5 個英國師需具備最高機動性；10 個師需具備次等機動性，另 10 個師將在中東逐步發展為 12 個最大規模的師，以便在希臘或土耳其對抗德國；在埃及、蘇丹等地的 4 個師需具備中等規模；還有 4 個非洲殖民地師，則根據當地情況編制 —— 共計 35 個師，再加上在馬來亞服役的兩個印度師，總計 37 個師，這樣，在你的 58 個師的總數內，還餘下 21 個師。在這些剩餘的師中，9 個是裝甲師，還剩下 12 個英國步兵師需要安排。

7. 這 12 個英國師的未來發展如何呢？其中最多有 6 個師需在接到命令後立即前往法屬北非，或者，如果西班牙對我方友好，則與其合作，當然無法同時兼顧兩者。這 6 個師將被劃分為兩個由 3 個師組成的軍團，參與作戰，但由於航運緊張，它們只能逐步投入戰鬥。這些部隊，只要參戰，就是與德軍作戰。因此，必須依照最適當的標準進行裝備。然而需要注意，在這兩個戰場上都沒有使用重炮或大量中型炮的機會，而若在西班牙作戰，則很可能採取游擊戰形式。

8. 在接下來的幾個月中，我們無法將剩餘的 6 個師裝備到最高標準，然而，如果在 8 月底它們能達到海外對德作戰的水準，那將是令人滿意的。

9. 在 58 個師中，包含了 9 個裝甲師。計劃如何分配這些裝甲師呢？按照初步構想，4 個師駐留國內，兩個師準備在西非進行兩棲作戰，另外 3 個師則部署在中東或巴爾幹地區，這樣的分配看起來合理。顯然，凡是被派往國外的師，其後勤與維修工作將需要比那些靠近英國各大工廠的師更為龐大。你們是否已經考慮到這些差異？

10. 每個月損失 8,500 人的戰鬥傷亡率，從理論上來看，不算是過高的預估。然而，除了遭遇入侵的情形外，數個月內都不可能進行如此大規模的軍事行動。作為一種可行的方案，從 1941 年 7 月 1 日起，再以每個月 8,500 人的標準重新計算或許更為合適。如此一來，預計可以節省

60,000人。

11. 每個月因常規原因裁退人員達 18,750 人（或每年裁退 243,750 人），這個數字似乎相當高。如果英國國內的供應和居住條件有所改善，且士兵們更能適應生活，不知這個數字是否會減少……我希望了解，從陸軍退役的士兵中，有多少人不適合從事其他任何形式的戰時工作。每個月的死亡人數、失去工作能力者的總數、適合較輕職務者及適合軍火製造工作的人員各是多少？我希望在被裁退的人數中，每個月至少有 10,000 人能夠勝任其他工作。這對陸軍部來說是重要的，因為當陸軍向國家提出人力需求時，應將其不再需要但仍能從事非軍事工作的人員算作其本身的人力。這當然不會影響問題的實質，但會影響問題的表述，然而這仍然是重要的。

12. 透過採用新方法和我們不斷增強的空中優勢，我相信英國防空委員會未來將在人力方面實現顯著節約。每門炮所需的人員數量相當驚人。經過深入研究，我們應能在多個區域減少這方面的人員配置，並將警戒標準略微放寬。在這些項目中，即便僅節省小幅度的百分比，也能使新部署的高射炮和探照燈所需的人力減少。

13. 我希望「海灘營」這個名詞，不應僅表示由一群年輕、健康、且訓練有素的士兵負責特定任務。必須實行輪換制度——所有旅團輪流在海灘值勤，或在後方的機動師服役。

14. 總體而言，我認為截至 1942 年 10 月 1 日，陸軍所需的 90 萬人，扣除 60,000 和 15 萬後（參見第 10 和第 11 段）——淨數為 69 萬人，並不過多。訓練需要持續進行；淘汰的人員必須得到補充。一旦陸軍開始激烈作戰，勢必需要從民間吸納大量人手，並從軍火生產和空襲警備部門調集人員。我極為希望在今年軍事行動最少的 6 個月內，將人力需求維持在合理範圍內。

15. 我在等待你們就備忘錄中所提問的進一步情況進行回饋。然而，

如果為了從所敘述的龐大總數中節省 18,000 人，而需要削減 20 個中等團或 480 門大炮，或者由於要節省 5,600 人而不得不削減擁有 168 門大炮的 7 個野戰團，我將深感遺憾。加強陸軍的戰鬥部隊是首要目標，因此寧願在裁減人數的理論計算上冒些風險（即便事後證明錯誤），也勝於現在無法提出合適的大炮定額。

陸軍規模
國防大臣指令

1941 年 3 月 6 日

1. 1939 年 9 月，內閣批准籌組一個由 55 個師組成的野戰集團軍，但未意識到陸軍部設想要籌組 1 個師，包括其分配的軍直屬部隊、集團軍直屬部隊、總部和補給線部隊在內，需要 42,000 人，而各種訓練機構、駐防軍、軍需庫守衛人員或不屬於野戰軍的部隊尚未計算在內。此外，當時的假設是大部分陸軍將在類似上次大戰的條件下與法國陸軍並肩作戰，然而現今，大部分陸軍卻必須留在國內以保衛本島抵禦入侵。第三，航運資源緊張，無法將大量軍隊運往海外並維持供應，尤其是按照陸軍部所認為必要的高標準。

2. 這 55 個師（現已增至 57 個）中，36 個為英國軍隊，21 個則來自其他國家。在這 36 個英國師中，1 個（所謂的）師駐紮在冰島，另 1 個師（第 6 師）正在埃及籌組，加上原本在埃及的兩個裝甲師，英國在海外的部隊總計為 4 個師。

3. 當前國內陸軍的編制中，包括 25 個英國步兵師和正在籌組的相當於 7 個裝甲師的部隊。以每個步兵師 19,500 人計算，這 25 個英國步兵師共計有 487,500 人，而那 7 個裝甲師，每師以 14,000 人計算，總計有 98,000 人，合計人數為 585,500 人。除此之外，本土部隊總司令還指揮 10 個獨立旅，包括警備旅、27 個海灘旅和 14 個未編成旅的營，全為英

國部隊。以每個旅平均 3,500 人計算，這 52 個旅或相當於旅的部隊約有 182,000 人。因此，國內英國戰術軍隊的總人數達到 767,500 人。

4. 在國內，隸屬於我們補給人數的英國士兵總計 180 萬人。上述部隊包含 76.75 萬人，其餘的 103.25 萬人則應包括軍團直屬部隊、集團軍直屬部隊、總部直屬部隊及英國防空委員會人員，或者是訓練機構兵員、軍需庫守衛人員等，以及海外軍隊的後方勤務人員。

5. 陸軍需依靠這 103.25 萬人的人力資源。經由精細的規劃、節約和巧妙的人力運用，以及根據人力來源的調整編制，戰鬥實力應能顯著提升。除了這個主要人力儲備，陸軍還可以每年徵召 18 至 19 歲的壯丁。只有在多支師團同時持續作戰並遭受重大傷亡的情況下 —— 除非發生入侵，這種情況極不可能 —— 才允許進一步動用大不列顛的人力資源。換言之，陸軍可以維持當前約 200 萬英國士兵的規模，至於對他們的評價，將取決於他們如何有效地利用這些人力進行戰鬥。

6. 同時，建議逐步擴充裝甲部隊的規模，達到相當於 14 個裝甲師的數量（若包括澳洲裝甲師，則為 15 個師），其中應包含陸軍坦克旅。這樣就需要減少一些步兵師，屆時英國陸軍將擁有 14 個裝甲師（或相當數量的部隊）以及大約 22 個步兵師。陸軍部和軍需部應依據此規模提出建議。

7. 不應將那 3 個東非師和 1 個西非師組成編制高於旅或超過其小型機動隊任務的單位。

8. 我們無法從英國向位於中東的陸軍提供大量增援，因為通往中東的路線必須繞道好望角。該軍隊的增員主要應從印度、澳洲和南非獲取，未來則可以從美國獲得軍火支持。我們預計派往並駐守中東的部隊最多不超過 3 至 4 個英國師。鑑於魏剛將軍的沉默，我們無需為他動用多達 6 個師的支援。當然，即便提供軍事援助，我們也能依據自己的意圖行事。在西部戰線，我們所需提供的最多是一支由 8 至 10 個師組成的兩棲攻擊部隊（其中大部分為裝甲部隊）。在歐洲大陸上對德軍進行武裝攻勢是不切

實際的。

9. 前述的若干考量及整體局勢，使得陸軍在擊敗敵人方面，除了抵禦入侵外，難以發揮主要作用。此任務須依賴海軍的持久力，尤以空軍的優勢效果為重。陸軍可以在次要的軍事行動中，於海外作出極具價值和重要的貢獻，其編制及性質正適合此類特定的行動。

10. 應對人力供應、彈藥及軍需等方面可能引發的反應進行預測。

首相致韋維爾將軍

1941 年 6 月 4 日

1. 一段時間以來，我一直在思索如何能減輕你在行政管理上的負擔，因為你需要指揮 4 場不同的戰役，同時還須承擔大量的半政治性和外交事務。

2. 在過去的 9 個月中，我們已將國內總產量的近 50% 運送給你（不包括坦克，並減去印度所獲得的部分）。目前，你的部隊中有 53 萬名領取口糧的士兵、500 門野戰炮、350 門高射炮、450 輛重型坦克和 350 門反坦克炮。從今年 1 月到 5 月，你已收到超過 7,000 部機動車輛。除去部隊，僅新兵從年初到現在我們已經送去了 13,000 人。南部戰事已結束兩個月，因此部隊可以向北調動，但你顯然難以抽調 1 個旅，甚至 1 個營，並不斷發電報抱怨缺乏運輸車輛，並稱此限制了你的行動。

3. 為助你取得最佳成績，我將盡力減輕你的行政負擔，以便你專注於戰略與軍事行動。在國內，布魯克將軍負責指揮及訓練龐大軍隊，但他有陸軍部和軍需部的支持。在中東地區，也需進行類似的職務劃分，而你作為總司令，擁有統轄整個戰區的最高權力。

4. 上述內容在進行必要調整後，同樣適用於空軍及海軍航空兵部隊。

5. 航運的局勢緊張，導致對中東的支援未能達到我數個月前所預期的規模，而夏末和秋季可能發生的入侵，也使總參謀部和本土部隊司令部

附錄

的態度顯得非常吝嗇。然而，我們根據局勢判斷，在未來4個月中，即6月、7月、8月和9月，除了第50步兵師外，還計劃為你運輸1個步兵師，以及足夠的新兵、分遣隊應用的物資和各類裝備。因此，為了應對秋、冬兩季可能異常激烈的戰役，應該能夠籌組以下機動野戰部隊：

澳洲的4個師。

紐西蘭的一支部隊。

第4和第5兩個英印師。

南非的兩個師。

英國第6步兵師——就地編成；

英國第50步兵師；

和一支新籌組的師（總計3個英國師）。

你現已備妥或正在組織中的部隊包括第7和第2裝甲師，還需盡可能利用那支正改編為裝甲部隊的精銳騎兵師。合計15個師，約60萬人。此數目中，需要在不影響機動師的情況下，調撥內部保全及後勤人員。

6. 未來，所有英印師將從巴斯拉入境，而我希望厄立垂亞、衣索比亞和索馬里亞的防務能交由非洲本地軍隊（除去需調回西非的1個西非旅）及武裝的白人警察負責。

7. 尼羅河集團軍在昔蘭尼加和敘利亞的作戰，需要更大規模的組織與修配設施，這個規模遠超以往。不僅要提升埃及各修配廠的生產能力和效率，還需建立更多配備適當港口設備的基地，例如蘇丹港和馬薩瓦。或許可以利用阿斯馬拉城的優良建築物，以及吉布提港（我們拿下後）。與此同時，在我們的積極協助下，印度政府將展開大規模發展，期望不久至少能有6到7個師連同裝備，從那裡開始調動。

8. 因此，我建議在您的統籌之下，設立一個機構，由一位高級軍官擔任領導職務，稱為「中東集團軍總監」。這名軍官將擁有充足的助手，主

要從您現有的後勤人員中選拔，同時還有一部分強而有力且逐步擴大的文職人員。他們將如前所述，替您處理類似陸軍部和軍需部為布魯克將軍所負責的眾多事務。這名軍官的主要職責是監督和管理後勤人員，包括那些不屬於戰術部隊或不在正面作戰區域內工作的軍事人員。

9. 除去那30艘懸掛美國國旗的船艦外，總統羅斯福正派遣額外40艘船隻，它們載有另一批由美國陸軍生產部撥出的200輛輕型坦克，以及許多其他關鍵物資（我將提供一份清單）。在我看來，未來為你的軍隊所提供的補給品，很可能大部分將直接由美國經由東、西兩路運輸。我正在努力安排此事。

10. 因此，我們現已安排海寧將軍與飛機生產部的韋斯特布魯克先生搭乘飛機前往你處。海寧將軍將擔任總監。陸軍部將在另一份電報中傳達給他的指令。在他的領導下，韋斯特布魯克先生將負責港口和運輸設備的發展，以及所有裝甲車和機動車輛的接收、維護和修理。他將帶領一些顧問，負責運輸、港口發展和修理廠等專門項目。他將與道森空軍中將合作（道森空軍中將負責皇家空軍和海軍航空兵部隊的類似事務），以實現資源的統一利用。

11. 海寧將軍的首要任務是立即進行研究，並與您探討如何實現和正確解讀上述各節所提到的總體指示和政策，這些指示和政策必須視為英王陛下政府的決策。他到達後的兩週內，必須透過電報將報告發送回國。我希望能達成共識，但如有分歧，我會迅速解決。此外，我不允許在計畫的具體執行過程中出現任何執行不力或不周之處（目前必須一一執行）。

12. 鑑於美國提供的物資數量龐大且至關重要，若無這些供應品，中東戰事將無法按所需規模展開。因此，我已請求羅斯福總統，授權其特使哈里曼先生及使團其他成員立即前往中東。我對哈里曼先生完全信任，他與總統及哈里·霍普金斯先生關係密切。無人能比他更好地協助你。哈里曼先生將帶一、兩位助手，這些助手在此間表現出極高的才華和熱情。如

附錄

果大量美國物資陸續抵達，而我們缺乏有效的接收和未來的大規模規劃，那將十分不利。此外，需要派遣相當數量的美國工程師和技師，以維護和檢修他們國家的飛機、坦克和車輛。我將哈里曼先生託付給你，你要特別關注他的需求。他將向本國政府和作為國防大臣的我彙報工作。

(5) 關於海軍事務的指令與備忘錄

（1941年3至12月）

海軍造艦計畫

我始終對我們新型戰鬥艦的火炮威力極為關注。我曾在1937年與海軍部進行深入的討論，當時正對「英王喬治五世」級的設計進行審查。

依我之見，這5艘艦艇的大炮口徑的確過於偏小。隨後建造的4艘「雄獅」級戰鬥艦原計劃裝備16英寸口徑的大炮，前兩艘在戰爭爆發前已經開始建造，但於1939年10月完全停工。我在1941年3月27日的指令中再次提及此事，並且說明，由於我們有許多其他緊迫任務需要關注，我對未來海軍造艦計畫的總體看法。

1941年海軍造艦計畫
國防大臣指令

1941年3月27日

1. 在此次戰爭期間，海軍的造艦計畫一直在持續推進，船臺始終保持繁忙。然而，在今年的這個時刻，海軍部仍需就其當前建造新艦的需求，編制一份完整清單，以供內閣審查批准。

2. 毫無疑問，為反潛作戰、掃雷、反擊魚雷艇及進行襲擊性登陸而建造的小型艦艇，應當在資源允許範圍內最大化進行。然而，最為關鍵的是，這些小型艦艇的整體建造計畫應當以設計簡單、施工迅速和盡可能多建為原則。驅逐艦的建造時間無論如何不應超過15個月。我從海軍部軍

需署長處得悉，除非因敵方行動或罷工，他保證現有計畫的40艘能達成此目標。

3. 我們現階段無法考慮那些無法在1942年內完工的重型艦艇。這意味著「雄獅」號和「魯莽漢」號的建造將被擱置，「征服者」號和「怒喝者」號也無法開工。基於這個原則，1940年計劃中的4艘重型巡洋艦也無法動工。因此，建造工作將專注於完成3艘建造中的「英王喬治五世」級戰鬥艦，以及1941年計畫中的3艘輕型巡洋艦，這些艦艇預計可在1942年底前完工。此外，還有1艘淺水炮艦，由於大炮已經準備就緒，也可在1942年底前完成。

4. 由於必須將勞動力集中於商船及作戰艦隊的維修工作，因此在「勝利」號、「無畏」號和「不屈」號完工後，無法啟動新航空母艦的建造。這種新航空母艦無論如何在1944年以前無法建成。

5. 基於上述情形，海軍可靈活調整甲板的需求，以配合陸軍的坦克生產計畫。因此，1941年的上限為16,500噸，1942年則為25,000噸。目前毋須新建甲板廠。

6. 上述原則的例外是「先鋒」號，該艦有可能在1943年竣工，並且是1945年前我們唯一能夠完成的主力艦。由於「先鋒」號的大炮和炮塔已經到位，因此只要不超出第5節中甲板供應的限制，加快建造顯然是合理的。

7. 以上所述不應對任何推遲建造船艦（尤其是新型航空母艦）的製圖和設計工作構成阻礙。

8. 鑑於修理工作的優先性，1942年的新商船產量可以從當前的目標125萬噸減少到110萬噸，而對於無法在1941年底前完成的商船，我們不應繼續建造。我們必須依賴美國在1942年的造船能力提供支持。

9. 我們所有重型艦艇的建造計畫將在1941年9月1日接受審查，審查的依據是：

附錄

（1）大西洋戰役的情況，

（2）美國與戰爭的關聯。

首相致海軍大臣、第一海務大臣及海軍部軍需署長

1941 年 8 月 16 日

1. 我對「雄獅」號和「魯莽漢」號的設計方案非常感興趣。請告知其總體結構和圖紙的具體進展情況。

2. 首要任務是確保那 5 艘「英王喬治五世」級戰艦的顯著缺陷不會在這兩艘艦艇上重現，這些缺陷包括：

（1）由我們屢次測試的 15 英寸大炮退回到 14 英寸；

（2）由於在船的中央設定了飛機場，導致結構受損。為了容納兩架低品質的飛機，竟放棄了在「納爾遜」號和「羅德尼」號艦上成功應用的炮廓設計原則。

（3）倘若船艦中央長度約為 40 尺，則需要在此關鍵區域安裝相當重的甲板。然而，考慮到船頭與船尾之間盡量減少掩護物的需求，這種方法顯得短視。在船的中部開設這個空隙，可能導致 1,000 到 1,500 噸的鐵甲被不當使用。

3. 據我所知（並且期待），在「雄獅」號和「魯莽漢」號上，將在 3 個三聯裝炮塔中安裝 9 門 16 英寸大炮，其中 6 門直接向前發射，而後方的炮塔則盡量放置在最前的位置。這 3 個炮塔應盡量靠近，並形成一個中央炮廓，包括煙囪和指揮塔，並用炮塔和最重的裝甲來保護彈藥庫和重要的機器所在地。如果這些能夠實現，就應該能夠安裝一層 6 英寸水面下的凸甲板，向前延伸，可能的話，一直延伸到艦首，以便在艦首受損後保持航速。

4. 儘管 1 艘戰鬥艦上能起飛兩架飛機顯得頗為先進，但這種設計在其他方面的代價過於高昂。然而，在擁有上述炮廓的船艦上，也許可以從後甲板發射一、兩架飛機，但絕不應為此嚴重犧牲設計。像「雄獅」號或

「魯莽漢」號這樣的主力艦，必須依賴航空母艦或至少1艘能夠起飛飛機的巡洋艦協同作戰。無論如何，不應為了攜帶飛機而損害其效能。

5. 我非常期望，這兩艘艦艇能在現有批准的期限之前加緊建造。然而，在做出任何決策之前，需召開一次由多名海軍軍官參與的會議，會議成員應包括曾在「英王喬治五世」號和「威爾士親王」號上服役的前任和現任指揮官們。「阿利蘇薩」號的優良設計，正是在1911年冬季根據我指示召開的海軍將領會議討論後誕生的。

請提供你們的建議。

6. 第一海務大臣確認，這類艦艇上將配備9門大炮，分布於3個三聯裝炮塔中，並且在設計過程中已與各司令官協商。他堅稱，「英王喬治五世」級艦艇的飛機庫並未削弱炮廓的防禦能力。在這一點上，應考慮機器區域的掩護，而該類艦艇的機器區域較「納爾遜」級艦艇大幅增加。

7. 我們曾詳細探討過重建「雄獅」號和「魯莽漢」號的可能性，但最終決定放棄，原因如下：

（1）在炮塔的建造過程中，影響了高射炮設備和海防大炮炮架的生產。

（2）對裝甲的需求將與坦克的生產產生衝突。

（3）此類船艦需要我們船廠投入大量的人力資源。

最終，事實表明在戰爭期間完成這些艦隻的可能性微乎其微，因而先前的決定被撤銷。

我迫切想了解我們「英王喬治五世」級戰鬥艦與同期美國艦艇相比的狀況。

首相致第一海務大臣

1941年9月1日

我不禁為我們未能為5艘「英王喬治五世」級戰鬥艦配備3座三聯裝16英寸炮塔而感到遺憾。如今對此事的討論已經無濟於事，無法彌補。然

附錄

而，由於我在過去 30 年中一直關注這些問題，我很想知道海軍部對同時期美國艦艇的認識及了解。史塔克海軍上將告訴我，他們配備了 3 座三聯裝 16 英寸炮塔。當我詢問是否超過 35,000 噸的限制時，他回答：「沒有超過，但他們放棄了原本保留用於改變方向的 500 噸噸位。」

請將你們海軍部所獲悉的關於這些美國船艦的情況告知我。

此外，請告知我，他們是如何管理機庫的，以及「英王喬五世」級戰鬥艦在效能和設計上，是否存在某些能夠彌補火力損失的優勢。

第一海務大臣的回答指出，相較於英國船艦，「北卡羅來納」號的主炮更重，但副炮較輕。英國船艦則具備較厚的裝甲防護，且速度稍快。他認為，英國將兩架飛機置於船中部機庫的設計優於美國在後甲板上安裝露天飛機彈射器的方法。在我的 9 月 22 日備忘錄和他的 10 月 2 日回信中，這個議題得以進一步探討。

首相致第一海務大臣、海軍部軍需署署長及海軍建設局局長

1941 年 9 月 22 日

美國戰艦「北卡羅來納」號與英國戰艦「英王喬治五世」號之比較。

1. 我一向大力支持建造堅固的艦隻，因此，當我意識到我們的艦隻比他們多出 1,370 噸鐵甲，且船身重量增加了 790 噸時，我感到非常欣慰。裝甲帶更深，艦首更加堅固，這無疑是個好消息。能夠將這一切與高速度相結合（已經實現），令人十分滿意。然而，我仍然對於在艦中腰而非艦尾新增飛機場所導致炮廓區域延長，是否沒有耗費很多優質鐵甲且不影響「炮廓」的功能（艦隻的戰鬥力和漂浮能力依賴於此）持懷疑態度。我希望在其他文件中進一步探討這個問題。

2. 我們的船比美國的更長、更窄、更深，我認為這樣設計能夠提升速度。

3. 我們已超出條約限制 1,750 噸，而配備 16 英寸火炮的美國戰艦卻

未超限，或僅超出 200 噸。這是否屬實？

4. 安裝 20 門 5 英寸高射炮和副炮，以及安裝 16 門 5.25 英寸大炮，各有其合理性；實際上，有些人更傾向於增加炮位數量，以應對來自各方位的空襲。

5. 在比較 9 門 16 英寸大炮與 10 門 14 英寸大炮時，心中不免感到沉重，或許說本該如此。9 門 16 英寸大炮，每枚炮彈重達 2,700 磅，總重 24,300 磅。10 門 14 英寸大炮，每枚炮彈重 1,590 磅，總重 15,900 磅。舷側炮火的差距為 8,400 磅。

6. 有趣的是：德國的「俾斯麥」號裝備了 4 座雙聯裝 15 英寸炮塔，而我們選擇了 3 個炮塔，其中兩個是四聯裝炮，但口徑較小。美國人的設計介於兩者之間，或許因此獲得了最大的打擊力量。

第一海務大臣致首相

1941 年 10 月 2 日

我將對你提出的各點分別附加一些看法。

美國戰艦「北卡羅來納」號與英國戰艦「英王喬治五世」號

1. 英王喬治五世號在艦中腰部為飛機安排空間的設計，已在雄獅號和魯莽漢號上再度採用。這片長 55 英尺的空地似乎顯得空曠，然而在裝甲甲板下的炮郭中並無空隙。從「A」炮塔前端到「Y」炮塔後端的區域完全被彈藥庫、炮彈房和推進機器占據，這些都需重甲保護。即使將飛機移走，這些鐵甲也無法用於其他地方。

2. 這一點經過驗證已被證實。

3. 在初始計劃建造「英王喬治五世」號時，我們的目標是打造 1 艘 35,000 噸標準排水量的戰艦。然而，隨著建造的推進，增添了若干附加設施，並且某些重量估算（尤其是火炮）與實際存在偏差。因此，完工後這艘戰艦超重了 1,750 噸。

附錄

美國那艘船建造完成後，或許也會出現超重的情況。然而，若我們最初計劃接受美國船隻的船體尺寸及防護裝甲，我們推測能夠將其建造成1艘標準排水量為35,200噸的船隻。

4. 美國在船上安裝了若干5英寸的火炮，這是以犧牲近程高射炮為代價而完成的。

5. 總體而言，我是贊同的。按照「英王喬治五世」號的設計，最初計劃安裝12門14英寸炮，但由於增加了裝甲防護，最終放棄了其中兩門。14英寸炮的火力或許稍強一些。

6. 據估算，「俾斯麥」號的標準排水量為41,150噸。顯然，一旦美國人能夠設計出裝備16英寸口徑大炮的理想戰艦，他們就會達到「愛荷華」號級的45,000噸排水量。

(6) 以首相個人名義簽發的備忘錄與電報

（1941年1至12月）

1月

首相致愛德華·布里奇斯爵士、伊斯梅將軍以及西爾先生。

1941年1月1日

新年度伊始，必須發起一場全新的、強而有力的運動，目的在強化所有與作戰指導相關事務的保密措施。請仔細考量以下各點，並在研究後提交報告給我。

1. 重新公告一年前公布的關於禁止閒談和討論陸、海、空軍情況的公告。為吸引注意力，或許需要一套新的告示。

2. 再次公告一年前已發送至各部門的指令。

3. 進一步嚴格控制對機密文件的傳遞限制，尤其是涉及軍事行動、武裝部隊人數及外交政策的文件。應要求政府各部門提出限制文件傳遞範圍的方法。鑑於政府各部門和白廳的工作人員日益繁忙，這一點尤為重要。

4. 所有機密文件必須存放在配有彈簧鎖的箱子中。各部大臣及其私人祕書應在辦公桌上放置帶有彈簧鎖的箱子，離開辦公室時絕不可將機密文件置於公文盤中。

5. 保險箱在不使用時應隨手鎖上。應盡量限制外人進入機要祕書及各部大臣的辦公室，並應設定接待室，以便接待來訪者。

6. 設計一種附有紅星的小標籤，專門用於標識最高機密的文件，即涉及軍事行動和武裝部隊人數的文件。辦公室的祕書無需閱讀這類帶紅星的文件。在傳遞這些文件時，必須放入上鎖的文件匣中，傳遞完畢後立即放入另一個匣子並鎖好，以供我和各大臣使用。

7. 對涉及未來軍事行動的電報需加以限制。近期，我偶爾收到描述未來軍事行動的電報，其內容包含地名及未來代號。昨日，關於「流入」作戰計畫的電報亦是如此。應將所有此類包含地名和代號的文件集中收集後焚毀，或存放於保險箱內。

8. 各部大臣應盡量限制參與機密事務討論的人數。私人祕書進入國會時，除非是樞密顧問官，除了國會及政治任務必需知曉的事項外，無需告知其他消息。

9. 當前，外國男女新聞記者的活躍令我們頗為頭痛。恩格爾在今日報紙上曝光的資訊便是一個典型例子。應當提出對策以限制他們接觸機密消息的便利性。必須銘記，向美國媒體透露的事情會立即傳到德國，而我們對此無能為力。

10. 應當減少軍情報告的廣泛傳閱，並限制各種報告公布的普遍趨勢。每個與戰爭相關的部門都應被要求提交報告，說明他們計劃在新的一年中採取哪些進一步的限制和縮減措施。此前，前任內閣曾決定，非戰時內閣成員在發表講話前，須將關於戰爭的講稿或涉及戰爭的部分提交給新聞大臣稽核。顯然，這個做法現已廢止。請向我報告當前情況。一個更簡便的方法是，讓計劃討論此類問題的大臣們事先與國防大臣的代表伊斯梅將軍

附錄

商議。未經主管部大臣批准，駐外官員不得公開發表涉及其工作的講話。

11. 關於向友好國家的武官傳遞機密消息的問題，我已經進行了處理。我們對傳遞給他們的消息性質進行了限制。應繼續採用這種方法——傳遞文件的大部分內容由可公開在報紙上的有趣補白材料組成。

12. 報紙屢次刊登——多屬無心——一些對我方不利的戰爭和戰略相關事實。此類未經事先審查的新聞應在事後被控告。新聞部需對其現行工作提交報告。

以上提及的問題希望你們能予以考量，若有其他問題亦請告知我。至於如何將這些問題通知相關當局，請提供建議。

首相致雅各布上校

1941 年 1 月 3 日

我主張對這個德國軍團進行徹底的多次篩選，以確保沒有納粹團體在內部滋生。我非常支持招募友好的德國人入伍，並以嚴格的紀律進行約束，而不是將他們留在集中營中毫無用處。然而，我們必須特別謹慎，以防不良分子混入。

首相致海軍大臣與第一海務大臣（副本發至軍需大臣與海運大臣）

1941 年 1 月 3 日

1. 我對「貝德福城」號貨物損失感到極為痛心。這是我們在軍火領域遭遇的最大損失。750 萬發子彈的損失對我們是一次沉重打擊。如果這些貨物能分裝在更多船隻上，情況會好一些。

2. 我相信你們可能已經調查了此次碰撞的原因，以及為何進出兩支運輸船隊的航線如此接近。我必須再一次強調，這次的損失非常嚴重。

首相致愛德華·布里奇斯爵士

1941年1月4日

1. 請列出所有作為中央政府組成部分的委員會及其可能存在的下屬委員會。

2. 請各部門列出並提交當前存在的與各部門平行的所有委員會。

3. 這個調查材料代表著我們在新年期間縮減此類委員會的序幕。

首相致愛德華·布里奇斯爵士

1941年1月4日

戰爭目標委員會已基本完成宣告草稿的編制工作，現應提交內閣審查。然而，戰爭目標與國內重建（已由不管部大臣負責）是截然不同的問題……我們必須特別謹慎，避免讓這些遙遠的戰後問題耗費我們在戰爭中（可能持續數年）所需的精力。

（即日辦理）

首相致伊斯梅將軍、轉致洛赫將軍及其他相關人員

1941年1月4日

1. 人們對光電信管最感興趣的地方在於其在高空中對付飛行在10,000英尺以上飛機的效果。這類飛機並不進行俯衝轟炸，而是試圖利用改進的投彈瞄準器來攻擊英國的船艦或地面目標。我們的目標是讓8支或更多的排炮在敵機附近同時爆炸，將其摧毀。即使這種方法只能在晴天奏效，也極為有利，因為可以根據天氣狀況來安排關鍵的軍事行動。

2. 對這項高空作業，無論在生產還是在研究與訓練上，是否保持嚴密關注？相關軍官是否完全了解情況？這種信管最初的目的是防禦俯衝轟炸機，使用光電信管或防空信管都能實現這個目標，但現在必須將重點轉向高空作業。

3. 這個原則同樣適用於在最高點引爆空雷的防空引信。唯有沿此方向推進，方能在戰術和作戰中取得最佳效果。

首相致內政大臣和衛生大臣

1941 年 1 月 4 日

若防空洞存在安全隱憂卻仍在使用（這種情況並不少見），應如何應對？我主張，應立下規章，所有正在使用的防空洞，無論其安全性如何，均需由衛生大臣負責內部的安排布置，對於合格與不合格的防空洞不應有差別對待。只要防空洞在使用，衛生大臣就必須關注。同時，隨著防空洞設備的增設與改進，國內安全大臣自然可以關閉那些最不安全的防空洞。

請告知我這種觀點是否準確。

首相致外交大臣和經濟作戰大臣

1941 年 1 月 5 日

在撰寫對義大利的演講稿時，我刻意將義大利人民與法西斯政權及墨索里尼區分開來；而如今法國已經退出戰爭，我自然要更聚焦於納粹黨人而非日耳曼人。我們絕不能讓仇恨矇蔽我們的眼光，或讓情感模糊我們的視線。

一種更加有效的方法是嘗試區分普魯士人和南日耳曼人。我記得「普魯士」這個詞最近似乎不太常見。我所看重並打算強調的說法是「納粹暴政」和「普魯士軍國主義」。

（即日辦理）

首相致工程與建築大臣

1941 年 1 月 6 日

（衛生大臣一閱）

由於房產破壞日益嚴重，輕度損壞建築物的緊急維修工作顯得尤為重要。請每週向我彙報你在這方面的進展。我常看到許多房屋的牆壁和屋頂

完好無損，唯獨窗戶未修，導致無法居住。我認為這是你當前最重要的戰時任務。不要讓新世界建設的宏大計畫分散了你保全舊世界遺存的精力。

首相致外交大臣

1941 年 1 月 11 日

前些日子你提及電報篇幅冗長的問題。我認為這是一個需要遏制的不良習慣。在國外的公使和大使們似乎認為報告篇幅越長，他們的任務就完成得越好。各種閒言和傳聞，無論可信與否，都被傳送回來。彷彿人人都想滔滔不絕地閒聊，沒有人願意簡潔明瞭。我建議你公告一項通令，批評過分冗長或瑣碎的電報，並提醒發電報的人「此電無需如此冗長」。不將思想壓縮在適當的篇幅之內，是極端懶惰的表現。我很想讀完這些電報，但發現篇幅越來越長。

如何處理，敬請告知。

首相致陸軍大臣和帝國總參謀長

1941 年 1 月 12 日

1. 駐紮在巴基斯坦的騎兵師機械化問題令人頭痛。戰爭爆發數月後，這些部隊連同馬匹被運往中東，花費巨大以維持駐紮。幾個月前，陸軍部決定將其轉為機械化軍隊，我欣然同意。然而，經過親自調查，我才發現此事根本未予實施，整個師將被重新運回國內 —— 大概不帶馬匹 —— 並且要到 6 月 1 日才開始啟運。回國後，他們還需 7、8 個月才能發揮作用。如此一來，8,500 名官兵，其中包括我們最優秀的正規和義勇騎兵團，在兩年零 5 個月的戰爭中花費大量金錢，卻除了守衛工作外，毫無建樹。

2. 請核算並提交以下各項費用：

（1）將這些部隊調遣至中東地區。

（2）自戰爭爆發至 1942 年 3 月初，他們的口糧、薪資及津貼得到的供給。

附錄

（3）將他們遣返回國。

3. 這些軍隊在中東的潛在用途顯然更加廣泛。鑑於他們本身的卓越能力，他們應能迅速適應新的額外訓練。編制和組織工作不必完全仿照國內的機械化或裝甲部隊規模。對於這些軍隊而言，獨立摩托化旅團的編制或許比師級編制更為適宜。1918年春或1917年秋的近衛騎兵隊，迅速改編為機槍團，並在埃塔普勒經過兩個月訓練便完成。我不明白為何這個騎兵師不在巴基斯坦進行訓練，畢竟他們在那裡可以被視為地方駐防部隊。任何人都會認為這是最適合的地點。

4. 我們繳獲的部分義大利坦克裝備，可以分配給這些能力突出的正規或半正規部隊。如果這些坦克裝備未被使用，可以用輕機槍戰車替代（或部分替代），我們擁有足夠數量的此類戰車，派出200輛毫無問題。

5. 還有其他幾種解決方案。他們可以像上次戰爭中的那些騎兵師一樣，重新籌組為1個步兵師，或組成幾個獨立的旅。在這種情形下，他們可以被編入一些滿編的步兵營。如果此方案不可行，還可以將他們調往印度，以換回在那裡服役相同比例的正規部隊（例如8個營）。或者，他們可以成為伊拉克控制軍隊的核心。有一點是明確的：既然我們正在節省資源，以減少的船隻運送軍隊往東方，那麼將這批兵員和這些重要幹部運回國內是不可能的，尤其是在中東戰事正處於高峰期時。

首相致空軍大臣和空軍參謀長

1941年1月12日

中東發來的作戰報告是否必須如此冗長和詳盡？每次10幾架飛機空襲敵人陣線時，都詳細描述過程，並在兩地用密碼電報反覆翻譯，導致電報線路極度擁堵，這確實沒有必要。

我提議對最近兩個月的例行電報進行每週平均字數的統計，並建議朗莫爾空軍中將縮減電報的長度，例如減少至當前篇幅的三分之一。

外交部亦要求簡化電文。

首相致內政大臣

1941 年 1 月 12 日

這種宣傳不應被允許，因為它公然違背國會的意圖，並干擾了我們的抗敵行動。既然莫斯利已經被拘禁，我不明白為何不以同樣方式拘禁顛覆分子和共產黨人。對於阻礙我們戰爭努力的人，無論他們是極右派還是極左派，都應依法依規進行懲罰。這是保守黨的立場，我認為這個觀點是正確的，也是全國人民會支持的。我知道你希望公正處理此事，如果你向內閣提出這個問題，我相信你會獲得充分的支持。「同樣對象同樣對待！」

首相致伊斯梅將軍，轉交參謀長委員會

1941 年 1 月 13 日

我認為，攻打多德卡尼斯群島中的這些小型島嶼是缺乏智慧的選擇，因為它們本身並無實際價值。對於較大島嶼的攻勢而言，占領這些小島也是多餘的，因為我們已經控制了克里特島。若在該區域引發動盪，敵人勢必會有所警覺；同時，這將導致希臘與土耳其之間的緊張關係增加，這一點我們透過試探性研究已得出結論。國防委員會並未批准這些軍事行動。

首相致自治領事務大臣

1941 年 1 月 17 日

我已經閱覽這兩份文件，在我看來，它們對我們已知的或顯而易見的南愛爾蘭現狀並無太多新的見解。戰略局勢已多次被分析，而海軍部也撰有文件，說明我們對愛爾蘭基地及南部和西部海岸機場的迫切需求。我正請伊斯梅將軍關注並將此情況告知你。

我認為，當前若斷言這些基地的控制事關我們的生死存亡，是不準確的。失去它們，我們將遭受嚴重的損失和阻礙。然而，誇大其詞則不符合實際。但我無法承諾狄龍先生所建議的保證，即我們在任何情況下都不應「侵犯愛爾蘭的中立」。我個人並不認為愛爾蘭的中立是合法的行為。既然南愛爾蘭不承認那個條約，而我們也未承認南愛爾蘭是一個主權國家，那

附錄

麼該國便處於一種特殊的地位。如果由於無法使用愛爾蘭的基地，我們的軍事努力面臨致命的危險（目前尚未如此），那麼我們就必須採取自衛和保衛我們事業的行動。然而，目前應如你所做的那樣，將我們最近決定的政策付諸實施，並且必須盡一切努力藉助美國的影響。我曾與霍普金斯先生進行了幾次深入交談，他可能會親自訪問愛爾蘭，而我認為他的訪問可能會帶來益處。我認為，除非你接到德瓦萊拉先生的直接邀請，現在尚未到你訪問愛爾蘭的時機。從經濟和航運角度施加壓力，看看效果如何，可能更為合適。愛爾蘭局勢的緩慢進展，隨時可能因德國的入侵而被粗暴地打斷，屆時，無論我們是否受到邀請，都必須驅逐侵略者。因此，目前我認為只能執行我們最近採取的政策。

首相致外交大臣

1941 年 1 月 18 日

若您同意，我願意以英文名稱「Leghorn」來稱利弗諾（Livorno）；以英文名稱「Constantinople」來稱呼伊斯坦堡（Istanbul）。當然，在書寫或使用土耳其語時，我們可以使用土耳其名稱；而若您有機會用義大利語與墨索里尼愉快交談時，那麼使用「利弗諾」（Livorno）就是正確的選擇。

此外，為何「暹羅」這個名稱最終被「泰國」所取代？

（即日辦理）

首相致伊斯梅將軍，轉交參謀長委員會及內政大臣

1941 年 1 月 19 日

1. 許多且不斷增加的跡象顯示，敵方可能早早對我們施放毒氣。武裝部隊已經充分準備應對此種情況，他們已經熟練使用面具和護目鏡。然而，仍需向各司令部重申指令，並評估是否需要新型過濾器，以防範可能使用的新型毒氣。

請圍繞這一點撰寫一份報告，並確保篇幅為一頁。

2. 那麼，普通市民的防毒面具現狀如何？這些面具是否定期檢查維

護？如今攜帶面具的人已寥寥無幾。是否存在有效的防毒訓練機制？顯然，這個問題已經非常緊迫。請根據當前情況以及如何提升工作效率，迅速起草一份報告提交給我。報告應包括消毒方法和相關工作人員等內容。

3. 最後，在報紙或英國廣播電臺上，絕對不能透露我們正在進行大規模的防毒氣計畫，這一點至關重要，因為敵人可能會以此作為藉口聲稱我們打算對他們使用毒氣。然而，我認為在全國仍需進行一切努力。

首相致本土部隊總司令

1941年1月20日

若有少數大型兩棲坦克登岸橫行，你會如何應對？我想你的輕裝部隊會將其圍困，密切監視，防止坦克兵補給燃料、獲取食物和休息，或使他們無法離開裝甲保護。我這種設想正確嗎？若登陸坦克不超過40輛，除了大炮、地雷和反坦克陷阱的作用外，這種戰略是否足以將其逼入絕境？

不論怎樣，請告知我你的計畫。

首相致樞密院長

1941年1月21日

據我所知，最近運往倫敦的煤炭每週約為25萬噸。若礦務局的需求預測準確，除非從現在至3月底每週運送41萬噸，否則將面臨煤炭短缺。

我想了解您是否認可礦務局的評估，若認可，您計劃如何按照需求增加供應。我難以理解為何最近3個月的鐵路煤炭運輸量竟然下降到去年的五分之三。

首相致衛生大臣

1941年1月21日

是否能夠更迅速地減少倫敦各收容所中無家可歸者的數量？我真希望能在這1週內全面解決這個問題。沒有人能預料下一次猛烈襲擊何時會到來，因此沒有空襲的1週實在是非常珍貴的機會。

附錄

首相致伊斯梅將軍，轉交參謀長委員會

1941 年 1 月 22 日

　　我期望三軍參謀長已經認真評估過，羅弗敦群島的軍事行動是否會驚動挪威沿岸，導致德國增援半島。在我看來，由於襲擊目標是幾個島嶼，並且顯然與封鎖行動相關，因此不存在這種風險。據我所知，此次行動不需要在陸地上推進。

　　盼望各位提供建議。

　　12 月 26 日的第二次攻擊中，我軍再次短暫控制了港口。

首相致空軍參謀長、第一海務大臣及第五海務大臣

1941 年 1 月 23 日

　　（抄送海軍大臣和空軍大臣）

　　我願提醒諸位，儘速為地中海的航空母艦裝備若干架「格倫門·燕子」式或改裝的「布魯斯特」式戰鬥機，乃是當務之急。我對此事已催促多時，而地中海區總司令在第 824 號文件中明確表示，「『海燕』式戰鬥機實在不夠迅速。」在我們的航空母艦上配備數量有限的真正快速戰鬥機，至關重要。若無這些戰鬥機，我們的船舶行動將受到阻礙。我深知機翼無法摺疊、缺乏制動鉤等困難，但難以接受在 4 月分前無法解決這些問題的說法。

　　我懇請你們認真考慮提前完成此項工作。即便只能提供少量飛機，也將為你們帶來顯著的緩解和益處。作為特別任務，將幾 10 架飛機的機翼手工改裝為摺疊式，應當是可行的吧。

　　我認為人們尚未完全領會此類小規模改裝的緊迫性與重要性。

首相致軍需大臣

1941 年 1 月 23 日

　　1. 關於新步槍的問題。據我所知，生產中斷是因為伯明翰的小希思工業區多次遭受空襲。請告知目前生產是否已經恢復。

2. 23.7 英寸高射炮架在 9、10 和 11 月 3 個月中，其生產率（受制於裝備的裝配）大約是每個月 80 架。但到了 12 月，生產率下降至 67%，據我了解，這是由於伯明翰和考文垂遭受空襲所致。最初計畫的交貨量將會受到怎樣的影響？

首相致伊斯梅將軍，轉交參謀長委員會

1941 年 1 月 26 日

星期五，我親臨多佛視察，發現最新型炮臺的安裝進度緩慢且間歇不定，這種情形令我深感不安。

1. 有些炮雖然可隨時架設，但因缺少如瞄準器和控制器等附屬設備，無法投入戰鬥。海軍部軍需署長建議：可以臨時製造簡易可用的控制儀器，以便盡快讓這些大炮投入作戰，儘管這些臨時儀器在技術上不如將來供應的正規控制器令人滿意。

2. 某些火炮由於未能及時安裝炮架而無法組裝待命，其原因包括缺乏用於固定炮架的木材、低下的工作效率以及天氣的影響。

關於第一點，在附上的《工作進度報告》中已有相關描述，若像「交貨日期未定」這樣的直白表述都能被接受，那麼，我們不得不得出一個結論：此處的工作顯然缺乏主動性。

關於第二點，若缺少工作進展所需的設備，似乎需立刻採取某些行動，而勞工問題可交由勞工部處理。

據我所知，各種拖延的原因已透過「常規管道」上報，但了解當地情況的人表示，似乎沒有太多行動。因此，最好從「常規管道」的另一端著手，自上而下地調查，以確定在處理過程中，拖延究竟發生在哪個環節。

從拉姆齊海軍上將的交談中，我得知他的觀點是：這項工作缺乏動力的原因在於，似乎沒有高級軍官將此問題視為個人關注的事項，儘管有幾位低階別軍官在其職責範圍內表現積極。

附錄

　　海軍部軍需署長曾表示，他有能力解決 5.5 英寸信管和 6 英寸炮彈短缺這兩個問題，然而有關此事的報告似乎在「常規途徑」中途停滯不前。

　　這些炮臺的完成至關緊迫，因此我懇請參謀長委員會公布所有必要的指令，並催促他們遞交每週報告。

首相致自治領事務大臣

1941 年 1 月 31 日

　　我贊同你與杜蘭蒂先生交談的整體策略。在任何情況下，我都無法承諾提供那樣的保證，正如你所述的理由。

　　關於武器的問題。若南愛爾蘭確實有參戰意向，我們自然願意分配（如果可行，甚至預先分配）我們的防空武器，並祕密協助他們，為其防務做好一切必要準備。然而，在我們尚未對南愛爾蘭的立場感到滿意之前，我們不希望他們獲取更多武器，並且我們絕不會自行提供武器給他們。

　　關於斯威利海灣的妥協具有深遠的意義，它揭示了事件發展的趨勢。我們絕不應對德瓦萊拉先生隱瞞我們對愛爾蘭中立政策的深刻而強烈的反感。雖然我們已經容忍和默認了這個政策，但在法律層面上，我們從未承認南愛爾蘭為一個獨立的主權國家，而且它本身也已經放棄了自治領的地位。其國際地位模糊且不正常。如果這種局勢持續到戰爭結束（希望不會如此），那麼南北愛爾蘭之間將出現一道這一代人無法踰越的深淵。

2 月

首相致經濟作戰大臣

1941 年 2 月 1 日

（抄送財政大臣、軍需大臣）

　　即使德國能夠用鋁替代銅，這兩種金屬的整體供應形勢仍可能極為緊張。鑑於此局面，你們必定已經在思考如何阻止德國獲取銅的供應了吧。

據我所知，南美的銅礦存在相當大的產能過剩。目前尚無證據表明銅已從南美運至德國，但去年南美向俄國出口了約 70,000 噸，向日本出口了 15 萬噸。據估計，俄國和日本的銅存量足以滿足一年的需求。顯而易見，一旦德國耗盡其儲備，將竭盡所能獲取南美的銅。因此，關鍵在於事先採取措施，防止日本和俄國增加儲備，並阻止德國獲取智利多餘的銅礦。

我們正從加拿大、羅得西亞、南非和比屬剛果進口大約 60 萬噸銅。由於這些來源都在我們的掌控之中，因此我們可以轉向南美採購，而無須擔憂德國從我們放棄的來源獲得供給。

我意識到你們一直在思考這個問題，也知道財政部對我們是否應在搶購上花錢持懷疑立場。期待你們向我彙報計畫。

首相致伊斯梅將軍，轉交參謀長委員會

1941 年 2 月 2 日

「瑪麗」（吉布提）可能是一次極具價值的軍事行動。這些塞內加爾人不應被派往衣索比亞，而應在外籍軍團的 1 個營到達時留下。他們計劃安置在哪裡？如何安置？

務必考慮到魏剛可能隨時轉向我們這邊的可能性，若果真如此，自由法國的部隊便能夠進駐吉布提，煽動那些已反叛的守軍，甚至可以向義大利軍隊開火。

如果我們在厄立垂亞的行動使英軍與吉布提的法籍人士取得聯繫，那麼局勢或將朝著更有利的方向發展。無論如何，既然這種有利的局勢可能顯現，那麼不將現有的自由法國軍隊掌控在手中將是極大的遺憾。至於政治影響，只有在戰事發動的前幾天才能進行評估。

附錄

首相致陸軍大臣

1941年2月4日

請查閱2月4日的《泰晤士報》。據該報報導，這個師從將軍到士兵都被要求參加7英里越野賽跑，這是否屬實？軍事參議院是否認為這是個好主意？我個人覺得這有些過度。一位校官或將官不應為了與年輕士兵競賽而在野外奔跑7英里，導致精疲力盡。軍官們確實有義務保持健康，但更重要的是要為士兵的安全和福祉考慮，並作出相應的決策。這個師的司令是誰？他是否親自參與了7英里的賽跑？如果是這樣，他可能更適合踢足球而非指揮戰鬥。拿破崙在奧斯特利茨能跑7英里嗎？恐怕是他讓其他人跑吧。根據我的多年觀察，高級軍官中擁有頂級運動員資質的人未必是成功的軍人。

首相致伊斯梅將軍，並抄送陸軍大臣及帝國總參謀長。

1941年2月4日

（抄送本土部隊總司令）

有人指出，無論情況多麼緊迫，或準備工作多麼周密，從大不列顛調遣1個師到愛爾蘭至少需要11天。這種觀點值得認真對待。回顧去年5月在敵人持續攻擊下，大批部隊從敦克爾克撤往多佛和泰晤士河的行動，可以看出人員調動顯然不是限制因素。因此，問題在於火炮和車輛的運輸。這確實需要特別關注。請提供這11天的詳細日程表，包括人員、火炮和車輛的登船順序。藉由該計畫表，可以看出不必耗時11天，這個師的約十分之九的人員就能投入戰鬥。此外，還有一種方法：可以將一部分運輸車輛、軍需物資，甚至一些火炮和輕機槍戰車，從國內儲備中調出，提前運往愛爾蘭；如果在那裡不需要，也可視為我們的儲備。既然時間尚充裕，可以想出巧妙方法縮短這11天的時間，在兩個設備良好的港口之間（航程僅需數小時）運送15,000名士兵。必要時，可適當調整既定編制標準，以實現軍隊的快速調動和戰術上的疏散。

我們必須牢記，在最近被稱為「勝利者」的演習中，我們曾假定有 5 個德國師，其中包括兩個裝甲師和 1 個摩托化師，面對頑強抵抗，在空曠的海灘上，而非在有碼頭和起重機的港口上，於約 48 個小時內完成登陸。如果我們假定德國人能夠這樣執行，或甚至只能完成一半，那麼，我們就需對比這樣的說法：從克萊德河口調動 1 個師到貝爾法斯特需要 11 天。此外，參謀長委員會表示，要無抵抗地讓 1 個英國師沿丹吉爾碼頭登陸，需時 30 天。那些在「勝利者」演習中為德軍設計登陸的軍官們或許可以提供一些建議，如何能在不到 11 天的時間內，經由貝爾法斯特將這 1 師運至愛爾蘭。制定詳細辦法，計劃在 11 天內完成這項調動的那些軍官是誰？讓他們與那些設計大量德軍在我們海灘上迅速登陸，並在 48 個小時內讓整師裝甲和摩托化部隊完全進入作戰狀態的軍官們接觸，豈不是個明智之舉嗎？

顯然，最佳的策略是避免在短期內倉促決定這個師的運送問題，因此我們需制定出最佳方案，以便在盡可能短的時間內將該師的大部分力量調往愛爾蘭參戰。在完成這項調查研究之前，我不會批准該師的調動。在敵人可能採取的行動與我們實際能力之間，存在明顯的差距，我們必須努力縮小這個差距。

首相致內政大臣

1941 年 2 月 5 日

在我看來，利用士兵或適齡男性來執行煙幕防護任務是不當的。應盡量使用年長的志願者、女性或青少年。在不久的未來，現役合適人力將會有極大需求。我無法贊同你當前向陸軍部的請求。

（即日辦理）

附錄

首相致海軍大臣和第一海務大臣

1941 年 2 月 5 日

1. 數艘載有關鍵軍火的運輸船隊即將抵達。我理解你們的緊張局勢，但相信你們會全力以赴。

2. 我們收到了一批新的物資：25 萬支步槍和 5,000 萬發 0.300 英寸步槍子彈。將這些武器安全、迅速地運輸至此，乃是至關重要的任務。請與其他相關方共同探討此事，並向我彙報研究結果。我絕不允許 1 艘船承載超過 50,000 支來福槍或 1,000 萬發子彈。盡可能減少裝載量。

首相致農業大臣

1941 年 2 月 6 日

我察覺到你擔憂 50 萬噸的北愛爾蘭馬鈴薯可能因滯銷而被迫銷毀，而養豬數量的驟減已經使飼料的銷路受限。

我留意到您在糧食政策委員會第五次會議上表現出樂觀態度，不過您僅對 20 萬噸提出了具體建議，這僅能解決問題的一半。

若果真存在這大量多餘的飼料，而同時又因擔心飼料短缺導致養豬數量驟減，這情形實在令人遺憾。我相信應能找到方法將這過剩的食料加以利用。如今我們承受不起將數 10 萬噸食物白白丟棄。

首相致空軍參謀長

1941 年 2 月 6 日

不久前，我們曾要求希臘為 14 個空軍中隊準備機場，目前這項工作仍在進行中。此外，在多次商討後，你提出了向土耳其派遣 10 個中隊的建議，雖然土耳其尚未接受，但可能會同意。土耳其總統在收到我的電報後已經提前結束他的行程。假設他們真的接受了這個建議，而希臘在看到這種情況後，除了已經分配給他們的 5 個中隊之外，還要求更多的援助，你將如何應對？我認為你必須認真考慮這個問題。我也將投入大量精力與

你共同思考這個問題。但是，我們是否實際上等於將同一份資源承諾給了兩個不同的客戶呢？我們或許可以對「承諾」一詞進行法律上的模糊解釋，但我認為我們必須對此問題進行更深入的探討。請告知我你的看法，以及你的解決方案。

先前未曾提及時間或優先順序，因此在這方面，我們擁有相當的靈活性。

（即日辦理）

首相致海運大臣

1941 年 2 月 11 日

「新多倫多」號輪船在抵達利物浦後，是否接到命令轉向北方前往倫敦？船長表示反對，理由是船上載有大量貴重貨物，包括 19,677 架手提機槍和 2,456,000 發子彈，最終這項命令被取消，情況是否屬實？當載有如此大量貴重軍火的船隻抵達時，應特別留意。

請務必呈遞一份報告。我隨函附上一份即將抵港船隻的清單，我通常依此資料追蹤重要貨物的動向。提及的那艘船在第 5 頁。

首相致海軍大臣和第一海務大臣

1941 年 2 月 12 日

我期望每 3 天收到一份關於「狂暴」號現狀的報告。必須晝夜不停地努力，以使其具備服役條件，這是當前最為緊要的任務。

首相致外交部

1941 年 2 月 12 日

我們已經向魏剛提出了重要的建議，但尚未得到回應。顯然，唯有納粹黨對維琪施加的壓力方能促使他行動。目前我們不應以懇求的方式對待他。在他以某種方式回覆發給他的電報之前，不應給他提供物資。這些人迄今未曾展現任何高尚或勇敢的品格，因此最好削減他們的糧食供應，直到他們醒悟。

附錄

在海軍條件允許的情況下，必要時應推行封鎖政策。

（即日辦理）

首相致伊斯梅將軍和布里奇斯爵士

1941 年 2 月 12 日

我注意到電報稿上出現了一種新標記：「僅供軍官閱讀。」對此，我認為這種方法不合適，因為除了軍官，還有許多人需要了解最機密的事項。我希望了解這種方法是如何開始實施的，但目前我完全不相信它應該繼續下去。

首相致樞密院長

1941 年 2 月 12 日

伯金博士在信中對政府機構領導者的批評是有理的，因此用官樣文章來敷衍他是不合適的。我建議你去拜訪他，並處理他提出的問題。我聽到許多關於政府不公正對待民眾的例子。在我看來，伯金博士的信可能是一個良機，可以讓你激勵這些部門。掌權者往往不了解普通民眾對某些不良現象的感受。伯金博士既能幹又有經驗。你能否讓他暢所欲言，看看他能提出哪些建議？我認為他對某些缺失的意見是合理的，你能否讓他提供一些具體的例子？

首相致軍需大臣，轉進口管理局

1941 年 2 月 14 日

我急切地計劃派遣一整支步兵師，連同火炮和必需的車輛，隨 W. S. 第 7 號運輸船隊前往中東。兵員可以透過替換他人來安排，但火炮和車輛的運輸則需要額外的船隻。我意識到，除了用於裝載陸軍部原計畫用來運輸的 450 輛車輛的船隻外，還需 8 艘汽車運輸艦。

據我所知，為了確保這些船隻與運輸船隊同時抵達埃及，或在其到達後不久進行，裝船作業需在 2 月 21 日左右啟動。請研究如何獲取這 8 艘

船，並向我彙報可行方案及其對進口作業的影響，但暫時不要採取任何行動。

首相致帝國總參謀長助理

1941 年 2 月 15 日

根據你的報告，外界或許會認為多佛的防務一切都在順利進行，毫無不滿之處。然而，這絕非我在現場與那些負責軍官交流時所感受到的。他們充滿抱怨，言語中滿是情緒，令我深感痛心。我希望每週能收到海防炮隊司令的報告，該報告可以經由你轉交，如有任何意見，請隨附其上。

首相致愛德華·布里奇斯爵士

1941 年 2 月 15 日

（經由我的特別指示，僅限戰時內閣及陸、海、空軍各大臣傳閱。）

在去年 9 月，我們對白廳在空襲中容易受損的各種情況進行了研究，得出了一個結論，即我們能夠在倫敦堅持下去。儘管目前許多建築物仍不能稱為安全，但已經取得了顯著改善。遷都的確面臨巨大挑戰，但另一處大本營必須在 3 月 1 日前準備妥當，以便隨時投入使用。我一直關注的是，本土部隊總部除了依賴其堅固的建築結構提供一定程度的防護外，缺乏其他保護措施。

究竟有多少炸彈落在距離中央作戰指揮室 1,000 碼內的區域？我個人不贊成我們未進行充分準備的觀點，但我們確實需要為可能遭受 2,000 磅甚至 5,000 磅炸彈的新一輪襲擊做好準備。

在保護本土部隊總部方面，應加快推進更大的行動。

首相致經濟作戰大臣

1941 年 2 月 16 日

（新聞大臣一閱。）

關於在法國和比利時用於宣傳的傳單，我個人表示支持。然而，所有

附錄

工作依賴於你和新聞大臣一方與戴高樂另一方之間的密切合作。我們絕不能對戴高樂施加過多限制。從維琪政府那邊我們從未得到任何優待，甚至連基本的禮遇也沒有，因此推動自由法國運動仍然是我們的主要政策。我相信如果你與戴高樂或他的人協商，一切都會妥善解決。我認為在目前法國人之間的競爭中，他是最出色的那個，所以我希望盡量給予他支持。

（即日辦理）

首相致陸軍大臣和帝國副總參謀長

1941 年 2 月 17 日

1. 我認為將該師調至北愛爾蘭並不妥當，尤其是在我們可能會調離第 50 師的情況下。

2. 然而，必須制定一個計畫，以便在需要調遣時能夠迅速進行。這些計畫應包括：

（1）重新評估海軍部反對使用默爾西河口和克萊德河口的立場。是否有較小的港口可以作為登船點？

（2）在組織調動時，是否可以先預留 4 天的準備期，以便集中額外的車輛運輸艦？

（3）對部分車輛調動的反對意見需要進一步探討。

例如，當這些部隊仍在英國時，可以為其分配另一批車輛進行操練，然後將這批或舊的一批運送到愛爾蘭。我不認為從汽車的機動儲備中無法抽出一部分來滿足如此小規模的需求。稍微整理和優化斯勞等地的汽車庫，就一定能找到所需的車輛。

3. 該師在調動期間，海峽兩岸無法作戰的時間長達 11 天。若不將此時間縮短 5 天，我們絕不會滿意。必須將此期間縮減至 6 天，但或許各方希望獲得適當的預警。

首相致陸軍大臣

1941 年 2 月 17 日

我對這群出色士兵（在巴基斯坦的騎兵師）的境遇深表遺憾；陸軍部無法想到更好的解決方案，只得在 6 月將他們全數遣返回國，開始訓練，這使得他們長時間無法參戰，我對此亦感到惋惜。

帝國總參謀長提及的「深秋」，其具體含義為何？

在此期間，該師可能需要承擔諸如保衛蘇伊士運河、維持秩序等所有必要的職責，或在必要時護送戰俘，以便替換部分英國營參與戰鬥。

1941 年 7 月 23 日，第 1 騎兵師正式更名為第 10 裝甲師，但在戰場上一直未見其蹤影。1942 年春，其坦克被調走以補充第 1 和第 7 裝甲師的損失。同年 8 月，該師的司令部及第 8 旅被派往前線，參與阿拉姆·哈勒法戰役。第 9 旅隨後也被調往前線，隸屬於紐西蘭師，參與了阿拉曼戰役。

首相致伊斯梅將軍

1941 年 2 月 17 日

若日本對英屬哥倫比亞發起攻擊，如何處理當地的日本移民？這自然是加拿大政府的責任，但在該自治領內是否有足夠的軍力可供調遣，仍然是一個令人關注的問題。大約 30 年前，反日暴動爆發時，日本人展現了極強的組織能力和堅韌，最終完全掌控了局勢。

首相致外交部

1941 年 2 月 17 日

我心中充滿疑慮與不安地觀察著這個局勢的發展（任命達爾朗海軍上將為貝當元帥的繼承人）。我們從維琪方面得到的僅是不友好的對待。從我們的角度來看，讓賴伐爾成為繼承人比達爾朗更為可取，因為達爾朗是個危險、苛刻且野心勃勃的人，而賴伐爾並沒有那樣的臭名。我認為此時對待這類人必須採取強硬立場，只要我們擁有船隻，就應實行封鎖。目前

附錄

不應再以冷漠態度對待戴高樂將軍和自由法國運動，只有這些人曾為我們做出貢獻，而且我們與他們有過莊重的承諾。應稍微調整一下重點。

首相致亞歷山大·卡多根爵士

1941 年 2 月 17 日

請再次關注艾登先生關於反對駐外代表向外交部發送冗長電報的命令。一個外交代表的熱忱與效率，是由他所提供情報的品質而非數量來評估的。他必須首先自行篩選，而不是將各種互相矛盾的閒談一股腦經由繁忙的線路傳遞給我們。若消息過多，真相便難以辨識，導致見樹不見林。將「背景材料」大量送來，卻無妨。

首相致參謀長委員會、陸軍大臣及帝國副總參謀長

1941 年 2 月 17 日

1. 切勿讓「師」這個名詞混淆我們的理解。1 個師是由不同兵種集合而成的整體，是用於對抗敵人的戰術單位。多個師可組成軍、集團軍及集團軍群，編制越大，軍隊數量越多。在無法將 1 個師作為整體使用，或作為更大編制的一部分使用時，則不具備上述特徵。雖為便於行政任務執行，賦予特別任務的、相當於 1 個師的部隊以師的名義，但我們不應因此產生誤解。

2. 例如，我們經常提到駐紮在冰島的 1 個「師」，但若將其與那些與德國人交戰的師相提並論，則顯得荒謬。我們現在了解這個師的職責以及其分布方式。它被劃分為多個守衛隊，駐守在廣闊區域的各個登陸點，毫無疑問，它有一部分機動部隊，能夠迅速前往任何受到威脅的地點。其炮兵和師外部隊，以及供應線上的服務，應該根據適合冰島的實際任務規模進行組織和管理。稱其為「冰島部隊」是恰當的，它完全不像 1 個普通的師。它可能在某些方面需要更多，而在其他方面則需要更少。

3. 非洲殖民地師，實在不應稱為師。沒有任何計畫讓它們與歐洲軍隊正面對抗。它們由大量西非和東非的步槍兵組成，這些步槍兵被組織成

營，有時為行政任務編成旅。我們現在可以預見，數月後義大利軍隊將在北非被肅清。屆時，又會有什麼敵人與這3個非洲殖民地師對抗呢？了解這些廣闊地區的人都能看到，這些非洲「師」將分散至多個小哨所和要塞，但會保留一些包括裝甲車在內的機動部隊。至於為它們提供師或軍所擁有的炮隊，並按照英國標準配備部分補給線部隊，這種想法是不可取的。在北方，如利比亞，由於氣候較冷，這些部隊無法使用。我們不能設想在衣索比亞「重獲自由」後去壓制它。人們的確幻想整個東北非很快回到和平狀態。因此，我無法承認這3個非洲殖民地師為師。它們實際上不過是非洲防衛部隊中的一些雜牌軍隊。

首相致帝國副參謀長和作戰局長

1941年2月17日

韋維爾將軍手下有31支英國正規營，據我計算，只有約15支編入了師的編制。如有錯誤，請指正。他為克里特島和馬爾他島尋找幾個營，竟如此困難，實在令人驚訝。如果將西非旅從肯亞調往弗里敦，那麼，駐紮在那裡的兩個逐漸式微的英國營便可加入尼羅河集團軍。

用於護送俘虜到印度的3個營，巴基斯坦尚未啟用的整個義勇和正規騎兵師，以及尚未按照正規編制標準裝備的大批澳洲部隊，波蘭旅，正在等候編入的未受任何損失的特遣部隊——若能巧妙且經濟地加以利用，皆為優良的兵力來源。

東非是否存在英國營地？

請幫我調查這些問題。

首相致運輸大臣

1941年2月18日

聽聞負責決定「新多倫多」號卸貨或轉移港口的人居然不知道船上載的是什麼貨物，我感到非常震驚。對於載有大量軍火的船隻，我總是親自

附錄

進行核查。你是否未能及時獲取此類船隻的清單,也沒有親自追蹤這些重要貨物的去向?如果若沒有,請立即作出安排,並向我報告何時安排妥當,以及具體的安排方法。

首相致勞工與兵役大臣

1941 年 2 月 20 日

(抄送軍需大臣)

我們極度缺乏彈藥。生產受阻的原因是裝藥問題,而裝藥問題又源於勞動力不足。若現有工廠能獲得足夠人力並維持運轉,到 5 月中旬,我們的彈藥產量將提升至兩倍半。

請告知在提供這批勞工時遇到哪些困難,以及為克服這些困難所採取的措施。

首相致軍需大臣

1941 年 2 月 20 日

現在已經作出安排,將航運資料與用於制定消費計畫的資料更緊密地連繫起來,這令人滿意。

在此時期,儘管需求上升,但本季度前 5 週的消費者鋼材交付率似乎未超過過去 3 個季度。

據我所知,過去 7 個月的鋼材進口量達到了 230 萬淨噸,鋼材產量則為 510 萬淨噸,但交付給消費者的數量僅為 610 萬淨噸。如果能將明顯多出的 130 萬噸中的一部分用於消費者應用,情況難道不會顯著改善嗎?

根據我的理解,鐵礦砂的進口量仍然超過預期,而鋼鐵及其他商品則未達到計畫目標。觀察航運狀況,這顯得有些反常。

首相致石油管理委員會祕書

1941 年 2 月 21 日

在 1 月 11 日之前的 1 週,石油進口量極低,此前已有報告提交;而 1

月11日之後的進口量仍保持在低水準，僅為去年1月進口量的一半，且僅能滿足消費量的一半。

我相信你們正設法從美國獲得石油，以避免經過好望角從波斯灣長途運送。可以與美國生產商洽談，讓他們的亞洲買家從波斯灣、緬甸和印尼獲取供應，以補償運交給我們的等量石油，同時採取措施以維持信譽。

首相致加拿大總理

1941年2月21日

我閱讀了您於2月17日在加拿大下議院的演講稿，感到非常愉快。您為人們在精神上預備未來一場極其嚴峻的動盪，實在是明智之舉。想到我們現在的準備比去年秋天好得多，心中感到寬慰。

我還想告訴你，因為你在2月2日的廣播中有力地展示了你所蒐集的事實，這裡每一個人都深受鼓舞。你們的船舶和飛機在此地進行著卓越的工作。你們的空軍訓練計畫是戰爭中的關鍵因素之一，並且可能是決定性的因素。你們的陸軍計畫極其有助。我上星期與麥克諾頓共進午餐，並與他及重要軍官們就加拿大軍團問題進行了深入交談，這些軍隊駐紮在我們的國防重地。陸軍大臣現正在我這裡，他對此表示贊同，並向你致以最親切的問候。

目睹整個英帝國齊心協力，令人倍感欣慰。請相信我，朋友，我深知你在指導加拿大進行大規模作戰的努力中取得成功的原因。

首相致陸軍大臣

1941年2月22日

1. 我們批准的陸軍規模為55個師，外加1個南非師，而我認為應該減少3個非洲殖民地師；戰術師總數為53個，其中應有11個裝甲師。在我看來，目前無需更改這個目標。

2. 在未來的6個月中，陸軍僅需13萬人，而勞工大臣計劃提供15萬

人。你認為這樣的做法是否更為穩妥：當下先制定僅限於未來6個月的決策，4個月後，當我們對作戰規模和性質有更深入的認識時，再重新評估局勢。

3. 請將你對勞工大臣報告的看法，以及對林德曼教授為我準備的幾份文件（將作為密件處理）的意見告知我。我傾向於進一步擴展裝甲師的規模，但暫時無需做出決定，因為當前的難題在於坦克和坦克炮，而非人力。

4. 你可以放心，我定會竭盡所能地支持陸軍，但我需要確認陸軍會主動進行精簡後才會給予支持。

首相致亞歷山大・卡多根爵士

1941年2月23日

這一切都表明我們應繼續給予戴高樂將軍更大的支持。我不相信法國人民會忠於一個因德國人喜愛而成為國家元首的人。我們需要耐心地勸說華盛頓不要向法國未被占領區或北非提供糧食。為了實現這個目標，必須讓我們駐華盛頓的大使了解人們對維琪政府和魏剛活動的不滿情緒。達爾朗確實是一個野心勃勃的惡棍。他的欺詐行為和魏剛的軟弱無能正變得更加明顯，這將提升戴高樂的聲譽。

首相致帝國副總參謀長

1941年2月26日

我希望了解目前在印度存在的舊式火炮種類，以及每種的數量。我希望新成立的團隊能夠使用發射25磅炮彈的火炮進行訓練，但實際上，現有未經改造的18磅炮彈舊式火炮已經足夠滿足當地需求。此外，我推測那些不屬於那4個師的印度舊炮兵團隊，應該已經定期獲得火炮補給。

印度是否仍然儲備舊式大炮？

首相致伊斯梅將軍

1941年2月26日

請告知我關於馬來亞軍隊和新加坡駐軍的部署情況及供應人數，並說明那裡的軍事編制狀況。

（即日辦理）

首相致海軍大臣和第一海務大臣

1941年2月28日

據報告，原計劃在3月2日抵達尤灣的「加爾各答城」號將改道至哈爾，預計於3月9日到達。絕對不能允許這艘船前往東海岸。船上載有1,700挺機關槍、44臺飛機引擎以及超過1,400萬發子彈。這些彈藥對大不列顛的防務至關重要，而海軍已將防務的相當部分委託給陸軍和空軍負責。令人憤怒的是，儘管面臨新的威脅，竟然有人建議讓這樣1艘船駛往東海岸。我準備將這份備忘錄抄送給運輸大臣。

目前，另一艘至關重要的船隻「幼利阿底斯」號也在航行中，預計將於3月3日抵達利物浦。這艘船裝載了超過900萬發子彈。

我希望你們呈交一份關於這兩艘船隻處理方案的專題報告。

3月

首相致陸軍大臣

1941年3月1日

我聽聞25萬支步槍和5,000萬發子彈已隨加拿大軍隊的船隊安全抵達後，心中才安定下來。此前，我曾建議海軍部放棄0.303英寸步槍，改用美國的0.300英寸步槍，而有人在其他報告中建議，將新運抵的美國步槍交給駐紮在英國的部隊，進而釋放出25萬支0.300英寸步槍供正規軍使用，這可能帶來更大的變化和更佳的效果。我認為此事現在可以按此執行。上次美國步槍抵達時，我們曾進行常規演習，並準備了專車等候等措

施。如今，我希望你能為這次新的武器收穫迅速安排演習，以便盡快將這些武器交給有需要的人。

請告知你們當前的安排。

首相致殖民地事務大臣

1941 年 3 月 1 日

韋維爾將軍，如同絕大多數英國軍官，堅定地支持阿拉伯人。當他為那些在海上遇險的非法移民發放許可證時，他發來了一封措辭強烈的電報，與此電報無異。他在電報中預言阿拉伯世界將面臨普遍的災難，而巴斯拉——巴格達——海法這條線也將失守。應將這封電報及我的回覆電報取出仔細審閱，我在回覆中反駁了韋維爾將軍，並向他解釋了內閣決策的理由。一切進行得很順利，沒有人提出異議。

從上述情況來看，我對這些荒謬言辭毫不動搖。阿拉伯人由於最近的勝利，目前不會挑起事端。然而，為了支持「光輝」計畫（援助希臘），我不想讓韋維爾將軍因無關緊要的問題而陷入無休止的爭論。因此，必須通知韋茲曼博士，猶太部隊的計畫需推遲 6 個月，不過可以在 4 個月後再重新評估。只需以裝備不足為理由即可。

首相致國內安全大臣、新聞大臣及空軍大臣。

1941 年 3 月 7 日

在過去的兩個月中，空襲頻率顯著降低，因此我不明白為何現在要放棄我們在 7 月至 11 月期間（包括 7 月和 11 月）經過深思熟慮的策略。我並未發現公眾士氣有任何「消沉的影響」，事實上，我認為他們已經對這些情況習以為常。因此，如有人建議我改變我們應對敵人對平民猛烈轟炸的方法，我將堅決反對，特別是當敵人可能已經停止這種行動時。如果敵人確實命中了特定的軍事目標，我們將明確發出訊號，我會更加感到遺憾。然而，這些僅是我的個人看法，因此，如果你們認為有必要，我完全同意將這些問題提交內閣再次討論。

首相致伊斯梅將軍

1941 年 3 月 9 日

我對於此次進攻邁伊斯蒂島的軍事行動感到困惑不已。我認為三軍參謀長有責任進行深入調查。海軍怎能允許如此大批援軍登陸？在此類情況中，關鍵在於海軍能否孤立該島。為了即將到來且更為重要的作戰行動，我們必須釐清此事。並非意圖刁難那些在多方面為我們取得優良成績且處於高度緊張狀態的人，但防止此類錯誤重演對我們的成功至關重要。

首相致伊斯梅將軍

1941 年 3 月 10 日

低空襲擊在低雲層或有霧的天氣下才構成真正的威脅，因為此時我們的戰鬥機無法發現敵機。為保護工廠，可以考慮使用懸掛在小氣球上的空雷。只需 20 磅的升力，1 個小氣球就足夠了。有人提議將此方法用於河口防禦時，曾決定在更高空中布雷以實現雙重防禦，這需要更大的氣球，而這種大型氣球需要電力絞車等設備。我們必須依靠能夠達到 1,000 或 1,500 英尺高度且無需電力絞車較小且簡單的氣球來實現防禦。在有風的日子，可用風箏代替絞車。

這種防禦戰略對機場來說並不合適，因為當我們自己的飛機起飛或降落時，必須將所有氣球收回。因此，使用火箭將空中雷帶入空中似乎特別適合用於機場防衛。

（即日辦理）

首相致新聞大臣

1941 年 3 月 10 日

顯然存在兩種情形，即正在進行戰鬥的地區與未發生戰鬥的地區。「各安原位」一詞完全不適合用於後者。這類地區最為普遍，可能占全國的 99%。對於這些地方，應指示它們「照常活動」。

附錄

「各安原位」（stay put）這個表達在戰鬥進行的區域，其實並不恰當。首先，這是源自美國的俚語，其次，它並不真實反映情況。人民並未被「安置」在某地。為何不用「緊守原地」（stand fast）或「堅守原地」（stand firm）等詞彙呢？在這兩個選項中，我偏好後者。這是英國的表達方式，並且能精準傳達第三段的意義。

關於地圖銷毀的若干段落，顯然僅適用於戰區。根據文件的上下文來看，全國的地圖、汽車和腳踏車似乎都需銷毀。

可以這樣開頭：「若該島國遭受重大侵襲，民眾將立即接到『繼續活動』或『固守不動』的指示。在大多數情況下，命令將遵循以下文件前3段中所述的『繼續活動』。『固守不動』的指令僅適用於實際戰鬥發生的區域，其目的在於防止逃難者堵塞道路，並確保那些選擇留在可能遭受攻擊地區的人，如東海岸和南海岸，能夠在其住所或防空洞中『固守不動』，直至附近的敵人被消滅或驅逐。」

首相致糧食大臣

1941 年 3 月 10 日

已收到 3 月 8 日來函。你提議派遣的糧食代表團赴美的目的和任務為何，望告知。我目前正認真考慮派遣阿瑟·索爾特爵士前往美國，推動商船建造事宜。這項工作需要持續的努力和關注，因為我們計劃在美國船廠進行大規模造船。截至目前，建成的船隻尚未達到我們所需的一半。

然而，我認為糧食問題與此事不可同日而語。美國糧食充足，以當前美元的分配額度來看，我們應能明智地決定噸位的使用。為何此事還需派遣專門的代表團？

我始終在努力減少派往美國的代表團數量，但我非常樂意聽取你所提出的原因。

首相致陸軍大臣等

1941 年 3 月 10 日

我們必須毫不含糊並始終如一地向美國政府表達我們的需求，避免因對我們的關鍵要求及其優先順序產生任何疑慮而影響他們為我們付出的努力，這一點至關重要。

近期，我負責處理這些問題的某一部分，並指示將所有為美國政府準備關於我們作戰行動的統計報告集中到我手中，經過協調後再由我們駐華盛頓的大使傳送。

目前，這個問題的另一面已經吸引了我的關注。霍普金斯先生報告稱，美國駐倫敦大使館的武官通常根據他們與倫敦海、陸、空軍及軍需部門下級官員的接觸所獲取的消息發送電報，而這些消息與提交給華盛頓海軍部和陸軍部的情況有很大差異。他列舉了一個例子：就在美國海軍部被敦促撥給我們驅逐艦的時候，卻聽聞倫敦某軍事部門一名不知名官員的意見被美國駐倫敦大使館的一位武官傳達，說在我們獲得更多遠端轟炸機之前，用驅逐艦對付潛艇的希望不大。

我希望你能採取必要措施，確保陸軍部官員在與美國大使館人員，尤其是大使館武官接觸時，避免發表可能與某些人在華盛頓為我們的利益所竭力主張的觀點相悖的意見。這些官員或許未意識到他們偶爾表達的看法很容易傳到華盛頓。此外，與美國大使館武官接觸的官員應大致了解我們不時向美國政府提出的要求的性質，以便他們避免發表與這些要求不符的言論，這一點也很重要。

首相致林德曼教授

1941 年 3 月 11 日

我希望你今晚能為我整理出一份分類明確的進口計畫概述，以便我能考量在何處削減 50 萬噸的糧食進口。

附錄

首相致空軍參謀長

1941 年 3 月 12 日

我看到關於德國人在法國北部擴建機場的報告。我們之前計劃在本島東南部修建的機場，估計現在已經陸續啟用了吧？請提交一份簡要報告說明擴建工作的進展或完成情況。

（即日辦理）

首相致空軍參謀長

1941 年 3 月 14 日

轟炸機昨晚再度取得成功。只損失了 1 架，但它成功轟擊了目標。我無法理解為何在設計和製造投彈設備上會有如此驚人的拖延。許多比這項任務複雜得多的問題都已經得到解決，而為了解決這個問題，似乎已經耗費了 3 個多月。如果在機械方面找不到解決方案，難道不能在機腹開 1 個孔，讓 1 個人俯臥，用手將炸彈（約如斯蒂爾頓起司大小）逐一投下嗎？投彈的間隔或許不完全規律，但仍可能幸運命中。不論如何，我要親自檢視這個投彈設備。如果你能召集相關人員，我可以在今天（星期五）下午 4 時到諾索爾特機場。如果你也能來，並在契克斯住一晚，那就更好了。

現如今，一種新的威脅顯現出來。海軍部負責氣球防空網的人員已經透露了空雷及電線、降落傘等構想，敵人可能很快會派出快艇，當我們最終做好準備時，也許為時已晚。

當前，敵人似乎正將重心轉向默爾西河與克萊德河，且必然會逐步轉移至那些既定的地點，此時正是轟炸機大顯身手的良機。

首相致空軍大臣

1941 年 3 月 14 日

1. 你擴充皇家空軍的計畫假設在 4 個月內會損失駕駛員 1,550 人，然而實際損失為 1,229 人。因此，你節省了 321 名駕駛員，原先估計的 26%

顯得保守。這是令人滿意的。

2. 我多次向你預言過,在冬季的數月裡,戰事會大幅減少。事實確實如此。請告知你對接下來4到6個月(包括3月)的預測。你所稱的「假設」(雖然我認為「估計」更為貼切),終究只能在理論上有意義,因為我們正努力培訓盡可能多的飛行員,而我們的計畫是基於訓練設施的規模,而非特定任務。然而,我們仍然可以對可能性進行一番推測。

首相致伊斯梅將軍

1941年3月15日

我贊成第50師與W. S. 第8號運輸船隊同行,並認為有必要為該運輸船隊增加船艦,以確保不會因運送第50師(將全部出發)而影響原定運送的主要人員和物資。請告知我,這樣增加運輸任務會帶來哪些問題。

(即日辦理)

首相致海軍部軍需署長

1941年3月15日

請撰寫一份關於用於運輸坦克的船隻建造進度的報告。當前有多少艘船隻?它們的噸位是多少?每次出海能夠運載多少輛坦克?每艘船隻的完工時間是什麼時候?在哪個地點建造?這些船隻能夠裝載哪些型號的坦克?

首相致外交部

1941年3月15日

我堅定地支持君主制度,因此在原則上認可君主立憲制,因為它是抵禦獨裁體制的防線,此外還有其他原因。如果英國試圖將其制度強加於其他國家,那是錯誤的,只會招致偏見和反對。然而,外交政策的核心應是以友好的態度看待其他國家朝君主政體的自然演變。如果我們無法提供支持,當然也不應加以阻撓。

附錄

首相致糧食大臣

1941 年 3 月 21 日

我希望避免使用「公共食堂」這個名稱。此詞令人厭惡，容易讓人聯想到共產主義和救濟院。我建議稱為「英國餐廳」。提到「餐廳」一詞，人們自然聯想到一頓美餐，因此即便無法獲得其他東西，至少還能聽到一個好名字。

（即日辦理）

首相致海軍大臣和第一海務大臣

1941 年 3 月 21 日

1. 在海軍部期間，我曾多次倡導提升海上加油的能力。如今，我們觀察到德國的戰鬥巡洋艦能夠在不進入任何基地或港口的情況下，在海上航行數週之久。如果他們可以做到海上加油，而我們卻不能，那將是極其丟臉的事。我們的艦隊曾在多次有望追擊敵艦的情況下，由於燃料不足，不得不放棄追擊，駛向數百英里外的地方進行補給。有觀點認為，德國人掌握了他們艦艇的位置，可以將油船派往相應地點，而我們由於採取防禦姿態，未能掌握局勢的變化。我對此表示懷疑。我們應當策略性地將數艘油船部署在航線附近的適當位置，以便我們的艦艇在當前情況下活動時，能夠隨時召喚油船進行補給。忽視海上加油的原則，將嚴重削弱英國海軍的實力。海軍部必須負責解決這個問題。

2. 還有一件事更令人痛心：即便是在非洲海岸外較為平靜的海域，我們的驅逐艦也無法補充燃料。當前，從獅子山北上的龐大運輸船隊，每天都有一、兩艘船隻被德國潛艇擊沉，而現在護送的戰鬥艦本身也遭到了魚雷的攻擊，這種狀況實在讓人痛心。讓 1 艘戰鬥艦跟隨速度僅為 6.5 海里的運輸船隊緩緩前行，而除了 3 艘驅潛快艇外，沒有其他強大的反潛艦隻護航，實在是「自招麻煩」。這些獅子山運輸船隊必須有驅逐艦護航。在這些海域被擊沉的船隻，與在我們西北海口一帶被擊沉的船隻一樣，都是

我們的重大損失，並且同樣是大西洋戰役的一部分。我聽說驅逐艦無法航行如此遠的距離。為何它們不能像目前在形勢壓力下對驅潛快艇所做的那樣，在海上補充燃料呢？我很高興聽到有空軍增援。然而，驅逐艦也是必需的。它們必須全程護航，並由護送艦為其補充燃料。

3. 關於德國人將維德角群島作為潛艇加油站的問題，現在必須重新評估，主要是考慮應採取的行動。我希望聽取你對此的意見。

首相致海軍大臣和空軍大臣

1941 年 3 月 21 日

敵人不僅使用飛機攻擊我們的船隻，還透過飛機引導潛艇進行襲擊；我們在西北海口的損失，大多是因此而起。我們必須全力以赴地摧毀「福克烏爾夫」式轟炸機。如果能夠利用雷達探測它們的位置並指引遠端戰鬥機或艦載機進行攔截，我們應該能夠使其遭受重創。是否可以在羅考爾設立 1 個雷達站？那裡的地理位置極佳，因此，無論多麼不便或困難，都值得付出巨大努力，至少在夏季的幾個月裡維持 1 個雷達站。洛克・厄恩以南的山丘也是理想的地點。如果我們能夠在托里島或克里海岸外的某個島嶼上設立雷達站，那就更好。可以私下將這些島嶼租給幾位富有的美國朋友。如果上述問題中有任何一項能夠實現，那麼，在軍事方面可能達到的結果，以及其他已研究或可研究的可能性，請從技術角度向我提交報告。

我們還應當探討干擾德國飛機與潛艇通訊的策略。據我了解，他們的通訊方式是「福克烏爾夫」式轟炸機將訊號發送至布雷斯特，然後由布雷斯特將指令傳達給潛艇，整個過程大約需要 1 個半小時。是否有可能干擾他們的通訊，或者透過持續的虛假電訊來擾亂相關方？我們對干擾「福克烏爾夫」式轟炸機無線電導航系統的常用設備應該不會忽視吧。

我推測我們能夠確定敵人發出訊號的地點。如果敵機上裝有雷達，那麼，使用合適的設備來定位並追蹤其起飛位置應該是可行的。

（即日辦理）

附錄

首相致海軍大臣和第一海務大臣

1941 年 3 月 22 日

假如敵人的戰鬥巡洋艦確實位於比斯開灣的港口，海、空軍就必須竭盡全力將其殲滅，為此需要勇敢面對重大風險與犧牲。然而，若不幸它們逃脫並繼續其劫掠行徑，則顯然有必要立即考慮以下行動策略。

1. 為了在大西洋重掌主動權，應盡快籌組 3 個搜索小組，即以「聲威」號和「皇家方舟」號為一組，「胡德」號和「狂暴」號為一組，「卻敵」號和「阿爾戈斯」號為一組。每個小組須配備一、兩艘油船，並應盡一切努力確保這些船隻能夠在海上補充燃料。油船不必隨搜索小組同行，但應停留在可以與其會合的地點。

2. 從冰島到維德角群島的海上防線大致被劃分為 3 段，每段均有 1 個搜索小組定期作業。儘管它們的任務與運輸船隊無關，但會為途經附近區域的船隊提供額外保護。這些部署須於 4 月底前完成，並儘早分階段啟動。

3. 應考慮將 1 艘或多艘船舶改裝為航空運輸艦，以便提早替換「狂暴」號。空軍部也將努力增加飛機運輸至塔科拉迪。

4. 由於執行護航任務的艦隊已經廣泛分布，因此不能反對使用「納爾遜」號替代「胡德」號。

5. 需為弗里敦的運輸船隊籌組一支小型艦隊，此艦隊可由那 25 艘閒置的美國驅逐艦中抽調而成，這些驅逐艦本來就在南部海域活動。務必設法利用護航的巡洋艦或戰鬥艦為這些驅逐艦補充燃料。

6. 現有跡象表明，德國正在滲透維德角群島，這些島嶼可能被用作德國潛艇的加油站，因此迫切需要迅速實施「敏捷」作戰計畫。一旦我們占領這些島嶼，就必須在當地建立穩固的燃料基地，並驅逐敵方潛艇的補給船。我願意研究這個問題在政治上的利弊。

7. 應盡可能在弗里敦地區部署水上飛機，最多可達 6 架，這些飛機將

從新奪取的島嶼起飛。

請將您對上述各點的看法，以及所有可行的實現方法告知於我。

首相致林德曼教授

1941 年 3 月 22 日

假如我們能夠保持 3,500 萬噸的進口計畫，你應考慮在不造成損害的前提下，將 200 萬噸從軍需部轉至糧食部。如果無法實現 3,500 萬噸的目標，則需相應減少轉移量，但務必保證滿足當前的糧食最低需求。請擬定一份計畫，以便明晚與安德魯·鄧肯爵士討論。

（即日辦理）

首相致伊斯梅將軍

1941 年 3 月 23 日

應要求陸軍部和中東方面詳細說明他們所徵用的所有肉類冷藏船隻的使用情況，包括這些船隻的具體位置和用途。據我所知，一些船隻在中東地區被用作軍需倉庫。請提供一份詳盡清單，區分那些已被重大改裝為軍隊運送艦的船隻，以及那些可輕易恢復原任務的船隻。

首相向伊斯梅將軍轉交參謀長委員會及海軍部

1941 年 3 月 23 日

1. 陸軍部要求運兵船上每人每日提供 8 加侖水，這個要求已成為顯著減少運載兵員數量的因素，此事是否屬實？陸軍部的標準是否經過公正的審查？我聽說「伊莉莎白女王」號和「瑪麗王后」號僅運載 3,500 名士兵，令我感到非常驚訝。這個數字似乎並不比它們執行豪華客運時的人數多。如果我沒記錯的話，1915 年 5 月，「阿奎泰尼亞」號或「毛利塔尼亞」號曾運載 8,000 多名士兵抵達達尼爾海峽。

2. 若將人員從這些運輸船轉移至停泊在開普敦的巨型班輪上，是否會達到節省船舶的效果？既然敵軍的潛艇和飛機在紅海即將銷聲匿跡，那麼

附錄

從開普敦出發進行快速運輸，似乎是一個很好的計畫。無論如何，這個問題值得進一步研究。

首相致伊斯梅將軍

1941 年 3 月 23 日

這些話多半是空洞的議論。比如，提到沒有為較小港口配備起重機，這種說法有何意義？我們尚未利用這些較小港口，自然也不會在這方面感到任何困擾。我們確實需要一些設備，以便將貨物卸裝到駁船和沿海船隻上，並透過改善公路或鐵路交通來減輕小港口的運輸負擔。請列出可以這樣使用的港口，並向我提出一些建議，以便我隨後起草一份備忘錄（關於採取有效重要保障措施的備忘錄）。我們在克萊德河和默爾西河承受的風險過大。

若要實現上述目標，你可隨時向我尋求任何協助。

首相致諾瓦那加邦主賈姆先生

1941 年 3 月 24 日

3 月 17 日邦主院所通過的決議措辭使我的同事和我深受鼓舞，在決議的慷慨文字中還特別提到了我，令我尤為感動。聯合王國的英王陛下政府懷著感激的心情讚揚印度軍隊在北非對帝國勝利所作出的英勇貢獻，並且他們充分意識到這種貢獻在規模和範圍上的日益成長。我代表我的同事請求殿下向邦主院轉達我們對印度各邦主和各民族所展現的堅定精神的讚賞。

首相致自治領事務大臣

1941 年 3 月 25 日

為何要用這些重大問題的事件（入侵英國本土的可能性）來困擾各個自治領？它們是否要求我們對此作出判斷？問題的另一面自然也應該得到闡明，即：

1. 即便敵軍初期成功登陸，我方海軍將在 1 週內切斷他們與這些地點的交通連繫。

2. 我們有充足的理由相信，我們能夠在英國維持白天空中優勢，因此我們的轟炸機隊不僅能夠在夜間，還可以在白天對各個登陸地點的敵人進行集中轟炸，如同「納姆索斯」戰役一樣，迫使其撤退。

3. 除了海灘上的部隊外，我們在 4 月 1 日將擁有近 30 個師及 1,000 輛坦克的後備力量，可以部署到各個入侵地點。

4. 我方國民自衛軍共有 160 萬人，其中 100 萬配備步槍或機關槍，足以應對降落的傘兵等突發事件。

然而坦白而言，除非認為恐嚇各自治領是確保它們履行義務的必要手段，否則我看不出夸夸其談地公開這些情況有什麼益處 ── 其中某些情況的洩漏甚至可能有害。

首相致外交部

1941 年 3 月 28 日

應以正式禮節對待斯托亞丁諾維奇先生，但須經常予以監視。應告知總監，他是一個不良之人，並在此關鍵時刻，無疑是一個潛在的塞爾維亞「吉斯林」。讓他與總督或其家庭，或與模里西斯人民之間發生非官方聯繫，皆屬不宜。對其飲食起居的待遇應按照上校標準。

首相致伊斯梅將軍，轉交參謀長委員會及本土部隊總司令。

1941 年 3 月 30 日

在「勝利者」演習中，我們設想敵軍在諾福克海岸突破頑強抵抗，登陸了兩個裝甲師、1 個摩托化師和兩個步兵師。他們藉由猛烈的攻勢上岸，並假定在 48 個小時內全員投入戰鬥。

我推測負責策劃的人員已經準備好了這個壯舉的具體細節。請交給我審閱。例如，運送這 5 個師需要多少船隻和運輸艦？這 5 個師有多少裝甲

附錄

車輛？有多少貨運卡車、火炮、彈藥、士兵、以及多少噸物資？在最初的48個小時內，他們將推進多遠？假設在最初的12個小時內有多少士兵和車輛登陸，預計損失比例是多少？在最初48個小時的戰鬥中，運輸艦和補給船的狀況如何？它們是否已經卸完貨物或仍停在海灘附近？它們有哪些海軍護航？此時敵人的登陸是否由其優勢的白天戰鬥機群掩護？若如此，為掩護每個登陸點，敵人需要多少架戰鬥機？

這些資料對我們未來的攻勢行動極具價值。我希望這些參謀能再擬定一個關於我們在法國海岸登陸的計畫：登陸的部隊與現有部隊完全相似，且登陸地點需在我方戰鬥機保護範圍內，並假設德軍在英吉利海峽擁有海軍優勢。如果能在48個小時內完成這樣的壯舉，將成為歷史上的創舉。因此，如果參謀人員決定全力投入這個冒險行動，並能詳盡說明實現步驟，我將樂於向國防委員會提出，以便盡快採取行動。

4月

首相向安德魯・鄧肯爵士及進口管理委員會致意

1941年4月1日

在上一次「大西洋戰役」委員會的聚會上，與會者普遍認為油船的周轉效率顯著提高，歸因於輸油技術的進步。事實並非如此。周轉時間已從11.3天減少至3.3天。節省的時間主要得益於組織工作的有效性和機構的改進。節省下來的時間中，約有三分之一源自輸油方法的改進；三分之二歸功於更為高效的組織。

你的委員會和你應該對這件事展開調查，並評估海運部在多大程度上可以採納石油管理委員會的方法。

首相致內政大臣

1941 年 4 月 2 日

我在《每日電訊報》上看到一條消息，據稱你即將向國會闡述賽馬業的發展前景。你準備怎麼說，請提前告知我。如果所採取的措施會對賽馬業構成威脅，導致在戰時停業，或使純種馬瀕臨絕種，那麼就需要將這個問題提交內閣進行研究和解決。

首相致海軍大臣和第一海務大臣

1941 年 4 月 4 日

關於海上補給的問題。鑑於「馬來亞」號正在護送一支航速為 8 節（甚至可能是 6 節）的運輸船隊，我認為不必過度強調為 1 艘航速 12 節驅逐艦加油的危險。當然，在為驅逐艦加油時，這艘戰鬥艦無法靈活機動以躲避魚雷攻擊。然而，驅逐艦與運輸船隊同行，已足以彌補這種暫時的不利局面。如果派遣 4 艘驅逐艦與這些運輸船隊同行，那麼，1 艘負責加油，其餘 3 艘可以承擔防護任務。無論如何，最糟糕的情況莫過於將 1 艘戰鬥艦與航速僅為 6 或 8 節的運輸船隊捆綁在一起，而又沒有反潛艦艇為其提供保護。上述的運輸船隊正處於這樣的境地。

首相致空軍參謀長

1941 年 4 月 5 日

關於中東地區的空軍，有兩點讓我感到難以置信：

1. 儘管共有 26,600 名人員，其中包括 1,175 名駕駛員，並且有 1,044 架飛機可用於執行任務，但實際上只有 292 架能與敵機交戰。

2. 雖然擁有大量人員和一批老舊飛機，但空軍總司令在新飛機抵達時仍無法找到所需的勤務人員，不得不派遣大批人繞道好望角前往中東，導致了嚴重的延誤。

附錄

首相致海軍大臣和第一海務大臣

1941年4月5日

若在1週內能於紐約獲得7艘快艇，為何不能進一步從冰島調配人員，使其在兩週後投入戰鬥？無論如何，請確保一切準備就緒，儘早為這些船隻配齊人員，使其參戰。

首相致愛德華·布里奇斯爵士

1941年4月8日

在復活節期間，工作不應遭遇重大中斷，這一點至關重要。每週一的例會應安排在下午5點。各部門大臣需保持隨時接聽電話的狀態。大臣們最好輪流安排休假。

請提供休假人員和留在辦公室的人員名單。據傳復活節期間是進行入侵的最佳時機。

首相致伊斯梅將軍

1941年4月8日

我們需詳盡了解托布魯克的情況。請制定一個涵蓋托布魯克及阿德姆地區的大規模計畫，並盡快製作模型。同時為我準備從空中和地面拍攝的最清晰的照片。

首相致軍需大臣

1941年4月8日

我在機床調查表中注意到，從1940年6月至11月，機床的每週平均工作時數從66個小時降至58個小時，這讓我感到有些擔憂。固然，在不同類型的機床之間實現完全平衡以確保其充分利用是不現實的，但實際工時似乎低於預期。部分損失（每週1個半小時）直接源於空襲。此外的損失可能與熄燈期間大多數工廠關閉有關。請告知我目前各工廠採用的班次制度。

若我們未能充分利用現有機床，要求美國機床的快速交貨便顯得難以啟齒。

我正在將相同的備忘錄分別發送給飛機生產大臣和海軍大臣。

（即日辦理）

首相致印度事務大臣

1941 年 4 月 10 日

昨日你迅速且高效的行動讓我深表感謝。你預計在幾日內制定一項將巴斯拉打造成宏偉的美國裝配點之計畫，我對此充滿興趣。務必將計畫劃分為多個階段，以便我們在計劃逐步實施時加以運用。同時，準備一個全面的防空方案，需設定必要的雷達站，確保我們的戰鬥機可以及時起飛。請向軍方索取該地的大量照片，並隨報告一同提交。報告宜簡明扼要。

首相致帝國總參謀長

1941 年 4 月 15 日

從這份報表中（我每週都會研究報表），你會發現我們的重型坦克有 1,169 輛在軍隊中。在不久的將來，每個月 200 多輛坦克的產量將有所提升。若人員訓練仍無法趕上長期延誤的坦克交付情況，那就是陸軍部的責任。將 238 輛巡邏坦克分配給 1 個裝甲師，而另 1 個裝甲師僅獲得 38 輛，若因此導致訓練困難，我並不感到意外。若第 11 裝甲師再多幾輛步兵坦克，訓練進度將更快。

我個人不認為供應設備時將每個師整齊劃一的分配是最佳選擇。然而，使 1 個師的武器（儘管速度不同）實現良好協同應是可能的。此外，這些裝甲車輛中有些應配備野戰炮，甚至一、兩門大炮或迫擊炮。希望能將德國人的做法寫成報告給我。

附錄

首相致海軍大臣

1941 年 4 月 15 日

我得知海軍部正在研究一種長形阿克蒂恩魚雷防禦網，或類似設備，安裝在護航艦隊兩側的護衛艦後方。希望能收到相關進展的報告。

若此事物得以研究成功，將極大助益於我們問題的解決。

首相致空軍大臣

1941 年 4 月 15 日

若敵方的舉動使我們不得不發動化學攻勢，我對我們在這個領域的準備感到非常不滿。

在我眼前，放著海、陸、空軍化學戰委員會關於此問題的報告，以及軍需部的評論。從這兩份文件中能夠觀察到以下幾個特徵：

1. 毒氣彈供應短缺的狀況依舊嚴峻。儘管 6 英寸和 5.5 英寸的毒氣彈原定於 2 月分投產，但至今未見成品。我得知 25 磅毒氣炮彈的缺乏是因為空彈殼供應不足所致。

2. 陸軍所使用的 5 英寸火箭推進武器（即新型機動投射器）的生產速度將超過 30 磅 I 號 L. C. 炸彈的產量。事實上，供應量甚至無法滿足訓練需求。

3. 毒氣的產量未達預期。當前產量約為設計產能的 65%，此前有幾個月甚至僅達到 50%。

我建議國防委員會的供應小組盡快召開會議，以便對形勢進行徹底評估。

為確保檢查的全面性，我希望航空生產大臣與軍需大臣分別撰寫簡明扼要的說明，涵蓋其部門相關事宜，以供會前傳閱。說明需詳述每種主要毒氣武器及其組成材料（包括毒氣）的以下消息：

1. 對其所提出的整體需求量註明日期。

2. 截至4月1日,各部門所管理組成材料的庫存數量。

3. 截至4月1日為止提供給皇家空軍或陸軍當局的供應量。

4. 未來6個月內每個月的預計生產量。

我期望這些指示能在7天內提交,並可交予布里奇斯爵士。

我正在向陸軍大臣、軍需大臣以及飛機生產大臣分別發送相同的備忘錄。

首相致雅各布上校

1941年4月16日

請用一頁紙展示當前與去年9月英國本土軍力的對比,涵蓋以下內容:

1. 步槍與小型高射炮數量;

2. 大炮——包括所有類型的野戰炮和中型炮(合併為一項),以及海防炮和重型及輕型高射炮數量;

3. 軍隊擁有的步兵坦克和巡邏坦克數量;

4. 作戰部隊的供給人數和步槍數量;

5. 師與旅的數量:在海濱及後方屬於集團軍或總司令部後備隊或其他部隊的人員數量;

6. 當前與去年9月可作戰的戰鬥機數量;

7. 兩個時期的轟炸機投彈數量和重量;

8. 兩個時期國內海面上的小艦隊實力。只需大致的整數,無需過於詳細。

(即日辦理)

首相致空軍參謀長

1941年4月17日

1. 不可否認的是,轟炸機司令部未能成功攻擊布雷斯特港的敵方巡洋艦,這無疑顯露了該兵種的不足之處。他們並未計劃實施低空白日襲擊。

附錄

所有經驗表明，空軍部忽視俯衝轟炸機的決策是個重大錯誤；如今我們既缺乏攻擊能力，又普遍存在對損失的恐懼心理，這正是空軍部錯誤決策帶來的沉重代價。

2. 德國的兩艘戰鬥巡洋艦在戰爭中扮演了極其重要的角色，因為我們缺乏既可俘獲又可擊沉它們的武器。我從未要求你在迎戰敵人時還要與惡劣天氣抗爭，但未來的好天氣會逐漸增多。我認為不應放棄對這兩艘敵艦的戰鬥。與此相對，應努力克服失敗的原因。希望你能與海軍部探討以下問題：

3. 儘管「勝利」號尚未完全準備好，但其上甲板足以容納20架「旋風」式戰鬥機。在如此多戰鬥機的護航下，是否可以讓10餘架轟炸機在裝備我們所能改良的最精確投彈瞄準器的情況下，展開黎明突襲？請立刻對此進行分析並呈報給我。

4. 我毫無疑問地支持對德國的攻擊，並且主張用最重型的炸彈猛烈轟擊柏林。同時，我也同意將轟炸機司令部的大部分飛機用於攻擊德國的目標。然而，對於那些戰鬥巡洋艦，仍需每日進行拍攝。此外，除了之前提到的日間特別襲擊外，還應在適當的天氣條件下使用少量飛機進行頻繁攻擊，並在黑暗中探測到艦隻移動時出動更大規模的編隊進行襲擊。

（即日辦理）

首相致帝國總參謀長

1941年4月18日

1. 第7裝甲師曾參與多次艱苦戰鬥，取得顯著成就。2月6日攻克班加西後，他們接到命令返回開羅進行重新裝備。這意味著需要跋涉400餘英里，坦克履帶勢必嚴重磨損。據報導，的黎波里有德國人活動，若屬實，從遠方調回該師便是失策。坦克不可能同時需要長期大修，應在前線設立臨時工場進行小修，並派遣工作人員前往。除第3裝甲旅外，第7師的裝甲旅中亦有相當部分面臨類似情況。然而，韋維爾將軍和其軍官們似

乎認為在 5 月底前不會有麻煩，這個嚴重誤判已經帶來痛心後果。

2. 這些裝甲部隊回到駐地後，已有至少 114 輛巡邏坦克和 48 輛步兵坦克，總計 162 輛，進入埃及的工廠並仍留在那裡。預計最快到 5 月 15 日將有 40 輛出廠，而到 5 月 30 日將有 41 輛出廠。令人難以置信的是，那些能夠自行返回的坦克卻花費如此長的時間，而在托布魯克的坦克中，僅有少數幾輛從工廠出來。請提交一份報告，詳細說明巡邏坦克和步兵坦克進入埃及各工廠的日期，以及已修復坦克的出廠日期和其他坦克預定的出廠日期。看來在維修工作中存在一定程度的懈怠和嚴重的管理不善。

3. 據稱，到 4 月底將從美國運送 60 輛第 3 型號巡邏坦克，這些坦克到底是什麼樣的？我們至今仍未聽聞相關消息。

首相致陸軍大臣

1941 年 4 月 20 日

在利比亞的現狀中，一些德國坦克已經被我們掌控。即使這些坦克是損壞的，我們也應竭盡所能尋找一位技術嫻熟的英國坦克設計師或其他合適的工程專家來進行檢查。

在條件允許時，適時將一輛德國坦克或相關部件運回國內。此外，若中東尚無合適的專家，應立即派遣專業人員前往，以便現場進行評估。

我正將相同的備忘錄提交給軍需大臣。

首相致伊斯梅將軍

1941 年 4 月 21 日

我提議召開會議，討論有關坦克的問題及其未來發展，並應邀請各坦克師的司令官以及軍需部的代表參加。會議日期定於兩週後的週一，即 5 月 5 日。

應當激勵坦克部隊的軍官們準備建議，並暢所欲言。議程應仿照總司令的會議設定。

附錄

請確保所有安排均已妥善處理，並為我起草一份格式合宜的備忘錄，以便提交給陸軍部。

（即日辦理）

首相致帝國總參謀長

1941 年 4 月 22 日

1. 我已與克勞福德將軍共同檢查了坦克的狀況。運送那 67 輛巡邏坦克及其備用部件後，接下來 3 個月的交付量應超過 288 輛。步兵坦克的交付量可能達到 500 輛，我們幾乎可以確定在 5 月和 6 月會有大量 A.22 式坦克的交付。看起來 IV 號坦克和 VI 號坦克的備用部件，除了駕駛盤和幾個次要部件外，大體一致。引擎完全相同，而中東方面已有可供 VI 號坦克使用的大量部件。因此，我們只需運送不同的部件即可。在接下來的 3 個月中，你將面臨的挑戰是為接收的坦克找到經過合適訓練的部隊。

2. 1,100 部由軍隊掌控的坦克在訓練中不應過度磨損，我希望你親自關注此事。我們不希望在關鍵時刻被告知，我們依賴的師團坦克，如同第 7 裝甲師的坦克，在最需要時竟需進行長時間的修理。依我之見，訓練應分為兩個部分：

（1）坦克使用的訓練。為此，必須配備模型坦克，即便在裝備尚未齊全的師中亦應如此；

（2）戰術訓練。在訓練中，應盡量避免坦克的大規模移動。許多演習完全可以用輕機槍戰車以坦克的行駛速度進行，直接使用坦克演習會導致履帶磨損，因此這種方法只能偶爾使用。在交鋒前平時一直騎「駑馬」的原則應得到騎兵軍官們的認可。

請就以上問題為我撰寫一份報告。

首相致帝國總參謀長

1941 年 4 月 23 日

我設想，在不久的未來，你將面臨的問題是國內坦克過剩。你提到這些車輛的速度和型號。然而，實際情況可能與想像不同。由相同類型設備組成的龐大軍隊，長時間的進軍或運動通常不必要。在大多數情況下，每次行動中有許多時間被浪費，因為大多數人處於等待狀態，僅有少數人能夠向前推進。因此，支持混合編制的理由更加充分，而我認為為了讓 1 個師完全由坦克組成，而撤銷 5 個師的巡邏坦克是極其愚蠢的。這就是「坦克議會」上必須討論的問題之一（我正要給你發送一份關於此會議的備忘錄）。我們必須在不久的將來召開一次會議。在英國，距離通常很短，鄉間被圈地，因此巡邏坦克和步兵坦克之間的差異將逐漸減少到幾乎不存在。由相同類型坦克組成的部隊，其編制不應超過 1 個旅。在這戰事暫時平靜的時刻，應將坦克更均勻地分配給各個部隊。

首相致陸軍大臣

1941 年 4 月 23 日

戰爭所提供的種種教訓無不強烈地表明，優質且充足的反坦克武器是必不可少的。由於反坦克炮的生產能力必然受限，因此加快製造能夠替代其功能的裝備顯得尤為重要。

我曾認為迫擊炮極為適用，且據悉您已決定訂購 2,000 門此類火炮，以及 30 萬發反坦克彈和 60 萬發反裝甲彈。這些武器何時能運抵軍隊？多久可發出一批？請擬定一份計畫呈報給我。

首相致陸軍大臣

1941 年 4 月 23 日

謠言四起，據說德國人在製造厚裝甲坦克——提到的厚度是 4 至 6 英寸。對於這種裝甲，目前所有反坦克炮，甚至移動火炮都無法穿透，而履帶和其他易損部位則是相當小的目標。

附錄

試驗證實,應用於甲板的黏性炸藥,例如由布萊克上校和傑弗里斯上校改進的迫擊炮所使用的那些,具有極強的穿透能力,這可能是解決此問題的方法。不管怎樣,我們絕不能毫無準備。我確信陸軍部已經意識到了厚甲坦克的威脅,並正在認真研究應對方案。請提交一份報告給我。

首相致韋維爾將軍

1941 年 4 月 24 日

1. 從不同方向施放的煙幕,依據風向,是否能夠有效保護托布魯克港內的船隻?你具備所需的物資和設備嗎?

2. 我們希望獲取關於托布魯克駐軍最近繳獲的德國坦克的詳細消息,尤其是這些坦克在熱帶、沙漠及高溫條件下的適用性。

首相致陸軍大臣和軍需大臣

1941 年 4 月 24 日

1. 我建議定期召開會議以討論坦克及反坦克事宜。首次會議安排在 5 月 5 日(星期一)上午 11 時,於唐寧街 10 號進行。請各位安排適當官員出席。陸軍部建議邀請帝國總參謀長、帝國助理總參謀長和波普將軍出席,另請馬特爾將軍及其裝甲師師長參與。軍需部方面,希望伯頓先生、布朗海軍上將和克勞福德將軍出席。

2. 我尤其想要激勵所有與會官員提供應討論議題的建議,並鼓勵他們暢所欲言。我的目標實際上是建立一個「坦克議會」。

3. 我的國防部將為每次會議制定議程,該議程將涵蓋你們希望列入的任何事項,以及坦克司令官們願意提出的建議或問題。我本人希望討論裝甲師的編制、當前其機械效率的狀況,以及 1943 年的一些重大的課題。

首相致哈利法克斯勛爵

1941 年 4 月 28 日

請不要妨礙總統直接向我提出問題,也不要建議他禁止任何海軍官員

這樣做。我與他的私人關係至關重要，如果這關係被普通的公務關係取代，那將是非常遺憾的。

首相致伊斯梅將軍

1941 年 4 月 28 日

1. 希望今天能收到我去年夏季撰寫關於準備 5,000 名傘兵的備忘錄，以及所有導致我最終同意將人數減少到 500 人的相關部門備忘錄。請在上午之前將這些文件交到我手中。

2. 請將現有所有支持擴建跳傘和滑翔機部隊的提案，以及有關預期結果的時間表，一併提交給我。

首相致帝國總參謀長

1941 年 4 月 28 日

作戰局長昨日提及已制定在必要時自埃及撤離的方案。

請讓我審閱這些計畫及相關的所有資料。

首相致海軍大臣和第一海務大臣

1941 年 4 月 28 日

中東總司令此前全力投入指揮撤退工作，但如今他必須轉而專注於封鎖昔蘭尼加的各個港口，並盡可能截獲船隻。相較而言，封鎖昔蘭尼加的港口應比封鎖的黎波里簡單得多。兩者都需嘗試，但若無法封鎖後者，將尤為遺憾。

首相致伊斯梅將軍，並轉交參謀長委員會

1941 年 4 月 29 日

我們曾聲稱班加西港在我們占領期間毫無價值，也曾表示撤退時已徹底封鎖。然而，敵人此時卻能自如運用該港，這難道不是件奇事？

附錄

首相致伊斯梅將軍

1941 年 4 月 29 日

　　我獲悉在週六著陸的傘兵中，有數人的指關節遭受嚴重割傷。你們是否曾考慮為他們提供手部和膝蓋的防護措施？

5 月

首相致伊斯梅將軍

1941 年 5 月 4 日

　　請撰寫一份關於在新加坡操作 15 英寸口徑火炮及探照燈的炮手和相關人員效率的報告並交給我。那裡的雷達設備情況如何？

首相致空軍大臣

1941 年 5 月 4 日

　　此份（致羅斯福總統關於在美擴大轟炸機生產的電稿）理應透過正常管道提交。我不願意直接向羅斯福總統發送有關總體計畫的電報，這個計畫應由專門成立的機構進行全面討論。

首相致財政大臣

1941 年 5 月 4 日

　　士兵在休假期間因敵方行動而喪生的情況下，其遺孀僅能領取其丈夫在執行任務期間死亡所獲撫卹金的一半，這個情況是否屬實？

首相致財政大臣

1941 年 5 月 10 日

　　你認為這樣的差別是否合理？需要花費大量金錢嗎？有人向我提及一個案例：一名水兵在值勤時因醉酒溺亡，其遺孀獲得全額撫卹金；而另一名水兵在合法休假期間因敵對行動喪生，其妻的待遇卻遠不如前者。我深

表懷疑，如果將服役期間的合法休假視同服役，這真的會耗費大量資金嗎？這樣做可能會消除一些看似合理的不滿情緒。

首相致財政大臣

1941 年 5 月 16 日

我認為對於因敵人炮火致死和因普通事故致死，應作出明顯的區分。這是我們在戰爭損害賠償法案中一直成功保持的一條界線。我們受到空襲是最近的事，不是經常發生的，而且可以相當有把握地將其限制在一定範圍內。因此，我不同意將特殊待遇擴大到普通事故，並從武裝部隊擴大到受僱從事部分時間工作的人，如民防隊員之類的人員。我認為在正規部隊中被長期僱用並受軍紀約束的人員，在休假期間與在部隊時一樣，應在其遺孀獲取撫卹金等方面享有同樣的權利。這又是一條可以有效維持的界線。

在紀律嚴明的常備軍中，休假被視為應得的權利，也是部隊制度的組成部分。因此，若因士兵在休假期間遭敵方炮擊而導致其遺孀僅獲得一半撫卹金，必然引發對管理當局的強烈不滿。

若依照我的建議對規章進行調整，請告知預估總開支是多少。

首相致帝國總參謀長

1941 年 5 月 6 日

有必要調查駐紮在克里特島的軍隊是否擁有足夠精確的地圖。倘若沒有，我們很快會意識到，所有抵達此地的德國人對該島嶼的了解程度將超過我們的士兵。

首相致第一海務大臣

1941 年 5 月 6 日

為何海軍基地機動保衛隊的調動竟然耗費了整整 12 個星期，而那些已裝箱的設備竟然與其用途毫無關聯，究竟是何緣由？起初應優先將海軍

附錄

基地機動修配廠的整套設備裝載上船,這樣才能卸下後使用。

我認為應該調查處理事務中的疏漏。

首相致外交大臣

1941 年 5 月 7 日

請您斟酌一下,將我寫給松岡的信公開發表是否妥當。我認為關鍵在於,讓普通的日本民眾以及比松岡派更龐大的軍方群體知曉他們目前正朝著何種方向前行。

首相致伊斯梅將軍

1941 年 5 月 8 日

既然我們已經成功占領了拜爾迪耶、托布魯克、馬薩瓦、阿薩布、奇斯馬約及其他意屬非洲港口,請為我準備一份詳細報告,描述我們在這些地點發現的敵方海、空防禦設施的具體狀況,以便與我們情報部門之前的預估進行對比。報告的編寫時間可以為期兩週。我首先需要了解事實,務必確保情報部門不知曉我們將進行資料對比。

首相致史末資將軍

1941 年 5 月 8 日

我打算請求國王任命你為英國陸軍的名譽元帥,不知你是否願意。我認為,鑑於你在我們軍事事務中發揮的重大作用以及南非軍隊的關鍵地位,這個任命在各方面都是恰當的。至於你的老朋友和同事們,他們能夠向你表達這種敬意,自然會感到無比欣慰。

首相致比利時首相

1941 年 5 月 10 日

在德國政府背棄其最神聖的承諾,無故對比利時領土展開武力侵略 1 週年之際,我謹代表英王陛下政府向比利時政府、比利時帝國及其武裝部隊和商船在過去一年中對同盟國事業提供的有力支持表達謝意。你們的戰

士在比利時戰役中抵禦侵略者，如今在家園裡繼續對侵略者的意志進行抵抗，我們對此銘記於心。英王陛下政府和英國人民對目前被憎惡的納粹暴政壓迫的比利時人民深表同情和欽佩，這些人民以其勇敢和堅韌不拔的精神為自由的保衛每日做出貢獻。

（即日辦理）

首相致空軍參謀長

1941年5月10日

目前，埃及戰役的結局更依賴空軍的支援，而非坦克。必須從各地經由所有路線，尤其是實施「美洲虎」計畫，將戰鬥機調派過去。需要解決塔科拉迪的瓶頸問題，緩解其擁堵狀況。我在其他文件中請求再派遣一批「韋林頓」式轟炸機，至少6個中隊。應設立一個定期的水上飛機航線，以便將埃及剩餘的飛行員遣返。應利用空軍上將朗莫爾在英格蘭的機會，制定一個全面的增援計畫。此事宜儘速處理，因為各方消息表明敵人正在加強活動。

首相致麥肯齊·金

1941年5月11日

欣聞孟席斯先生的訪問取得顯著成功。在此期間，他與我們共同經歷了極其緊張的時刻，我們認為他是一位忠誠的夥伴。如能安排在7月或8月召開為期1個月或6週的英帝國會議，將是極為合適的。我期待我們在中東能夠取得佳績，並確信我們已竭盡全力。向你致以最誠摯的祝福。你在加拿大的領導下實現了團結一致，令人欽佩。

前海軍人員致羅斯福總統

1941年5月10日

我相信您現在已經知悉阿諾德將軍向我們提供的優秀建議，即美國迅速擴大的飛行員訓練名額中將有三分之一分配給此地的學員。鑑於訓練將

附錄

在下月初啟動,我們已積極進行準備,首批550名青年已整裝待發,第二批550人也將緊隨其後。我目前意識到存在一些法律上的問題。總統先生,我希望這些問題不嚴重,因為若因此延誤,將令我們感到失望,並且擾亂我們的籌備。阿諾德將軍的建議為我們的訓練工作帶來了便利,我們對此欣喜不已,非常歡迎。我們無論如何也無法如此迅速地找到數量如此之多、協調良好的飛機、機場和教練員。這將極大地加速我們在空軍領域的進展。

首相致阿諾德將軍

1941 年 5 月 11 日

1. 我非常感謝你們在埃及的觀察員報告中所述的情況。據空軍部告知,我們最近已經派遣所能找到的最優秀軍官前往塔科拉迪,但他們對美國飛機和發動機的了解,必然不如對英國設備的熟悉,因此歡迎你們提供美國專家。所需人數和軍階的詳細消息將由空軍部盡快提供。

2. 在西非的熱帶氣候下,無人能如在國內般長時間辛勤勞作。我們願意採取三班制,並計劃利用船隻來增加一些居住空間。

3. 我們即將派遣一位最為精明的高級技術官員前往非洲,他將直接向總司令彙報,在埃及負責管理維修事宜,並全面負責塔科拉迪的增援航線,此航線由空軍部獨立掌管。在從英國或美國工廠至埃及的線路上,必須將管理權合理地分散到各個區域性環節。

4. 派往塔科拉迪的新兵中有些技術經驗不足,對此問題的批評是合理的,但皇家空軍目前普遍存在新手大量加入的現象。我們現在正派出經過挑選的人員。我們感謝您暫時借出專家的提議,並正敦促飛機生產部準備好工具和設備。

5. 英國採購代表團的視察具有重大意義,我們對此持相同看法。我正在將你們的批評轉達給飛機製造部。

6. 我對你們先前給予的支持及派遣技術人員的建議深表感激。飛機組

裝的問題並非自塔科拉迪交貨的唯一癥結。若要加快交貨程序，需相應增加用於運送飛機部件的運輸機。你曾承諾將美國的運輸機運抵非洲，這項工作是否可以加快？感謝你直接發電報給我。

（即日辦理）

首相致海軍大臣和第一海務大臣

1941 年 5 月 14 日

關於我的第 2 號「老虎」計畫仍需補充一點，即人們希望在 6 月中旬之後的無月光時段執行。為確保更安全，最好立即派遣「勝利」號前往，這樣也能滿足地中海戰區總司令的期望：擁有兩艘裝甲航空母艦。然而，為實現這個目標，最好讓「勝利」號及其隨行的其他航空母艦，配備一批能從浮舟上發射最佳和速度最快的戰鬥機。美國的「燕子」式飛機進展如何？我已有數個月未聽到關於它們的消息，但據稱由於其高速，它們前景看好。「老虎」計畫的卸貨進度如何？

首相致伊斯梅將軍

1941 年 5 月 16 日

馬丁尼克的現狀如何？那 5,000 磅黃金是否仍然存放在那裡？駐紮著哪些法國軍隊？港口停泊著哪些法國船艦？我認為，美國或許可以接管馬丁尼克，以防止其被德國潛艇用作基地，特別是考慮到維琪政府的賣國行為。

首相致帝國總參謀長

1941 年 5 月 16 日

已收到你 5 月 15 日的備忘錄。你提到，第 7 裝甲師中的 1 個旅擁有 210 輛巡邏坦克（包括 20% 的備用），步兵坦克旅則擁有 200 輛步兵坦克——因此，第 7 裝甲師總計有 400 輛重型坦克。我們必須設法尋找相近似的對比。我意識到，德國的策略是每輛重型坦克配備兩輛輕型坦克，

附錄

因此1個德國裝甲師大約擁有135輛重型坦克。換句話說，他們的裝甲師重型坦克數量少於我們的1個坦克旅。我們的裝甲旅在輕型坦克或裝甲車方面的裝備如何？這些輔助裝備肯定是十分齊全的吧。如果你能根據你所述的情況，將第7裝甲師的標準裝備與1個完整德國裝甲師的裝備分兩欄列出，並另外新增一欄，列出1個德國殖民地師的裝備，這將對我們非常有幫助，並大大簡化我們的工作。

你是否留意到，從各個管道收到的報告一致表明，在透過接觸調查的德軍師中，他們僅部署了1個炮兵大隊。

首相致海軍大臣和第一海務大臣

1941年5月17日

截至2月底，海軍部已將約40艘排水量為10,000噸及以上的商船改裝為巡洋艦。我記得自那時起已有3艘被擊沉。我們目前嚴重缺乏運兵船，因此我必須請求你們從這些船隻中撥出幾艘。我建議交出一部分的船隻——即大約7艘，保留其武裝，但減少水手，並選擇能裝載最多軍隊的那7艘。這樣，它們便能保護自己及所屬的運輸船隊。

首相致海軍大臣

1941年5月17日

見到這張展示打撈工作成效的圖表後，我急切地希望你能向負責該處的人員傳達我深切且明確的讚美。請問你能否將建議草擬一份交給我？

首相致伊斯梅將軍

1941年5月26日

看到我們的情報部門對一些現已被我們控制的義屬港口的防務評估如此誇大，真是有趣。我早就懷疑義大利人（可能法國人也是如此）希望讓外界相信他們的海防力量非常堅強。例如，我們曾被告知馬薩瓦的防禦設施包括4門8英寸、10門大口徑和16門6英寸的大炮，總計30門威力巨

大的火炮。實際上，1 門也沒有。鑑於這次真相的揭露，各部門的情報處應仔細重新審查他們對外國海防規模的估計，否則這些估計可能會成為行動的障礙。

總理致函伊斯梅將軍，轉交參謀長聯席會議

1941 年 5 月 27 日

1. 這是一個關於降落傘部隊和滑翔機的悲慘經歷，我個人被某種阻力壓制，我感到我應承擔主要責任。我們在對比當前克里特島的局勢，以及可能即將在賽普勒斯和敘利亞發生的情況時，閱讀空軍參謀部的報告，便能看出這些阻力所依賴的基礎是多麼錯誤。

2. 請查閱我於 1940 年 9 月 1 日撰寫有關滑翔機的備忘錄。事情的發展如是。滑翔機的生產始終維持在最低限度，因此我們目前實際上除了這 500 架，既無傘兵，亦無滑翔機。

3. 因此，我們始終落後於敵方。我們本應擁有 5,000 名傘兵和符合德國標準的 1 個空降師，並且隨著經驗的累積，力量會逐步增強。我們原本也應擁有一些運輸飛機。這一切在 1942 年的地中海戰鬥中是必需的，若有可能，還應提前實現。我們必須設法奪回被敵人輕易占領的那些島嶼。我們可能被迫在東方的廣大地區，如波斯或伊拉克北部進行戰鬥。整整一年已經浪費了，我現在要求三軍參謀長提出盡可能彌補局勢的建議。

所有文件將在今晚呈交給三軍參謀長。

首相致伊斯梅將軍，轉交參謀長委員會

1941 年 5 月 27 日

我大致認同帝國總參謀長的觀點；然而，作戰行動的優先順序和關鍵點顯然應由參謀長委員會來決定。

請三軍參謀長們立刻審議以下所提之指令：

1. 根據韋維爾將軍的最新電報，須立即指示他從克里特島撤離，不計

附錄

任何物質損失，盡量救出更多人員，無論是透過增援或其他手段，只要最有效即可使用。

2. 敵人既然已經在南面占領了蘇達灣或卡斯特里，他們必定急切地想從海上派遣部隊登陸。海軍依舊不能鬆懈其海上防禦任務，還需努力重創敵人，彌補我們的一些損失。

3. 隨著克里特島空襲壓力的日益增大，從西部和北部防衛埃及成為典型的軍事難題：一支中央部隊需抵擋來自相反方向的攻擊。在這種情形下，選擇的方式似乎應完全依賴於實際狀況。

4. 敵人自土耳其及（或）敘利亞發起攻勢，但在數週內無法大規模展開，而此期間的事態發展或將使其進攻變得不可能。

5. 唯有在西部沙漠才能獲得決定性軍事勝利的契機。在此地，作戰目標絕不能僅是將敵軍驅逐至某個特定前線或區域，而是透過我們全力以赴的決定性戰役，徹底摧毀敵軍的武裝部隊或其絕大部分。接下來，應在兩週內大敗昔蘭尼加的德軍。韋維爾將軍擁有400輛以上的重型坦克，而敵軍則有130輛重型坦克及部分9噸坦克，雙方均配有輕型裝甲部隊。韋維爾將軍還有大量其他武器，尤其是大炮。他具備可靠的交通線、充足的軍需品和海上的多方援助。因此，他應在西部沙漠中以最大力量有力打擊在軍需與彈藥方面已感到困難重重的敵人。這是取得重大軍事勝利的唯一機會，絕不應有任何阻礙。

6. 同時，我們也不反對他提出的建議，即派遣一支專用部隊進入敘利亞，在德國空軍力量因弗賴伯格部隊意外的頑強抵抗而大幅削弱並恢復之前，奪取那裡的機場。

7. 在這關鍵時刻，不應將兵力耗費於賽普勒斯島。除非我們獲得敘利亞的機場，否則無法守住賽普勒斯。若取得這些機場後，並在昔蘭尼加獲得一次決定性勝利，那麼在足夠空軍掩護下，便可能進入賽普勒斯。絕不能讓克里特島戰鬥的艱難情況在賽普勒斯重演。

8. 為實現上述目標，必須迅速重啟並擴展「美洲虎」計畫。「勝利」號目前處於閒置狀態。由於從英國調派的第 50 師（缺少 1 個旅）以及其他援軍即將抵達，因此必須全力以赴地推動所有軍隊和運輸工具從衣索比亞向北轉移。

9. 總而言之，應下達以下指令：

（1）從克里特島撤離。

（2）擊潰昔蘭尼加的德軍，進而解救托布魯克並奪取其西側的機場。

（3）於昔蘭尼加贏得第（2）項勝利後，努力在敘利亞為增援部隊設定駐紮區域。

上述所有行動應在 6 月中旬之前完成。

首相致澳洲總理孟席斯先生

1941 年 5 月 29 日

對於您在加拿大、美國，尤其是歸國後所發表那場有力而感人的演講，謹致以最誠摯的祝賀。這些演講已在英國廣泛報導，彰顯了您從我們人民中贏得的友好情誼。我也感謝您對我的親切提及。每當談及澳洲的消息，我總會想起查塔姆著名的禱詞：「成為一個民族吧！」敬祝萬事順遂。

首相致農業大臣和蘇格蘭事務大臣

1941 年 5 月 30 日

我一直在思考你們 4 月初提交的關於在蘇格蘭種植甜菜的備忘錄。我認為大家一致同意，為了節省船舶噸位，甜菜的生產應當繼續。此外，我意識到每英畝甜菜的澱粉產量比馬鈴薯高出三分之二。然而，據你們所言，農民為了收入的原因，傾向於種植並不短缺的馬鈴薯。

因此，情勢已然明瞭，必須採取行動確保甜菜的充足生產，必要時可以優先於馬鈴薯。相關部門應能夠協商決定：增產應在蘇格蘭還是北英格蘭進行。然而，看起來最便捷的方案是在蘇格蘭生產這些額外的數量，並

附錄

交由庫柏工廠加工。

若今年已經無法及時獲得額外產量，則須採取措施以確保1942年不再出現此類短缺。鑑於當前情勢下甜菜顯然是一種極為有價值的作物，確實應考慮未來是否應大幅擴種甜菜。稍後，請再次就此問題向我提交詳細報告。

6月

首相致伊斯梅將軍，抄送參謀長委員會

1941年6月1日

儘管我堅決主張目前我們不應將兵力耗費在保衛賽普勒斯上，但我並不排除需要進行空中防禦的可能性。即便在我們尚未掌控敘利亞機場之前，該島也應得到空中保護。如果「虎仔」計畫成功並能騰出兩、三個戰鬥機中隊，那麼這些中隊應當被派遣過去；無論如何，現在就應做好準備，以便隨時可以在賽普勒斯接收這些戰鬥機。我不清楚現有機場的狀況如何。

希望各參謀部對這個問題展開全面研究。

（即日辦理）

首相致伊斯梅將軍，轉交參謀長委員會

1941年6月1日

我希望立刻將西非旅從東非調回弗里敦，並利用繳獲的義大利武器裝備正在弗里敦或附近進行組編的預備旅。為此，我與吉法德將軍進行了一次交談。他表示，西非各營平均需要80名英國軍官和士官，而預備旅無法獲得這些軍官。此外，即使提供了這些軍官，最好還是讓他們使用我們能夠獲得的任何現代裝備。有人曾建議，波蘭師中有過多的波蘭軍官，人數多達數千，可以派遣到這個西非預備旅。我相信可以輕鬆說服西科爾斯

基將軍挑選2、300名優秀的軍官。

務必對該事項進行研究並制定一項計畫。應與吉法德將軍進行磋商，我希望他在離開英國前能收到報告，目的在將西非旅從東部調往西部，並經由利用義大利的裝備和注入波蘭白種人成分來加強預備旅。

首相致新聞大臣

1941年6月1日

最具危害的行為就是告知敵人國會將在某日召開會議，並且在會議前還有時間進行空襲部署。我不認同這樣的觀點：敵人所掌握的消息都是他們自行獲取的。

（即日辦理）

首相致空軍參謀長

1941年6月2日

我意識到你正在全力推進延長戰鬥機航程這個關鍵任務，感到很欣慰。眾所周知，增加航程往往意味著在火力和機動性上做出妥協，但這或許是非常值得的。

我認為你所說的並不全面。我們還需要對飛機進行改造，以確保無論是使用轟炸機還是戰鬥機，都能在白天於指定地點進行作戰。這一點在愛琴海尤為重要，因為我們需要在戰鬥機的護航下，於白天對克里特島和多德卡尼斯群島的機場進行轟炸。飛機必須具備足夠的航程。此外，鑑於大量德國空軍正向東轉移，而法國實力已經大幅削弱，我們應在白天嘗試進入德國進行猛烈轟炸。為實現此目標，我們必須延長戰鬥機的航程。若無法做到這一點，我們將在西部戰場毫無作為，而在東部戰場則面臨挨打的風險。

附錄

首相致馬爾他總督

1941 年 6 月 6 日

我完全贊同你的整體觀點。陸軍部會認真審視你所提的各個要點。軸心國似乎在 2 到 3 週內不會對馬爾他發動進攻。在此期間，其他重要事項將作出決策，進而使我們能夠形成新的觀點，或迫使我們調整立場。你可以放心，我們視馬爾他為英帝國的關鍵所在。我們相信你是掌控這把鑰匙的人，因此我們願意盡一切努力來支持你。

（即日辦理）

首相致林德曼教授

1941 年 6 月 7 日

我已多次請求你對比德國與英國空軍在辛格爾頓法官調查結束時的實力狀況。希望你最遲在星期一提交這份報告。

我推測敵方損失的飛機數量遠超我方，但他們的新生產率究竟達到多少？當前局勢如何？我上次深入核查已是兩個多月前。

首相致澳洲總理

1941 年 6 月 9 日

若無法掌控敘利亞的機場，便無法穩固賽普勒斯。我們認為，爭取掌握這些機場是最佳策略，以便更有效地支援賽普勒斯。目前，當地駐有 1 個澳洲師的機械化騎兵團、1 個英國營、地方部隊以及 6 架「旋風」式戰鬥機。除非敵軍以強大兵力來襲，這些部隊仍有能力抵禦敵方。倘若敵人在我們控制敘利亞之前發動大規模攻勢，那麼駐紮在賽普勒斯的 1,500 名士兵將被迫退入高山，進行盡可能的游擊戰。若我們未能掌控敘利亞，或德軍擊潰山中游擊隊，則可能需撤出大量人員。三軍參謀長並不認為這種部署不公平。戰爭中有比這更糟的情況。除非立即撤退，否則敵人將毫不費力地成功登陸。我希望在你面臨困難時能提供幫助，因此，如果你願意，我願意嘗試讓澳洲軍隊撤出賽普勒斯，無論是否有增援部隊。

首相致殖民地事務大臣及伊斯梅將軍

1941 年 6 月 11 日

我們奉行的政策是對吉布提港實施最為嚴厲的封鎖。我們已經為這些人提供了最公正的條件。絕對不能採取任何削弱封鎖力度的行動。然而，若有報告顯示新生嬰兒和幼兒的數量，在最嚴格的限制和監管下，可允許極少量的營養品被運入城市。

無論如何，亞丁總督不得採取可能削弱封鎖的任何行動，且未經我的批准，任何形式的物資均不得進入城內。

首相致樞密院長

1941 年 6 月 14 日

我意識到在減少民用汽油配額的計畫中，每 3 個月按基本配額減半供應一次，這項措施將於今年 8 月實施。是否可以避免從 8 月分開始呢？我們必須考慮到銀行假日，考慮到許多人自戰爭以來可能首次獲得休假。他們一定滿心期待在 7 月底將汽車加滿油，並計劃在 8 月自由使用全部配給量。

你能否在 10 月啟動這項試點計畫？為了彌補損失，可以在冬季額外進行一次減半配售。

（即日辦理）

首相致伍爾頓勛爵和農業大臣

1941 年 6 月 14 日

1. 我欣慰地獲知，「12 隻母雞」計畫將被取消，取而代之的是「未加入公共養雞場者，官方將不為飼養超出 12 隻母雞的人配給飼料」的新政策。「公有雞飼料將專用於生產公有雞蛋。」

2. 你是否妥善管理了兔子的繁殖問題？儘管兔子本身營養價值不高，但確實能在素食餐中增加變化。它們以青草和蔬菜為食，那麼推廣飼養和

附錄

繁殖又有何不妥呢？

　　3. 我歡迎你增加肉類配給量，但若在冬季到來之際，新鮮蔬菜減少的同時，肉類配給量也被削減，那將是一大問題。你能否透過增加進口美國的罐頭碎牛肉、豬肉和鹹肉來彌補冬季的短缺？人們越是依賴麵包，所需的運輸量就越大。單純依靠麵包過活，只會導致問題惡化。看來你需要進一步努力尋找肉類來源。

　　4. 大量屠宰牛、羊令我深感不安。活體牛、羊是我們重要的儲備。

首相致空軍大臣和空軍參謀長

1941 年 6 月 15 日

　　我曾在某個時刻建議你邀請道丁爵士撰寫關於不列顛戰役的經過，該戰役是在他的指揮下於去年 7 至 9 月間進行的。據我所知，空軍參謀長對此並無異議，我想你也是一樣。

　　立即執行所需的正式措施，如何？

首相致伊斯梅將軍

1941 年 6 月 18 日

　　請在今日編撰一份包含敘利亞和利比亞常用地名的清單。每個地名應採用最簡明的拼法和廣為人知的寫法。隨後將其透過電報發送至中東，並與補遺部分一起遞交至相關方。

首相致空軍大臣和空軍參謀長

1941 年 6 月 18 日

　　1. 我不久前在報紙上看到一則報導，稱空軍正在召集數千名志願者來保衛機場。其目的何在？報導指出，這部分是為了借鑑克里特島的經驗。然而，許多人感到困惑，為何對如此小的舉措要大肆宣傳。或許這些消息純屬無稽之談。

　　2. 我想藉此機會指出，所有在機場服務的空軍地勤人員，都需要接受

嚴謹、有效的訓練，以掌握武器使用以及執行保衛機場所需的各項演習。每個人在防衛方面的職責都須充分發揮，並應盡全力提升敏捷性和效率。

請提交一份有關此領域的報告。

首相致戴高樂將軍

1941年6月19日

感謝你6月13日的來電。我非常重視你的看法。鑑於近期在敘利亞的事態發展，這些意見尤為有用。請相信，我始終關注自由法國運動的利益，這對法國的復興至關重要。謹致最誠摯的祝福。

首相致伊斯梅將軍

1941年6月20日

請以書面形式明確概述以下問題：

（1）當前已提出哪些方法來加強陸軍與協同作戰的空軍中隊之間的連繫；

（2）若敵人入侵，聯合王國各機場的責任問題。

首相致伊斯梅將軍，抄送參謀長委員會

1941年6月23日

1. 皇家空軍在加萊海峽的攻防中表現卓越，這個成就應激勵我們持續加強攻勢，只要結果是有利的。應該盡可能增加白天起飛的轟炸機數量，以充分打擊白天可見的各個目標。為此，應請內閣同意轟炸所有被敵人用於大規模修理或製造飛機的重要工廠，而敵人控制區域內的任何重要目標都應遭受最猛烈的白天轟炸和有效的破壞。也應及時警告法國工人遠離工廠，但這不應阻止我們在他們得到通知前開始轟炸。

2. 各參謀部可以根據我們在此區域確立空中優勢的假設，來評估是否在空軍的強力掩護下發起一次大規模襲擊。我設想的規模為25,000至30,000人——或許由突擊隊與1個加拿大師組成。可能需要建立一支與

附錄

戰術計畫緊密結合的軍隊，而不必拘泥於傳統的師級編制。只要我們在英吉利海峽和加萊海峽保持空中優勢，就應有可能實現重大戰果。

3. 其他目標包括：摧毀大炮與炮臺，摧毀所有船舶（儘管現在已所剩無幾），摧毀所有軍需品，並大量殲滅或俘獲德軍。此外，還可嘗試封鎖加萊港和布洛涅港。

4. 我希望今晚 9 時 45 分進行初步商討，在我們取得空中優勢的基礎上，若上述提議原則上獲得同意，那麼計畫應迅速完善。目前敵人忙於應付俄國，這是我們及早重擊敵人的良機。

首相致伊斯梅將軍、參謀長委員會、海軍部軍需署長及其他相關人員

1941 年 6 月 27 日

1. 英國在海外的兩棲襲擊通常是在夜間發起。我們希望此時能將相當數量的「博弗斯」高射炮運送上岸，但這些炮在抵禦俯衝轟炸機的攻擊以保護登陸地點方面仍顯不足。黎明時或不久後，登陸地點幾乎隨處可遭遇俯衝轟炸機襲擊。這些高射炮需要在黑暗中預先就位，但在如此短的時間內無法調整好高射瞄準器和聯合控制器。

2. 從最初的登陸行動到占領機場並最終部署英國戰鬥機中隊及提供空中掩護，這個過程需要有效的防空炮火支援，至少要有低空炮火。如何實現這個目標？唯一的方法是準備水上炮臺，這些炮臺可以在初步進攻的黑暗時段就位，並從黎明開始為登陸地點提供保護。

3. 目前已有 170 艘坦克登陸艇逐月迅速出廠。至少應將 12 艘坦克登陸艇裝備為水上炮臺。它們應配備「博弗斯」高射炮，或裝有空防信管或光電信管的火箭投射器。大型坦克登陸艇非常適合安裝此類武器。建議制定計畫，探討安裝高射炮、火箭投射器或兩者兼有的最佳方法。應研究最佳射擊指揮形式和四角型船艦的運用，以便從各個位置同時應付敵人進攻。這是炮術和火箭專家的職責，必須告知他們可用的甲板面積，並制定全面計畫以滿足所需的專門設備與人員需求。海軍部軍需署長應提交報

告，說明這些艦艇應如何改裝。應立即裝配1艘登陸艇，並訓練一批核心軍官，在上述條件下利用水上炮臺作戰。目前裝備不必超過1艘，此艘可用於訓練和實驗，但其餘11艘應準備好安裝高射炮或火箭投射器，並盡可能改進。應將所有大炮底座備妥並安裝，以便快速裝配大炮。在此期間，這些高射炮和火箭投射器仍可繼續用於大不列顛空防組織，所需的一批則可標記，以便在水陸兩用行動緊迫時迅速調動。

請在1週內提交一份報告，詳細說明你們計劃執行的措施，並附上時間安排。

首相致伊斯梅將軍

1941年6月27日

請將每週前往國防部專室查閱文件的總司令官人數及姓名列出清單交給我，以便了解誰曾使用過。此外，請將供他們檢視的第一份文件樣本交給我閱覽。

（即日行動）

首相致陸軍大臣和帝國總參謀長

1941年6月27日

不久前，我意識到使用名字來替代坦克的各種編號顯得更加優越。這些名字不僅易於記憶，還能避免因標記和編號而導致的混淆。當時，這個觀點並未得到普遍認可，但顯然有其實用的必要性，例如，2號步兵坦克通常被稱為馬蒂爾達坦克，而其他步兵坦克中有一種被稱為瓦倫丁坦克。此外，現有的命名也有一些變化。我記得A.22有一個別名。因此，我希望你能編制一份清單，將我們和美國現有的以及正在建造或設計中的所有坦克的正式名稱，按類型和編號列出，並附上建議的名稱，以便進行審議和討論。

（即日辦理）

附錄

首相致外交大臣、海軍大臣及第一海務大臣

1941年6月28日

是誰讓美國人產生這樣的觀念,認為我們寧願他們的驅逐艦隊在大西洋上靠近他們的那一邊,而不希望在靠近我們這邊活動?任何傳播這種觀點的人,都是在嚴重損害國家利益,應該立即禁止他與美國人接觸。我完全支持史汀生先生的看法。我是否可以請求立即將這個觀點確立為既定政策,並在必要時,於星期一提交內閣討論?

首相致空軍大臣

1941年6月28日

根據我的理解,從機場竣工可供使用之日起至實際接收之日,防務準備工作幾乎未有,甚至完全沒有,而這個時期通常較長,尤其是在主要工程完工後仍需進行小規模整理時。這顯然是我們防務上的重大漏洞。請告知當前狀況。

首相致空軍大臣和空軍參謀長

1941年6月29日

1. 以下文字是對我6月20日備忘錄的進一步詳細說明,主要涉及皇家空軍在獨立保衛機場方面的職責。所有身著空軍制服的人員都必須攜帶武器 —— 無論是步槍、輕機槍、手槍、長矛還是鐵槌;並且每人每天必須無例外地至少進行1個小時的操練和演習。每位空軍人員都應被納入防衛計畫。每週至少應發出一次警報作為演習(事先說明這是演習訊號),每個人都必須到達自己的職位。最多在5分鐘內,應有90%的人站到他們的戰鬥職位上。各級軍官和士兵都必須明白,人們期望他們為保衛機場而戰鬥和犧牲。每個與防衛計畫相關的建築物都應做好準備,以便在敵人降落傘部隊或滑翔機部隊到來時逐一進行防禦。每個這樣的職位都需要有一名負責人。兩、三個小時後,支援部隊會抵達;在此期間,每個職位都必須進行抵抗並堅守陣地 —— 即使是茅舍或雜亂無章的地方也不例外 ——

迫使敵人逐一攻占。這對於敵人來說，是一個緩慢而消耗的過程。

2. 皇家空軍的組織工作中，始終存在一個固有的難題：如何照料少數勇敢的飛行員，因為在正常情況下，戰鬥任務幾乎全部由他們承擔。如今，大量非戰鬥人員有機會在必要的勤務中增強戰鬥技能。每個機場都應成為由空軍地面作戰人員防守的堡壘，而不是由身穿制服、精力充沛的文職人員在幾支部隊保護下的駐地。

3. 為了讓我深入分析此問題，請提供諾索爾特機場的詳細部署情況，逐一說明各級空軍人員的職責、所用武器及其在防務計畫中的任務。50萬名身著制服的人員中最優秀的部分，享有皇家空軍的至高聲望，但除了為飛行員提供必要服務外，卻沒有戰鬥價值，這種巨大浪費是我們無法承受的。

首相致陸軍大臣和帝國總參謀長

1941 年 6 月 29 日

我們必須設想大約有 25 萬名傘兵以及透過滑翔機或迫降飛機運送的部隊從空中降臨。每個穿著制服的人員和所有其他志願者，不論在何地遇到敵人，都必須對其展開攻擊，並迅速發起進攻——

「讓每一個人擊斃一名德軍士兵。」

必須不斷地悉心指導所有英王陛下軍隊的官兵，使他們具備這種精神——尤其是對於陸軍學校、訓練單位和兵站。所有後方勤務人員必須培養出能夠單獨進行頑強抵抗的特質。由軍隊占據的建築物，非經強攻，不應投降。人人都應備有某種武器，即便是一把鐵槌或一支長矛。對於這種新式的分散入侵，人人都必須進行強烈抵抗，這種精神是極為需要的。我深信很多工作已在進行。

請精確告知我，在我們本島的供養人口中，到底有多少人身著制服，以及他們的武裝狀況如何。

附錄

我希望艾倫·布魯克爵士能夠審閱此備忘錄及其附件,並提供他的看法。此外,請將鐵槌和長矛的樣品送來以供檢視。

首相致伊斯梅將軍,轉呈參謀長委員會

1941 年 6 月 30 日

雖然我們對敵人造成了重大傷亡,但仍有大量援軍源源不斷地橫渡海洋抵達非洲。皇家海軍似乎無計可施,而皇家空軍只能攔截約五分之一的敵軍。你們無疑已經意識到局勢的極端嚴峻性吧。

(即日辦理)

首相致軍需大臣

1941 年 6 月 30 日

在關於安德魯·鄧肯爵士提案的祕密會議中,欣韋爾先生對我們在「重型坦克」領域的現狀提出了疑問。目前,我們一直將 A.22 型視為應當生產的最重坦克,儘管我們也投入了不少精力在一種更大型的坦克上(我記得是由斯特恩廠進行研究和試製的)。此外,我還記得存在一種試驗性的型號。當然,受到海運條件的限制,我們面臨的問題與俄羅斯或歐洲大陸的一些大國有所不同,不過這並不是無法克服的障礙。

然而,依據來自最高權威的消息,俄國人似乎已經製造出一種重量超過 70 噸的大型坦克,德國的 6 磅反坦克炮對此也束手無策。我認為建造更大的重型坦克這個問題現已顯得尤為緊迫。我們必須對整個局勢進行研究,並迅速明確我們的現狀。

7月

首相致希臘國王

1941 年 7 月 1 日

在這段充滿緊張、危險與憂慮的數月中,我時常想念陛下。我向您稟

報，在英國境內眾多您的朋友以及普通民眾，都對陛下在這些變遷中所堅持的立場深感欽佩。此地人人都已下定決心若非贏得勝利即投身犧牲。我們將以無比熱忱迎接陛下的到來。我期望並堅信，當美好時光降臨之際，希臘所贏得的榮耀將有助於治癒當前所受的創傷。

首相致伊斯梅將軍

1941 年 7 月 1 日

德國人正在大規模使用噴火器。究竟情況是怎樣的？

（即日辦理）

首相致海軍大臣和第一海務大臣

1941 年 7 月 1 日

我揣測我們已經採取行之有效的措施，來阻止敘利亞的維琪軍隊能經由海路獲得增援。目前形勢如何？

首相致空軍大臣

1941 年 7 月 1 日

我觀察到你們在 5 月分實際使用的 2,920 噸炸彈僅為原本預估第二季度每個月消耗量的一半不到。依此消耗速度，你們的庫存足夠維持 30 個月。

我們當然不希望你們在準備大量投彈時，面臨炸彈不足的問題。然而，從這些資料來看，或許你需要重新評估一下需求。這些需求似乎主要源於你們希望擁有大約 6 個月的儲備量。

除非你們完全有把握能夠有效利用這些大量儲備，否則我們應當考慮將部分多餘的炸彈用於其他用途。

首相致糧食大臣

1941 年 7 月 2 日

我感到欣慰，最初以為是你設計的蛋品計畫，實際上並非你所意圖執

附錄

行的方案。在擴增食品總供應和維持公平分配之間尋求平衡，一直是個挑戰。對於透過個人生產努力來提高自給的人，我們不應過度限制。

肉類供應狀況已經有所改善，這令人欣慰。我希望由於我們要求美國增加豬肉產量，不久後我們能夠提升配給量，並且避免以後再次減少配給。

我們不希望迫使農民宰殺那些無需進口飼料就能養肥的牛隻，以免引發他們的不滿；然而，顯然也不能由於農民不願出售牛隻而導致全國面臨饑荒。你們無疑可以與農業大臣商定一個計畫（或許是基於一項精心設計的價格政策），盡量保持肉類供應的穩定——當然也要考慮到季節的變化。

至於小麥問題，我更在意的是我們陷入惡性循環的風險，而非儲備量本身：由於肉類短缺，人們增加了麵包的消費，導致需要進口更多小麥，進而減少了可用於進口其他食物的船舶噸位。我不相信今年的收成會面臨敵人大規模破壞的嚴重威脅。我們發現，要燒毀農作物是相當困難的。如果你詢問空軍部，他們會向你解釋，為什麼英國的多霧天氣使得在此地燒毀農作物比在歐洲大陸上更為困難。

首相致陸軍大臣和帝國總參謀長

1941 年 7 月 3 日

1. 在戰爭進行中，若要建立我們設想的大型裝甲部隊，這種部隊必須具備高度的靈活性，這個原則尤其適用於技術較為落後的裝甲部隊。師的編制是否適合裝甲部隊，實在值得商榷。由獨立旅團組成「皇家坦克軍團」的方式，可能在作戰與行政管理上更為有效。我們訓練有素、裝甲最好的第 7 裝甲師，其戰鬥表現卻「不如 1 個旅」（事實上它僅有兩個旅及一些附加單位），這顯示出師的編制多麼不合適。然而，對於那些已經形成師的編制並配備齊全的裝甲師，當前戰爭形勢不允許改變編制以免引起混亂。對於較落後的部隊，情況則不同。它們應改編為旅團，使用當時可獲

得的最精良武器裝備，並透過增加新型裝甲車輛的比例逐步擴充。在每個發展階段都應確保具備一定的戰鬥價值。要同時為所有裝甲旅團提供相同裝備，或許不切實際。它們必須盡量利用現有裝備。在國內籌組新的（或技術落後的）裝甲旅團時，最初應接受所有剩餘的裝甲車或輕機槍戰車，並立即培養「旅的意識」。它們應按團或旅的演習要求進行訓練，彷彿它們是一個完整裝甲部隊。在無線電通訊方面更應如此。在緊急情況下，它們需作為摩托化機關槍部隊作戰。當有相當數量的坦克可用時，應將這些坦克分配到各團作為發展的核心，直到士兵們習慣於摩托車輛的維護並熟悉裝甲旅部隊的演習為止。此時，他們或許最終能夠用到手的坦克全面武裝，這些坦克也將被新型坦克取代，這些坦克或從裝備更齊全的部隊調撥而來。如此，每個階段中不適合坦克部隊的人員會被淘汰，熟悉坦克戰術的人會不斷增加。在緊急關頭，這類裝甲部隊將保持實際的戰鬥價值。

2. 關於在巴基斯坦長期以來未形成軍事力量的騎兵師，其情況截然不同。此騎兵師應在戰爭緊急情況允許下迅速改編為兩個旅團，每個旅團由3個坦克團、12門摩托化野戰炮、1個摩托化機關槍團及若干附屬部隊組成。應優先籌組這兩個裝甲旅團，其中1個務必先於其他較為落後的英國裝甲部隊籌組。如果這兩個旅能使用現已開始運輸的美國輕中型坦克，從原本的摩托化機關槍部隊轉變為坦克部隊，將極為便利。羅斯福總統已通知我（除即將運到的60輛坦克及其他預定品項外），他已經增加撥出200輛輕型巡邏坦克，準備在未來幾個月內用美國船隻運至蘇伊士。這批新增的200輛坦克應成為由騎兵師改編的兩個裝甲旅團的核心裝備。各團的其他部隊可以暫時繼續使用他們現有的裝甲車或輕機槍戰車。這些精銳部隊在獲得那200輛美國輕型巡邏坦克後，將成為兩個戰鬥力強大的裝甲旅，極適合在巴基斯坦、敘利亞和伊拉克作戰，這種方法比任何其他途徑能更快地獲得同等戰鬥價值。

附錄

首相致莫頓少校

1941 年 7 月 6 日

請考核是否存在一份名單,列出在法國或摩洛哥因支持戴高樂而被維琪政權法院判刑入獄的法國青年的姓名,以便將來予以關照。

(即日辦理)

首相致帝國總參謀長

1941 年 7 月 6 日

1. 自從你與艾登先生受命前往開羅執行任務,尤其是調查並彙報中東部隊的內部組織情況以來,已經將近 6 個月。然而,對於具體情況我們仍然所知甚少,實在令人遺憾。陸軍部應對各戰鬥部隊的發展狀況有全面的掌握,如果我不了解全局,必然無法履行職責。

2. 要求 1 個師或旅團每個月提交他們的主要裝備狀況,並不為過。我無法想像,一位稱職的師長竟會不清楚其部隊每週甚至每日的裝備狀態。

3. 鑑於每日資料波動較大,我們應按月編制報告,其中涵蓋空軍的具體狀況。

4. 海寧將軍的組織理應了解所有情況,並且向我們彙報應當毫無困難。

5. 若你認為我們需要這項報告僅是為了收集資料,那就錯了。若對中東各部隊的近期狀況沒有清晰的了解,國防部或戰時內閣將無法形成意見或做出任何決策。否則,我們將繼續處於無知和混亂之中,這將帶來災難。

6. 若你建議在報告細節上稍作簡化,我完全贊同,但我必須堅持掌握所有的關鍵消息。

請查閱 1941 年 7 月 5 日帝國總參謀長的備忘錄,其中提到首相要求提供關於中東各部隊裝備分配的詳細清單。

(即日辦理)

首相致陸軍大臣

1941年7月6日

為何未曾向我們通報近衛騎兵隊、警衛騎兵隊及埃塞克斯義勇騎兵隊參與攻占巴爾米拉戰役的消息？這些部隊早已因為參戰而被敵人辨識，因此在軍事上並無理由不將這些有趣的消息公之於英國大眾。

以作戰機密之名濫用新聞審查權，難怪國會和新聞界會感到不滿，這樣反而使得更為重要的問題更難保密。

首相致糧食大臣

1941年7月7日

我欣喜地得知，你正在向美國相關部門提供我們對豬肉及奶製品總需求量的估算，並已請求他們制定計畫以大量增加蛋品供應。我堅信，從美國進口的糧食總量將遠遠超過當前設想的133萬噸。經過仔細觀察，我認為，由於美國沒有實行實際的糧食配給制度，他們一定可以生產更多的糧食供我進口。（美國每年的豬肉產量波動近50萬噸。）

我深信我們正竭盡所能，從近鄰區域獲取所需的肉類供應。若能妥善地通知阿根廷並提供必要保證，他們或許也會增強肉類生產能力。

我們所用的食用油和油料，自然盡量來源於非洲，並透過從中東返航的船隻運送。當前，我們無法為此類品項進口而派船前往印度或太平洋地區。

首相致外交大臣

1941年7月9日

應將內容如下的電報發送給國務大臣，以便他獲悉情況。

這封電報由首相寄出。親啟機密文件。電文內容如下：

大約兩週前，一名代理人（我們確信其身分）前來，提議促成我們與維琪的聯繫。我們與他在平等的立場上進行了交談。他如今發來如下電

附錄

報,日期標註為7月5日：

法國政府已向當茨將軍發出以下指令：

(1) 英軍占領敘利亞後,法國的文官人員須繼續留任,並與自由法國軍隊合作,持續履行職責。

(2) 我奉命鄭重地請求你們重視這個指令。你們在此次表現出的友好態度將留下最佳印象。

(3) 我回國後,我的政府迅速表達的首要願望即是如此；若此願望未能獲得妥善回應,則將對我未來的行動造成不良影響。

此事需結合你已知的正式休戰請求進行考慮。我們建議對貝當和昂齊澤的代理人作出的答覆要點如下：

1. 英國在敘利亞的唯一目標就是贏得戰爭。

2. 阿拉伯的獨立乃是首要問題,任何事皆不得與其相悖。

3. 在當下情勢下,戴高樂顯然暫時成為法國在敘利亞利益的代表。因此,他將保持這樣一種局面：在不妨礙阿拉伯獨立的前提下,法國在敘利亞享有歐洲國家中最大的特權。

4. 同時必須努力調解戴高樂的支持者與法國支持者之間的關係。我們都有維護阿拉伯獨立的責任,但我們認為法國可以期望在戰後於敘利亞獲得類似我們在兩次大戰間於伊拉克所取得的地位。

5. 請牢記：在我們取得勝利之後(我們必將勝利),我們絕不允許阿爾薩斯——洛林或任何法國殖民地脫離法國。因此,希望你能在我們兩國當前面臨的這困境中謹慎前行。

首相致伊斯梅將軍

1941年7月10日

今後,「Landing」一詞將專用於海上登陸行為。從空中抵達則應使用「Descents」一詞,官方函電將統一採取此種用法。

首相致本土部隊總司令，並透過伊斯梅將軍轉交參謀長委員會

1941 年 7 月 10 日

關於防降落傘的演習

　　據稱攻擊將在黎明展開。然而，這並不意味著所有的傘兵和滑翔機部隊都會在黎明時分抵達。從法國、比利時和荷蘭的基地調動 1,000 架運輸機，或與此數相當的飛機，將耗費數個小時 —— 至少 4 到 5 個小時，也就是說，幾乎占用了這個季節大部分的夜晚。因此，由於距離不遠，這些飛機可能在夜間分批抵達（在這種情形下，行動可能在凌晨 1 點開始），或者首批在黎明時到達，其餘的則在日間陸續抵達。在後一種情況下，他們將被我們的戰鬥機徹底擊潰。因此，傘兵在白天分批抵達是不切實際的。值得注意的是，德國人從未嘗試在夜間進行這樣的降落。夜間尋找精確的低空降落點，存在很大困難。

　　1. 所有這些重大問題，必須與空軍參謀部共同研究。如果依據虛假的材料和不可能的情景進行研究或參謀人員演習，必然會導致混亂，這是毫無益處的。「12,000 名傘兵於黎明時著陸。我們該怎麼辦？」這句話說起來簡單，但若不仔細分析我所提到的那些調遣情況，它就毫無意義。

　　2. 規模較小的襲擊可能更具威脅性。500 名亡命之徒毫無預兆地突然出現在空中。他們或許會在白天，或者在晨曦微露時，在政府所在地的核心或附近著陸。然而，首先他們必然會被無線電探測器捕捉，並且要冒著夜間被攔截和白天幾乎必定被消滅的巨大風險。然而，在戰爭中，突然襲擊的價值極高，因此對此必須進行仔細的研究。如果研究顯示有一絲的可能性，那麼無論如何必須確保政府與行政機構的各個中心具備防範此類突襲的安全措施。最初的 1 個小時至關重要，而最初的 10 分鐘尤為關鍵。

　　3. 我期待本土部隊與空軍參謀部進行磋商，並為我提供上述問題和建議的具體答案。兩、三天的研究時間應當足夠。

附錄

首相致本土部隊總司令,並經由伊斯梅將軍轉交參謀長委員會

1941 年 7 月 10 日

為了防範敵人對機場的攻擊,我們在戰略和戰術層面實施的偽裝措施,目前進展如何?哪個組織正在研究從克里特島的馬利姆機場及其周邊炮臺中汲取的經驗?

我們顯然能夠在以下兩方面採取行動:

1. 將真實的火炮隱藏起來,同時展示假火炮,以迷惑敵人。可以用兩、三門甚至更多的假火炮來掩護一門真實火炮。

2. 偽裝的最佳策略在於讓炮兵陣地變幻多姿,使人眼花撩亂,難以分辨真假。某些炮臺在襲擊初期暫停發炮的戰術,必定也在研究之列。

期待下週六向我提交一份報告。

首相致愛德華・布里奇斯爵士

1941 年 7 月 11 日

請查詢記錄那兩天關於生產問題辯論的國會紀錄,將涉及政府特定部門的所有段落摘錄出來,分發給各部門,並要求它們在 7 月 19 日之前作出回應。

此外,請將所有涉及集中指揮戰事的段落摘錄出來,交給我審閱。

我覺得這裡有許多觀點表達得相當出色。

首相致空軍大臣

1941 年 7 月 11 日

儘管敵人在去年冬天因為我們的干擾而使無線電波射束指示轟炸失效,但他們似乎正在用改良的無線電接收器重新裝備所有轟炸機,並計劃在明冬以大量無線電射束站壓制我們的反制措施。

誠然,採用無線電手段無法阻止敵人在明亮的月夜發現並轟炸考文垂和伯明翰這類目標。然而,常規的夜間防禦在此時應發揮最大作用。我們

的主要威脅在於黑暗多雲之夜，因此我們必須做好充分準備，應對敵人透過無線電射束進行的轟炸。我們已知這些射束站的位置和波長。

據稱，所需設備與普通商業用途的差別不大，因此即便我們無法自行生產，也應能從美國獲取。一切都應在秋季前準備妥當。現狀如何，我們目前有何手段應對敵人的新進展，望告知。

首相致糧食大臣

1941 年 7 月 12 日

我欣然獲悉，從美國目前「請求到的」糧食數量已經大大超出你在 5 月分報告書中所提及的數字。我了解我們計劃中的總需求量遠超於迄今「請求到的」數量。我堅信，只要將需求詳盡告知美國，他們有能力且會以某種方式生產或提供我們急需食物中的很大一部分。如果我們能夠盡量縮短運輸航程，我們所需的船舶幾乎可以全部解決。

唯一令人擔憂的是，你所提出的豬肉需求量是否充足。若要求美國供應牛肉或羊肉，可能會有困難，但豬肉的供應可以迅速增加，並且在必要時可用無冷藏設備的船隻運輸進口。

（即日辦理）

首相致飛機生產部、查爾斯·克雷文爵士、空軍大臣及空軍參謀長（由伊斯梅將軍補充或在 1 週內提交進展報告），以及徹韋爾勛爵

1941 年 7 月 12 日

1. 我對飛機生產部的各項新計畫深感憂慮，從這些計畫來看，未來 12 到 18 個月內飛機生產的數量將保持停滯狀態。當然，在新計畫的後期階段將會專注於新產品的生產。我要求用每種機型所需的工時來驗證這些數字。當然，這樣計算，從現在統計到第 12 個月時，英國的生產數量預期將增加約 50%。再加上美國的數字，無論從飛機數量還是工時計算，其結果都會有所增長，而 1942 年 7 月的產量與現在相比幾乎是 1.75：1。

附錄

  2. 我認為這樣的成長速度遠遠不夠。我們預估德國的月產量為2,100架，這個數字會在1942年7月之前保持，實際上7月之後也維持在這個水準以上，儘管不包括新產品計畫。我們必須假設，德國人也可能將飛機數量以工時計算來尋求增加生產。他們也可能在機體大小和品質上實現類似的改進。總之，根據我獲得的資料，英國和德國在未來12個月的飛機製造數量似乎相差無幾。若我們要有任何增量，那將來自美國為我們生產的部分。此外，飛機生產部曾警告，他們的預估數字可能會減少15%，這點尚未納入考慮。

  3. 我們對於前述局勢無法感到滿意，因為它排除了我們獲得決定性優勢的所有可能性。而這種優勢對於贏得戰爭是必不可少的。因此，我希望能重新審視這些計畫，並請相關最高當局再次審查以下3種擴充方式，以及任何其他可能的方式。這3種方法是：

  （1）透過加快機床操作並延長其使用壽命，或透過飛機生產部門採取的其他措施，以提升當前的產量。

  （2）設立新工廠和裝配廠，或重新使用因疏散而閒置的工廠並充分利用。考慮到我們對大不列顛領空的白天制空權正在不斷增強，且夜間作戰設施也有所改進，這樣的舉措可能是恰當的。

  （3）對轟炸機製造計畫進行重新分類，以提升在該時期內通過考驗的各類飛機之交付數量。

  戰鬥機必須時刻尋求優勢，因此其設計可能需要快速變化。然而，在未來的12個月內，大多數轟炸機將在穩定環境中執行中等航程的任務。儘管我們仍需對所有用於遠端、高空或日間作戰的轟炸機進行徹底改進，大多數轟炸機將在夜間攜帶炸彈，對如魯爾等地區或附近目標進行轟炸。空軍參謀部似乎可以將其行動分為近距離和遠距離兩類，並在此基礎上，使尚未達到最大產量的優質產品保持較長時間的生產高峰期，進而增加數量。例如，「布萊克普爾・韋林頓」式遠端轟炸機似乎可以這樣操作。這款

新型轟炸機將在 11 月達到生產高峰，但僅能維持 6 個月。如果高峰期能延長至 12 個月，那麼從 11 月起可能會有更大的交貨量。

4. 衡量轟炸機實力的標準在於：我們每個月能向德、義境內那些可以合理預測的目標投下多少噸炸彈。空軍參謀部在規劃生產數字時是否考慮到這個目標？或許研發一種負荷更重的新型飛機會帶來更佳的效果。然而，凡是能夠攜帶兩噸炸彈飛抵魯爾的飛機，在被淘汰前應繼續生產。當然，還有其他例子。我認為，過於倉促地改變生產品種會導致重大損失，因此已指示飛機生產部基於這個考慮重新評估他們的計畫。

5. 新計畫在本質上低於 3 月分的資料，且遠低於 1940 年 10 月分的水準。然而，大量生產材料已經根據今年 10 月分的需求儲備。因此，若各種因素協調得當，產量應能顯著增加。空軍部應詳細說明最近的計畫如何與未來 12 個月的飛行員培訓規劃相匹配，一方面是傷亡損失的減少有據可查，另一方面是飛行員編制據稱已經大幅增加以足與飛機數量相稱。在計算炸彈、炸藥、大炮及所有附屬物資的需求時，必須結合現有計畫及必要的擴充進行考慮。無論如何，原則上我們的目標至少是，到 1942 年年底，空軍實力達到德國空軍的兩倍。如果我們現在就重新投入巨大的努力，這是可以實現的。鑑於目前尚未提出其他勝利的方法，這是我們所能想到最低限度的方案。

首相致空軍大臣

1941 年 7 月 16 日

國內安全部對德國烈性炸彈效果的研究顯示，爆炸氣浪所引發的破壞遠超彈片，氣浪能夠摧毀建築物等，而彈片的有效打擊目標較少，尤其是在夜晚，大多數人已經獲得掩護。

烈性炸藥與彈殼的比例越高，爆炸產生的氣浪就越猛烈。若金屬彈殼重量增加，生成的彈片數量則隨之增多。

通常使用的炸彈，其內部炸藥與外殼的重量比約為 3 比 7。然而，德

附錄

國人採用了一個更高的比例，大約是 5 比 5。這些炸彈不僅在摧毀城市方面更為有效，成本也較為低廉。

此種情形下，應重新評估炸彈的裝藥與殼體重量比例，尤其鑑於空軍部門目前要求大幅提高產量。

首相致空軍大臣

1941 年 7 月 16 日

請提供一份關於盲目降落設備的簡要報告，闡述皇家空軍在安裝這種設備方面的進展。

首相致愛德華・布里奇斯爵士

1941 年 7 月 17 日

我感到，國會似乎完全沒有意識到，隨著分配原則的改進，我們在處理各種優先事項上已經取得顯著進步。請遞交一份關於此問題的簡要報告，篇幅不超過一頁。實際上，我認為我們現在很少聽到關於優先事項的討論。這些問題偶爾可能成為爭議的核心，但總體而言，一切似乎都在順利進行，對嗎？例如，我們曾因心理因素而非常恰當地調整了坦克生產的優先順序。優先問題已經演變為如何解決瓶頸的問題。沒有誰能享有絕對的優先權而排除其他人。最近並未出現任何衝突。請在星期五前對此事大膽發表看法。

首相致伊斯梅將軍，轉有關各部

1941 年 7 月 17 日

6 月分毒氣容器的產量減少，究竟為何？從 1,500 噸銳減至 500 噸，實在令人震驚，這絕對違背了內閣數個月以來的明確指示。責任應由誰承擔？必須盡全力，優先製造並儲備盡可能多的毒氣，將其裝入容器。

誰應對減產承擔責任，請予說明。

他人可能隨時向我們追責。我們必須準備一份報告，以便下週在內閣進行討論。

首相致內政大臣

1941 年 7 月 19 日

我希望將我的觀點記錄在案，即因表達看法而判刑的情況（埃爾西·奧林小姐因對兩名士兵表示希特勒是一個比邱吉爾先生更好的領導者，被判 5 年徒刑），過於嚴厲。儘管意見惡劣，但她並未參與任何陰謀活動。根據英國的實際情況，沒有理由採取如此不合情理且不人道的嚴苛措施。我認為如此極端的做法可能會產生反效果。

（即日辦理）

首相致第一海務大臣，並由伊斯梅將軍轉交參謀長委員會

1941 年 7 月 20 日

我堅決反對將這艘「格倫」級軍艦調回本土。我們派遣這 3 艘軍艦繞道好望角前往中東，初衷是為了「下顎」作戰計畫及進攻其他島嶼，儘管當時並非情願。突擊隊員已分散使用殆盡，突擊隊現已解散。近期的中東政權未能展現出協同軍事行動的能力。聯合作戰指揮部尚未設立，只有一個無精打采、作用有限的委員會。然而，未來可能仍需要進行登陸行動。另兩艘「格倫」級軍艦正在維修中，此時讓這艘調離是完全錯誤的。因此，我希望三軍參謀長能全面考慮此事。

（即日辦理）

首相致空軍參謀長

1941 年 7 月 21 日

根據 3 月宣布啟動大西洋戰役時發出的指示，空軍海防總隊獲得了大量特殊增援。據我所知，為了執行該指示，所有近期從美國運來的 B24「飛行堡壘」轟炸機都已交付空軍海防總隊。在美國，普遍認為這些飛機

附錄

是攻擊柏林等城市的理想選擇。霍普金斯先生曾就這些飛機的用途詢問我，並且似乎因為美國人認為這些飛機閒置未用而感到困惑，因為我們缺乏人手來操作它們。我正在努力糾正這個印象，不過，我認為，從整體策略來看，若將這些轟炸機用於轟炸德國，確實是相當合適的。此外，空軍海防總隊已獲得65架「卡塔利娜」水上飛機和若干「森德蘭」水上飛機，加上近期戰果以及美國占領冰島（此事將由第一海務大臣告知你）即將帶來的影響，都將大大緩解大西洋戰役的局勢。

期盼能獲悉您的見解。

轟炸機司令部總司令表示他深感資源不足，目前尚未增加兵力。

首相致伊斯梅將軍，並轉交參謀長委員會

1941年7月23日

我希望中東的突擊隊能夠盡快整編。應任命萊科克旅長為聯合作戰指揮官，而不該由一個權力有限的軍官委員會掌管。3艘「格倫」式運輸艦和聯合作戰指揮官及其部隊，應直接置於坎寧安海軍上將的指揮之下，由他負責所有聯合作戰事宜，包括海上運輸，但人數不得超過1個旅。中東司令部確實未能正確對待這支寶貴的軍隊，而是將其擱置一旁。

首相致伊斯梅將軍

1941年7月25日

請將運往馬爾他的援軍和軍需品的具體數量及詳情，以及原駐馬爾他的守軍實力，詳細寫在紙上交給我。

首相致雅各布上校

1941年7月25日

請簡要描述我們的步槍生產狀況。1939年9月的預期是什麼？結果如何？轟炸導致了多少損失？到1941年底的新估計數量是多少？

前海軍人員致羅斯福總統

1941 年 7 月 25 日

1. 感謝您提供有關坦克製造計畫的消息。在即將到來的幾個月的關鍵時期，我們的坦克資源得到了顯著增加，實在令人振奮。從長遠來看，所有經驗都表明，現代戰爭需要更重裝甲和武裝的車輛，因此我們應當計劃增加中型坦克的產量，即便這意味著減少輕型坦克的生產，但當然不能影響您的空軍計畫。

2. 我對於你建議將我們的坦克部隊士兵送往美國接受訓練的提議深感興趣。我們正在探討此事，並會盡快告知意見。

3. 我們一直在思慮我們的軍事策略，不僅針對1942年的戰役，也為1943年的戰鬥做準備。在確保主要基地的安全之後，就需要為勝利所需的兵力制定最大規模的計畫。整體而言，我們首先要以強化封鎖和宣傳為目標，然後必須對德國和義大利進行持續且逐漸增加的空襲。僅憑這些措施，可能就會引發敵方內部的動亂或崩潰。同時，還需制定計畫，在時機成熟時讓進攻軍隊登陸，以解救被征服的人民。為此，不僅需要大量坦克，還需要大量能夠運送這些軍隊並直接在海灘上登陸的船隻。將你們建造的大量商船中的一部分進行必要的改裝，使它們適合於充作坦克登陸艇之用，這對你們來說，應當不致有什麼困難吧。

4. 若你贊成這個使德國屈服的總體構思，我們便需立刻著手思考以下兩件事項：

（1）針對諸如飛機、坦克等主要作戰武器的共同需求量，制定雙方認同的估算數字。

（2）接著思考如何藉由聯合生產來滿足這些需求。

5. 我建議我們在倫敦設立的聯合參謀部應迅速著手處理第(1)項事宜，接著應由我們的技術專家們處理第(2)項。

附錄

首相致伊斯梅將軍及霍利斯上校，轉交參謀長委員會

1941 年 7 月 26 日

必須高度重視為本土部隊總司令配備大量機動高射炮的問題，尤其是低空射程的火炮，以便支持野戰師作戰並為軍隊和裝甲縱隊提供使用。

德國人總是將高射炮布置在前線，這是非常明智的。沒有機動的「博弗斯」高射炮掩護，就不應集結大軍或推進。

我不確定這 218 門炮是否會以這種方式使用？若是如此，我認為這是正確的策略。若非如此，我希望三軍參謀長能考慮這個建議。

在其他方面，我完全贊成你們所建議的調動方案。

首相致糧食大臣

1941 年 7 月 27 日

我意識到你正在考慮在必要時實施次要食品配給制，並計劃採用一種靈活的票券系統。在此系統下，消費者可以使用票券在多種商品中進行選擇，無需在特定商店進行登記。儘管固定配給制度可能更易於管理，但給予消費者適當選擇自由的制度顯然更為優越。個人偏好有時可以透過巧妙的方法來消除。此外，你有權調整各種商品的價格（包括貨幣和票券的數額），這使你能夠有效地控制需求。

因此，如果經過考量後，你認為擴展配給範圍在所難免，那麼，這種靈活的票券制度顯然具有諸多優勢。我期待在適當的時候聽取你對此事的看法。

首相致樞密院長、勞工與兵役大臣以及陸軍大臣

1941 年 7 月 27 日

1. 越來越多的證據表明，219.5 萬人對於滿足陸軍的需求而言顯得不足，急需增加；陸軍大臣正在深入研究其員額的需求。

2. 因此，必須敦促按照戰時內閣命令負責詳細審查此事的人力委員

會，迅速開展工作。我希望一旦主要事實被掌握，不必等到完整報告出爐，即可由樞密院長與相關大臣們討論，參考人力的整體形勢，將陸軍的總體員額需求視為緊急事項來處理，並提出滿足這些需求的必要措施報告。

首相致飛機生產大臣

1941 年 7 月 30 日

我渴望在兩週內得知惠特爾設計的噴氣發動機測試是否取得成功。我期待試驗的順利，但據你所言，目前所用的渦輪葉片是可行的。我們絕不能因設計師追求創新而延誤時間。務必在敵人可能於明年夏季開始高空轟炸時，籌組這些飛機的中隊。

首相致伊斯梅將軍

1941 年 7 月 31 日

我需要大量有關蘇丹港、馬薩瓦（在紅海海岸新建的港口）、阿斯馬拉、巴斯拉、托布魯克等地的圖片。

8 月

首相致樞密院長

1941 年 8 月 9 日

我聽聞有一項提議：若汽車持有人在獲取額外配給的汽油後，沒有準備記錄每次旅程的里程表，則會被視為刑事罪行。

將此類過失定為刑事犯罪以致增加刑事案件數量，是不明智的；這些過失既不引起公憤，也不易被察覺，對其施加懲罰只會導致不公正的判決。將未備里程紀錄視為刑事犯罪即是此類做法，尤其當其僅涉及我們汽油消耗量的四十分之一時。

我聽說還有另一項提議，即告知車主若無里程紀錄表，他們的額外配給量將面臨削減或扣發的風險。這樣的措施難道還不夠嗎？

附錄

首相致進口管理委員會

1941 年 8 月 9 日

1. 據悉，進口管理委員會將審議如何為美國近期移交的船舶準備裝貨事宜。首要任務是充分利用所有獲得的船舶噸位，無論是來自美國的，還是因航運狀況改善而得來的，以便透過輸入貨物提高作戰績效，並為人民提供更健康和多樣化的食品。

2. 貨物必須隨時準備裝船，以便船隻一到即可進行裝運。因此，需立即撰寫一份報告，詳細說明為實現此目標，我們在增加訂貨及在各個海港附近儲備貨物方面所採取的措施。

3. 我意識到你們計劃在今年下半年進口 748,000 噸軟木和 422,000 噸硬木，這個數量顯然遠超了最近一次大西洋戰役會議上所提的數字。進口如此大宗的木材是否是因為無法找到更有價值的貨物？你們是否曾為農業大臣提供進口其他物資的機會？例如，從美國進口 50 萬噸玉米，這將對維持我們的養雞數量非常有幫助。

首相致海軍大臣、空軍大臣及飛機生產大臣

1941 年 8 月 16 日

此事令人感到悲哀。你們只需翻閱備忘錄便知，他們原本承諾自 4 月起每個月提供我們 20 架「格倫門」式戰鬥機。然而至今 1 架未到，現在僅答應按海軍大臣 7 月 26 日備忘錄中的計畫執行。

1. 我認為，向「勝利」號和「皇家方舟」號配備 6 到 12 架「格倫門」式戰鬥機是首要任務。任何在地中海作戰的航空母艦都應優先獲得這些飛機。當這些快速戰鬥機升空迎敵時，必然會讓敵人大吃一驚，幾乎就能立刻改變局勢。

2. 在海上削弱敵方轟炸機的攻擊，這項任務在重要性和緊迫性上，遠遠超越了地中海上任何 1 艘航空母艦所能執行的其他任務。即便這些戰鬥

機只能在距離母艦40到50英里的範圍內行動，它們依然能夠完成所有必要的任務。必須讓敵人意識到，他們的飛機若靠近1艘由航空母艦護航的船艦，所遭受的打擊幾乎與從陸基起飛的戰鬥機帶來的打擊同樣嚴厲。

3. 目前，我們在地中海東部沒有部署航空母艦。因此，無需派遣折翼「格倫門」式戰鬥機前往。分配給聯合王國的「格倫門」式戰鬥機在8月、9月和10月的定額（共計22架）以及分配給中東地區9月和10月定額24架，總計46架，應全部運往聯合王國，以裝備我們的航空母艦。至於10月以後預定交付至中東的飛機，未來再作考慮。請每個月提交關於航空母艦裝備「格倫門」式戰鬥機的報告。

4. 我們何時能得到下一艘新航母「無畏」號？

5. 除非存在我尚未察覺的相反理由，否則此刻應立即公告如下命令：

「應將9月和10月分的幾批折翼『格倫門』式戰鬥機（共有12架）運至聯合王國，而不要運至中東。」

首相致伊斯梅將軍

1941年8月16日

突擊隊

1. 我已與奧金萊克將軍達成協定，將那3艘「格倫」級軍艦全部駐留中東，並盡快改裝為適合兩棲作戰的艦艇。

2. 在改組突擊隊時，盡量吸納志願者以及願意重返突擊隊的老隊員（他們目前分散在各部隊中）。萊科克旅長應擔任指揮職責，出任聯合作戰指揮官。

3. 奧金萊克將軍將直接指揮聯合行動指揮官和突擊隊。我之前建議他們由海軍總司令指揮的方案應予以取消。

（即日辦理）

附錄

首相致帝國總參謀長及伊斯梅將軍轉呈參謀長委員會

1941 年 8 月 19 日

與其減少我們在冰島的駐軍，倒不如將此地作為高山部隊的訓練基地來得更具價值。你能否為炮兵部隊提供一些山炮，而不是將他們撤回？請為最大數量的士兵在冰天雪地中進行山地作戰訓練配備雪橇、雪鞋等物資，制定一個計畫。現在又有一些美國人抵達，這使得訓練更加便利。我認為籌組這些高山部隊是我們編制中的一個關鍵特色。我請求大力推動這項工作。

首相致空軍參謀長

1941 年 8 月 19 日

你給予了詳盡的說明，十分感激。即便飛行員們出現過失，責任也不應歸咎於他們，而在於體制的問題。空軍與地面部隊之間缺乏有效且緊密的合作，顯示出進行重大改革的必要。陸軍的需求應由空軍部門以合作的態度來滿足。隨著資源的逐步增加，空軍有責任滿足陸軍的需求。我期待你的承諾：你一定會不分晝夜地努力，消除戰爭機器中的這個令人遺憾的故障。過去的事情無需追究，但若陸軍再遭遇不當對待，那麼，可以說是空軍部門未能履行其主要職責。

（即日辦理）

首相致軍需大臣

1941 年 8 月 20 日

請仔細閱讀隨附的徹韋爾勛爵根據我的指示所撰寫關於毒氣和毒氣武器的報告。我們必須預見到可能發生大規模的毒氣戰，這種情況隨時可能爆發。請注意過去對芥子氣生產施加的驚人限制，並檢視對此的解釋。為何空軍部停止了 250 磅炸彈的裝藥工作？這種做法顯得極其缺乏遠見，並且違背了內閣的一些決策，這些決策的要點是應該生產最大限量的毒氣，

并將其裝入合適的容器中或儲藏起來。

我請求你親自留意此新動態。此整個議題極其危險且刻不容緩。

首相致樞密院長

1941 年 8 月 20 日

我難以認同，在公眾身上強加（汽車主必須備有里程紀錄表）這樣的額外責任是有正當理由的。需要填寫的表格日益增多，越來越多的官員依賴這些表格維持生計，而民眾的耐心卻逐漸消磨殆盡——這也不足為奇。若你認為無其他方式達成目標，不妨將此事提交內閣處理。

首相致印度事務大臣

1941 年 8 月 20 日

確實需要發出邀請信，但通常應由你親自會見昂山。

（這是艾默里先生的一份備忘錄，內容涉及緬甸的局勢，以及緬甸總理昂山計劃訪問英國。）

首相致第一海務大臣

1941 年 8 月 25 日

請你提供一份包含日本現役艦隊和小艦隊的清單，連同它們的建造日期及已經建成的艦隻，列在一張紙上交給我。

（即日辦理）

首相致農業大臣

1941 年 8 月 26 日

我聽聞收成不佳。現狀如何？聖斯威辛節後的 40 天已過。若天氣轉好，你如何預測？唉，我們言之尚早。

附錄

首相致生產管理委員會

1941 年 8 月 26 日

我對現今依然大量投入人力與資源在建築領域的狀況感到憂慮。每年用於工廠和房屋建設的計畫消耗進口材料（如鐵、鋼和木材）達225萬噸，並僱傭75萬人。

是否已經到了對所有新的建廠計畫一律不予批准的階段（特殊情況除外）？現有工廠中有許多僅在半開工狀態，是否還應在此領域投資？能否將建築材料用於建設寄宿宿舍和文化娛樂場所，以供現有工廠中需要加班的工人使用？

對於軍隊所提出的需求，應盡量做到節約。在這些需求上，極易產生超出當前需求和可用資源的浪費。

我深信可以設法確保那些耗費進口物資的設計無法通過審批。

請詳細闡述你們所採取的保障措施，以確保：

（1）新的工廠或建築專案是必需的。

（2）這些工程在規劃和設計方面被認為是最為經濟的。

（3）建築工人的利用將達到最大化。

首相致空軍參謀長

1941 年 8 月 27 日

我確實贊同這個觀點：空軍部過去在滿足陸軍和海軍的特殊需求方面，表現得極為苛刻且不合作。儘管海軍在戰前成功地擺脫了束縛，但陸軍仍然覺得無法獲得應有的空軍支持。若說這源於皇家空軍擴張的絕對必要性，多少有些道理，但如今這種緊迫性已經不再那麼壓倒一切，我希望陸軍長期以來的不滿能夠得到解決。

普遍觀點認為，我們未曾發展俯衝轟炸機的原因在於空軍部擔心這種

與陸軍關係密切的武器可能促成獨立陸軍航空隊的建立。

這些情況皆是在你上任之前發生的，然而我們至今仍在承受其影響。

首相致外交部

1941 年 8 月 27 日

暹羅如何轉換為泰國的過程涉及到一系列歷史和政治變化。暹羅在 1939 年正式更名為泰國，這個名稱反映了民族身分和國家統一的意識。暹羅這個名字具有悠久的歷史價值，象徵著該地區的多元文化和古老傳統，而泰國則突顯了民族自豪感和現代國家形象。

首相致伊斯梅將軍，轉交參謀長聯席會議

1941 年 8 月 27 日

多方跡象顯示，德軍正朝莫曼斯克推進。雖然之前那次無效的空襲未能發現德軍運輸艦，但目前確有不少船隻在移動。我們應如何應對？在北方是否已無行動可能？我們的兩個空軍中隊何時能抵達莫曼斯克？海軍能否採取措施阻止德軍運輸艦的活動？

首相致財政大臣

1941 年 8 月 28 日

我們國家實際持有多少黃金，南非在我們掌控下的又有多少？無需擔心：我並非向你索取任何東西。

首相致愛德華・布里奇斯爵士

1941 年 8 月 28 日

1. 哈考特・約翰斯通先生將領導一個跨部門聯合委員會，該委員會由相關機構的代表組成，目的在敵方空襲較少的時期制定一個盡可能完備的燈火管制計畫，該計畫可在以下方面有所放寬：

（1）放寬對戰時緊急事務所需車輛的燈光限制；

（2）放鬆對工廠和港口的燈火限制。其目的是為了實現戰爭物資的最

附錄

大化生產。

2. 此委員會需審議的事項還包括：

（1）允許何種車輛放寬燈光限制；

（2）應將燈光調暗到何種程度，才能在一定速度下安全駕駛車輛；

（3）軍需部、飛機生產部和海軍部特別要求放寬燈火管制的具體路線和特定地區有哪些；

（4）若因敵方之舉需在特定區域或全國重啟原管制措施，如何迅速復原。

3. 該委員會必須在 1 週內向首相提交報告。期待各部門為公共利益全力合作。應將制定最佳計畫的工作視為技術研究，不必要求各部門主管採納。為總體政策考慮，可將此計畫提交由戰時內閣成員組成的委員會決策。

（即日辦理）

首相致陸軍大臣

1941 年 8 月 29 日

我必須提醒你關注在不列顛巡邏坦克的狀況。本週，在 408 輛坦克中，實際無法使用的數量超過了可用的。這個數字及導致這種情況的原因，顯然需要認真對待。無法使用的數量每週都在增加。

此事應由誰承擔責任？你打算如何應對？請告知。

（即日辦理）

首相致空軍參謀長

1941 年 8 月 29 日

在對鹿特丹港的商船和船塢進行日間攻擊時，17 架「伯倫翰」式轟炸機損失了 7 架，這樣的損失是極為嚴重的。如果是在襲擊「沙恩霍斯特」號、「格奈森諾」號，或「提爾皮茨」號，或者攻擊一個南行至的黎波里的

運輸船隊時，遭遇這種損失尚可理解，因為除了對這些艦隻造成損害，還實現了重要的戰略目標。然而，對於襲擊並未參與關鍵補給任務的商船而言，這種損失就顯得不成比例。本月我們的轟炸機損失相當嚴重，而轟炸機司令部也未能像預期那樣進行擴充。儘管我對飛行員們的勇氣深感欽佩，但我不願看到他們承受過大的壓力。我們可以選擇更容易的目標，在對敵人造成重大損失後安全返航，而減少選擇導致我方傷亡的目標。

請提供一份報告，詳細說明 8 月分因各種原因（包括在著陸時撞毀的情況）所耗損的轟炸機總數，以及飛機生產部交付的轟炸機數量，以及製造和進口的數字。

（即日辦理）

首相致空軍參謀長

1941 年 8 月 30 日

關於在中東加強夜間戰鬥機防禦能力的部分，進展如何？我猜測敵軍絕不會追上我們的新技術。然而，亞歷山大、蘇伊士和蘇伊士運河依然是極其重要的地點。

請為我撰寫一份簡要報告。對於規劃、組織和供應夜戰前進梯隊的清單，派爾將軍可能可以提供幫助。這一切都至關重要。速辦為要。

首相致空軍參謀長

1941 年 8 月 30 日

應將德國在對俄作戰中被擊毀的飛機數量估計為 1,700 架這個資料，與辛格爾頓針對各戰場上英、德飛機數量的對比所進行的第 2 次調查結果結合起來進行研究。

請告知我研究結果。

附錄

首相致空軍副參謀長

1941 年 8 月 30 日

非常不錯。

「襲擊鹿特丹及其他目標時所展現的忠誠與勇敢,超越任何言語的讚美。輕裝旅在巴拉克拉瓦的英勇衝鋒,與這些幾乎每日湧現的壯舉相比,已顯得遜色。」

請將這些話傳達給轟炸機中隊,如果你認為適當,也可以公開。

首相致伊斯梅將軍,並轉交參謀長委員會

1941 年 8 月 30 日

我個人對目前的炸藥相當滿意,但我們絕對不能止步不前。因此,我建議按照徹韋爾勛爵的建議採取措施,並任命約翰·安德森爵士為內閣負責此事務的大臣。

我想了解參謀長聯席會議的觀點。

首相致第一海務大臣

1941 年 8 月 31 日

如您認為妥當且船隻已經安全抵港,請將我對上週眾多船隻在德國潛艇密集區展示出的警覺、靈活及組織機動性的祝賀,轉達給海軍部作戰參謀處、貿易處、西部海口總司令、空軍海防總隊及其他相關部門。

首相致新聞大臣

1941 年 8 月 31 日

1. 關於我們建造大型廣播站以壓制外國廣播的專案進展如何?設備安裝已經延誤很久,但我聽說它被賦予了最高優先順序。請遞交一份簡短的報告——不超過半頁紙。

2. 應在英國播放德國拍攝的侵俄影片,並應將其送往美國,我認為這件事非常重要。懷南特先生完全同意將影片送往美國。我上週告訴過你,

我認為在播放大西洋會議和冰島等的影片之前，先播放10分鐘的德國暴行影片是最好的策略。這個事情進展如何？

3. 冰島人是否曾經獲得一份有關他們本身的影片複本？

9月

首相致帝國總參謀長

1941年9月8日

請為我撰寫一份簡明報告，概述當前延期信管的狀況。

上一次大戰結束之際，德國人曾大範圍地運用此類信管，導致我們無法使用鐵路，並在撤退法國時用於布置陷阱。

延續時間從幾天到幾個月不等，這種不確定的情形始終存在，鐵路線路則不停中斷。據說是使用1個金屬盒子，比菸盒大不了多少，盒內放置一種酸性物質，該物質逐漸腐蝕一根金屬線，進而導致接觸或打開1個小孔。當然，如今必然有許多改進之處。

根據我們在東方的部署情況，我認為應大規模安裝此類設備。我們正在安納托利亞、敘利亞、波斯、賽普勒斯等地建設機場，並改善和擴展一些鐵路和公路。如果我們必須撤退，我們應該設法使敵人在相當長的時間內無法使用這些設施。最佳方法是在撤退前埋設地雷，並留一個狹窄的通道，以便在需要時透過這些通道安裝引信。每個機場應在地下埋設20到30個地雷。在撤退時，只需安裝引信並將地面恢復平整。危險期應該至少維持6個月，鐵路每英里應至少埋設3到4個地雷（尤其是在鐵路的前段），所有橋梁和隧道也應埋設地雷。由於無法預測鐵路或公路何時會中斷，這種不確定性給敵人帶來的困難甚至超過一次全面性的破壞。

請告知您的看法。

附錄

首相致勞工大臣

1941 年 9 月 8 日

報紙中提到,所謂耶和華見證人中有不少年富力強之人,他們並不參與戰時工作,這是否屬實?

首相致軍需大臣

1941 年 9 月 10 日

(抄送空軍大臣)

在你 8 月 29 日的備忘錄中提到,50,000 枚「傑弗里斯」型炸彈(即馬勃菌炸彈)的訂單無法滿足,你僅能交付 10,000 枚。

我認為,這歸因於炸藥不足。據稱,9 枚黏性炸彈的炸藥足以填充兩枚馬勃菌炸彈。因此,推遲填裝 18 萬枚黏性炸彈,可以生產額外的 40,000 枚馬勃菌炸彈。根據我的了解,以當前的生產速度,這大約相當於 6 週的產量,因此我同意推遲黏性炸彈的填裝。

迫擊炮的生產應維持正常進度。

(即日辦理)

首相致帝國總參謀長

1941 年 9 月 10 日

請查閱附上的比弗布魯克勳爵關於橫貫波斯鐵路的信件。鑑於莫曼斯克線路存在風險,而我們的大量物資正準備運往俄國,同時在修建通過波斯的鐵路時還需繼續進行貨運,將面臨諸多困難,因此最大限度地利用公路運輸似乎成為最緊迫的問題。我可以聯繫霍普金斯先生,要求提供必要的卡車、司機和機械師(如有需要)。我相信美國方面會迅速將這些資源運至巴斯拉。我不清楚公路的狀況如何,但這個整個問題,包括車輛從美國運來時改善公路的計畫,必須進行研究。

如果若可能,請在明日告知意見,以便我著手進行。

首相致伊斯梅將軍，抄送參謀長委員會

1941 年 9 月 12 日

1. 整個英國陸軍（在中東的除外）無法長期作為一支防禦入侵的本土駐防軍而保持靜止和被動。即使不從軍事角度考慮，這種策略也會損害陸軍的聲譽。這一點不需我細述。

2. 應籌組一支相當於 6 個師規模的遠征軍，以便進行海外作戰。

3. 除非出現意料之外的局勢變化，令我們能夠在西班牙或摩洛哥展開新的戰線，或入侵形勢緊迫，否則我們應當在最早合適的時機拯救挪威。

4. 應制定一項方案，在我們認為最合適的地點展開行動。該方案應於本月底之前提交國防委員會審議。

首相致愛德華‧布里奇斯爵士及伊斯梅將軍。

1941 年 9 月 13 日

由於波斯鐵路兩端的沙赫普爾港（Bandar Shahpur）和沙赫港（Bandar Shah）確實容易混淆，所有英國公函中應稱其為裏海港（Bandar Caspian）和波斯灣港（Bandar Gulf）。請據此發出指示。

首相致伊斯梅將軍

1941 年 9 月 13 日

這篇評價確實需要根據當前形勢進行調整。文中完全沒有涉及我們占領波斯的情況，以及開闢一條通往俄國的重要道路，而我們已與俄國建立了合作關係。到 9 月底或 10 月中旬，再評估俄國的前景會更明朗。文中未提及可能對土耳其發動進攻或施加壓力的情況以及潛在後果。

為何急於完成此篇文章呢？目前這種形式的文章只會引發各自治領的恐慌與擔憂。譬如，聲稱我們駐守埃及的原因之一是防止義大利艦隊通過蘇伊士運河將英國海軍逐出印度洋。如果我們駐守埃及的依據是如此，那麼我將深感遺憾。

附錄

首相致伊斯梅將軍，抄送參謀長委員會

1941 年 9 月 13 日

儘管我未曾請求美國船隻護送增援中東的軍隊進行第 2 次航行，我仍期望它們能夠前來。對於逐步調運那些本應早已前往中東的大批軍隊而言，這是極大的助益。這一切都讓人感到非常滿意。我希望能立即獲悉詳情，以便表達謝意。請就第 2 次航行所提供的便利之處提交報告。

首相致新聞大臣

1941 年 9 月 13 日

希特勒槍決挪威工會會員並對其他人判長期徒刑，確實值得更大關注。工會聯合會不該通過決議表示同情嗎？為何不聯繫西特林以推動公眾強烈抗議？兩位受害者的名字應被作為烈士宣揚。

首相致安德魯·鄧肯爵士

1941 年 9 月 13 日

徹韋爾勳爵已經按照我的要求撰寫了一份關於進口預測的簡要報告。目前，你們在進口管理委員會內正審議這個計畫。由於我採用的是日曆年，因此我希望制定的進口預算必須是 1942 年的。我期望最遲在 11 月確定這個預算。在此期間，對戰爭的第一年和第二年進行對比，並對第三年進行預測，是有益的。

你務必隨時牢記，若我們需要派遣遠征軍，我就必須進一步請求大量船舶。希望你能提供初步意見，徹韋爾勳爵的報告恰好可作為參考。

首相致徹韋爾勳爵

1941 年 9 月 13 日

我們必須防止 1942 年陸軍實力的削弱，並採取特別的保障措施。在未來相當長的時間內，陸軍的軍火絕對不能挪作他用。除了派往東方的兩個師外，我已經要求再籌組由 6 個師組成的遠征軍。這支遠征軍的具體目

的地將視情況而定。留守的部隊應可足夠維護國家安全。

在提供必要的兵員方面將面臨巨大的挑戰。然而，我希望能夠從大不列顛防空委員會、空襲警備處、空軍海防總隊和重炮隊，以及部分後勤機構中，抽調出 2、30 萬人。我們將從後備工作中調集大量人員。目前，幾個師面臨解體的嚴重風險。

請以上述原則指導你的工作。

（即日辦理）

首相致伊斯梅將軍，轉交參謀長委員會

1941 年 9 月 14 日

1. 從空軍的需求中可以看出，他們對地勤人員的使用毫無節制。我們計劃在 1942 年春將 80 個空軍中隊部署在中東。該地區的地勤人員已達 45,000 人，如今又提議再增加 40,000 人，這意味著每個擁有 16 架前線飛機的中隊將配備超過 1,000 名地勤人員。顯然，這些編制需要徹底調查，若按現有規模繼續下去，我們的作戰努力將面臨毀滅。

此外，截至 12 月底，運輸船隊僅能運送 20,000 名空軍成員。值得注意的是，從此地派出的空軍中隊數量為 13 個，而非報告中提到的 17 個。

2. 按照我向總統提出的要求，新增的那兩個師應全部運輸出去。若非因為在中東增派兩個具備強大實力的師頗具吸引力，他絕不會額外提供船舶。我無法再為運輸分遣隊和新兵向他請求借用船舶。

3. 以上共計 60,000 人。接下來似乎即將輪到前往印度的部隊，因為他們抵達後，我們可以籌組額外的 4 個師。反坦克炮和高射炮的運輸，理應優先於野戰炮和中型炮（中東方面已經有充足的供應）。陸軍方面額外要求 18,000 名陸軍後勤人員，是否合理尚難判斷。是否有特定任務需要這支相當於 1 個師規模的部隊去完成呢？

4. 關於新兵的問題。尼羅河集團軍近期並未參與戰鬥，因此即使有常

附錄

規的病患損失，我認為不應優先運送增援部隊的第一批新兵（即在基地編制人數之外增加 10% 的新兵，或者用於補充預期額外消耗的新兵），優先順序應低於已編成的戰鬥部隊。這些新兵應在適當的時候再進行運送。

5. 請製作一份表格給我，列出聲稱需要增加這 31,000 名新兵的每個營或炮兵團（英國的）現有人員數量。補充步兵的新兵應優先於其他兵種。

6. 不久前，我獲得了一些關於中東地區戰鬥部隊與後勤人員比例的統計資料。如果當前要求的 142,000 人能夠全部撤離，是否可以根據最新情況對這些資料進行調整呢？

首相致外交大臣

1941 年 9 月 20 日

（抄送空軍大臣）

我認為，若我們在義大利投放傳單，特別強調以下事實：數以 10 萬計的義大利人被迫離開陽光明媚的家鄉，前往寒冷的烏克蘭送命——這種策略可能會產生顯著的影響。請將此事提交給政治作戰局考慮。

因此，我已將此備忘錄的副本遞交空軍大臣，以便他們審議如何進行處理。

（即日辦理）

首相致霍利斯上校

1941 年 9 月 21 日

當前，迫擊炮的交付正在持續進行。此武器在戰術運用方面有何新進展？建議立即籌組一個實驗性的迫擊炮隊或團，以探索其應用方式，並在各部隊中推廣。請針對我的建議提供意見，說明實現此目標的方法。

首相致空軍參謀長

1941 年 9 月 21 日

我們派遣到法國上空的戰鬥機飛行員是否攜帶了足夠的法國貨幣？據我所知，他們只得到 50 法郎。我認為，至少應讓他們攜帶 3,000 法郎，作為飛行員裝備的一部分，並在換班時將此金額一同交接。

首相致帝國總參謀長

1941 年 9 月 21 日

我不打算讓這件事不了了之，或任其被遺忘。任由 600 名德國退伍軍人回到維琪法國，並繼續被德國用來對付我們，這已經超出了簡單訓誡的範疇。為應付這些人，可能會有 600 名英國人付出生命代價，而我們卻如此輕易地讓他們從我們手中溜走。陸軍部應正式致函中東總司令，對其行動進行質詢，並指出敘利亞指揮部的這種懈怠行為對英國利益的嚴重損害。如果一名軍曹或伍長犯錯，他就會受到懲罰或斥責。威爾遜將軍的幕僚未能提出質疑，也未掌握情況，應受譴責。如果威爾遜將軍本人承擔責任，他可以透過立功來贖罪，但必須讓他真正意識到問題的嚴重性。他們應提供最詳盡的解釋。

首相致帝國總參謀長

1941 年 9 月 21 日

感謝你。我欣然注意到最近的電報中提出了一項建議：重新部署前線地區，以便在敵人再次施行類似行動時，前方部隊能夠採取攻勢，予以打擊。據了解，此次調整大約將在本月 23 日完成。如果現在進行這樣的調整是正確的，那麼，為什麼不更早採取行動呢？敵人在裝甲車的攻擊下（並無坦克）損失了 10 輛坦克等，這表明原本萊可以進行一次大規模的「捕捉」行動。不過，我們或許會有第 2 次機會，也可能不會。命運總是難以預測的。

附錄

首相致三軍參謀長

1941 年 9 月 25 日

　　請提供過去 15 個月間關於化學戰防禦與進攻措施的官方通訊摘要，並附上重要毒氣武器庫存情況的表格。請報告你們對當前形勢及我們在必要時對德國進行報復的方法是否滿意。

　　由於化學變質，維持儲備可能面臨挑戰。通常情況下，如有消耗，庫存可以逐步替換。也請告知您對此的看法。

首相致外交大臣

1941 年 9 月 25 日

　　如今我們得知，那位伊斯蘭教法典的解說大師身處德黑蘭的日本公使館內。確保他投誠顯然至關重要。我估計，你此刻正竭盡全力阻止他的逃逸。請盡全力完成此事。

首相致陸軍大臣

1941 年 9 月 25 日

　　當前正有多項方案在制定中，以確保軍隊在冬季期間得到娛樂。他們可以在一定的限制下使用政府車輛，前往最近的大型城鎮。而軍官們則不享有這個特權。或許可以制定一個方案，讓軍官們自行承擔汽油費用，合理使用現有的政府車輛。他們中有許多人經濟拮据，無力租用其他交通工具，但此方案既公平又可被他們接受。車輛的使用將由軍或師的參謀進行管理。

　　請將您的意見告知。

首相致海軍大臣和第一海務大臣

1941 年 9 月 25 日

　　「格拉夫」號德國潛艇修復後交給南斯拉夫海軍豈不妙哉？他們的一整組潛艇人員現已抵達亞歷山大港，然而艇上條件太差，艦隊司令不允其出海。我倒是很希望這些南斯拉夫人能駕駛 1 艘繳獲的德國潛艇。

首相致工程與建築大臣

1941 年 9 月 27 日

我非常懷疑是否還能繼續居住在沃爾默古堡,或者更確切地說,戰後是否還有人能夠居住在如此精美的建築中。當我接受五港監守人職位時(我視之為對我的一種讚譽),我曾向國王提及此事。顯然,目前我不願住在那裡,因為該地完全在法國海岸敵人炮臺的射程範圍內,而且只要有報導說我居住在那裡,就足以導致此地被徹底摧毀。在這種情況下,我認為讓工程與建築部於戰時以他們認為最符合公共利益的方式接管,是完全合理的。因此,我希望在我不使用古堡或不從中獲利的期間,由國家負責管理它和周圍的花園。戰後再重新研究這個問題。

你認為應該如何處理,希望你能告訴我。

(即日辦理)

首相致霍利斯上校,轉交參謀長委員會

1941 年 9 月 30 日

上星期視察「無畏」號時,我得知這艘關鍵戰艦所配備的少數「旋風」式戰鬥機僅為「旋風」I 號這個低階型號,感到十分驚訝。我堅信有可能做到:派駐航空母艦的飛機應是最能勝任任務的頂級機型。今年的情況明確表明,如果航空母艦能夠起飛最先進的戰鬥機,海軍將重新參與那些原本無法參與的重大戰略性戰鬥。在挑選具備適當品質與效能的飛機時,航空母艦應享有最高優先權。

附錄

10月

（即日辦理）

首相致陸軍大臣和帝國總參謀長

1941年10月1日

1. 我們的軍隊因建立在如此笨重的基礎上，導致無法有效執行海外或兩棲作戰；這種風險日益增加。裝甲師的狀況近期受到了關注。隨著新方法和新要求的不斷湧現，人數增加的趨勢將持續。為保持陸軍的效率，定期裁減是必要的。

2. 由於我們對兵員的需求迫在眉睫，以確保作戰部隊的適當實力，因此在後勤領域節約人力已成為當務之急。我正竭盡全力維持陸軍的實力，以避免公眾對陸軍現有規模及被迫採取的明顯消極態度產生越來越多的不滿。因此，我感到有必要請求陸軍部的協助，並依賴你們的幫助。

3. 為此，應籌組一個由熟悉部隊編成的軍官組成的委員會，指示他們制定一項計畫，目的在削減後勤和非戰鬥部隊的人員數量達到25%，並說明如何在最小損害的情況下實現這個目標。此工作需要在本月15日前完成，以便國防委員會能夠了解在按建議進行的特別裁減中，還有哪些事項需要解決。關於委員會成員的選擇，我希望能與你商討。如果無法成立委員會，我將不得不請求籌組一個獨立於外的委員會，因為我深知讓一個部門自我改革是何其困難。

首相致軍事運輸大臣

1941年10月3日

我希望你能在大西洋戰役委員會的下次會議上提交一份報告，以便進行進一步研究。報告需涵蓋：在我們當前依賴的任何一個主要港口遭受破壞而無法使用的情況下，我們在為替代港口提供設備的工作上取得了哪些進展。

（即日辦理）

首相致霍利斯上校，轉交參謀長委員會

1941 年 10 月 4 日

　　我非常重視在 10 月初將坦克和飛機運送到阿爾漢格爾斯克的任務。交貨必須立即開始，這是至關重要的。請立即準備建議和需要進行的事項，並在星期一晚上向我提交一份報告。可能需要派遣一個專門的運輸船隊。

　　無論我如何強調這件事情的重要性與緊迫性，都不顯過分。

（即日辦理）

首相致陸軍大臣

1941 年 10 月 6 日

　　我對新成立陸軍時事局實施的計畫心存憂慮。計畫的效果取決於團級軍官們主導的討論是否會削弱或加強我軍的紀律，而紀律的缺失將使我軍難以對抗訓練有素的德國軍隊。在戰場上指揮的能力未必適合指導這類討論。這類討論是否只會給能言善辯的職業宣傳家和煽動者提供機會？這些與經過訓練的教師或專家所進行富有教育意義的演講有著顯著的不同。

　　希望您能審慎考慮此事，並告知我您的個人觀點。在此期間，請中止相關活動。

前海軍人員致羅斯福總統

1941 年 10 月 8 日

　　在與南特大使會晤後，我發送此電報給你，說明英國內閣對若干令我們感到困惑的問題所進行討論的結果。

　　我們一直在仔細斟酌關於下週即將重啟的小麥會議之下一步行動。我對當前提議的小麥協定在戰時局勢中可能引發的迴響感到憂慮。協定草案似乎傳遞出一種意圖，即強迫歐洲的小麥進口國承擔一系列義務，作為戰

附錄

後立即獲得援助的條件，這些義務包括嚴格限制它們的小麥生產，而此類限制可能嚴重損害它們的農業體系。這將觸及許多國家政策的敏感點。在我們看來，任何包含此類意圖的小麥協定都是極其危險的。它可能成為納粹宣傳機器的武器，他們將迅速加以利用。此舉可能引發對美國和英國在戰後如何運用其力量的普遍質疑，並使目前希望並積極推動德國戰敗的歐洲人士感到不安和沮喪。因此，我們認為必須從協定草案中刪除所有暗示英、美將干預歐洲農業政策的條款。

與俄國建立任何協定關係將是困難的。在籌備小麥會議時，俄國仍是中立國。然而，當前的形勢讓我們意識到，在不與俄國協商的情況下簽署可能嚴重影響其利益的協定，或在其處於生死存亡之際，其最富饒的麥田仍處於戰爭區域時，向其提出此類問題，實際上都是不可行的。

我們一直在思考如何為我們的代表們提供指示，他們目前正在前往華盛頓的途中，以應對這些挑戰。然而，我們尚未找到一個真正令人滿意且與當前協定草案綱要一致的方法。這個草案當然需要進行相當的修改；我們也意識到，拖延談判可能會導致失敗，這是我們極力避免的。對於我們來說，我們歡迎聯合建立小麥儲備以用於戰後救濟的建議。協定中還有其他一些重要決議，這些決議不會損害（或者說，透過簡單調整表述方式即可避免損害）未參與國家的利益——例如，四個參與協定的輸出國之間關於各自出口比例的協定，以及關於保持穀倉「始終恆定」的條款。

其他政策領域中存在爭議的問題，可以藉由會議進行富有成效的探討，目的是為未來的決策奠定基礎。然而，如果我們現在就試圖對這些問題作出明確的結論，我認為這未免過於簡單化。不論那些未參與會議的重要國家會受到影響這個事實，我覺得將這些問題納入英、美在戰後經濟總體問題上的合作討論中是有益的。我們期望能夠儘早開始這項討論，關於此事，哈利法克斯勳爵將提供更詳細的解釋。

若您大體上同意我的看法，我將據此指示我們的代表團。

首相致陸軍大臣和空軍大臣

1941 年 10 月 8 日

（抄送自治領事務大臣）

我如今確信，籌組一支愛爾蘭旅並在皇家空軍中設立 1 個愛爾蘭中隊的時機已經到來。假如我們早先就建立這些部隊，我們必定已助其獲得輝煌的成就。飛行員菲紐肯或許會是一位傑出的人物。

請為我提供建議。此舉或許在未來引發顯著的政治後果。

（即日辦理）

首相致陸軍大臣和帝國總參謀長

1941 年 10 月 9 日

關於籌組 1 個愛爾蘭旅的事宜，請告知您的看法，如有可能，請告知計畫。

首相致陸軍大臣

1941 年 10 月 10 日

我在報紙上讀到一些關於軍事法庭審判的離奇案例。第一個案例中，一名軍曹公開對一位國民自衛軍中尉質問：「你能怎樣？」並喝道：「住口。」結果僅被訓斥。在此情形下，按理應將其降為列兵。第二個案例中，有士兵被聽到稱呼軍曹為「三條紋的雜種」，卻被相當體面地釋放了，理由是這在軍中是常見的說法。作證的少校表示，當這句話針對他時，他通常假裝未曾聽見。

與此形成鮮明對比的是，兩名加拿大士兵從加拿大逃脫，歷經艱難險阻抵達此地自願參戰，卻被判處 60 天拘禁。

此事似乎要求你應與陸軍當局進行明確的指引。

（即日辦理）

附錄

首相致空軍大臣、軍需大臣及飛機生產大臣

1941 年 10 月 11 日

　　我已經再次閱讀了「阿爾比馬爾」式轟炸機特別委員會的報告，認為需要一個比目前為止提供給我更為肯定和明確的答覆。我希望了解兩位軍需大臣將提供何種證據，尤其是在財務方面；並希望從空軍大臣處獲悉：

　　（1）當首批 500 架完成時，這種飛機的實際用途是什麼。他能否告訴我，到明年夏季，這種飛機是否真正有用？它能夠轟炸德國的哪些區域？是否僅能用於轟炸法國境內敵人發動進攻的港口？

　　（2）為何拒絕公布該報告？請簡要說明理由。報告中哪些內容特別對敵人有價值？

　　鑑於此議題定於下週三進行辯論，而我極有可能親自參與其中，因此我必須對我的論據有充足的信心。此事確實緊迫。

首相致軍需大臣

1941 年 10 月 12 日

　　在你不在場的期間，我曾思索過你所提及有關武器及其附屬近發信管的不同版本（即光電管與無線電）的問題。當務之急，是為已經部署的 50 門炮生產防空炮彈。光電管與無線電仍處於研究和實驗階段，但應加快研究程序；若能有效解決，對海軍將有巨大戰略利益。

　　截至目前，我一直全面負責所有已經開展的工作。若作為軍需大臣的你，願意承擔所有製造與研究的職責；若自本備忘錄日期起你開始承擔責任，我將感到欣慰。鑑於此事涉及海、陸、空三軍，務請安排必要的協商。

首相致印度事務大臣

1941 年 10 月 15 日

　　請告知，自從向駐喀布林的英國特使提出驅逐德國人離開阿富汗的議題之日起，這位特使發來的電報共有多少字。

首相致愛德華·布里奇斯爵士

1941 年 10 月 16 日

誰負責透過無線電向德國人廣播有關交換俘虜的電報？這個問題需要徹底調查。這些電報包含感謝詞句，並直接與敵人通話。這是一項正式調查，應向身為國防大臣的我進行報告。

請提供調查團成員的詳細名單。

（即日辦理）

首相致樞密院長

1941 年 10 月 17 日

自 3 月起，空襲掩避所的建設進展迅速，儘管計畫目標或許尚未完全達成，但相比去年已有顯著改善。鑑於空襲和防空的局勢，他們已經為人力緊缺的狀況（尤其是陸軍方面）做出一定貢獻。此方面應增派更多人力。在我將備忘錄送給內政大臣等人之前，希望你將其納入你的總體規劃，並向我提交報告。

首相致陸軍大臣

1941 年 10 月 17 日

我不同意在陸軍士兵中推動政治討論的做法。你們為軍官準備的指導資料，簡直遜色於日報中的內容。想要討論卻不引發爭論，實在是天方夜譚。一旦出現爭論，紀律必然受損。唯一合理的原則就是「軍中無政治」。

我希望你能以最快且得當的方式解決此事，並讓相關人員投入到有意義的工作中。

（即日辦理）

首相致陸軍大臣

1941 年 10 月 18 日

1. 在我視察里奇蒙混合高射炮隊時，我感到非常驚訝，因為地方婦女

附錄

輔助服務隊當前的政策是不允許混合炮隊中的服務隊成員認為自己是炮隊的一部分，也不讓她們擁有「炮隊的集體感」。這對服務隊成員來說是一件極為痛苦的事情，她們被剝奪了引以為傲的徽章和炮兵標記等。鑑於她們實際上承擔了與炮隊相同的危險與工作，不讓她們從形式上成為炮隊的一部分是無法理解的。

2. 在當前的情勢中，陸軍部地方輔助服務隊總部極有可能下達命令，將高射瞄準隊中的一名成員調往其他部隊，這會導致整個炮隊失去全部效能。高射炮隊指揮部在此類事務上沒有發言權。顯然，當我們依賴這些混合炮隊作為防務主力時，這種情況不能再持續。

3. 我注意到，軍隊上下普遍希望將為國家服務的炮隊女性稱為「炮手」和「皇家炮兵團團員」。保留「地方輔助服務隊」字樣，不會引發爭議。

首相致總督導員

1941 年 10 月 18 日

1. 若下議院計劃在祕密會議中進行分組投票，則需自主安排相關事宜，不僅需安排計票人員，還需選出部分議員擔任祕書，根據分組情況標記名單。這些分組名單將作為特種文件由議長保管。

2. 然而，若下議院依據政府或其他方面的提議，以多數票決認為公布投票單和表決問題符合公共利益，或因投票後產生的憲法反應而顯得必要，則下議院也須透過各黨領袖之間的協商，決定公布祕密會議經過的說法是否符合公共利益。各黨領袖之間或下議院選出的議員之間的協商，可以按照以下方式進行：一是採用對上議院意見提出異議時的協商方式；另一是依照議會法令召開的會議協商方式。然而，在這種情況下，即將公布關於祕密會議辯論的文件，必須如同法案一般在下議院逐字辯論和通過，同時保留修改的權利。

3. 因此，作為唯一的權力機關，下議院將在每個階段主導其本身的程序，並通過多數票表決展現其意願。我相信他們會支持這種程序。

首相致貿易大臣

1941年10月19日

我非常感謝你在9月13日的備忘錄中對1942年的預測給予了清晰而全面的解釋。我注意到你對小麥和鋼鐵進口的信心十足，而我們也從石油管理委員會獲得了關於石油的極佳報告。我同意進口3,300萬噸的原則，這應是我們全力以赴的目標。我希望肉類的配給能夠有所改善。我認為，我們對俄國的義務不應在這3,300萬噸的限制內履行。在與美國的所有談判中，我們應將此限額視為進口的最低標準。

你此刻需要為戰時內閣準備一份說明，該說明將由以樞密院長為首的委員會進行稽核，之後可以在11月進行討論。

首相致英國政府駐喀布林代表

1941年10月19日

我十分讚賞你在處理驅逐德國人和義大利人問題時所採取的方法，但有一點你可能需要了解：自從9月11日任務移交給你以來至10月17日，你已經發送了6,639個密碼字組。如此大量的電報所耗費的人力和金錢，以及冗長電文對上級管理層所造成的壓迫性影響，是絕對不應忽視的。我堅信，清晰和中肯可以與簡潔和諧共存。

（即日辦理）

首相致勞工大臣

1941年10月20日

1. 在我關於陸軍實力的報告（你已經看過了）中，陸軍所吸收的總人數定為278,000人，其中包括了50,000名用於補充傷亡的人數。這是從現在預估到1942年6月底為止9個月的統計數字。如何使這些數字與您所設定1942年6月底以前12個月內的355,000人的數字相符呢？

2. 皇家空軍的要求無法完全按照他們的提議來滿足。他們在駕駛員後

附錄

面配置了越來越多的地勤人員。你是打算削減或分散這些要求，還是不得不接受他們提出的數字呢？我認為可以在此削減 50,000 人。

3. 根據我最初的構思，我不打算批准在民防領域有增加人員的必要。這個數字的來源是什麼？是否經過考核？民防人員不僅不能增加，我還希望在 1942 年內能夠進一步削減他們。

首相致空軍參謀長

1941 年 10 月 24 日

我對有關莫曼斯克的兩個空軍中隊的安排感到不滿。我原本以為他們會駕駛飛機移動到戰線南部，在那裡可能會與俄國空軍合作。然而，結果並非如此，只是派遣人員前往而已。這兩個中隊預計將在何時何地重新投入戰鬥？我們在俄國事務上犯的最大錯誤就是未派遣 8 個空軍戰鬥機中隊。這些中隊本應贏得聲譽，擊毀多架德國飛機，並極大地鼓舞整個戰線。這是許多批評中我認為唯一切中要害的批評。

首相致陸軍情報局局長

1941 年 10 月 24 日

1. 我通常的印象是，在俄國領土上交戰雙方的戰鬥規模有所縮減，並且相比 1 個月前，每日參戰的師數量也顯著減少。你怎麼看？

2. 預計莫斯科地區的嚴冬何時到來？

3. 前線是否顯示出挖掘戰壕並進行固守的跡象？

4. 你認為莫斯科在入冬前被攻陷的機率有多大？我估計有 5 成的可能。

首相致陸軍大臣

1941 年 10 月 29 日

1. 這一切似乎是把簡單的事情變得異常複雜。婦女可以加入地方輔助服務隊，並應始終佩戴輔助隊的徽章。這樣就能確保她們無論身處何地，在待遇、生活等特殊需求方面都能維持最低標準（由組織地方輔助服務隊

的有地位婦女協助安排）。然而，當她們被派遣到戰鬥部隊，與男性共享該部隊不可避免的危險與辛勞時，她們應該完全成為該部隊的成員。除了佩戴地方輔助服務隊的徽章，她們還應佩戴符合其等級的團隊標識。儘管她們的福利仍由地方輔助服務隊管理，她們應被視為從地方輔助服務隊調入戰鬥部隊的人員。這並不意味著她們的法律身分發生改變，也無需國會討論（雖然若需要，國會批准可以輕易獲得）。

2. 鑑於高射炮隊中大量婦女的重要性，以及這些炮隊的運作依賴於精心組織的炮手，故不同炮隊指揮官商議，絕對不應隨意調動這些婦女。有一種觀點認為：我們擁有一支稱為地方輔助服務隊的部隊，該部隊雖有其獨立指揮官，但其中一部分與某些炮隊協同工作，並時常協助炮隊，這種觀點違背了我們的核心利益，而我們的核心利益是以較少的兵員維持更多的高射炮隊。

3. 你指出我在諸多方面的消息不準確，這很好。我樂於進一步獲取消息。我計劃於11月4日星期二下午5時召開會議，邀請派爾將軍、英國防空委員會其他官員及地方輔助服務隊代表出席，也希望你和陸軍部高級官員參與。

（即日辦理）

首相致帝國總參謀長

1941年10月31日

1. 我非常欣慰地看到第50師從賽普勒斯撤離，並得知第5印度師的部分部隊將接替其位置。然而，關於將第50師調往高加索的決定尚未作出。在此期間，何處是其待命的最佳地點？

2. 無論如何，這些調動絕不能阻礙「十字軍戰士」作戰計畫的執行。希望您再次向我保證。

附錄

11月

首相致海軍大臣和第一海務大臣

1941年11月5日

　　我對於公開我們俘獲的德國潛艇戰俘數量感到極為遺憾。半年前,我已表達過不支持公布此類資料。數量如此之少,公開只會暴露我們在潛艇戰中的失利。這種消息洩漏完全沒有必要,只會助長敵人的士氣,削弱盟軍的威望。

　　你們之前是否了解需要這樣做?

首相致空軍大臣

1941年11月5日

　　已收到你對我備忘錄的回覆。

　　我認為你不應當拒絕這種方案——透過此方案,機械師和裝配師將努力工作,以獲得各種型號引擎的資格證書。據我所知,德國人能在維持其空軍方面實現高度節約,正是因為採用了這種方法。

　　我必須懇請您對此事展開更深入的研究。

首相致海軍大臣

1941年11月7日

　　1. 依我所見,20艘突襲登陸艇、20艘重型支援艦和127艘坦克登陸艇顯然不足以滿足需求。此建造計畫應與陸軍的規劃緊密協調。1943年或將需要展開大規模的軍事行動……

　　2. 在印度建造1個小型浮船塢需要多少時間,它能夠替代哪些其他建築?

　　3. 考慮到「英王喬治五世」級艦隻的悲慘經歷,不將「雄獅」號(以及未來建造的艦隻)的完整設計提交給由曾指揮或使用過此類艦艇的海軍軍

官所組成的委員會進行審查就開始建造，是錯誤的。我贊成設定3個三聯裝16英寸大炮炮塔的原則。你在1942年需要多少裝甲板？如果設計問題得到圓滿解決，我願意支持炮塔和炮架的開始建造，這當然以不影響坦克建造計畫為前提。

4. 期待獲悉關於在美國建造100艘護航艦的進展。

5. 請分別列出預計到1943年底將由德、義、日所建成的那11艘新的或經過現代化改造的主力艦，以及我們的11艘。戰爭似乎很可能會在任何1艘新的主力艦建成之前（即1947年）結束。如果我們勝利，我們將解除敵人的武裝。如果我們失敗，敵人將解除我們的武裝。

6. 關於那艘最新的航空母艦，必須綜合其他因素對裝甲板和造船工人的需求進行評估。這艘艦艇需要多少時間才能完成建造？

7. 我支持建造3艘配備6英寸口徑火炮的巡洋艦，以及1艘配備三聯裝8英寸口徑炮塔的巡洋艦。

8. 請簡要介紹一下「重型支援艦」的情況。

9. 你未在建造計畫中提及驅逐艦。我推測這可能是因為所有船廠的驅逐艦訂單已滿。請提交一份報告，列出正在建造的驅逐艦數量，並將其分為三級，說明每級的建造速度。

（即日辦理）

首相向伊斯梅將軍發出關於轉交參謀長委員會的指示，同時致函空軍參謀長。

1941年11月9日

我們應盡快組織志願駕駛員和飛機，以加入陳納德的飛行隊（中國國際空軍）。請告知建議內容。

（即日辦理）

附錄

首相致空軍大臣和空軍參謀長

1941 年 11 月 11 日

1. 最近，夜間轟炸機與日間戰鬥機的損失都極為嚴重。現階段，不必過度催促戰鬥機在法國領空進行攻勢；每個月大約兩次掃蕩（而非 4 次），並對船舶施加持續襲擊，已然足夠。儘管襲擊的力度可適當減少，但需維持持續攻擊的印象。

2. 我曾多次在內閣會議上反對不顧天氣狀況而執意夜間轟炸德國的決定。現階段，轟炸柏林並無特殊意義。上週的損失尤為慘重。考慮到美國的轟炸機生產計畫尚未完成，我們無法承受如此規模的損失。我們不能僅為普通目標而承受在特定戰役或決定性軍事目標中才願意承擔的損失。不必同時與天氣和敵人作戰。

3. 如今，戰鬥機和轟炸機司令部的職責在於積蓄力量，為來年春季做好準備。

4. 希望能提交一份詳細報告，描述上次對柏林猛烈空襲的那一夜，我方轟炸機遭受的重大損失。

（即日辦理）

首相致空軍參謀長

1941 年 11 月 11 日

從生產角度觀察，飛機的持續消耗狀況極為嚴峻。請每週向我報告在聯合王國因敵對行動或其他原因耗損的所有飛機數量，並按類別分類。此外，請提供一份清單（雖不緊急），列出每週中隊無法自行修復的損壞飛機數量。

首相致空軍參謀長

1941 年 11 月 11 日

10 月的前兩週內，轟炸機司令部因參與陸軍演習而中止了對船隻的轟

炸，這是否導致敵人在此期間未遭受損失，是否屬實？

這種為了演習而放棄作戰的決定是在何時作出的？由誰作出此決定的？

首相致印度總督

1941 年 11 月 12 日

1. 我得知你在釋放其他甘地主義犯人方面如此過火，感到十分驚訝。正如你所知，我一貫認為對待像尼赫魯這樣的人，應該視為被拘留的政治犯，而不是罪犯，因此我歡迎任何減輕其罪名的措施。然而，我對這次全部釋放的總體印象是，成功時反而顯得像是投降。作為一種寬容的舉動釋放這些犯人，無疑會被視為甘地黨的一次勝利。尼赫魯等人將可能犯下新的罪行，勢必需要再次經過審判與定罪的完整過程。無論如何，沒人會因此對你表示感謝。對於霍普和哈利特的反對意見，不應輕易否定。

2. 今晚我在內閣提及此事，內閣認為在收到你的正式建議後，他們需要更多時間來思考這個問題。我們最早也要等到星期一才能答覆你，因此我請求印度事務大臣要求你將提出動議的日期（17 日）推遲幾天。當我們需要等待其他國家政府的回覆時，這在下議院是常見的做法。

（即日辦理）

首相致陸軍大臣

1941 年 11 月 13 日

請查閱附上的貝弗里奇關於三軍技術人員調查的報告摘要以及勞工大臣的信。顯然，這份報告對陸軍部的聲譽損害最大，因此在公布之前，陸軍部必須提出適當且明確的建議以糾正弊端，並與報告同時公布。

沒有人指望陸軍（目前正在擴充 20 倍）在組織效率上能與海軍（擴充不到兩倍）持平。然而，你應該達到空軍的標準，因為空軍的擴張速度同樣迅速。

我建議成立一個小型委員會，由財務秘書擔任主席，以研究一項合適

附錄

的方案。此方案應在兩週內制定，並在我批准後，將所有要公告的文件提交內閣。

（即日辦理）

首相致海軍大臣和第一海務大臣

1941 年 11 月 14 日

1. 這些事實讓我極為不安：我們每個月擊沉的德國潛艇不到兩艘，而它們增加的數量接近20。我們的方法顯然失敗，令人痛心，而這些方法在戰前曾被海軍部大力宣揚。我判斷，自戰爭開始以來，我們損失的現役潛艇遠超敵方。敬請告知確切數字。

2. 我認為當前局勢極為嚴峻，因此希望能在不久的將來召開一個特別會議，全面檢討問題，並探討是否有其他方案可行，除了現有的措施之外。

3. 請告知我，我們的潛艇追獵艦預計每個月能增加多少。將所有與德國人在培訓艇員及其他相關困難的情況彙總並進行稽核。請告知你們何時可以準備完畢。

首相致內政大臣

1941 年 11 月 15 日

我想了解你在處理那 12 對已婚在押者共同拘留的問題上採取了哪些措施。既然馬恩島上的秩序已經恢復，應該沒有特別的理由阻止他們前往。如果不這樣做，在英國一定有一些監獄可以合理安排夫婦聯繫。

當外籍人士被拘留時，夫妻會在同一地點關押，這是否屬實？倘若如此，對英國籍夫婦採用不同處理方式似乎會引發公眾不滿。

對第 18 條乙項的抵觸情緒極為強烈，因此，若以如此嚴屬的方式執行該條款，我將不會全力支持。我們討論的是拘留，而非監禁。

奧斯瓦德·莫斯利爵士的夫人已被監禁 1 年半，至今尚未看到任何指控的跡象，而且她與丈夫被分開關押。

是否曾考慮過在被拘留者中允許部分人獲得假釋，或尋找保人以便釋放？

在下議院辯論之前，希望你向內閣提供建議。

首相致陸軍大臣和帝國總參謀長

1941年11月17日

將9個海灘師或州郡師歸類為低於野戰師的級別，似乎是一件令人遺憾的事情。每個師僅缺少兩個皇家工兵連和1個炮兵團，以及更高標準的運輸車輛。請向我提交一個計畫，內容是準備在1942年3月31日之前，若不可能，則在6月底之前，將這些師提升至野戰師的標準，並告知所需增加的人力，以及裝備是否已經準備就緒。

根據卡車等配備的生產效率，額外的運輸車輛應該可以很快到位，尤其是在陸軍的主要部分進行適當盤點的情況下。

首相致徹韋爾勛爵、愛德華·布里奇斯爵士及伊斯梅將軍

1941年11月17日

首先，我期望在年底之前將1942年的戰時生產預算徹底規劃完畢，並提交內閣審批。為此，海、陸、空軍已基本擬定的計畫必須最終確定，緊接著，軍需部的相關任務也需制定。

其次，同時應重新評估進口計畫（已將3,300萬噸作為基本目標制定），並審視國內生產。我建議在額外的200萬噸進口額度中，分配50萬噸用於食品和飼料，其餘的150萬噸用於軍火，以彌補本年度的大幅削減。然而，這並不意味著可以讓一些非必要的進口商品，如木材，過度增加。必須優先關注更為緊迫的作戰需求。

第三個議題是人力資源的問題，目前正在內閣內部進行討論，問題研究得相當透澈，解決方案即將發表。

我認為可以制定一項指令，概括地說明以上各節，並計劃在12月15

附錄

日左右開始傳閱。你們可以在完成後提前讓我審閱。這份指令應控制在一張白色、方形、雙摺紙的篇幅內，並遵循去年的格式。

首相致教育大臣

1941 年 11 月 22 日

請提供一份簡要報告，描述在 1941 年戰爭背景下小學畢業的 15 歲及以上男孩的人數。

在這些男孩中，參與任何形式工業生產或職業的有多少？15 歲至 18 歲半的男孩中，多少人在軍火廠工作？有多少人加入了不同的軍訓隊伍？又有多少人正在中學就讀或升入大學？

我衷心期望我們不僅要重視這些男孩生活中的教育和訓練，還要同樣關注空襲警備處、高射炮隊等單位對大量男孩的需求。

首相致第一海務大臣

1941 年 11 月 23 日

關於航空母艦的部署計畫，目前的情況是這樣的：雖然我們已經失去了「皇家方舟」號，但仍然擁有 4 艘全新的優秀航母。我不願意派遣其中任何 1 艘繞道好望角，除非這次航行正好可以用作不可避免的訓練。目前我正在關注地中海的局勢變化。如果坎寧安海軍上將駐紮在地中海中部，或者如果我們成功占領的黎波里，或者法屬北非加入戰鬥，那麼派遣至少兩艘航空母艦到那裡是值得的。我們目前還無法明確局勢。我想你會為印度洋和太平洋地區分配 1 艘較舊的航空母艦。

請向我呈交一份簡要報告。

首相致 K 艦隊司令

1941 年 11 月 27 日

對於你自抵達馬爾他島以來所取得的卓越成績，向你致以誠摯的祝賀。請傳達我對所有官兵的讚賞，他們在戰鬥中取得的兩次顯著勝利 —— 即

11月8日摧毀敵方運輸船隊以及上週一擊沉兩艘油船——對利比亞激烈進行的大戰產生了顯著的正面影響。艦隊的出色表現令所有相關人員因確實支持了不列顛及我們的事業而感到無比自豪。

首相向伊斯梅將軍轉達給參謀長委員會的消息，並同時致意空軍參謀長。

1941年11月28日

為了協助南斯拉夫境內的游擊隊員，只要是人力所及，我們都必須做到。請你就我們能夠採取的行動，提交一份報告。

首相致第一海務大臣

1941年11月28日

我始終認為，預估到12月15日會有36艘德國潛艇在北大西洋活動，這個數字偏高。我希望你能考慮是否至少派遣12艘驅逐艦去支援地中海。這些驅逐艦不必在那裡駐留太久，因為隨著利比亞戰局的變化，形勢會有所不同。然而，艦隻數量的增加是我們成功追捕敵艦的關鍵，而我們理應取得顯著的戰果。

是否還有其他工作可以進行，敬請告知。

請告知11月遭德國潛艇擊沉的數量。

首相致伊斯梅將軍

1941年11月29日

我對西非波蘭軍官計畫的執行情況感到不滿，個人對此頗感興趣。顯然，給予前往這些熱帶地區的波蘭軍官一筆特別的置裝津貼是必要的。然而，這幾個月的時間都在討價還價中度過。起初允諾5鎊，最終定為15鎊。我料想這正是對待這類嘗試的典型方法。

我在其他文件中已經指示，需邀請逾200名波蘭軍官參加考試。關於此事在西非及國內的進展，請每週向我提交報告。如有任何妨礙跡象，務

附錄

必向我彙報，並請你親自從國防部進行調查。告知我陸軍部中負責該事的官員姓名，並透過定期諮詢確保其按規行事。

首相致外交大臣

1941 年 11 月 30 日

我認為當務之急是美國應繼續維持與維琪的關係及對北非的供給，同時不露聲色地維持其他聯繫。在我們了解利比亞戰役的結果及其影響之前，失去任何聯繫是極其錯誤的。斷絕關係可以隨時進行，但恢復聯繫則較為困難。

12 月

首相致空軍參謀長及戰鬥機司令部司令

1941 年 12 月 6 日

以下是我們昨晚討論時達成的主要結論：

1.「前進」的行動應計劃在 1942 年 2 月 1 日開始，除非經過對過去 10 到 12 年天氣情況的調查後，發現 3 月的條件顯著優於 2 月。在此情況下，此事應再次提交由我做出最終決定。

2. 應全力擴展戰鬥機編隊的戰線。為實現此目標，應將後備飛行員和飛機籌組成若干中隊，以便在戰鬥持續時進行輪換。

3. 作為一種實驗，夜間戰鬥機中隊可能會被分配一些日間戰鬥機，目的是，一旦實驗成功，就能採用兩用戰鬥機中隊的策略。

首相致糧食大臣

1941 年 12 月 6 日

在你所負責的眾多艱鉅任務中，你已經取得諸多成就，唯獨雞蛋分配計劃似乎不在其列。我聽到各方傳來的抱怨聲，而雞蛋短缺的現象也顯而易見。

現將農業大臣根據他對此問題的見解所提交的報告遞交給你。

請為我簡要概述您的計畫和政策。

首相致軍需大臣

1941 年 12 月 6 日

我期望能在 12 月 11 日星期四下午前往舒伯利內斯，懇請安排以下類型的 U.P. 武器進行展示，感激不盡：

1. K 型。

2. A.D. 設備呈 L 型。

3. 第三類型的 A.D. 設備。

4. 5 英寸的 U 型火箭。

5. 3 英寸 U 型火箭。

針對您在 12 月 2 日備忘錄中提出的優先事項建議，我認為在做出決定之前，需要對各種武器進行檢查，以比較其優劣。因此，我希望您能與我同行。

若天色陰沉，自然作罷。

首相致伊斯梅將軍

1941 年 12 月 7 日

在衣索比亞的岡達爾及其他地區繳獲的義大利步槍是如何被處理的？這些武器中有多少槍支和多少彈藥？

首相致陸軍大臣

1941 年 12 月 9 日

（親啟）

我已經認真考量了你關於地方輔助服務隊的備忘錄，並願意嘗試你所建議的原則。希望你能設法讓這些炮隊吸引地方輔助服務隊中的優秀成員

附錄

以及目前不得不參與的女性。我憂慮的是,人們可能存在一種不正常的心理狀態,即反對女性參與可能致命的工作。我們必須消除這種心理。此外,在管理地方輔助服務隊的女性中,普遍存在一種觀念,認為任何事物都不應影響她們對地方輔助服務隊的忠誠,而炮隊的集體感與她們的興趣或意向相悖。這種想法是不可接受的。女性指揮人員的主要職責應在於輔導,這應是她們的核心工作。

條件非常惡劣,並且我預計會進一步惡化,因為大量人員正被迫或半強迫地納入陸軍部的管轄。作為國務大臣,你有責任確保這些年輕女性不遭受粗暴對待。諾克斯夫人和她的助手們在這方面的工作無疑值得稱讚,但需注意不要讓她們影響炮隊的活力和快樂,或削弱女性參與炮隊的熱情和對炮隊的關注,正如她們對地方輔助服務隊的積極性一樣。

我渴望收到你更詳細的報告,闡述你如何在實踐中運用備忘錄中所述原則。對於在炮隊中表現出色的女性,應給予她們各種小型獎勵和榮譽勳章。

首相致林務委員會主席

1941 年 12 月 9 日

我在報紙上讀到,伐木公司為了盈利正在無情地砍伐我們的許多林地。你有什麼方法可以確保部分最優良的樹木得以保留,並合理考慮鄉村的景觀?我明白我們必須進行大規模的採伐,但也沒有理由不保留一定數量的樹木。

請簡要告訴我你重新種植的策略。每當你砍伐一棵大樹時,是否會栽種兩到三棵新樹?

首相致糧食大臣

1941 年 12 月 9 日

你曾表示一直希望將糖果和巧克力納入配給計畫,並打算立即實施。是否應等到適合的時機再推行配給制更為妥當?若現行實行糖果配給,保守派與簡化行政的支持者必定會嚴陣以待,日後再提變革時將面臨更大阻力。

據我所知，在樞密院長的委員會中，普遍共識是糖果配給比其他任何物品的配給更可能導致違法行為。我們應反對任何可能削弱對配給條例尊重的事物。如果我們人為地創造出一些無法透過法律控制且不受輿論譴責的違法行為，那麼逃避法律約束的習慣可能會蔓延至其他有害的領域。

我們不對糖果和巧克力進行配給，既然已經拖延了這麼久，再延遲一段時間也無妨。我們應該努力嚴格遵循一個原則，即在你認為必須對某種次要食品進行配給時，應將其納入計點配給體系。

（即日辦理）

首相致勞工大臣

1941 年 12 月 10 日

我意識到有消息稱，你認為議會議員與其他人一樣有義務應召服役。我所設立並在上次戰爭中執行的原則，在這次戰爭中同樣適用，即在下議院的服務應被視為國家最高職責。任何下議院或上議院議員都有權自行決定是否履行此項職責或透過其他方式服務。兩院議員若在任何時候認為政治任務有需要，只需接到適當通知，便可隨時退出武裝部隊或其他形式的工作，以便出席議會。

我絕不會同意違反這項原則。

首相致掌璽大臣和糧食大臣

1941 年 12 月 12 日

在我看來，此時宣布這些定量限制是一種錯誤之舉。這會讓人民感到我們陷入了恐慌。由於美國全面參與戰爭，我們的地位已經獲得了極大的改善。儲備是充足的。我們共同作戰，而他們的飲食條件比我們更好。

我期望在近期不做此類宣布，並希望在戰時內閣做出最終決策前能再次與我商討。

附錄

首相致帝國總參謀長（艾倫・布魯克爵士）

1941 年 12 月 18 日

已經收到你關於成立波蘭裝甲師可能性的備忘錄。

1. 我認為，不應等到所有英國裝甲師完全配備，並有大量 756 坦克作為後備，才將坦克配發給波蘭軍隊。我理解我們已經達成一致，首先應為各師提供基本裝備，隨後在更多坦克到位時逐步建立後備力量。波蘭軍隊應在此基礎上獲得與英國師相同的待遇。我認為西科爾斯基將軍不可能同意將 1943 年 4 月 1 日作為解決此問題的公平期限，因此希望你根據我提出的原則給出建議。

2. 為波蘭人提供優良的坦克裝備，使他們能夠組成一個團體協同作戰，這確實是可行的。在陸軍中，所有單位採用相同的編制固然便利，但並非絕對必要。波蘭軍隊不必擁有完全一致的裝備，即不必達到英國裝甲師擴充後的 3,500 輛車輛。實際的解決方案是讓他們在未來 6 個月內再獲得 200 輛坦克，然後逐步形成標準的滿額編隊。將這支波蘭軍隊整合使用，而不是將坦克部隊與其他部分分離，肯定是可行的。

我期待收到你更多的建議。

首相致陸軍大臣

1941 年 12 月 21 日

已經收到您關於貝弗里奇報告的備忘錄。

1. 隨著貝弗里奇關於三軍技術人員使用情況的報告發表，陸軍部公布的備忘錄不僅需要比他目前所提出的更具實際性，還需更加精確。

2. 陸軍部必須堅持，他們的職責是打造高效的戰爭機器，而非完善的工業管理組織。因此，絕不能嚴重破壞班、排、連的團結，且考慮到入侵風險，絕不允許在本國港口引發陸軍體系的全面混亂。

3. 然而必須明確指出，現今應如何依據各部隊技術人員的現況加以運

用，並探討如何更有效地利用他們。備忘錄應如此堅決地反駁貝弗里奇報告書中可能影響陸軍團結和軍事效率的建議。

4. 這並不暗示陸軍部能夠以軍事效率為由，掩飾報告中揭露的重大不足。備忘錄不應只是裝飾性的文件，而應展現出認真致力於糾正問題的努力。只有當陸軍部能夠明確而不是籠統地說明其改進措施時，國會和公眾才能安心。因此，備忘錄應逐一針對報告中的主要問題，以通俗易懂的方式作出解釋。

5. 即是：

（1）指出陸軍中未被開發的儲備技術人員，完全能夠滿足未來對技術兵員（不包括重武器技術兵）的所有需求。

（2）經過對許多野戰部隊編制的審查，能夠實現技術人員的經濟高效利用。

（3）指出某些部隊（儘管目前未參與戰鬥，但將來前線可能需要）的士兵技能，可以採取更有效的措施加以利用。

（4）指出負責技術人員考核、再培訓與調配的機構或可進行的重大改進。

（5）建議設立一個專門的機械化工程兵科，以消除現有機構重疊的問題。

（6）指出新招募的士兵應被分配到整個陸軍，而不是特定的軍團或某一單位。

6. 陸軍部的答覆要確實可行，需經過仔細推敲。你應成立一個小型委員會來起草答覆，我建議讓財務祕書詹姆斯‧格里格爵士和陸軍部高級官員參與其中。我希望這項答覆能在1月10日之前提交給我，以便在必要時及時交給內閣。

附錄

首相致本土部隊總司令佩吉特將軍

1941 年 12 月 22 日

1. 這篇名為《厄特森－凱爾索將軍論步兵訓練》的文件，實在令人敬佩，其內容我無不贊同。我很高興地想到，在你所負責的廣闊新領域中，你將有機會實施文件中許多明智且激勵人心的原則。你可以期待我在各個方面給予支持。我已竭盡全力避免班和排受到不必要的干擾，或讓步兵在非緊急或非收割時期從事其他民間工作。我雖然非常欣賞這樣一種觀念：一個裝備精良的步兵營應以獵犬般的勇猛和團結作戰，但我也希望具備機智和靈活。我希望射擊訓練不會有任何不必要的變化，且清理裝備不應與有效的野外訓練產生衝突。

2. 希望你能再次提交報告，闡述你是如何運用該文件中的某些構思，並請歸還原件。我對這份文件頗感興趣。

首相致糧食大臣

1941 年 12 月 22 日

已收到你關於雞蛋分配計畫的備忘錄。

有 37 萬名小生產者具備養雞的熱情，這無疑是可喜的成就；在這個領域，我聽到的唯一抱怨是缺乏足夠的激勵。後院養雞畢竟能有效利用許多廢棄食物，因此能夠節約糧食。

你雞蛋的進口額已經減少至三分之一，我深知你的困境。然而，我希望你能將已納入計畫的數量運入，以避免這種廚房必需的重要動物蛋白質出現短缺。

首相致帝國總參謀長（艾倫・布魯克爵士）

1941 年 12 月 22 日

現如今創造這些奇異的編號——龍騎團、驃騎團和槍騎團，實在是荒謬至極。這些團體中沒有一個配備騎槍、佩刀或長矛，並且編號已至第

18、第20和第19驃騎團以及第5和第21槍騎團。的確,「如有必要」,理應先恢復這些過時武器的使用,隨後再採用這些新奇而不切實際的稱謂。我希望你能向我解釋陸軍部在如此行事時的思考方式。

(6)
首相致澳洲政府的電報

首相致澳洲總理

1941年8月29日

1. 如今,你已肩負起這個重要職責,我懷著最誠摯的心願祝你成功,並向你承諾,我與我的同事將盡全力以我們與孟席斯先生共事時的友好精神和誠意與你合作。我們欣喜地獲悉,孟席斯先生在你的領導下現任國防協調部長一職。

2. 我們始終關注著你在澳洲各黨派代表之間所引發的困擾。若我向你闡述一下我們的狀況和立場,也許會有所幫助。

3. 自從1926年英帝國會議的宣言由威斯敏斯特法規展現後,各自治領政府與英國母國政府享有同等地位,皆可直接覲見英王。目前,由我領導英王陛下的大不列顛及北愛爾蘭政府內閣,負責向我們的議會報告,並因在下議院擁有多數票而由國王任命。因此,若無組織上的變更(這類變更必須與所有自治領協商),讓一位對澳洲聯邦立法機構負責的澳洲部長加入我們這個機構是不可能的。史末資將軍在上次大戰中的先例並不適用,因為他是戰時內閣中不可或缺的一員,國王是因其個人才幹而任命他,而非因他代表南非或各自治領的意見。

4. 然而,實際上,無論何時,只要有一位自治領總理造訪英國——由於種種原因,他們無法頻繁或長時間地留在英國——他均會被邀請與我們一同出席議會,並全面參與我們的討論。這是因為他是我們自治領姊妹國的政府首腦,與我們共同參與合作,並且可以認為,他不僅有權根據

附錄

其國家的指示代表該自治領發言，同時也能對討論中可能出現的諸多議題表達立場。這對我們而言是極大的便利，也加速了事務的處理。

5. 除總理之外的自治領部長地位則截然不同，因其非首腦，僅為使節。在此戰爭期間，多位來自澳洲、加拿大、紐西蘭及南非的非總理自治領部長訪問我方，我始終準備隨時與他們洽談，或安排他們與相關部門大臣保持緊密聯絡。通常，自治領事務大臣和相關自治領的高級專員負責接待，並為其工作提供一切便利。據我所知，此方式各方均感滿意。

6. 我曾考慮過這樣的建議：在這場戰爭期間，每個自治領應派出一名除總理之外的部長參加聯合王國的內閣會議。我已從加拿大、南非和紐西蘭自治領的總理們那裡得知，他們並不希望有這樣的代表，且對我們現行的方法感到滿意。有些自治領總理甚至持相反意見，認為除了總理外，沒有人能夠代表他們的政府發言（除非有特別指示），並且他們可能會發現，由於他們的部長作為與會方所作出的決議，他們的行動自由可能會受限，因為在戰時有些決議需要迅速作出。

7. 從我們作為聯合王國國王陛下的臣僕、我們這些在本國的人來看，也有許多困難。我們內閣目前有閣員8人，有很多議論，認為我們不應超過5人。另增4個自治領代表，就會牽涉到至少要有同樣數目的英國大臣退出戰時內閣的問題。我們的議會和民主制度，和你們一樣，是有一種政治基礎的。我本人覺得我不能夠如之前像我表述的意見那樣，向國王陛下建議在聯合王國的內閣中另增4個自治領部長，使我們的人數多到無法進行工作，或者將目前若干同僚擯除在外，而他們都是他們所屬政黨中的領導人物。

8. 如果你希望澳洲派遣代表作為特使，參與討論我們共同作戰的某個方面，我們自然會以最大的理解和尊重來接待他。然而，他不會，也不可能成為我們政府日常事務中的一位共同負責人員。

9. 你需要決定他與現任澳洲高級專員及自治領事務大臣之間的關係。

然而，若作為常規安排讓此類使節駐留於此，則現有高級專員的職責似乎在相當程度上會被重複，並且自治領事務大臣與這些高級專員之間的關係也可能受到影響。儘管這些困難並非不可克服，但此類問題很可能會出現。高級專員們與自治領事務大臣的日常接觸運作良好，我深信其他3個自治領會反對任何變更。

10. 如果能夠安排，我們當然歡迎自治領總理們召開會議。然而，正如你所知，路途遙遠和時間安排方面存在很大困難。如果你願意，我們也樂於探討成立一個帝國戰時內閣的可能性。但這種影響深遠的轉變不能零星地進行，必須基於當前所有效忠國王政府的普遍意願來實現。

首相致澳洲總理

1941年9月7日

德國的進軍可能對我們在敘利亞和伊拉克的地位構成威脅：

1. 經由安納托利亞進軍敘利亞；
2. 經由高加索和波斯（今伊朗）向伊拉克發起進攻；

其一，穿越安納托利亞。——若土耳其拒絕德軍借道，德國在短短6至8週內從俄國撤出並整備、集結足夠的陸、空軍以征服土耳其將殊為不易。依照安納托利亞的氣候，從12月1日至3月底，軍事行動幾乎難以進行。因此，我們認為目前德國在土耳其邊界集結足夠兵力用以征服該國是不現實的，這個行動要推遲至更晚時間才能實現，因此，在春季之前經由安納托利亞進攻敘利亞並不可能。

然而，若土耳其意外地批准德軍通行，則在1941年末前，可能會有3至4個德軍師抵達敘利亞邊界，並以每個月1個師的速度增加援軍。若能利用土耳其領海上的航線，這支部隊可能獲得更多補給。因此，局勢的演變大多取決於我們能夠給予土耳其多少支持。關於這一點，我們已指示駐安卡拉的代表根據以下方針進行交談：

附錄

　　1. 若土耳其展開抵抗，我們應迅速以大量兵力支援。儘管我們在中東的主要目標是消滅德國的非洲軍團並奪回昔蘭尼加，但我們希望最遲在12月1日前能派遣4個師和至少1個裝甲旅前往土耳其。空軍的支援規模將相當可觀，因此應做好準備，以容納由8個戰鬥機中隊、1個陸、空聯絡機中隊、兩個重型轟炸機中隊和6個中型轟炸機中隊組成的空軍部隊。

　　2. 我們計劃部署一支強大的高射炮部隊，以確保我們軍隊及分配給我們運用的機場安全，並將特別運送一批100門3.7英寸高射炮給土耳其。這些高射炮不包括在每個月6門的常規配額中。

　　其二，穿越高加索和波斯。——即便俄國的崩潰提早發生，德國人在今年內經過高加索向波斯和伊拉克發動大規模進攻仍不現實。我們在波斯的掌控，極大地增強了我們在這些區域右翼的安全。

　　現在讓我們重新審視我們為應對德國可能的進軍所採取的措施，無論其行進路徑如何。我們首先需要為空軍創造既能進攻又能防禦的便利條件。因此，當前正在採取行動，在這個地區的各個地方，並在獲得土耳其同意後，在安納托利亞，改進和擴建機場設施。這樣將增強我們在中東的空軍靈活性。

　　其次，我們還需在我們掌控的各地區全面提升鐵路與公路運輸設施。目前，這項任務正以全速進行。

　　此外，我們正迅速採取措施改善巴斯拉地區的供應設施，其中包括建設新港口，以便為計劃增派至波斯灣的軍隊提供補給。

　　西部沙漠。——我們務必要迅速清除昔蘭尼加東部的威脅，這不僅是為了保護我們在埃及的據點，同時也是為了確保對東地中海的掌控。當前的局勢如下：

　　據分析，敵軍在昔蘭尼加現有兩支德國師（1個裝甲師和1個輕摩托化師）及6支義大利師（包括1個摩托化師和1個裝甲師）。我們認為他們無力以此兵力對尼羅河三角洲發起大規模攻勢。他們在補給方面面臨嚴重

困難，並且缺乏運輸車輛。此外，我們正在擊沉他們從義大利運來的大量增援兵員和物資。然而，若他們能在哈爾法亞——卡普佐——拜爾迪耶一線建立穩固基地，並組織汽車運輸隊和補給，則可能對西迪巴拉尼進行有限規模的攻勢。

我們的目標是抓住有利時機立即發起攻勢，但總司令不願再冒如「戰斧」計畫那樣的失敗風險，或在他確信之前就採取行動。他認為，為了這次攻勢，他的裝甲部隊至少需要兩個裝甲師。這些裝甲師要到11月1日才能準備就緒投入戰鬥，但這並不排除他在有利機會出現時提前行動的可能。托布魯克的重要性已經得到明確證明。

(7)
英國派往美國的購買代表團
1941年8月11日首相指令

1. 我們已經向美國下達大批訂單，用於英國的戰爭物資及其他供應品。關於這些軍需品的採購問題，英國各部門之間，以及英國國內生產與向美國訂貨這兩個方面，均已達成一致。珀維斯先生被賦予最終責任，因此如有任何不協調的情況，應向他報告，以便在國防大臣的辦公室內解決。然而，現在不僅出於英國的利益考慮，也為滿足美國武裝部隊的需求，必須準備更大規模的供應，尤其在船舶、轟炸機和坦克方面。此外，俄國已成為反對希特勒的重要盟友，這不僅需要對英國的原有訂單和追加訂單進行調整，還需要從長遠政策的角度，大幅擴建工廠，增加設備。

2. 關於英國的補充計畫，無需考慮重轟炸機與坦克的優先順序。我們不再認為優先順序由時間因素決定，而是取決於同一時間內的分配數量。倘若美國的夥伴們能夠向我們闡明產量即將大幅提升的前景，無論是透過改進現有工廠的產能，還是透過新廠的建設，並通知我們他們對於英國和美國需求分配的見解，我們便能依據上述原則處理英國各部之間的分

附錄

配問題。例如，我們認為，不能因為需要重型轟炸機的補充計畫就完全排除擴充坦克的問題。重型轟炸機與坦克在整體計畫中的比例可以設定為 6 比 4，或 6.5 比 3.5，兩者應盡快同時推進。這種解決方案被視為是最合適的。

3. 我們非常期待再獲得 15 萬支步槍。儘管子彈極為稀缺，但為了武裝戰鬥機機場的防衛人員，這些步槍是必不可少的。目前，這些人員當中至少有 15 萬人只能依靠長矛、鐵槌和手榴彈作為武器。雖然英國的 0.300 英寸步槍子彈極為短缺，每支步槍的配額不足 80 發，但美國的生產正在增加，並可為我們提供彈藥，本月將能夠運抵我們超支的 5,000 萬發，並且今後每個月將達到 2,000 萬到 2,500 萬發。即使只能為某些機場的持槍士兵每人配發 10 發子彈，也遠勝於我們目前不得不採取的權宜之計，並且可以使我們嚴肅地告知所有穿制服的人員，要他們堅持戰鬥到底，而如果無法為相關士兵和飛行員提供武器，就難以有信心發出這樣的指示。

因此，我們期望這 15 萬支步槍能夠迅速交付，因為 9 月 15 日之後，便是適合發動入侵的時機。若我們告知羅斯福總統，敵人在荷蘭、比利時和法國的港口正全面籌備大規模入侵（目前尚未有跡象），我們便可請求他們緊急運送另一批 0.300 英寸步槍子彈，之後可從我們的月度生產配額中歸還。

4. 顯然，非常有必要立即對俄國的重新裝備問題展開全面研究。在英、美兩國軍需部進行初步磋商後，應在莫斯科再舉行一次會議，這似乎是可行的，並且確實是迫切需要的。為此目的，以及參與任何必要的初步談判，首相願意提名軍需大臣比弗布魯克勳爵作為英國代表，代表英國所有相關部門，他應於今日抵達此地。

(8)
英、美、俄三國會議

首相兼國防大臣的總指示

1941 年 9 月 22 日

1. 比弗布魯克——哈里曼會談的結果已經在比弗布魯克勳爵今日的報告中闡明。我們需要意識到，履行我們對俄國提供部分坦克和飛機的承諾是我們的責任，並承認比弗布魯克勳爵有權決定在莫斯科會談中額外提供的裝備與物資。

2. 必須確保俄國知道，從 1942 年 7 月 1 日至 1943 年 6 月 30 日，供應數量將會增加。在此期間，英國的戰時生產將達到巔峰，美國也將進入戰時生產的第 3 年。較為明智的策略是不依賴對英、美生產的樂觀預測來設定具體數字，以免受到制約。承諾將英、美產量的一定比例用於俄國也是有風險的，因為他們可能立即要求增加。如果俄國人未能提供其生產資料，我們也不應透露我們對聯合生產的預估資料。但應要求他們根據可能堅守的後方戰線，說明他們的剩餘物資情況。比弗布魯克勳爵可以對這些較長遠的前景採取適度的樂觀態度，以激勵俄國人進行長期抗戰。

3. 須提醒俄國人關注航運所受的限制，尤其要讓他們意識到從各個進口港口進行運輸的限制。應特別強調：全球航運正在迅速受損，為恢復航運需要付出何等努力，以及我們國家的基本需求已經削減至最低限度。

4. 在獲得美國的支持下，應推動開放海參崴的航線，並為此對日本施加威懾。另應特別強調以最大規模和全力，發展從波斯灣到裏海的鐵路線和公路線。由於時間限制，橫貫波斯的鐵路運輸和公路建設面臨實際限制，這一點需加以解釋。必須指出，在任何特定時期，沿此路線在軍需品運輸和軍隊及其補給輸送之間存在矛盾。俄國人無疑會根據冬季結冰和敵方可能採取的行動情況，對阿爾漢格爾斯克的容量和設備及與俄羅斯中部

的鐵路連接，提出他們自己的評估。

5. 會談必須以美國非交戰國的身分為基礎。英國已經承受了沉重的人力負擔，1942年及之後的壓力將更為加劇。我們除了依靠各自治領、印度及殖民地的援助外，本身的人力資源已經全部投入。我們必須確保龐大的商船隊持續運轉，以能獲取食物維持生計。我們需要保護不列顛各島免受入侵，而德國則可能隨時集結優勢兵力進攻我們。同時，我們必須提防敵方空軍主力的危險空襲，因為敵人可以迅速將空軍力量從東部調往西部。我們還需維持中東的軍隊，並守住從裏海到西部沙漠的防線。我們計劃在1942年於該戰線集結近25個師（包括英國、印度及各自治領的部隊），連同這些不發達地區所需的專門後勤人員和強大空軍，總計約100萬人。為供應這些部隊（大部分需繞道好望角運輸），運輸極為緊張，商船周轉耗時，這些情況在必要時應詳細說明。

6. 為了保衛不列顛群島，我們維持了一支略超200萬人的陸軍，另有約150萬國民自衛軍協助。我們現有約350萬支步槍，預計明年僅能增添10萬支左右。在這200萬陸軍中，野戰部隊占據90萬人，包括20個機動步兵師，9個機動性較弱的州郡師或海灘師，以及6個裝甲師（其中3個師僅部分編成），還有5個陸軍坦克旅（僅有1個旅完全編成）。我們正在擴建的龐大空軍員額需要近100萬人，已有75萬人入伍。海軍吸納了50萬水兵和陸戰隊員。再考慮造船業、飛機生產、軍需工業及國內糧食生產和其他民用工業（都縮減到最低限度）的需求，可見在4,400萬人口中，勞動人口和可用女性勞動力已（或即將）達到極限。

7. 在國內野戰軍之外的110萬後備人員中，若排除大不列顛空防機構、海岸防衛隊、北愛爾蘭駐防軍、後備選拔部隊、軍事訓練學校、機場及各薄弱地點的防軍，所剩無幾。

8. 要使國內的野戰軍數量超過先前提到的師數（不足40個師），是不可能的，同時還需付出巨大努力，以便在維持國內現有兵力的同時，為中

東、印度及其他海外駐地 —— 如冰島、直布羅陀、馬爾他、亞丁、新加坡、香港 —— 提供新兵。

9. 我們絕不能允許英國的防禦力量減少到僅有 25 個步兵師和 4、5 個裝甲師。需注意，敵方透過歐洲主要東西向鐵路線運輸軍隊的速度，遠勝於我們從海外調回 1 個師。因此，能夠用於海外行動的部隊數量極為有限。

10. 除了計劃在 1942 年於中東建立的那 25 個英國師和帝國師之外，最大的可能兵力便是一支由 6 至 7 個師組成的遠征軍，其中包括兩個裝甲師。這支部隊正在籌備中。即便有更多的師可以調動，也沒有足夠的船隻來運送超出此規模的軍隊及維持其海外補給。任何關於英國派遣 20 或 30 個師進攻歐洲西岸，或經由海路運送至俄國參戰的設想，都是不切實際的。這一點必須明確說明。

11. 如有可能，我們渴望在明年春季進行地面干預。所有可能的方案都在研究中，包括對俄國前線南北兩翼的行動。在北翼，對挪威的遠征可能會激起激烈的動亂，而如果製造動亂成功，瑞典政府及其精良軍隊可能會站到我們這邊。這已經過詳細研究，但看不出俄國軍隊如何能提供支持；事實上，若俄國干預，將不可避免地引發瑞典的反抗。芬蘭已經表明了敵對立場。

12. 我們可能隨時需要面對西班牙的敵對立場以及德國在摩洛哥、阿爾及利亞和西非的擴張行動。如果法國人在非洲展開抵抗，我們可以調動現有的部隊前去支援。在這兩種情形下，海路都較短，無法與繞道好望角的遙遠距離相比。

13. 在中東地區，在俄羅斯的南翼，我們計劃部署上述強大的軍隊。一旦我們在西部沙漠和昔蘭尼加清除了活躍的德、義軍隊，中東的部隊將可以自由選擇行動方向。如果他們決定加強對俄羅斯的援助，無論是在高加索還是在裏海東側，那麼必須考慮到，這將導致從波斯灣開始的鐵路和

公路運輸通道的擁堵。另一方面，如果能夠爭取到土耳其的支持，將是巨大的收穫。不僅德國人前往敘利亞和埃及的通道會被強大的土耳其軍隊切斷，同時也可以在非常有利的條件下確保黑海防禦，進而協助高加索的防衛。土耳其的行動可能在不久的將來取決於我們承諾在其參戰後提供多少軍隊和現代化裝備的支持，特別是機場、坦克、反坦克炮和高射炮等援助。應向俄羅斯明確表示，這些裝備和軍隊中，當然有很大一部分將從對俄羅斯的援助中分配，因為這就是我們能夠提供的一切。然而，為了誘導土耳其站在我們一邊，尤其是在不久的將來這樣做，英、俄兩國值得重新研究和修訂其商定的方案。

14. 我們對波蘭和捷克軍隊在俄國的進展頗為關注（捷克軍隊人數有限），並願意在裝備上提供支持。需要指出的是，波蘭人和捷克人在美國擁有一些具影響力的團體。如果能將我們的一部分裝備分配給波蘭人和捷克人，將產生正面的效果。

15. 俄國人無疑會詢問我們計劃如何取得勝利，我們對此的回答應為：「繼續戰鬥，直至納粹體制瓦解，就像上次戰鬥到德皇體制崩潰為止。」為此目的，我們將在任何有利的條件下與敵人交鋒。我們將透過宣傳瓦解他們，利用封鎖壓制他們，尤其是不斷、無情地以日益增多的炸彈轟炸他們的本土。上次大戰我們不知道何時勝利，但因不屈服、不懈怠，我們度過了危機。去年我們曾毫不猶豫地單獨對抗德國和義大利。英國民眾殲滅納粹的決心堅定不移。「納粹暴政」和「普魯士軍國主義」是我們打倒的目標，而非對日耳曼民族的普遍譴責。我們與俄國人一致，希望孤立罪惡的納粹政權。

16. 我們無法預見美國將採取何種行動。羅斯福總統及其政府批准的措施，可能會在不久的將來使美國捲入戰爭，無論是透過正式宣戰還是未經宣布的情況下。如果這種情況發生，我們可以期待在1943年對德國發動全面進攻。若德國的士氣和團結顯著削弱，對被占領的歐洲國家的控制

力減弱，便有可能部署大量裝甲部隊，並在多個被占領國家的海岸登陸，同時激發各地的起義。英國參謀人員正對這個計畫進行研究。

(7) 印度洋上的海軍部署

首相與海軍大臣及第一海務大臣的通訊往來

首相致海軍大臣和第一海務大臣

1941 年 8 月 25 日

　　1. 在不久的將來，有可能在印度洋部署一支具有威懾力的分艦隊。這樣的艦隊應由少數精銳艦隻組成。只需回憶「提爾皮茨」號——德國用以對抗我們 15、6 艘戰鬥艦和戰鬥巡洋艦的唯一主力艦——給我們造成的緊張局勢，就能理解在東方海域擁有一支短小精悍且快速的艦隊，會對日本海軍部產生何種影響。俄國艦隊尚在，「提爾皮茨」號幾乎肯定不會駛出波羅的海，因為它是唯一能在該地區阻止俄國取得優勢的艦隻。然而，如果部署在一定時間內不變動，我們必須為總司令提供兩艘「英王喬治五世」級和 1 艘「納爾遜」級的艦隻，以便為事故、修理和休假預留空間。在那廣闊的洋面上，還應配備 1 艘航空母艦，最好是沒有裝甲的。

　　2. 最為經濟的部署方案是，一旦「約克公爵」號克服其建造缺陷，即可通過特立尼達島和西蒙斯敦派遣至東方。它可以與「卻敵」號或「聲威」號及 1 艘快速航空母艦會合。這支強大的艦隊能夠在亞丁——新加坡——西蒙斯頓三角區域展現威力，進而對日本海軍形成制約。「約克公爵」號在前往東方的漫長且安全的航程中可逐步完成適應過程，而本土艦隊總司令手中仍有兩艘「英王喬治五世」號級戰鬥艦，這兩艘戰鬥艦足夠強大。依我之見，從資源利用角度來看，這比將「威爾士親王」號從可能遭遇「提爾皮茨」號的區域調出更為經濟且有效。

　　3. 我不同意在此時將舊式「皇家」級戰鬥艦派往東方。在遙遠的海域維持龐大的艦隊將顯著增加人員配備的難題，因為需要派遣更多的人員。

此外，舊式艦艦易被現代化的日本艦艦擊敗，既無法作戰，也難以逃脫。然而，它們在護航方面可能會有用，但這要等到我們需要護航的時候（目前尚不確定，而且在我看來，這甚至未必會成為可能）。

4. 然而，我原則上支持在10月底於上述三角地區部署一支強大、快速、高級的分艦隊，並向美國和澳洲表明我們的意圖。美、日談判可能會拖延一段時間。美國人目前表示需要90天，而日本人可能會認為可以邊談邊觀察俄羅斯局勢的發展。

5. 如果可能的話，用裝甲的航空母艦「勝利」號替換「皇家方舟」號在地中海的狹窄海域服役，總是一件有利的事。我想你可能願意用1艘「納爾遜」級戰鬥艦，以及「卻敵」號或「聲威」號，來增強H艦隊。

6. 當然，本土艦隊總司令可能需要1艘航空母艦以備不時之需，最好是「皇家方舟」號。「狂暴」號將不得不再次承擔將飛機運送到塔科拉迪的任務。將「勝利」號部署在H艦隊中是合適的。剩下的「光輝」號、「無敵」號和「無畏」號（在它們可用後），以及「鷹」號和「阿爾戈斯」號，可以用於應付東方三角地區及地中海的需求。到年底時，你們應該能夠從容應對。

懇請您針對上述各段提供意見。

海軍大臣致首相

1941年8月28日

請參閱附上的關於主力艦和航空母艦部署的建議：

1. 在你的備忘錄到達之前，我們已經對這個問題進行了審視，而在收到之後，我們又再次進行了審視。

2. 你的建議與我們的提議主要在於「英王喬治五世」級和「納爾遜」級戰鬥艦的分配問題上存在顯著差異。我完全理解，在完成適應過程後，將1艘「英王喬治五世」級戰鬥艦派往印度洋是極具優勢的。然而，經過深思熟慮，我認為不能提出這個建議，具體理由詳見後續說明。

3. 我主張在「英王喬治五世」級戰艦尚未完成適應階段前，不宜派遣至海外，理由如下：

（1）除非1艘艦艇能夠隨意使用所有必要的訓練目標，否則無法完成適應性訓練。

（2）若1艘艦艇無法獲得持續的適應性訓練階段，則無法真正恢復其原有的效能。

（3）艦艇上配備了複雜的機械和電氣設備，而船員中有6成是21歲以下、從未出過海的新人，因此最初難免會出現錯誤使用設備的狀況。因此，在船廠或承包商附近進行適應性訓練是非常重要的。

4. 遺憾的是，我們無法提前重新分配主力艦，眾多船艦正在維修或改裝，令我們無法實現。只要「俾斯麥」號和「提爾皮茨」號仍在海上，我們就必須推遲改裝計畫。

5. 航空母艦的現狀同樣無法盡如人意，這是因為「光輝」號和「無敵」號在戰鬥中受損，而「狂暴」號和「皇家方舟」號則需要進行大規模改裝。

「最後部署」的提議所依據的原因是：

本土艦隊和H艦隊──

（1）大西洋是一個關鍵區域，因為在大西洋，且僅在此，我們在海戰中有可能遭遇失敗。

（2）只要「提爾皮茨」號依然存在，就必須讓兩艘「英王喬治五世」級戰鬥艦共同作戰。

（3）鑑於速度差異，「英王喬治五世」級戰鬥艦與「納爾遜」級戰鬥艦協同作戰並不理想。

（4）為了確保隨時可以呼叫兩艘「英王喬治五世」級戰鬥艦，必須在國內海域保持3艘此類戰鬥艦，以便1艘遭受魚雷、炸彈或水雷的損傷，或需要改裝時能立即替補。

（5）我們建議將第 3 艘戰鬥艦編入駐紮在直布羅陀的 H 艦隊，而無需讓這 3 艘戰艦全部停泊於斯卡帕灣。

（6）倘若「提爾皮茨」號果真成功突圍，它將對我們的北大西洋貿易造成極為嚴重的癱瘓，因此我們必須儘早迫使其參戰，同時絕對不能讓「英王喬治五世」級戰鬥艦中的任 1 艘在那時缺席戰鬥。

（7）H 艦隊的主力艦不僅需具備抵抗空襲的能力，還必須具備高速效能。唯有「英王喬治五世」級戰鬥艦同時滿足這兩項要求。

（8）「馬來亞」號被指派至本土艦隊，乃因大西洋上除了「英王喬治五世」級戰鬥艦之外，尚需另 1 艘主力艦擔負以下職責：

（a）護航關鍵的軍用船隊。

（b）在緊急情況下，保護位於西經 26 度以東的運輸船隊。

（c）在必要時支援 H 艦隊於地中海西部的作戰行動。

在部署中未見「皇家方舟」號，其原因在於其需進行改裝，因而暫由「無畏」號代替，直至 1942 年 4 月方可恢復值勤。

（9）部署中未見「鷹」號，這是因為它被留在本國海域，以備執行「香客」作戰計畫（占領加那利群島）之用。

在亭可馬里的艦隊——

（10）建議派遣「納爾遜」號、「羅德尼」號和「聲威」號前往亭可馬里或新加坡，理由如下：

（a）在籌組一支東方艦隊的可能性上（這取決於何時能夠調動巡洋艦，尤其是驅逐艦），「納爾遜」號和「羅德尼」號最終將成為這支艦隊的一員。

（b）在東方艦隊籌組完成後，「納爾遜」號與「羅德尼」號將成為「皇家」級戰鬥艦的最佳後盾，這樣的組合使得我們擁有了一支速度最為統一的艦隊。

（c）在我們有能力在遠東籌組一支艦隊以應付日本可能派遣至南方的強大艦隊之前，必須阻止日本在印度洋採取行動。

我們計劃派遣主力艦護航我們的運輸船隊，以阻止日本戰鬥艦進入印度洋。

我方擬派遣1艘戰鬥巡洋艦和1艘航空母艦前往印度洋，以阻止日本派遣裝備8英寸口徑火炮的巡洋艦襲擊我方航行船隻。

我們評估認為，以1艘「英王喬治五世」級戰鬥艦替代上述戰鬥艦所帶來的安全提升，無法為其離開本國水域所產生的不利情況提供足夠的理由，因為其速度不及日本配備8英寸大炮的巡洋艦。

（d）假若對日戰爭尚未爆發，那麼，優先派遣「納爾遜」號、「羅德尼」號、「聲威」號以及那艘航空母艦前往新加坡可能是合適的。如此一來，它們將能組成一支更具威懾力的艦隊。倘若戰爭終究爆發，它們將不得不撤退至亭可馬里。這需視當時局勢而定。

（e）因「皇家方舟」號需進行改裝，故無法派遣大型航母加入艦隊，除非從H艦隊中調出「無畏」號。

建議派遣4艘「皇家」級戰鬥艦至印度洋護航，理由如下：

（a）它們在北大西洋的護航任務已經不再必要。

（b）它們未來將併入東方艦隊，因此在正式加入前，最好將它們安置在免受空襲和德軍潛艇攻擊的安全海域。

（c）透過使用它們護航運兵船隊，可以減輕巡洋艦的壓力。

（d）它們抵達印度洋，與「納爾遜」號、「羅德尼」號和「聲威」號合力，在一定程度上滿足了澳洲和紐西蘭對遠東增援的期望。

附錄

加強印度洋防務的臨時部署

「卻敵」號需駐留在本國海域，直至 9 月 3 日「英王喬治五世」號可供值勤服役。「卻敵」號將護航 W.S. 第 11 號運輸船隊，並於 10 月 7 日到達亭可馬里。

首相致第一海務大臣

1941 年 8 月 29 日

1. 這無疑是一個錯誤的部署：在印度洋成立一支如此龐大的艦隊，儘管數量可觀，但在補給和人力上耗費巨大，其組成卻主要是一些速度慢的、即將淘汰或非現代化的船隻。這些艦艇既無法與日本的主力艦隊進行正面對抗，也無法單獨或成對作為襲擊艦，對日本的現代快速重型艦隻產生威懾。我們或許因情勢所迫而做出這樣的部署，但這本身就是不合理的。

2. 將 4 艘「皇家」級戰鬥艦用於護航，以對抗敵方配備 8 英寸大炮的巡洋艦是可行的。然而，如果我們的部署允許敵方毫無顧慮地派遣 1 艘快速現代化戰鬥艦進行突襲，那麼這些舊戰艦和它們護送的運輸船隊就很容易淪為犧牲品。「皇家」級戰鬥艦在現狀下會變成海上的棺材。若要在印度洋和太平洋上有效地使用「皇家」級戰鬥艦進行護航，必須派遣一、兩艘快速重型艦隻，以防止敵方單獨派遣重型襲擊艦而不受懲罰。我們應反覆強調海軍戰略的核心原則，其中之一便是用少數精良的快速艦隻來應對一支強大艦隊。

3. 海軍部對「提爾皮茨」號的特別關注，證明了我在備忘錄中大膽提出的部署計畫是有依據的。「提爾皮茨」號對我們的影響，猶如 1 艘「英王喬治五世」級戰鬥艦在印度洋對日本海軍的影響。它令敵方產生一種難以捉摸的普遍恐懼心理，並迅速在各地形成威脅。它的行蹤飄忽不定，直接引發敵方的反應和憂慮。

4. 海軍部認為需要動用 3 艘「英王喬治五世」級戰鬥艦來制衡「提爾

皮茨」號，這個事實真實地反映了我們最新艦隻設計的局限性。這些最新艦隻，由於火炮威力不足和中央炮郭的機庫設計而削弱了戰鬥力，因此顯然被認為無法單獨與對方同等級艦隻交鋒。儘管我承認這一點，但我並不認為在大西洋上保留3艘「英王喬治五世」級戰鬥艦是合理的。因為我考慮到：

（1）我們可以依賴美國的軍事部署；

（2）航空母艦已被證明能夠有效遏制「提爾皮茨」號這樣的艦隻（如果它出現的話）。

只要俄國艦隊存在，「提爾皮茨」號就不太可能離開波羅的海；此外，「俾斯麥」號及其所有補給船的命運無疑仍在德國人的記憶中。若派出「提爾皮茨」號，實屬愚蠢之舉；而將其留在原地，不僅牽制我們3艘最強大、最新的戰鬥艦，還能控制波羅的海。因此，我認為為大西洋所做的準備過於冗餘，這種浪費比戰爭以來其他方面的浪費要大得多。

5. 對「皇家」級戰鬥艦的最佳利用是：即便是在當今，仍應為其重新安裝甲板以抵禦飛機襲擊；隨後，將其編入航速較慢的分艦隊，進而恢復我們在地中海的通行能力，並在必要時防禦馬爾他島。

6. 我必須補充說明，我認為日本在忙於處理中國事務時，不會與美國、英國和俄國當前的聯合戰線對抗。它很可能會與美國展開談判，至少持續3個月，而在此期間不再進行任何侵略行為或積極參與軸心國。再沒有比我提到的那支艦隊的出現，特別是1艘「英王喬治五世」級戰鬥艦的出現，更能增加它的猶豫。這確實可以成為一種決定性的威懾力量。

（8）供應中東的坦克
首相致陸軍大臣和軍需大臣

1941年7月11日

在部隊所擁有的1,441輛步兵和巡邏坦克中，有391輛被評估為「不適宜作戰」。這個比例顯得過高；我確信，若能借鑑去年空軍的維修方案，

附錄

必定能降低這個數字。

請你們討論並向我提供建議，如何加快此類修理工作的進度。失去作戰能力的坦克數量，絕不應該超過全國坦克總數的10%。尤其在即將迎來準備工作高峰期的情況下，情況更應如此。

首相致陸軍大臣

1941年8月19日

在1941年7月15日的備忘錄中，你對（關於國內坦克修理工作）提出了一些要求，若這些要求能完全實現，生活自然會輕鬆許多。為了滿足緊急需求，凡是可行之事，我們理應盡力而為，但關鍵在於你們的實際努力和有效管理。我感到非常驚訝的是，過去1個月裡，我們仍有25%的步兵坦克無法使用，並且在400輛巡邏坦克中有多達157輛不適合戰鬥。我毫不懷疑，你們會為這樣的失敗找出一大堆理由，但失敗終究還是失敗。

切勿給人留下你滿足現狀的印象。若你僅以辯解為己任，則無進步的可能。

首相致空軍大臣

1941年8月27日

在你8月6日的備忘錄中提到，現今用於空襲坦克的最佳武器是「傑弗里斯」炸彈，並且我很高興得知你已訂購了50,000枚。

據我所知，這種武器是以普通輕型炸彈的外殼製成的，因此應能立即投入使用。我建議暫緩生產黏性炸彈及部分迫擊炮彈，以確保「傑弗里斯」式炸彈的充足供應。在戰術制定完善且駕駛員經過訓練後，命中率很可能顯著提高，如初步試驗所示。我們應立即獲取大量用於演習的假炸彈，並挑選駕駛員進行多次地面目標演練。若取得預期進展，應立即研究是否能儘早通過地中海派遣軍艦，運送足量炸彈及訓練有素的駕駛員。

此外，還需考慮俄國人是否能夠立即快速製造此類炸彈；若有可能，應將所有細節告知他們。

（即日辦理）

首相致軍需大臣和帝國總參謀長

1941 年 8 月 27 日

    1. 有時我們應當放眼未來。德國人在利比亞的坦克上已裝備了 6 磅炮彈。我認為，我們必須預見他們會設法摧毀普通步兵坦克，這些坦克曾在拜爾迪耶等地使義軍潰不成軍。德國人手中擁有一些在敦克爾克繳獲的樣品，他們也獲得了一些巡邏坦克，因此，他們製造能夠擊敗我們坦克的武器並不困難。

    2. 目前，我竭力從長遠角度審視我們的事務，力圖籌組派駐挪威的高山部隊，並爭取在利比亞以坦克對敵進行突襲的能力。然而，很快每個人都會開始製造障礙，導致 3、4 個月後，當我們試圖付諸實踐時，便遭遇慣常的無可挽回的否決。我們最遲應在 1 月或 2 月時，至少將 100 輛適合沙漠作戰的 A.22 型坦克運至戰場。要實現這個目標，必須完成適應沙漠作戰的各種細微改動。為何不能在對坦克本身的最終改進過程中同時實施這些改動？駐埃及的人們，除非現場試驗坦克，否則絕不會相信這些坦克適合沙漠戰鬥。國內完成的各種改進部分可以藉由飛機運送或電報傳達。然而，我們卻不這樣做，而是要等到 1942 年初才將兩輛坦克運去，被尼羅河當局輕視，然後在試驗中暴露出一系列新的缺陷。

    3. 我的要求是立即將兩輛此類坦克及相應數量的熟練人員和備件運送出去；這些人員應隨時掌握此處的改進情況，同時處理「沙漠戰鬥適應性」問題，並及時回饋改進結果。我本想在國內完成這兩項工作，但若在國內進行，無論如何要等到 1942 年才能完成，隨後還需在中東重新實施。因此，我認為我最初的想法是正確的。

    希望您能在此事上給予我一些協助。

    1942 年春季，這些坦克除了在中東準備部署外，還計劃在其他哪些地區參戰？

附錄

這兩輛「邱吉爾」型坦克在9月底被運往中東，12月12日抵達。奧金萊克將軍曾承諾親自關注在沙漠中進行試驗的事宜，因此當我在25日收到他的電報時，感到非常震驚。電報中提到：

這些車輛被置於前部凹形甲板上，未加以遮蓋和鎖定。因此，車輛遭受海水侵蝕，接收時兩輛坦克的底部均有積水，板壁上出現鐵鏽痕跡，高度達9英寸。

電氣和無線電設備遭受了較大損壞，需14天的專業修復才能使坦克啟動。運輸和裝載方式極為不當。所有美國坦克在運出時，所有縫隙和門都用保護帶封好……

我立即要求辛格爾頓法官展開調查。他在1942年3月10日的報告中指出：「此案件揭示了管理失誤之嚴重，令人震驚。」坦克被暴露在露天甲板上，未進行防鏽處理，艙門未鎖，甚至沒有用防雨布遮蓋。「損壞的原因，」他表示，「是由於未按常規方法進行裝運準備。如果有兩位裝配師隨行，大部分損失本可以而且肯定會避免。」這正是比弗布魯克勳爵和我曾要求，並由陸軍部下令要實現的。辛格爾頓法官表示，由於陸軍部相關的那位將軍已去世，難以明確責任歸屬。他接著說道：

「最初的計畫發生了變化，而這些變化是在一些令人費解的情境下出現的，其詳細經過已經難以追溯。製造商行的總經理與那位少將於9月15日在薩沃伊飯店的午宴上相遇，前者詢問是否可以讓他的裝配師乘飛機前往中東，因為他們在那裡可以發揮作用，並且能夠了解一些改進之處。隨後，少將指示軍需部設法安排這兩人飛往中東，進而避免在船上浪費數週時間。」

沒有任何製造商的代表前來檢查這些坦克的裝船情況。港口軍械官沒有進入坦克，因此對它們的狀況毫不知情。他手下的一名軍曹曾進入一輛坦克，並發現潤滑不佳，但他並未向任何人彙報。

然而，待調查結束之際，戰事已然爆發，因此在1942年6月1日，我在致伊斯梅將軍的備忘錄中提到：

「遺憾的是，我實在太過繁忙，無暇去追捕這些小兔崽子，使他們受到應有的懲罰，而他人也無能為力。」

（即日辦理）

首相致伊斯梅將軍

1941年10月21日

請您及時考核並澄清以下事項，以備今晚會議之用。

1. 來自中東的電報需要進一步澄清。奧金萊克將軍提到，他原本期望在9月接收的150輛坦克，實際上是在10月4日至14日才到達。然而，這些坦克於10月2日抵達，僅比預期晚了一天。卸裝所有坦克用了12天。接下來呢？我們意識到，他們需要拆解坦克以進行改裝，使其適應沙漠作戰並加強前軸。實際上，車軸的改裝是不必要的，且僅需一、兩天即可將沙漠作戰所需的零件安裝完畢。然而，我們不清楚中東方面已採取了哪些措施。他們真的拆解了坦克並開始改裝車軸嗎？如果是這樣，他們所說的3週延誤或許無法避免，儘管這並非必要。為何沒有人隨坦克一同前往，以便向當地人員解釋情況呢？

2. 透過其他電報和討論，我意識到1個裝甲旅或師需要1個月時間使用新車輛進行火炮訓練和聯合演習。這對第22裝甲旅的適用程度如何？在出發時，他們已經用這些坦克進行了充分訓練。我猜測，他們會要求進行一些額外的沙漠訓練，這似乎是合理的請求。

3. 然而，如果這150輛坦克在10月14日才完成運輸，隨後需要3週的時間來調整以適應沙漠作戰，那麼這將推遲到11月7日。如此一來，軍隊如何安排1個月或稍短時間來練習使用這些坦克，並在指揮官的領導下進行訓練呢？我們意識到的情況（現已整理的情況），理由皆不充分，

附錄

即便修訂後的計畫也不完全合理。我們必須查明：

（1）機械方面已採取或正在採取的措施，以及這150輛坦克的每輛現狀；

（2）陸軍部發出關於車軸問題的電報後，處理方式將發生何種變化，能否縮短時間；

（3）第22裝甲旅的沙漠訓練時長是多少？

請將這些事項澄清，並準備好所需的電報以供我今晚審閱。

首相致伊斯梅將軍

1941年11月24日

關於第1裝甲師餘部的現狀，請向我提交詳盡報告。他們何時到達？坦克狀況如何？在沙漠作戰中，他們的適應性如何？車軸狀態怎樣？訓練水準如何？能否設法加快訓練或卸裝程序？

儘管投入了大量精力，大家也意識到了這種需求，並且有熱心的助手協助，但要將事情做好，仍然是何其艱難。

勝負未分,邱吉爾記錄世界的選邊時刻:
從珍珠港突襲到英美協商,二戰正式邁入全面對抗的決定性階段

作　　　者：	[英]溫斯頓・邱吉爾（Winston Churchill）
編　　　譯：	伊莉莎
發　行　人：	黃振庭
出　版　者：	複刻文化事業有限公司
發　行　者：	崧燁文化事業有限公司
E - m a i l：	sonbookservice@gmail.com
粉　絲　頁：	https://www.facebook.com/sonbookss/
網　　　址：	https://sonbook.net/
地　　　址：	台北市中正區重慶南路一段61號8樓 8F., No.61, Sec. 1, Chongqing S. Rd., Zhongzheng Dist., Taipei City 100, Taiwan
電　　　話：	(02)2370-3310
傳　　　真：	(02)2388-1990
印　　　刷：	京峯數位服務有限公司
律師顧問：	廣華律師事務所 張珮琦律師
定　　　價：	550元
發行日期：	2025年06月第一版

◎本書以POD印製

國家圖書館出版品預行編目資料

勝負未分,邱吉爾記錄世界的選邊時刻:從珍珠港突襲到英美協商,二戰正式邁入全面對抗的決定性階段 / [英]溫斯頓・邱吉爾(Winston Churchill)著,伊莉莎編譯. -- 第一版. -- 臺北市:複刻文化事業有限公司, 2025.06
面;　公分
POD版
ISBN 978-626-428-159-1(平裝)

1.CST: 第二次世界大戰 2.CST: 英國
712.84　　　　　　114007773

電子書購買

爽讀APP　　　臉書